21世纪全国高等学校物流管理专业应用型人才培养系列规划教材

编 委 会

主　任：（以姓氏笔画排序）

王　玉：教育部高等学校高职高专工商管理类专业教学指导委员会副主任委员
　　　　上海财经大学教授　博士生导师

张良卫：教育部高等学校物流类专业教学指导委员会委员
　　　　中国物流师职业资格认证培训专家委员会委员
　　　　广东外语外贸大学教授

张晓华：广州市广播电视大学校长

姚和芳：教育部高等学校高职高专工商管理类专业教学指导委员会委员
　　　　湖南铁道职业技术学院院长、党委副书记　教授

黄中鼎：教育部高等学校高职高专工商管理类专业教学指导委员会委员
　　　　上海第二工业大学物流研究所所长　教授

执行编委：黄安心

委　员：（以姓氏笔画排序）

　　　　龙丁玲　孙定兰　孙　鸿　运乃通　邬星根　李济球　何开伦
　　　　陈代芬　吴东泰　宋建阳　张　弦　何　柳　周任重　周艳军
　　　　赵中平　赵艳俐　高慧云　谢卓君　缪兴锋

21世纪全国高等学校物流管理专业
应用型人才培养系列规划教材

配送中心运作与管理实务

- ⊙ 主　编　黄安心
- ⊙ 副主编　缪兴锋　龙丁玲
- ⊙ 编　委　孙　鸿　谢卓君　卢　斌

Practice in Distribution Center Operation and Management

华中科技大学出版社
中国·武汉

内容提要

本书立足于配送中心管理的实务性工作的实际需要,主要介绍配送中心基层管理岗位的理论知识和操作技能。全书共分三篇十三章,第一篇配送中心基础知识,主要介绍配送中心的概念、功能和作用、基本类别、运作模式、产生与发展概况等基础知识;第二篇配送中心作业,主要介绍配送中心的进货作业、拣货作业、配货作业、送货作业、退货作业、装卸搬运作业等配送中心主要业务运营管理知识与技能;第三篇配送中心管理,主要介绍设备管理、信息管理、成本管理、客户服务、员工管理等配送中心主要管理岗位日常工作领域及技能知识。

本书可作为高职高专教育、开放教育院校物流管理专业学生用教材,也可供企业物流管理与技术人员进行业务学习时使用,还可作为配送中心员工培训教材。

图书在版编目(CIP)数据

配送中心运作与管理实务/黄安心　主编.—武汉:华中科技大学出版社,
2009年8月(2024.9重印)
ISBN 978-7-5609-5610-7

Ⅰ.配…　Ⅱ.黄…　Ⅲ.物流-配送中心-企业管理-高等学校-教材　Ⅳ.F253

中国版本图书馆 CIP 数据核字(2009)第 149681 号

配送中心运作与管理实务

黄安心　主编

策划编辑:周小方　陈培斌

责任编辑:刘　亭　　　　　　　　　　　　　　　封面设计:刘　卉
责任校对:刘　竣　　　　　　　　　　　　　　　责任监印:周治超

出版发行:华中科技大学出版社(中国·武汉)　　电话:(027)81321913
　　　　　武汉市东湖新技术开发区华工科技园　　邮编:430223

录　　排:武汉正风图文照排中心
印　　刷:广东虎彩云印刷有限公司

开本:710mm×1000mm　1/16　　　印张:21.5　　　插页:2　　　字数:362 000
版次:2009年8月第1版　　　　　　印次:2024年9月第11次印刷　　　定价:58.00元
ISBN 978-7-5609-5610-7/F·500

(本书若有印装质量问题,请向出版社发行部调换)

总　序

"物流业是融合运输业、仓储业、货代业和信息业等的复合型服务产业,是国民经济的重要组成部分,涉及领域广,吸纳就业人数多,促进生产、拉动消费作用大,在促进产业结构调整、转变经济发展方式和增强国民经济竞争力等方面发挥着重要作用。"当前,虽然有全球性金融危机的深刻影响,但国务院颁发的《物流业调整和振兴规划》却给我们物流行业带来振奋和欣喜:物流业——危机和机遇同在,危机中蕴涵着更多的发展机遇。

21世纪是知识经济的时代,是人才竞争的时代,对于蓬勃发展的物流行业更不例外。为了培养高素质创新型物流人才,必须建立高水平的人才培养体系和高质量的教材建设体系,这既是时代的召唤,也是历史的必然。

正是在这样的时代背景下,华中科技大学出版社于2008年初组织全国数十所高校物流专业正式启动了"21世纪高等学校物流管理专业应用型人才培养系列规划教材"建设项目。其实早于2006年年初,华中科技大学出版社就有了"21世纪高等学校物流管理专业应用型人才培养系列规划教材"选题的构想,按照物流管理专业基础课、专业主干课和实训课的思路,结合应用型人才培养要求进行了选题规划工作,同时开始依此原则着手对全国物流专业课程设置、院校数量及招生人数等方面资料进行了搜集整理,顺利完成系列选题的策划、市场调研、院校联系工作。经过华中科技大学出版社三年多的具体组织和策划,在总结过去教材建设经验和突出物流行业应用性特点的基础上,经过反复研究论证和精心写作,这套系列规划教材现已陆续出版。

这套系列教材主要体现了以下特色。

第一,基础性。立足中国高校物流教育的现实需求,在内容上,注重理论联系实际,注重吸收物流行业发展的新成果、新案例和新知识。同时"西学为体,中学为用","立足国情,博采众长",注重结合中国物流行业的发展阶段,既吸收国外优秀的、成熟的物流发展成果,又面对国内物流行业发展实践搜集资料、数据和案例。

第二,实用性。在体系上,注重实用性和适用性,理论的体系上不要求完整性,但要求有较强的针对性,以能力培养为主旨。同时强调技能培养与训练,侧重实践操作知识介绍,强调技能与方法介绍的系统性、完整性与模块化,侧重提高学生运用物流知识解决现实物流实务问题的能力。

第三,创新性。在形式上开拓创新,体例新颖,教材设计了形式新颖的各种栏目,如知识库、资料库、典型案例、情景模拟、文化长廊、背景资料、实际操作、练习与思考等内容,有助于拓展学生学习视野,调动学生学习的积极性。

华中科技大学出版社组织编写的这套物流管理应用型人才培养系列教材,凝结着编写教师和出版者的辛勤劳动和汗水,是他们多年丰富的教学实践经验和出版经验的结晶。相信这套实用性很强的教材,对我国物流管理应用型人才的培养工作具有推动作用。

中国物流与采购联合会副会长
教育部高等学校物流类专业教育指导委员会秘书长

2009 年 6 月 30 日于上海

目录 contents

第一篇 配送中心基础知识

第一章 配送中心概述 / 2

第一节 配送中心的概念 / 3
 一、配送中心的定义 / 3
 二、与配送中心相关的概念 / 4

第二节 配送中心的地位和作用 / 5
 一、配送中心的地位 / 5
 二、配送中心的作用 / 6

第三节 配送中心的功能与特征 / 7
 一、配送中心的基本功能 / 7
 二、配送中心的增值性功能 / 8
 三、配送中心的基本特征 / 9

第四节 配送中心的主要类型 / 10
 一、按配送中心的功能分类 / 10
 二、按配送中心的层次和范围分类 / 11
 三、按物流设施的归属分类 / 11
 四、按运营主体的不同分类 / 12
 五、按所处理或所经营的货物种类分类 / 12

本章小结 / 13
综合案例分析 / 13
本章综合练习题 / 16
实践活动 / 16

第二章 配送中心的发展 / 17

第一节 配送中心的发展历程 / 18
 一、配送中心的产生 / 18
 二、配送中心的发展阶段 / 18

第二节 发达国家和地区配送中心的建设与发展 / 20
 一、美国配送中心的类型和管理特点 / 20
 二、日本配送中心的类型和管理特点 / 25
 三、我国台湾地区的配送中心 / 27

　　　　四、美国、日本和我国台湾地区物流配送的差异/ 27
　　第三节　我国配送中心的建设与发展/ 28
　　　　一、我国配送的产生与发展/ 28
　　　　二、我国配送中心的发展状况/ 30
　　　　三、我国配送中心的发展趋势/ 33
　　第四节　电子商务下的物流配送/ 34
　　　　一、电子商务下物流配送的含义/ 34
　　　　二、我国电子商务中物流配送的发展现状/ 34
　　　　三、我国电子商务中物流配送存在的问题/ 35
　　　　四、我国电子商务中物流配送发展的对策/ 36
　本章小结/ 37
　综合案例分析/ 37
　本章综合练习题/ 40
　实践活动/ 40

第二篇　配送中心作业

第三章　配送中心进货作业/ 42
　　第一节　进货作业的基本流程/ 43
　　　　一、进货作业的基本流程/ 43
　　　　二、进货时考虑的因素/ 44
　　　　三、订货/ 45
　　　　四、货物接运/ 46
　　　　五、卸货方式/ 48
　　　　六、进货储存方式/ 50
　　第二节　货物编码/ 51
　　　　一、货物编码的方法/ 51
　　　　二、进货标志的应用/ 54
　　第三节　货物分类/ 55
　　　　一、货物分类的方式/ 55
　　　　二、货物分类操作/ 55
　　　　三、货位分配方式/ 56
　　第四节　货物验收检查/ 59
　　　　一、货物验收的概述/ 59
　　　　二、货物验收的程序/ 60
　　　　三、货物验收的方法/ 64
　　　　四、货物验收中问题的处理/ 67
　　第五节　货物入库信息的处理/ 68

一、货物入库信息处理的流程 / 68
　　二、货物入库信息处理要点 / 69
本章小结 / 71
综合案例分析 / 71
本章综合练习题 / 72
实践活动 / 72

第四章　配送中心拣货作业 / 73
第一节　拣货作业概述 / 74
　　一、拣货作业的含义及原则 / 74
　　二、拣货作业的流程 / 75
　　三、拣货作业要求 / 77
第二节　拣选单位与拣选系统设备配置 / 78
　　一、拣选单位 / 78
　　二、拣选系统设备配置 / 79
　　三、拣货的布置模型 / 80
第三节　拣货策略 / 82
　　一、订单别拣货策略 / 82
　　二、批量拣货策略 / 84
　　三、复合拣货策略 / 87
　　四、其他拣货策略 / 87
第四节　拣货方式的自动化程度 / 89
　　一、人工拣货 / 89
　　二、半自动化拣货 / 90
　　三、全自动化拣货 / 91
第五节　拣货信息 / 94
　　一、传票 / 94
　　二、拣货单 / 95
　　三、拣货标签 / 95
　　四、电子标签辅助拣选系统 / 96
　　五、无线射频辅助拣选 / 99
第六节　拣货效率分析评价 / 101
　　一、拣货人员 / 101
　　二、拣货设备 / 102
　　三、拣货策略 / 103
　　四、拣货时间 / 103
　　五、拣货成本 / 103

　　　　六、拣货质量/ 104
　　本章小结/ 104
　　综合案例分析/ 105
　　本章综合练习题/ 106
　　实践活动/ 106

第五章　配送中心配货作业/ 107
　　第一节　配货作业概述/ 108
　　　　一、配货作业的基本概念/ 108
　　　　二、配货工作的基本任务/ 108
　　第二节　配货作业的计划与流程/ 109
　　　　一、配货计划的编制/ 109
　　　　二、配货作业的基本流程/ 110
　　第三节　分货/ 110
　　第四节　配货检查/ 113
　　　　一、配货检查的内容/ 114
　　　　二、配货检查的方法/ 114
　　第五节　包装/ 115
　　　　一、包装的功能/ 115
　　　　二、包装的分类/ 115
　　　　三、包装保护技术/ 117
　　　　四、包装标记和标志/ 120
　　　　五、包装合理化的基本要求/ 121
　　本章小结/ 122
　　综合案例分析/ 122
　　本章综合练习题/ 123
　　实践活动/ 124

第六章　配送中心送货作业/ 125
　　第一节　送货作业概述/ 126
　　　　一、送货作业的含义/ 126
　　　　二、送货作业的特点/ 127
　　　　三、送货作业的基本原则/ 127
　　第二节　送货的基本作业流程/ 128
　　　　一、送货的基本作业流程/ 128
　　　　二、送货流程的注意事项/ 129
　　第三节　暂定送货先后顺序/ 130

一、暂定送货先后顺序应考虑的因素/ 130
二、暂定送货先后顺序的主要依据/ 131
三、暂定送货先后顺序的主要内容/ 132
第四节　车辆安排/ 132
一、车辆安排工作的特点/ 132
二、车辆安排的基本要求/ 132
三、车辆的选择/ 133
第五节　选择送货线路/ 134
一、Dijkstra算法/ 135
二、启发式方法/ 137
三、节约里程法/ 138
四、经验调度法和运输定额比法/ 139
第六节　确定最终的送货顺序/ 140
一、最终送货线路的确定原则/ 140
二、确定最终送货顺序的优化技术/ 142
第七节　完成车辆积载/ 142
一、车辆运载特性/ 142
二、车辆积载的原则/ 143
本章小结/ 144
综合案例分析/ 144
本章综合练习题/ 148
实践活动/ 148

第七章　配送中心退货作业/ 149

第一节　退货作业概述/ 149
一、退货的含义/ 150
二、退货的原因/ 150
三、退货作业的原则/ 152
四、解决退货问题的管理策略/ 153
第二节　退换货作业操作/ 154
一、退换货作业流程/ 154
二、退货商品的处理/ 160
三、退换货作业注意事项/ 163
第三节　退货的理赔/ 164
一、货品验收与退赔/ 164
二、核定理赔费用/ 165
三、结算理赔费用/ 165

本章小结/ 166
综合案例分析/ 166
本章综合练习题/ 169
实践活动/ 169

第八章 配送中心装卸搬运作业/ 170

第一节 装卸搬运概述/ 170
  一、装卸搬运的定义/ 171
  二、配送中心装卸搬运的特点/ 171

第二节 配送中心装卸搬运的设施与设备/ 172
  一、配送中心的装卸搬运设施/ 172
  二、配送中心的装卸搬运设备/ 176
  三、装卸搬运设备的合理选择/ 177

第三节 配送中心的装卸搬运作业/ 177
  一、装卸搬运作业的要素与条件/ 177
  二、装卸搬运作业的方法/ 179
  三、装卸搬运系统的设计/ 183

第四节 配送中心的装卸搬运的合理化及安全要求/ 186
  一、装卸搬运合理化的措施/ 186
  二、装卸搬运作业的注意事项/ 187
  三、装卸搬运作业安全操作技术要求/ 188

本章小结/ 191
综合案例分析/ 191
本章综合练习题/ 192
实践活动/ 192

第三篇 配送中心管理

第九章 配送中心的设备及其管理/ 194

第一节 配送中心的作业设备/ 194
  一、设备选择的原则/ 195
  二、配送中心的主要作业设备/ 195
  三、配送中心的其他设备/ 219

第二节 设备的使用和维护保养/ 222
  一、设备的正确使用/ 222
  二、设备的维护保养/ 225
  三、设备的三级保养制/ 226

本章小结/ 230

综合案例分析 / 230
本章综合练习题 / 232
实践活动 / 232

第十章 配送中心信息管理 / 234

第一节 配送中心的信息 / 235
 一、物流配送中心信息的特性 / 235
 二、配送中心信息的分类 / 236
 三、配送中心信息流与物流、商流、资金流的相互关系 / 237

第二节 配送中心信息系统 / 237
 一、配送中心信息系统概述 / 237
 二、配送中心信息系统的结构 / 239

第三节 物流配送信息技术 / 244
 一、自动识别技术 / 245
 二、GPS / 248
 三、GIS / 249
 四、EDI 技术 / 252
 五、EOS / 257
 六、自动分拣技术 / 258

本章小结 / 259
综合案例分析 / 259
本章综合练习题 / 260
实践活动 / 260

第十一章 配送中心成本管理 / 261

第一节 配送成本概述 / 262
 一、配送成本的概念及其构成 / 262
 二、配送成本的核算 / 263
 三、配送中心成本影响因素 / 268

第二节 配送定价 / 269
 一、影响物流企业定价的因素 / 269
 二、物流产品定价方法 / 271
 三、物流产品的定价技巧 / 275
 四、价格确定与调整 / 279

第三节 配送成本控制 / 280
 一、配送成本控制的原则 / 280
 二、配送成本控制的方法 / 280

三、降低配送成本的策略/ 281
本章小结/ 282
综合案例分析/ 282
本章综合练习题/ 284
实践活动/ 284

第十二章 配送中心客户服务/ 286
第一节 配送中心的客户服务概述/ 287
一、配送中心的客户服务概念及特点/ 287
二、配送中心客户服务的内容/ 288
第二节 配送中心的客户服务理念和策略/ 292
一、配送中心的客户服务理念/ 292
二、配送中心客户服务策略/ 293
本章小结/ 298
综合案例分析/ 298
本章综合练习题/ 302
实践活动/ 303

第十三章 配送中心员工管理/ 305
第一节 配送中心的组织及其岗位设置/ 306
一、配送中心的基本组织结构类型/ 306
二、配送中心的岗位设置及其职责/ 308
第二节 配送中心员工培训/ 312
一、配送中心培训工作体系建立/ 312
二、配送中心普通配送业务员的培训/ 313
三、配送中心管理人员培训/ 314
第三节 配送中心员工的考核与激励/ 318
一、配送中心员工考核的目的及原则/ 318
二、配送中心员工考核的内容与形式/ 319
三、配送中心员工考核的重点/ 320
四、配送中心员工考核结果的反馈/ 321
五、配送中心员工激励机制建立/ 322
本章小结/ 323
综合案例分析/ 323
本章综合练习题/ 326
实践活动/ 326

参考文献/ 327
后记/ 330

第一篇

配送中心基础知识

本篇概述配送中心的基本概念和基本知识，为学习配送中心的作业和管理知识打下基础。首先介绍了配送中心的概念、发展阶段、功能、特征、主要类型，然后介绍了国内外配送中心的发展情况以及电子商务下的物流配送的含义、发展现状、问题及对策。通过学习本篇使学习者能掌握配送中心的相关基础知识，了解国内外物流配送中心发展的大致状况，提高学习兴趣，增强学习信心。

第一章 配送中心概述

本章学习目标

理解配送中心的概念；了解配送中心的地位、作用；理解配送中心的功能；掌握配送中心的特征和类型；掌握配送中心与仓库、物流中心的区别。

 经典案例导入

鑫达天洁公司赢在哪里

北京鑫达天洁公司是一家专业的配送商，该公司配送能力十分强大，是露露、农夫山泉、燕京啤酒在北京最重要的配送商之一，配送网络覆盖范围广，货物吞吐量巨大。该公司运作十几年来，立足于发展专业配送的路子，不断在网络建设、物流配送能力、仓库管理和服务上下工夫，强化配送能力，发展十分稳健。

鑫达天洁拥有一个优秀的零售终端网络，囊括了数百家北京大型卖场和连锁超市。并在网点选择上只针对上规模的大型零售网点，放弃小型超市，这样做的目的在于选择优秀客户，节约配送成本，提高配送效益。随着商超网络的建设成熟，鑫达的配送功能也越来越强大，配送的品牌也越来越多，商超业务也越做越大。

配送商的竞争力主要体现在细节上，鑫达天洁在这些细节上狠下工夫，效果明显，正如该公司总经理所言："运作终端网络，首先不要抱着挣钱的心态，尤其像我们这样的专业配送商，维护其稳定是最为关键的。配送商和经销商不同，同样的产品，一样的价格，超市凭什么要你送不要他送？除了服从，就是服务！"对于配送服务网络的维护，该公司首先表现在遵守超市规则，按照超市制定的游戏规则办事，所以，服从是第一需要遵循的准则。其次，就是服务，在条件等同的情况下，配送商唯一比拼的就是服务。除了送货准确及时外，卸货到位，码放整齐也很重要。员工要换位思考,超市仓库寸土寸金,一定要和超市人员一样珍惜库位。

在北京做一个配送商,比在我国其他城市更加不容易,对于以物流运输为重要生存手段的配送商而言,必须要在严格的交通管制与高效快捷的配送效率之间寻找平衡,因此,打时间差,见缝插针就显得尤为重要。鑫达天洁配送量庞大,一个月配送货物量在 27 000 吨左右,10 辆车,平均每辆车每天的送货量就达 7.5 吨,如果没有一套行之有效的配送方式,是没有办法完成任务的。何况北京对于货车入城有严格的时间限制,上午 7～10 点,下午 4～8 点货车不能入城,而一般超市卸货截止时间是晚上 6 点,中间的有效送货时间十分有限。如果不见缝插针,就很难完成送货任务。

第一节 配送中心的概念

一、配送中心的定义

改革开放 30 多年以来,中国市场经济体制改革取得了显著的成效,买方市场逐渐形成,服务质量的优劣已成为企业能否取得成功的关键,这促使"营销重心下移"、"贴近顾客"的营销战略的出现,在这种情况下"贴近顾客"一端的"末端物流"便受到了空前的重视。配送中心就是为适应这一新的经济环境,在仓库的基础上不断进化和演变而成的创新型物流设施。配送中心是以组织配送性销售或供应,以实物配送为主要职能的流通型节点。如果说集货中心、分货中心、加工中心的职能还较为单一的话,那么配送中心的功能则较为全面、完整。可以说,配送中心实际上是集货中心、分货中心、加工中心的综合,并达到配与送的更高水平。配送中心是物流配送网络中的枢纽,也是流通企业实施供应链管理的重要设施之一。配送中心作为物流中心的主要形式,有时便与物流中心等同起来。

配送中心是物流领域在社会分工、专业分工进一步细化后产生的。在新型配送中心建立起来之前,其承担的某些职能是在转运型节点中完成的;新型配送中心建成以后,这类职能中的一部分向纯粹的转运站发展,以衔接不同的运输方式和不同规模的运输,另一部分则增强了"送"的职能,并向更高级的"配"的方向发展。

2006 年 12 月发布的《中华人民共和国国家标准物流术语》(GB/T 18354—2006)将配送中心(distribution center)定义为从事配送业务且具有完善的信息网络的场所或组织,应基本符合下列要求:主要为特定客户或末端客户服务;配送功能健全;辐射范围小;提供高频率、小批量、多批次配送服务。

可见,配送中心是一种暂时存放产品的设施,并通过有效的组织配货和送货,使资源得到充分利用。配送中心面临的是"小批量、多频次"的订货,相应增加了现代企业物流管理的难度,同时也使更多企业真切地感觉到配送中心的重要性。虽然学者们在对配送中心的理解和描述上还存在一定的差异,但是都基本认同配送中心与传统的仓库有着根本性的不同。传统的仓库更为强调货物静态的仓储管理，而配送中心则更关注货物的动态配送管理。越来越多的人将配送中心放到供应链中或企业的整个物流系统中去考虑，更强调配送中心在企业配送活动中所起到的作用。

二、与配送中心相关的概念

（一）仓库与配送中心

在很多场合，仓库和配送中心两个词汇被混淆使用，但两者的含义不完全相同。如果把物流网络用线和分支点来表示，那么分支点的据点就是仓库。

詹姆士·斯托克在其所著的《战略物流管理》一书中是这样解释仓库与配送中心的区别的：仓库储存所有物品，配送中心仅仅保持尽可能低的库存水平的高需求物品；仓库通过接收、储存、运输和分拣等四个循环环节来处理大部分物品，配送中心则在接收和运输两个环节内处理物品；仓库所进行的活动附加值很低，而配送中心具有高附加值，包括有可能的最终装配；仓库成批地收集信息数据，配送中心则实时地收集数据；仓库主要是在达到运输要求时实现营运成本最小化，而配送中心则主要是在达到客户交货要求时实现利润最大化。

（二）物流中心与配送中心

现代物流思想早期间接地从日本进入我国，进入20世纪90年代，欧美物流思想逐渐占据主流，大量欧美物流著作被翻译过来，使得各种物流思想进入我国，以至于人们对一些基本物流概念的理解出现模糊和偏颇。人们对"物流中心"和"配送中心"关系的争论尤为常见，以至于出现了一个折中的词汇——物流配送中心。

《中华人民共和国国家标准物流术语》（GB/T 18354—2006）将物流中心定义为从事物流活动且具有完善信息网络的场所或组织。物流中心应基本符合下列要求：①主要面向社会提供公共物流服务；②物流功能健全；③集聚辐射范围大；④存储、吞吐能力强；⑤对下游配送中心客户提供物流服务。

如果仅从物流中心和配送中心的定义上，我们能得出一个感性的认识，但在实际操作中，还是难以区分哪个是物流中心，哪个是配送中心。在我国，物流中心还用于宏观物流领域，如我们称某个城市为物流中心城市，通常没有配送中心城市的说法，这说明配送中心主要用于微观物流领域，不管是社会化的配送中心，还是企业自有的配送中心。

至于物流配送中心的说法似欠妥当。这与交通运输一词的使用类似，我们说某企业是一家交通运输企业，也说其是一家运输企业，这种说法不够规范。因此，物流中心、配送中心或物流配送中心的混用解释不够严谨。

第二节 配送中心的地位和作用

一、配送中心的地位

配送中心是末端物流的节点设施与组织。它通过有效地组织配货和送货,使资源的最终端配置得以完成,其在流通领域中的地位十分重要。

(一)配送中心的衔接地位

在经济生活中,生产企业和零售企业在分工和功能上存在着诸多差异。一是产品品种、数量差异。生产企业在生产中,一般来说,无论品种多寡,其某一品种的单位批量较大;而各类零售企业在经营中则需品种丰富、单位批量较小、批次较多的产品。二是产销空间差异。生产企业的选址需要考虑交通、电力及其他相关因素,故产品的生产地大都较为集中;而零售企业为了满足广大消费者的需要,则需遍布销售网点。三是产销时间差异。在人们生活中,生产和消费也非同时进行的,很多产品是常年生产、季节性消费的,如冬装;也有产品是季节性生产、常年消费的,如农产品。

针对上述供需矛盾,配送中心利用自己的专门设施,集物流、商流、信息流为一体的完善功能,通过开展货物配送活动,把各种工业品和农产品直接运送到用户手中,客观上起到了生产和消费的媒介作用。同时,配送中心还可以集合产需双方多家用户的业务,进行大量采购、大量配送、合理储存和合理运输,使供需企业的购货成本和销货成本得以大幅度降低。另外,通过集货和储存货物,配送中心又起到了平衡供求的作用,有效地解决了季节性货物的产需衔接问题。

(二)配送中心的指导地位

配送中心在物流系统中处于直接面对顾客的地位,它不仅承担直接为用户服务的功能,还根据客户的要求,起着指导物流全过程的作用。

现代流通要求进入流通领域营销渠道中的企业按需生产和销售,以满足消费者的需要为企业经营宗旨。但由于社会分工的需要,处于营销渠道中的供应商、生产者和中间商在经济活动中的侧重点不尽相同。供应商侧重于上游产品——原材料的供应工作,对下游最终消费品的市场情况不太了解;中游的生产企业侧重于提供质量上乘、批量较大的产品,对最终产品的适销对路状况也了解不深;中间商中的零售商对市场情况比较熟悉,但力量较弱,无力承担引导生产的重任。而应运而生的配送中心,特别是综合性的配送中心,则可利用其规模和物质上的优势以及衔接供需的特殊地位,为上游企业提供相关市场信息,帮助他们及时掌握市场需求的最新动态,指导其及时调整市场定位、按需供应、按需生产、按需经营。

二、配送中心的作用

配送中心在现代物流活动中的作用可以具体归纳为以下几个方面。

(一) 使供货适应市场需求的变化

配送中心不以储存为目的,但需保持一定的库存以起到蓄水池的作用。各种商品的市场需求在时间、季节、需求量上都存在很大随机性,而工厂、车间在现代化生产、加工的条件下,很难适应这种情况,必须依靠配送中心来调节、适应生产与消费之间的矛盾与变化。例如,国庆节、春节等节假日的销量成倍增加,配送中心的库存对确保销售起到了有力的支撑作用。

(二) 经济高效地组织储运

从工厂、企业到销售市场之间的储运环节复杂,要依靠多种交通、运输、库存手段才能满足,建立区域、城市的配送中心,能够克服传统企业的缺点,能批量进发货物,能成组、成批、成列直达运输和集中储运,有利于降低物流系统成本、提高物流系统效率。例如,超市公司通过电子订货系统,把几百家门店的零星货物汇总,由供应商集中送到配送中心,并由配送中心集中配送到门店,以实现储运的经济高效。

(三) 实现物流的系统化和专业化

配送中心在物流系统中占有重要地位,能提供专业化的保管、包装、加工、配送、信息等系统服务。由于现代物流活动中货物的物理、化学性质的复杂多样化,交通运输的多方式、长距离、长时间、多起点和多终点,地理与气候的多样性,对保管、包装、加工、配送、信息提出了很高的要求。因此,只有建立配送中心,才有可能提供更加专业化、系统化的服务。

(四) 促进地区经济的快速增长

配送中心与交通运输设施一样,是连接国民经济各地区,沟通生产和消费、供给与需求的桥梁和纽带;是经济发展的保障,是吸引投资的环境条件之一;也是拉动经济增长的内部因素之一。配送中心的建设可以从多方面带动经济的健康发展。

(五) 完善连锁经营体系

配送中心可以帮助连锁店实现配送作业的经济规模,使流通费用降低;减少分店库存,加快商品周转,促进业务的发展和扩散。批发仓库通常需要零售商亲自上门采购,而配送中心解除了零售商的后顾之忧,使其专心于店铺销售额和利润的增长,不断开发外部市场,拓展业务。例如,对于连锁店,配送中心以集中库存的形式取代以往"一家一户"的库存结构方式,这种集中库存与传统的"前店后库"相比,大大降低了库存总量。又如,配送中心的流通加工作业可减轻门店的工作量;拆零作业有利于门店丰富陈列样品,以增加销售商品的品种数。此外,还加强了连锁店与供货方的关系。

第三节 配送中心的功能与特征

配送中心是专门从事货物配送活动的经济组织和物流据点,是集货中心、分货中心和加工中心功能的综合。从理论上说,配送中心应具备如下一些基本功能。

一、配送中心的基本功能

1. 集散功能

配送中心以其特殊的地位和先进的设施设备,可以把分散在各类生产企业的产品集中起来,再经过分拣、配装向众多用户送货;与此同时,还可把各个用户所需的多种货物组合在一起,形成经济、合理的货运批量,集中送达分散的用户。

2. 衔接功能

通过开展货物配送活动,配送中心把各种工农业产品运送到广大用户手中,客观上起到了联系产销、平衡供求的衔接作用,架起了沟通的桥梁。

3. 运输功能

配送中心需要自己拥有或租赁一定规模的运输工具,拥有一个覆盖全国的网络,因此,配送中心首先应该负责为客户选择满足客户需要的运输方式,然后具体组织网络内部的运输作业,在规定的时间内将客户的商品运抵目的地。除了在交货点交货需要客户配合外,整个运输过程,包括最后的市内配送都应由配送中心负责组织,以尽可能方便客户。

4. 储存功能

为了顺利而有序地完成向用户配送商品的任务,配送中心要兴建现代化的仓库并配置一定数量的仓储设备,存储一定数量的商品。但客户需要的不是在配送中心储存商品,而是要通过仓储来保证市场销售活动的开展,同时尽可能降低库存占压的资金,减少储存成本。

5. 分拣功能

配送中心服务对象数量多,而不同客户的经营特点和商品的物流方式不一,在订货或进货时对货物的种类、规格、数量等都会提出不同的要求。因此,配送中心必须采取适当方式、技术和设备对配送中心接收来的货物进行分拣作业,以同时向不同的用户配送多种货物。

6. 装卸搬运功能

配送中心应该配备专业化的装载、卸载、提升、运送、码垛等装卸搬运机械,以提高装卸搬运的作业效率,减少作业对商品造成的破损,从而加快商品在配送中心的流通速度。

7. 包装功能

配送中心包装作业的目的在于通过对销售包装进行组合、拼配、加固,形成适用于物流和配送的组合包装单元。

8. 流通加工功能

为了扩大经营范围和提高配送水平,许多配送中心都配备有各种加工设备,由此形成了一定的加工能力。按照用户的要求与合理配送的原则,将组织进来的货物加工成一定规格、尺寸和形状,既大大方便了客户,省却了客户不少烦琐的劳作,也有利于提高资源利用率和配送效率。

9. 物流信息处理功能

由于配送中心现在已经离不开计算机,因此对各个物流环节中各种物流作业的信息进行实时采集、分析、传递,并向货主提供各种作业明细信息及咨询信息,是相当重要的。

以上介绍了配送中心的九个主要功能,但这并不是说所有的配送中心都必须具备所有这些功能,必须清楚要建设的配送中心在整个物流系统中处于哪个环节,要满足的客户到底是哪些,才能清楚需要哪些功能才能满足目标客户的需求。

二、配送中心的增值性功能

从一些发达国家的配送中心具体实践来看,配送中心还具有以下增值性功能。

1. 结算功能

配送中心的结算功能是配送中心对物流功能的一种延伸。配送中心的结算不只是物流费用的结算,在从事代理、配送的情况下,配送中心还要替货主向收货人结算货款等。

2. 需求预测功能

自由配送中心经常负责根据配送中心商品进货、出货信息来预测未来一段时间内的商品进出库量,进而预测市场对商品的需求。

3. 物流系统设计咨询功能

一些配送中心要充当货主的物流专家,因而必须为货主设计物流系统,代替货主选择和评价运输商、仓储商及其他物流服务供应商。国内有些专业物流公司正在进行这项尝试,这是一项增加服务价值、增强配送中心的竞争力的服务。

4. 物流教育与培训功能

配送中心的运作需要货主的支持与理解,通过向货主提供物流培训服务,可以培养货主与配送中心经营管理者的认同感,提高货主的物流管理水平,将配送中心经营管理者的要求传达给货主,便于确立物流作业标准。

5. 代理服务功能

配送中心除具有以上几种增值性功能外,还具有代理服务功能,可从事如理赔、保险、信息、包装和接送等方面的服务。

> **知识链接**
>
> 美国凯利伯物流公司是一家在世界范围内比较有影响的专业物流公司,该公司是这样设计它的配送中心的基本功能和增值性功能的:
> ①JIT物流计划;②合同制仓储服务;③全面运输管理;④生产支持服务;⑤业务过程重组;⑥回程集装箱管理。

三、配送中心的基本特征

根据国内外物流配送业的发展情况,在电子商务时代,信息化、现代化、社会化的新型配送中心具有如下诸多特征。

1. 配送节奏紧凑化

现代化的配送中心对上游、下游的物流配送需求的反应速度越来越快,前置时间越来越短,配送时间越来越短,配送速度越来越快,商品周转次数越来越多。

2. 配送功能集成化

现代化的配送中心着重于将物流与供应链的其他环节进行集成,包括物流渠道与商流渠道的集成、物流渠道之间的集成、物流功能的集成、物流环节与制造环节的集成等。

3. 配送服务系列化

现代化的配送中心除强调服务功能的恰当定位与完善化、系列化,保留传统的储存、运输、包装和配送加工等服务外,还在外延上扩展至市场调查与预测、采购及订单处理,向下延伸至物流配送咨询、物流配送方案的选择与规划、库存控制策略建议、货款回收与结算、教育配送等增值服务;在内涵上提高了对配送中心决策的支持作用。

4. 配送作业规范化

现代化的配送中心强调作业、运作的标准化和程序化,使复杂的作业变成简单的易于推广与考核的运作。

5. 配送手段现代化

电子商务下的新型物流配送使用先进的技术、设备与管理为销售提供服务,生产、流通和销售的规模越来越大、范围越来越广,物流配送技术、设备及管理越来越现代化。

6. 配送流程自动化

物流配送流程自动化是指运送商品的仓储、货箱排列、搬运及最佳配送路线设计等实现自动化。

7. 配送组织网络化

配送中心建立完善、健全的物流配送网络体系,网络上点与点之间的物流配送活动保持系统性和一致性,这样可以保证整个物流配送网络保持最优的库存总水平及库存分布,运输与配送快捷、机动,既能铺开又能收拢,才能满足现代生产与流通的需要。

8. 配送经营市场化

配送中心的具体经营采用市场机制,无论是企业自己组织物流配送,还是委托社会化物流配送企业承担物流配送任务,都实行以市场为基础的市场化运作。

9. 配送目标系统化

现代化的配送中心从系统角度统筹规划一个公司整体的各种物流配送活动,处理好物流配送活动与商流活动及公司目标之间、物流配送活动与物流配送活动之间的关系,不求单个物流活动的最优化,但求整体物流活动的最优化。

10. 配送管理法制化

宏观上,要有健全的法规、制度和规则;微观上,配送中心运营与管理要依法办事,按章行事。

第四节 配送中心的主要类型

随着经济的发展,JIT 配送(just in time delivery)模式的日益盛行,商品流转速度的加快,流通规模的扩大,对配送中心的需求不断增加,社会上出现了越来越多的各种功能和形式的配送中心。

一、按配送中心的功能分类

按照国内外配送中心的建设与营运情况,大体上分类如下。

1. 储存型配送中心

这是一种有很强储存能力的配送中心,往往储存空间占整体空间比例比较大。储存型配送中心是在发挥储存作用的基础上组织、开展配送活动的。我国现有的许多称为配送中心的设施,大多起源于传统的仓库,基本上属于此种类型。

2. 流通型配送中心

这类配送中心基本上不以长期储存为目的,而是暂存或以随进随出的方式进行配货、送货。这类配送中心的典型工艺为:大量货物整托盘或整箱进入,然后按一定批量零出。一般采用大型分类机,进货时直接进入分类机传送带,分送到各用户或直接分送到配送车辆上。

3. 加工型配送中心

这是一种以包装、分割、分拣、刷标志、拴标签、组装等简单作业为主要业务的配送中心,如食品加工配送中心、生产资料加工配送中心等。

二、按配送中心的层次和范围分类

(一) 中央配送中心

该类配送中心主要位于制造商的生产基地,辐射范围广,面向下游的区域配送中心或直接面向客户服务。这种配送中心的特点,与我国物流术语标准中"物流中心"定义的内容比较接近,因此,也可称其为"物流中心"。

(二) 区域配送中心

这是一类辐射能力较强,活动范围较大,可以跨省、跨市进行配送活动的配送中心。区域配送中心主要接收上游厂商或中央配送中心送来的货物,然后转运到下游的城市配送中心、仓库或直接配送给客户。制造商、分销商或零售商通常会对自己的销售市场进行划分,然后根据一定的条件设立若干区域配送中心。

区域配送中心一般经营规模较大,设施设备齐全,配送的货物批量大而批次相对少,在实践中为完善服务,虽然也从事零星分散的配送,但不是其主要业务。

(三) 城市配送中心

该类配送中心向城市范围内的用户提供门到门的配送服务。由于在城市范围内,货物的运输距离短,大型载重汽车又受到城市道路通行的限制,因此,配送中心在组织送货时,一般多使用中小型厢式货车,体现出"小批量"、"多批次"、"高频度"的服务特点。因其服务对象主要是市内的生产企业、零售商或连锁店铺,因此辐射能力不太强,一般通过与区域配送中心联成网络的方式运作。

三、按物流设施的归属分类

1. 自用型配送中心

这种配送中心,一般其设施归一家企业或企业集团所有,成为企业物流组织体系和物流系统的构成部分,为企业自己或集团内部服务,很少对外提供服务。如美国沃尔玛的配送中心即是由公司独资建立,专门为本公司所属的连锁店提供商品配送服务的自有型配送中心。当然,一些自有型配送中心在能力富余的情况下,或者为了降低营运成本,也有限地对外提供配送服务。

2. 公共型配送中心

这种配送中心是面向社会或某个行业所有用户服务的，通常是由若干家企业共同投资、持股或管理，专业从事物流与配送服务的经营实体。当然，也可以根据与客户的合同，提供合同制的个性化、定制化的配送服务。在配送中心的总量中，这类配送中心占的比例较大。而且，有的配送中心不仅仅提供第三方的配送服务，也具有商业交易功能，如一些批发商可以转型为公共型配送中心。

四、按运营主体的不同分类

1. 制造商型配送中心

这类配送中心是制造类企业建设的配送中心。这种配送中心专门服务于制造企业本身的生产、销售活动，以此来降低企业产品销售的流通费用，提高企业的客户服务水平，协助开展产品的促销活动等。

2. 批发商型配送中心

这类配送中心是产品的批发商或代理商出资建设的。这种配送中心主要是将各个制造商生产的产品集中到一起，然后将各种产品进行组合搭配或单一地向消费者或零售商发货，实现产品的汇集和再销售。

3. 零售商型配送中心

这类配送中心由零售商建设，主要服务于大、中型零售企业。零售企业的经营规模达到一定水平后，企业通过集中采购和集中运输等手段以获得规模效益，包括节省运输成本、降低采购价格等。这种配送中心在零售商的采购过程中起到集运的作用，然后再通过各种产品的组合，整车地运到需求点。

4. 专业配送中心

这类配送中心由专业的物流公司出资建设。它属于社会化的配送中心，由专业的第三方物流公司管理，向社会提供公共配送服务。这种配送中心通常具有较强的运输、配送能力，地理位置优越，能迅速地按照企业客户的要求将产品送到指定地点。

五、按所处理或所经营的货物种类分类

1. 经营散装货物的配送中心

这类配送中心主要是合作型配送中心。其职能是向加工厂提供煤炭、水泥、金属矿石等散装货物，大多建造在铁路沿线和港口，如我国的"煤炭配送中心"。

2. 经营原材料的配送中心

此类配送中心的任务是向生产企业配送诸如钢材、木材、建材等物资。这里指的原料，多是以集装箱方式装载。

3. 经营件货的配送中心

这类配送中心通常指的是配送制成品的配送中心。实践中,上述货物也是用集装箱和托盘来完成运送任务的。

4. 经营冷冻食品的配送中心

这类配送中心有加工、冷冻食品的功能。

5. 特殊商品配送中心

这是一种专门处理和运送一些特殊商品(如有毒物品,易燃、易爆物品,特种药品等)的配送中心。这些物流组织通常都设置在人口稀少的地区,并且对所存放的商品进行特殊的管理。

本章小结

本章首先在介绍配送中心定义的基础上,阐述了配送中心与仓库、物流中心的异同。然后介绍了配送中心具有的衔接和指导地位,以及在使供货适应市场需求的变化、经济高效地组织储运、实现物流的系统化和专业化、促进地区经济的快速增长和完善连锁经营体系方面的作用。最后阐述了配送中心的功能、特征及其主要类型。

综合案例分析

上海联华生鲜食品加工配送中心物流案例

联华生鲜食品加工配送中心是我国国内目前设备最先进、规模最大的生鲜食品加工配送中心之一,总投资6 000万元,建筑面积35 000平方米;年生产能力20 000吨,其中肉制品15 000吨,生鲜盆菜、调理半成品3 000吨,西式熟食制品2 000吨;配送15大类约1 200种生鲜食品;在生产加工的同时配送中心还从事水果、冷冻品以及南北货的配送任务。

生鲜商品大部分需要冷藏,物流流转周期必须很短,这样节约成本;生鲜商品保值期很短,客户对其色泽等要求很高,所以在物流过程中需要快速流转。联华生鲜配送中心正是围绕"快"和"准确"这两个目标开展工作的。

(一) 订单管理

门店的要货订单通过联华数据通信平台,实时地传输到生鲜配送中心,在订单上设定各商品的数量和相应的到货日期。生鲜配送中心接受到门店的要货数据后,立即在系统中生成门店要货订单,按不同的商品物流类型进行不同的处理。

(1) 储存型商品。系统计算当前的有效库存,比对门店的要货需求以及日均配货量和相应的供应商送货周期自动生成各储存型商品的建议补货订单,采购人员根据此订单和实际的情况进行一些修改即可形成正式的供应商订单。

（2）中转型商品。此种商品没有库存，直进直出，系统根据门店的需求汇总，按到货日期直接生成供应商的订单。

（3）直送型商品。根据到货日期，分配各门店直送经营的供应商，直接生成供应商直送订单，并通过 EDI(electronic data interchange，电子数据交换)系统直接发送到供应商。

（4）加工型商品。系统按日期汇总门店要货，根据各产成品或半成品的 BOM (bill of material，物料清单)表计算物料耗用，比对当前有效的库存，系统生成加工原料的建议订单，生产计划员根据实际需求进行调整，发送采购部生成供应商原料订单。

各种不同的订单在生成完成或手工创建后，通过系统中的供应商服务系统自动发送给各供应商，时间间隔在 10 分钟内。

（二）物流计划

在得到门店的订单并汇总后，物流计划部根据第二天的收货、配送和生产任务制定物流计划。

（1）线路计划。根据各线路上门店的订货数量和品种，对线路进行调整，保证运输效率。

（2）批次计划。根据总量和车辆人员情况设定加工和配送的批次，实现循环使用资源，提高效率；在批次计划中，将各线路分别分配到各批次中。

（3）生产计划。根据批次计划，制定生产计划，将量大的商品分批投料加工，设定各线路的加工顺序，保证和配送运输协调。

（4）配货计划。根据批次计划，结合场地及物流设备的情况，进行配货的安排。

（三）储存型物流运作

商品进货时先要接受订单的品种和数量的预检，预检通过方可验货，验货时需进行不同要求的品质检验，终端系统检验商品条码和记录数量。在商品进货数量上，定量的商品的进货数量不允许大于订单的数量，不定量的商品提供一个超值范围。对于需要重量计量的进货，系统和电子秤系统连接，自动去皮取值。

拣货采用播种方式，根据汇总取货，汇总单标志从各个仓位取货的数量，取货数量为本批配货的总量，取货完成后系统预扣库存，将被取商品从仓库仓间拉到待发区。在待发区，配货人员根据各路线各门店配货数量对各门店进行播种配货，并检查总量是否正确，如不正确向上校核，如果商品的数量不足或其他原因造成门店的实配量小于应配量，配货人员通过手持终端调整实发数量，配货检验无误后使用手持终端确认配货数据。

在配货时，冷藏和常温商品被分置在不同的待发区。

（四）中转型物流运作

供应商送货后先进行储存型物流先预检，预检通过后方可进行验货配货；供应商将中转商品卸到中转配货区,中转商品配货员使用中转配货系统按商品——路线——门店的顺序分配商品,数量根据系统配货指令的指定执行,贴物流标签。将配完的商品采用播种的方式放到指定的路线门店位置上,配货完成后统计单种商品的总数量和总重量,根据配货的总数量生成进货单。

中转商品以发定进,没有库存,多余的部分由供应商带回,如果不足在门店间进行调剂。针对不同类型的中转商品有不同的物流处理方式。

（1）不定量需称重的商品。设定包装物皮重;由供应商将单件商品上秤称重,配货人员负责系统分配及其他控制性的操作;电子秤称重,每箱商品上贴物流标签。

（2）定量的大件商品。设定门店配货的总件数,汇总打印一张标签,贴于其中一件商品上。

（3）定量的小件商品(通常需要冷藏)。在供应商送货之前先进行虚拟配货,将标签贴于周转箱上;供应商送货时,取自己的周转箱,按周转箱标签上的数量装入相应的商品;如果发生缺货,将未配到的门店(标签)作废。

(五) 加工型物流运作

生鲜的加工按原料和成品的对应关系可分为两种类型:组合和分割,两种类型在 BOM 设置和原料计算以及成本核算方面都存在很大的差异。在 BOM 中每个产品设定一个加工车间,只属于唯一的车间,将产品分为最终产品、半成品和配送产品,商品包装加工分为定量和不定量的加工,对于称重的产品或半成品需要设定加工产品的换算率(单位产品的标准重量),原料的类型分为最终原料和中间原料,设定各原料相对于单位成品的耗用量。

生产计划/任务中需要对多级产品链计算嵌套的生产计划/任务,并生成各种包装生产设备的加工指令。对于生产管理,在计划完成后,系统按计划内容生成标准领料清单,指导生产人员从仓库领取原料以及生产时的投料。在生产计划中考虑产品链中前道与后道的衔接,各种加工指令、商品资料、门店资料、成分资料等下发到各生产自动化设备。加工车间人员根据加工批次加工调度,协调不同量商品间的加工关系,满足配送要求。

(六) 配送运作

商品分拣完成后,都堆放在待发库区,按正常的配送计划,这些商品在晚上送到各门店,门店第二天早上将新鲜的商品上架。在装车时按计划依路线——门店顺序进行,同时抽样检查准确性。在货物装车的同时,系统能够自动算出各门店使用的包装物(笼车、周转箱)的清单,装货人员也据此来核对差异。在发车之前,系统根据各车的配载情况生成各运输车辆的随车商品清单、各门店的交接签收单和发货单。

商品到门店后,由于数量的高度准确性,在门店验货时只要清点总的包装数量,退回上次配送带来得包装物,完成交接手续即可,一般一个门店的配送商品交接只需要5分钟。

思考题

1. 简述物流系统是怎样对上海联华产生作用的。
2. 上海联华物流配送中心的功能有哪些？
3. 上海联华的物流发展战略给我们哪些启示？

本章综合练习题

1. 比较仓库、配送中心、物流中心的异同点。
2. 配送中心有哪些功能？
3. 简述配送中心的基本特征。
4. 配送中心有哪些主要类型？

实践活动

参观不同类型的配送中心

实践目标：实地观察配送中心的特点。

实践内容：考察不同类型的配送中心，如广州市宝供物流企业集团有限公司的分销及连锁配送业务、711便利店的配送系统等，了解各配送中心的主要特点。

实践要求：观察过程中注意思考不同企业的配送中心各有什么特点，原因何在。

实践成果：撰写实践报告。

第二章 配送中心的发展

本章学习目标

了解配送中心产生与发展的历程;掌握发达国家和地区配送中心的类型和特点,了解我国配送中心的发展状况;掌握电子商务物流配送的含义,了解我国电子商务中物流配送的发展现状、问题与对策。

 经典案例导入

现代配送给苏果超市的发展带来了机遇

苏果超市有限公司成立于1996年7月,2006年销售规模约220亿元,销售网点1700个,覆盖苏、皖、鲁、豫、鄂、冀六个省份,安排就业人员近5万人。苏果坚持经营业态多样化、连锁网络城乡化、物流配送现代化、企业管理科学化和服务内容系列化,不断优化和持久创新。现在已成功开发出具有苏果特色的购物广场、社区店、标准超市、便利店、好的便利店,五种业态资源共享、优势互补。为了支撑外埠门店和下一轮扩张,强大的物流配送体系——苏果马群配送中心于2005年1月正式投入运营,该中心占地250亩(1亩=666.667平方米,下同),单体仓库建筑面积4.5万平方米,堪称华东地区第一。新配送中心单品2万多种,年配送量达4 300多万箱,服务半径约300千米,能够适应苏果的长远发展战略和更大规模的发展。2005年苏果的品牌价值评估达10.32亿元,荣获"2005中国500最具价值品牌"称号,同时,苏果超市又被国家商务部确定为全国重点扶持的15个大型流通企业集团之一。仅仅十年间在中国零售连锁业的排名升至第六位,现已成为集批发、配送、物流、加工、零售于一体的大型连锁企业。在南京,苏果超市占据着超市业态50%以上的市场份额,是江苏省超市零售业最大的商贸流通企业。

这样一个大型的商贸流通企业,物流配送的现代化在其发展中起到了重要的作用。

第一节　配送中心的发展历程

一、配送中心的产生

配送中心是随着社会生产的发展和社会分工的细化而产生的,货运量迅速增加、运输方式的多样化和运输工具的发展、道路交通发展、物流成本的下降、城市经济发展、科学技术发展、交易形式变化等因素都对配送中心的发展产生了影响。特别是在零售行业,随着激烈的商业竞争,超市、仓储超市、连锁商业、专卖店等新的交易形式大量出现,贴近顾客、低价格销售的营销方式使得配送中心应运而生。

生产制造企业的业务活动主要分为采购、生产及销售三个紧密相连的环节。在这三个环节中,只有生产制造阶段是企业相对独立的专业行为,流通阶段会涉及众多复杂的经营行为。

在原材料购买阶段,生产企业面向的是一个广阔的市场,它会在世界各地寻找最佳的合作伙伴,它的供应商也可能分布在世界的各个角落,如美国的福特公司,在全世界共有数十家原材料供应商。这些采购来的原材料,或直接送往生产装配基地,或在采购地和某一集中地重新聚集。采购的原材料在这一过程中,会发生装卸搬运、入库保管、分拣包装和运输送货等作业。

在产品销售阶段,生产企业根据销售预测或客户订单将生产出的产品或产成品送往分布在各地的分销商或最终客户,具体作业包括产品进入企业内部产成品仓库所发生的搬运装卸、入库保管、包装加工、出库装车等作业,产品送往各个分销商的运输作业以及在分销中心发生的再次储存保管、最终至末端客户的运输或配送作业等。由于市场销售的不可预期性增加,或市场销售至末端客户的要求,这一过程发生的相关物流作业次数会更多,作业的环节也更复杂、更频繁,地域更加分散,成本也更高。这一过程在现代物流学里被称为"实物配送"。

生产制造企业为了突出专业强项,挖掘成本潜力,以期大幅度降低流通费用,必然会寻找从事流通业务的专业组织——配送中心。可见配送中心是社会生产发展、社会分工专业化及现代化的必然结果。

二、配送中心的发展阶段

配送中心的发展大体经历了三个阶段。

(一) 形成阶段(第二次世界大战后到20世纪60年代末)

在第二次世界大战中,高效、快捷的物资和人员的配送对盟军的胜利做出了突出的贡献。当时美军为了支援其在欧洲、亚洲、非洲等世界各地的作战,保证战场上所需物资快捷、安全的供给,逐步策划和建成了一条军需物资从生产地到最终使用地的后勤保障系统,这使物流配送进入了人们的视野。第二次世界大战结束以后,日本、美国、西欧等国家和地区的经济高速增长,社会化大生产进一步发展。但随之而来的是流通落后的问题,使物流成本居高不下,严重阻碍了生产力进一步发展。当时,日本的一项调查表明,由于企业自备车辆多、道路拥挤及停车时间长,企业收集和发送货物的效率明显下降。但企业如果减少自备车辆就意味着自身运输能力减弱,销售收入降低。这种企业个体行为的膨胀,制约了整体物流的发展,特别是多环节、低速度、高消费的物流,导致社会总物流成本的恶性攀升。当时,美国"20世纪财团"的调查显示:"以商品零售价格为基数进行计算,流通费用所占的比例达59%,其中大部分为物流费。"流通结构分散和物流费用不断上升,严重阻碍了生产的发展和企业利润率的提高。因此,日本、美国企业界把第二次世界大战期间"军事后勤"引用到企业管理中,不少企业设立了新的流通机构,将独立、分散的物流统一、集中,推出了新型的送货方式,成立配送中心。在此时期,配送只是一种粗放型、单一性的活动。这时的配送活动范围很小,规模也不大,配送货物的种类也不多。配送主要是以促销手段的职能来发挥其作用的。20世纪60年代中期,世界经济发展速度逐步加快,货物运输量急剧增加,商品市场竞争日趋激烈,配送业得到了进一步的发展。欧美一些国家的实业界相继调整了仓库结构,组建或设立了配送中心,普遍开展了货物组装、配载及送货上门服务。据介绍,20世纪60年代美国的许多公司将原来的老式仓库改成了配送中心,使老式仓库减少了90%,这不仅降低了流通费用,而且节约了劳动消耗。

(二)发展阶段(20世纪60年代末到80年代初)

20世纪60年代末期,工业全球化使得企业在世界范围内的贸易往来日益增多,企业与其合作伙伴之间的供应链变得更长、更复杂、更昂贵。特别是第一次全球石油危机之后,利率和能源价格飞速上涨,使运输成本普遍超过了企业的承受能力。据资料统计:在1974—1975年上半年,企业运输费用上升了20%以上。这迫使生产制造企业开始寻找更好的物流合作伙伴,找到一个最佳的物流途径,使自己能够比其他竞争者提供给市场更快捷、更可靠、更廉价的产品,这些使物流进一步成为人们关注的焦点。这推进了配送中心向合理化方向发展。这一时期配送的货物种类日渐增多,除服装、食品、药品、旅游用品等日用工业品外,还包括不少生产资料产品。同时配送服务的范围在不断扩大,例如,在美国,已经开展了洲际间的配送;在日本,配送的范围则由城市扩大到了省际。同时,不少公司还采取了城市间和市内的集中配送、路线配送等措施,大大提高了物流业的服务水平。从配送形式和配送组织上看,这个时期曾试行了"共同配送",并且建立起了相应的配送体系。

(三) 成熟阶段(20世纪80年代到现在)

20世纪70年代末80年代初,随着美国政府制定的一系列法规、法案的出台,解除了对运输业的管制,运输市场全面实现了市场化、自由化。这不仅带来了运输业的激烈竞争,而且由于运费、运输路线的选择、运送计划自由决定,配送中心的组织者真正能够按客户的需求,实现同其他公司在物流服务上的差异化竞争,加速了配送中心向规模化、集约化、综合化、专业化的方向发展。特别是物流信息系统的引进,使整体物流成本在整个国民经济中呈现逐年下降趋势。据《2000年美国年度物流状况报告》显示,1980年美国物流成本占当年GDP的15.7%,1981年为14.1%,1990年占11.4%,1999年占9.9%。与此同时,配送中心的规模和数量却在剧增,配送的品种越来越多。另据有关资料介绍,1986年,美国GRP公司共有送货点3.5万个。到了1988年,经过合并之后,送货点减少到1 800个,减少幅度为94.85%。这期间,美国通用食品公司用新建的20个配送中心取代了以前建立的220个仓库,以此形成了规模经营优势。在日本,有的配送中心人均搬运作业率每小时可达500个托盘,分拣能力已达1.45万件/时。日本资生堂配送系统每天可完成管区内4 200个商店的配送任务。同时,这一时期配送的活动范围已经扩大到了省际、洲际和国际。例如,以商贸业立国的荷兰,配送的范围已扩大到了欧盟诸国。来自荷兰国际配送委员会的资料显示,1998年荷兰35%左右的贸易量过境运输用的是"转运"站(配送中心)。配送中心除了自己直接配送外,还采取转承包的配送策略。而且,在配送实践中,配送的技术水平、手段日益先进。各种先进技术特别是计算机的应用,使物品配送基本上实现了自动化。发达国家普遍采用了诸如自动分拣、光电识别、条形码等先进技术,并建立了配套的体系和配备了先进的设备,如无人搬运车、自动分拣机等,使配送的准确性和效率大大提高。美国UPS全球物流公司的职员通过扫描及检查进入仓库的产品的条形码,就能使拥有远程读取数据设备的人准确地监测出储存水平。有的工序因采用先进技术和先进设备,工作效率比以前提高了5~10倍。

第二节 发达国家和地区配送中心的建设与发展

一、美国配送中心的类型和管理特点

从20世纪60年代起,商品配送合理化在发达国家普遍受到重视。为了向流通领域要效益,美国企业采取了以下措施:一是将老式的仓库改为配送中心;二是引进电脑管理网络,对装卸、搬运、保管实行标准化操作,提高作业效率;三是连锁店共同组建配送中心,促进连锁店效益的增长。美国连锁店的配送中心有多种,主要有批发型、零售型和仓储型三种类型。

1. 美国配送中心的类型

（1）批发型。美国加州食品配送中心是全美第二大批发中心，成立于1982年，建筑面积10万平方米，工作人员2 000人左右，共有全封闭型温控运输车600多辆，1995年该中心销售额为20亿美元。它经营的商品均为食品，共有43 000多个品种，其中98%的商品由该公司组织进货，另有2%的商品由该中心开发加工，主要是牛奶、面包、冰淇淋等新鲜食品。该中心实行会员制，各会员超市因店铺的规模大小不同、所需商品的配送量不同，而向中心交纳不同的会员费。会员店在日常交易中与其他店不一样，不享受中心的任何特殊的待遇，但可以参加该中心定期的利润分红。该配送中心本身不是赢利单位，可以不交营业税。所以该配送中心获得利润时，采取分红的方式，将部分利润分给会员店。会员店得红利的多少，将视在配送中心的订货量和交易额的多少而定，多者多分红。

该配送中心主要靠计算机管理。业务部通过计算机获取会员店的订货信息，及时向生产厂家和储运部发出要货指示单；厂家和储运部再根据要货指示单的先后缓急安排配送的先后顺序，将分配好的货物放在待配送出口等待发运。配送中心24小时运转，配送半径一般为50公里。

该配送中心与制造商、超市协商制定商品的价格，主要依据是：①商品数量与质量；②付款时间，如在10天内付款可以享受2%的价格优惠；③配送中心对各大超市配送商品的加价率，根据商品的品种、档次不同以及进货量的多少而定，一般为2.9%～8.5%。

（2）零售型。美国沃尔玛公司的配送中心是美国典型的零售型配送中心。沃尔玛的全球采购战略、配送系统、天天低价策略在零售业中都是非常出色的。沃尔玛利用信息技术整合优势资源，将信息技术战略与传统物流整合，打造出独具特色的物流体系。沃尔玛独特的配送体系，大大降低了成本，加速了存货周转，成为沃尔玛"天天低价"策略最有力的支持。

沃尔玛1945年诞生于美国。在沃尔玛创立之初，由于地处偏僻小镇，几乎没有哪个分销商愿意为它送货，于是沃尔玛不得不自己向制造商订货，然后再联系货车送货，效率非常低。在这种情况下，沃尔玛的创始人山姆·沃尔顿决定建立自己的配送组织。1970年，沃尔玛的第一家配送中心在美国阿肯色州的一个小城市本顿维尔建立，这个配送中心供货给4个州的32个商场，集中处理公司所销商品的40%。

沃尔玛配送中心的运作流程是：供应商将商品的价格标签和UPC条形码（统一产品码）贴好，运到沃尔玛的配送中心；配送中心根据每个商店的需要，对商品就地筛选，重新打包，从"配区"运到"送区"。

由于沃尔玛的商店众多，每个商店的需求各不相同，这个商店也许需要这样一些种类的商品，那个商店则有可能又需要另外一些种类的商品，沃尔玛的配送中心根据商店的需要，把产品分类放入不同的箱子当中。这样，员工就可以在传送带上取到自己所负责的商店所需的商品。那么在传送的时候,他们怎么知道应该取哪个箱子呢?传送带上有一些信号灯,有红的、绿的,还有黄的,员工可以根据信号灯的提示来确定箱子应被送往的商店,据此决定应拿取哪些箱子。

在配送中心内,货物成箱地被送上激光制导的传送带,在传送过程中,激光扫描货箱上的条形码,全速运行时,只见纸箱、木箱在传送带上飞驰,红色的激光四处闪射,将货物送到正确的卡车上,传送带每天能处理20万箱货物,配送的准确率超过99%。

20世纪80年代初,沃尔玛配送中心的电子数据交换系统已经逐渐成熟。到了20世纪90年代初,它购买了一颗专用卫星,用来传送公司的数据及其信息。这种以卫星技术为基础的数据交换系统的配送中心,将自己与供应商及各个店面实现了有效连接,沃尔玛总部及配送中心任何时间都可以知道,每一个商店现在有多少存货,有多少货物正在运输过程当中,有多少货物存放在配送中心等;同时还可以了解某种货品上周卖了多少,去年卖了多少,并能够预测将来能卖多少。沃尔玛的供应商也可以利用这个系统直接了解自己昨天、今天、上周、上个月和去年的销售情况,并根据这些信息来安排组织生产,保证产品的市场供应,同时使库存降低到最低限度。

由于沃尔玛采用了这项先进技术,其配送成本只占销售额的3%,其竞争对手的配送成本则占到销售额的5%,仅此一项,沃尔玛每年就可以比竞争对手节省下近8亿美元的商品配送成本。20世纪80年代后期,沃尔玛从下订单到货物到达各个店面需要30天,现在由于采用了这项先进技术,这个时间缩短到2~3天,大大提高了物流的速度和效益。

沃尔玛的每个配送中心都非常大,平均占地面积大约有11万平方米,相当于23个足球场。配进中心一般不设在城市里,而是在郊区,这样有利于降低用地成本。沃尔玛的配送中心虽然面积很大,但它只有一层,之所以这样设计,主要是考虑到货物流通的顺畅性。有了这样的设计,沃尔玛就能让产品从一个门进,从另一个门出。如果产品不在同一层就会出现许多麻烦,如电梯或其他物体的阻碍,产品流通就可能无法顺利进行。

在沃尔玛的配送中心,大多数商品停留的时间不会超过48小时,但有部分产品会有一定数量的库存,这些产品包括化妆品、软饮料、尿布等各种日用品,配送中心根据这些商品库存量的多少自动补货。

在美国,沃尔玛投资建设一个配送中心大约要8 000万~1亿美元,配送中心辐射的范围大约为100家店。只有店面达到了一定的数量,配送中心才起作用。到现在,沃尔玛在美国已有30多家配送中心,分别供货给美国18个州的3 000多家商场。

对任何一家零售商来说,减少送货时间都是非常重要的。沃尔玛的供应商可以把产品直接送到众多的商店中,也可以把产品集中送到配送中心,两相比较,显然集中送到配送中心可以使供应商节约更多成本。有了"集中配送中心",供应商就节省了大量时间,免去了千里跋涉、挨家挨户向上百家商店送货之苦。集中配送中心成为沃尔玛配送体系的心脏,它们与更小的、功能更为单一的配送中心连成一体。

沃尔玛的供应商根据各分店的订单将货品送至沃尔玛的配送中心,配送中心则负责完成对商品的筛选、包装和分拣工作。沃尔玛的配送中心具有现代化的机械设备,送至此处的商品85%都采用机械处理,这就大大减少了人工处理商品的费用。同时,由于购进商品数量庞大,自动化机械设备得以充分利用。沃尔玛配送中心的一端是装货月台,可供30辆卡车同时装货,另一端是卸货月台,可同时停放135辆大卡车。每个配送中心有600~800名员工,24小时连续作业;每天有160辆货车开来卸货,150辆车装好货物开出。

所以,在沃尔玛销售的商品中,有87%左右是经过配送中心配送的,每个配送中心离最远的零售店不超过500英里(1英里=1.609 344公里,下同),只有一天的路程,从零售店下订单到货物上架的响应时间为48小时,保证了送货的及时性,大大提高了物流的速度和效益。而沃尔玛的竞争对手仅能达到50%的水平,相应的货物配送响应时间至少120个小时。

(3) 仓储型。福来明公司的食品配送中心是典型的仓储式配送中心。该中心的主要任务是接收美国独立杂货商联盟加州总部的委托业务,负责该联盟在加州的350家加盟店的商品配送。该配送中心建筑面积7万平方米,其中冷库、冷藏库4万平方米,杂货库为3万平方米,经营8.9万个品种,其中有1 200个品种是由独立杂货商联盟开发的,必须集中配送。在服务对象经营的商品中,有70%左右的商品由该中心集中配送,一般鲜活商品和怕碰撞商品,如牛奶、面包、炸土豆片、瓶装饮料和啤酒等,从当地厂家直接进货到店,蔬菜等商品从当地的批发市场直接进货。

2. 美国配送中心的经营特点

(1) 一流的服务。一流的服务体现在以下三个方面。一是在观念上的变革。美国的一些配送中心不但将供货方和购货方看做是服务对象,而且是执行任务的经营伙伴。如USCO配送公司专门设立一个服务部门,负责签订业务合同,以客户名义承接订单,接受电话咨询等,并制作了厚厚的一本服务手册,详尽地介绍了配送中心所提供的各项服务内容、达到的标准及各项承诺。他们把顾客满意摆在首位,力争提供百分之百优质服务,并在手册中要求必须满足顾客的需求。一旦出现问题,必须在4小时之内解决。

二是即进制。每个配送中心均向客户承诺,客户要求什么时间送到,配送中心就保证什么时候送到。例如,Giant公司是以经营食品为主的连锁超市公司,该公司经营的商品品种有6 500种,其中98%有库存。配送中心非常重视商品的库存周转,70%的商品采用计算机控制的选货系统配货,每小时选货3 600箱,每天按预先规定的时间对 165 家连锁店分别配送 5 次,从而把库存周期由 3 周压缩到 5 天,使资金周转大大加快,原先使用的仓库面积相应缩减,物流成本大幅度下降。特别值得一提的是,目前美国许多配送中心正在试行与生产商结成伙伴关系,尤其是在节日大减价促销活动中,由各生产厂家按照超市公司提供的订单花色包装,配送中心不点数直接送零售店,这种做法被称为"诚实"销售,减少了环节,节约了费用。

三是千方百计地提高配送正确率,以取得客户的信赖。在配送中心作业过程中,一般要经过 10 个环节:收货;验货;输入收货记录;归档;发货;编制装运单;高速库存记录;装车;配送;交货。每个环节的人员必须将外包装上的条形码与货架条形码同计算机储存的信息核对,同时每半个月部门经理要对其所管辖区域的存货进行一次全面盘点,以提高配送的正确率。大的配送中心配送精确率一般为 99.04%,运输精确率为 99.94%,按时到达率为 99.42%。

(2) 确定合理的价格。美国公共配送的收费价格是按配送商品的服务项目、难易程度和商品的销售金额来确定的,一般按配送货物销售额的 3‰~5‰ 来收取。如 1992 年在拉斯维加斯建设的 Vallen 食品配送中心,建筑面积为 1.6 万平方米,投入 1 300 万美元;拥有冷冻库、冷藏库和常温库,35 辆大型送货车和 34 辆大型运输车。作为批发商,配送中心从全美各地采购各类食品,并根据当地宾馆、饭店的订货情况进行配送。一般情况下,24 小时内可送到拉斯维加斯的任何地方;特殊情况下,上午订货下午到。该配送中心建立了 EDI 系统,客户可利用与配送中心联网的终端,直接订货;而在价格上,不会由于设备昂贵、装备精良而出现高于当地其他配送中心的情况。

(3) 降低作业成本。美国的配送中心主要从以下三个途径来降低成本。

① 自动化管理、条形码技术在配送中心的广泛应用。美国的配送中心广泛使用了电脑、条形码和激光扫描技术,并运用于配送的全过程,安装在每台叉车、牵引车、托盘车上,从而大大减少了人员的开支,提高了工作效率和准确率,保证了配送的速度;一些大型的配送中心甚至使用卫星通信、识别装置来指挥在公路上运行的车辆。由于使用完善的计算机管理系统,企业降低了成本,提高了经济效益,减少了库存量,延迟交货减少了,采购期缩短了,管理人员减少了,经营作业能力提高了。

② 合理选择和使用机械设备。美国配送中心的管理十分讲究实效,不是一味地追求机械化、自动化。如在 Giant 配送中心,一条 20 世纪 70 年代安装的自动化分拣系统被拆除,而替代的是人工分拣,原因是这些设备比较陈旧,目前尚未有更先进的设备替代,维修它需要一批工程师,与人工分拣相比成本更高,所以采用人工分拣。在使用的各种机械中,叉车、托盘车、手推车、牵引车、运输机、立体货架等各尽其能,达到最优配置。如叉车只用于货位的堆高,平面运输则交给托盘车或牵引车完成;配送商品放在立体货架上,而储存性商品则直接用托盘堆高。这样做可

以节约资金,最大限度地利用设备的功能,决不让机械设备闲置和浪费。

③ 选择合理的配送线路。在美国,一个较大的配送中心往往在国内外拥有几十个分公司,分布在全美及周边国家的交通枢纽、经济中心城市,这样就可以利用这些分散的配送中心来设计合理的输送线路。

二、日本配送中心的类型和管理特点

近20年,日本的物流配送业发展很快,其配送中心实现了自动化管理,制定了严格的规章制度和配备了比较先进的物流设施,在确保商品配送准确、及时、新鲜的同时,降低了流通成本、加快了商品流转速度、提高了经济效益,促进了连锁超市的经营和发展。

1. 日本配送中心的类型

日本配送中心的总体发展趋势是:系统内的"自有自方便"的配送中心逐步缩小,而商品配送社会化、物流设施共同享用、物流配送共同化的趋势日趋明显。

目前日本的配送中心大致有以下三种类型。

(1) 大型商业企业自设的配送中心。一般由资金雄厚的商业销售公司或连锁超市公司投资建设,主要为本系统的零售店配送,同时也受理社会中小零售店的商品配送业务,这部分为社会配送的业务正在发展扩大。例如,设立在日本东京都立川市的菱食立川物流中心,拥有冷冻仓库、恒温仓库、常温仓库共约11 000平方米,其中冷库约7 000平方米,主要配送食品(除冰淇淋)、酒类、冰淇淋等。配送商品品种数为冷冻食品(除冰淇淋)1 500种、酒类1 000种、冰淇淋200种等。主要配送到关东地区的12个配送中心,然后由12个分中心再配送到各零售店铺。这12个分中心分为两种类型,一种是"通过中心"(如川口、桐生、市川、山梨等),另一种是"在库型通过中心"(如湘南、桶川、静、极木、茨城等)。通过中心是指收到商品,经分拣后再配送到中小超市,不保持库存;在库型通过中心是指对A级商品有一定的库存量,其他商品分拣后直接配送出去。

系统内的店铺和系统外的食品店或超市,通过EOS(electronic ordering system,电子自动订货系统)向菱食情报中心订货,由立川中心承担物流配送。

(2) 批发商投资,小型零售商加盟组建的配送中心。为了与大型连锁超市竞争,一些小型零售企业和连锁超市加盟合作,自愿组合,接受批发商投资建设配送中心。这种以批发商为龙头,由零售商加盟的配送中心,实际是商品的社会化配送。这样的配送形式,既可解决小型零售商因规模小、资金少而难以实现低成本经营的难题,也提高了批发商自身的市场占有率,同时实现了物流设施的充分利用。如由批发商CGC投资的栃木集配中心即属此类。CGC总部设在东京新宿,在关东地区由其投资建设了8个这样的配送中心(栃木中心是其中规模最小的一个,于1996年11月1日建成开业),加盟合作对象是一些小型零售商店和连锁超市。CGC负责集中进货和配送,这样,这些小型零售商店和连锁超市就能和大公司一样集中进货和配送,一方面便于工厂送货,工厂愿意让利给集配中心;另一方面小公司不必自己再购买物流配送设备。枥木集配中心负责配送周围30公里以内的7个株式会社的37家店铺,其中每天供配的有5个株式会社的19家店铺,这些店铺的25%商品由该中心配送。

(3) 接受委托,为连锁超市服务的物流企业配送中心。此类配送中心在完成对本系统的配送后,还接受其他企业的委托进行配送服务。其主要配送对象为大量的小型化便利店或超市,以合同约束双方,开展稳定的业务合作。如西友座间物流中心,由西友总部投资建造,该中心除了为本系统的店铺配送商品外,主要配送对象是便利店。座间物流中心负责配送关东地区的部分便利店(最远50公里,平均25～30公里)。座间物流中心向西友总部承包经营,专门从事物流配送业务。西友总部、座间物流中心、便利店三者之间以合同为约束手段,开展稳定的业务合作。

以上三种类型的配送中心,实际上都不同程度地承担着社会配送功能,并且还有进一步扩大的趋势。

2. 日本配送中心的管理特点

(1) 普遍实现计算机网络管理,使商品配送及时。日本的配送中心大都有相当成熟的电脑网络管理系统,从商品订货进入 EOS 开始,信息进入中央信息中心后,立即通过网络传送到配送中心。采用计算机联网订货、记账、分拣、配货等,使得整个物流过程衔接紧密、准确、合理,零售门店的货架存量压缩到最小限度,直接为零售店服务的配送中心基本上做到零库存,大大降低了缺货率,缩短了存货周期,加速了商品周转,给企业带来了可观的经济效益。

(2) 严格的规章制度使商品配送作业准确有序,真正实现了优质服务。日本的配送中心都有一套严格的规章制度,各个环节的作业安排周密,严格按规定的时间完成,并且都有严格的作业记录。例如,菱食立川物流中心主要配送的商品是冷藏食品,对送货的时间和途中冷藏车的温度要求很严格。在送货的冷藏车上安装他们自己研制的记录仪,冷藏车司机送货到各个点都必须严格按计算机安排的计划执行,并且每到一个点,都必须按规定按一下记录仪按钮。如1997年3月6日该物流中心某车配送5个门店,从上午6点开始到下午4点42分回来,共运送94票商品,价值64万日元,整个运输时间4小时46分钟,卸货时间4小时47分钟,休息1小时9分钟。此外,记录仪还记下温度和最高时速。仅从这一辆车一个司机一天的作业过程可见执行制度的严格程度。

(3) 采用先进的物流设施,节约了劳动力成本,并保证提供优质的商品。日本配送中心的物流设施一般都比较先进,一是自动化程度高,节约人力;二是对冷藏保鲜控制温度要求高,保证商品新鲜。

① 物流设施高度的自动化。日本配送中心的物流设施非常先进,如卡世美物流中心,笼车在规定的运行路线上可随时插入埋在地下的自动链条中,可将各笼车

中的商品从卸车点自行运送到各集配点,空笼车也可自行返回;又如,在东京青果株式会社的大由批发市场,面积与一般托盘相仿的厚度为2~3毫米的塑料薄片,取代传统的木质托盘,用专用的叉车与之配套操作,在水泥地上使用十分方便,大大节约了成本。

② 增加投资,保质保鲜。为了食品类商品的保鲜,日本的配送中心在温控设施上很舍得花钱投资,如立川物流中心有6 000平方米冷冻库,最低温度可达-20 ℃,有冷藏库6 000多平方米,最低温度5 ℃,有恒温(18 ℃)仓库300多平方米。在该配送中心的冷冻库中高7~8米的钢货架可以在轨道上移动,使用相当方便,大大提高了冷冻库的面积利用率和高度利用率。进货冷藏车上可同时容纳3种温度的商品,适应各类商品的不同温度要求,并在整个物流过程中都能调控温度。

三、我国台湾地区的配送中心

我国台湾地区的配送中心多为中小规模,采用平房仓库,并采用适合本地区特点的设施设备。台湾地区创造了自己的"本土化物流"。他们认为"自动化"不一定适应所有国家和地区的物流产业发展,引进技术必须考虑企业的财力规模、土地成本、建筑成本、设备成本等条件。因此,我国台湾地区没有完全照搬美国和日本的发展经验,而是融合这些国家物流现代化的经验,根据自己的需求,尽量完善自己的物流薄弱环节。另外,物流人才的培养,也是台湾物流企业形成自己特色的重要推力之一,他们认为物流现代化不仅在于逐步实现物流设施的现代化,更重要的是在于人才素质的提高。目前,台湾地区的物流配送发展趋势是从整合到聚集。在物流配送的发展初期,企业凭借自身力量与外部竞争。在发展的阶段,则是通过若干企业间的互助合作与其他企业竞争。而在联合阶段则是通过资源共享的结盟来与其他企业竞争,也就是使自己的竞争对手通过聚集成为自己的一部分。这样就达到了高层次竞争的阶段,即通过提供有差异的服务进行竞争,而并非仅通过硬件进行竞争。

四、美国、日本和我国台湾地区物流配送的差异

美国、日本和我国台湾地区物流配送的差异主要体现在以下几方面。

(一)商业形态或作业方式的区别

美国人口密度较低,城市与城市的间距较远,人们有购物囤积的习惯,所以购物中心所提供的货品必须齐备,货源必须充足。日本则由于即时送货制度的施行,增加了运送费用与运送劳力,因此,一般商家为了降低运送成本纷纷将货品交由货运公司及物流配送中心来运送,以减少运送风险及提高配送时效。我国台湾地区的零售商店多,而近来又由于个性化消费风气的形成,使多样化的货品配送成为商店经营的必备条件,因此,同专业的物流配送企业合作以降低配送成本提高配送时效就成为必要。

(二)物流配送软硬件的开发及应用侧重点不同

除一般的管理系统外,美国物流配送中心在发展过程中还对多仓储、多配送中心管理系统进行研究,对分布面积较散的连锁商店之间货品运送的方法和技术也多有研究。日本则因为地域狭窄、交通复杂而具备一个较富弹性且经济的配送系统。在机械自动化程度方面,美、日等国由于其物流中心的发展历史较久,所以机械自动化程度较高,作业方式较为成熟。而我国台湾地区则由于连锁店规模较小,订单需求量也较小,所以物流中心中仅有少数几家采用自动化仓储。

(三)配送中心的特色功能存在差异

日本配送中心有如下特色功能:通过提高商品质量、增加花色品种、增加供货频率等方式强化供货枢纽的战略功能;通过综合物流管理方式以控制物流成本的功能;通过增强应变能力以适应物流量常随经营规模的发展不断变化的应变功能。而美国配送中心的特色功能是特别重视单个消费者的服务功能,即尽力满足顾客提出的各种要求。

(四)管理存在差异

日本注重物流成本测算,美国则以物流机械的现代化作为物流管理切入点。我国台湾地区的发展趋势为企业间通过资源共享的结盟来与其他企业竞争,也就是通过对现有物流资源的重新整合达到双赢的目的,本质是将分散的网络进行连接并使其优化。

第三节 我国配送中心的建设与发展

一、我国配送的产生与发展

(一)我国配送产生及发展的三个阶段

纵观我国配送的发展历程,大致可以分为以下三个阶段。

1. 初级阶段

20世纪70年代到80年代,为了解决平板利用层次低的问题,我国一些大中城市的物资部门在一个城市设置一个或几个集中套裁点,并按其货单配货、送货,采取集中库存、提高效率的物资流通方式。上述流通方式可以说是我国配送的雏形。但是由于受某些落后的生产方式及其他因素制约,这一先进的物资流通方式最终未能突破体制的障碍,未能出现持续进步、稳定发展的局面。

2. 过渡阶段

20世纪80年代中期,随着生产资料市场的开放搞活,物资流通格局发生了很大变化,市场竞争日趋激烈。物资企业为了自身的发展、提高市场占有率,积极、广泛开展物资配送业务,如天津储运公司唐家口仓库的"定时定量配送"、河北省石家庄市物资局"三定一送"的物资配送以及上海、天津等地的煤炭配送等。从总体分析,20世纪80年代是我国从自发运用配送阶段向自觉运用配送阶段的过渡时期。

3. 发展阶段

20世纪90年代以来的实践证明,配送是一种非常好的物流方式。它彻底改变了传统的流通模式和方式。物资流通企业过去等人上门买货,如今迈出家门主动上门送货,为生产企业配送急需的产品。通过代理、配送、连锁相结合的新的流通形式,配送实现了质优价廉。配送中心一方面实行统一集中进货,享受了生产企业的批量优惠,另一方面从用户和自身利益、信誉出发,严把进货关,保证进货质量。配送大大减少了生产企业的库存,使生产企业实现"零库存"的目标成为可能。而且,随着计算机网络的应用,配送业逐步实现了配送中的流通现代化管理。同时,先进设施的使用也为用户提供了更加方便、快捷的服务,同时提高了流通企业的效率。

如1992年沈阳市机电设备总公司第二公司建立沈阳机电产品配送中心,经过几年的努力,实现了经营的规模化,管理的科学化、现代化,销售额、配送额连年递增,显示出了配送的优越性和生命力。

(二)发展配送的经济环境和市场条件

改革开放三十多年以来,我国经济持续快速发展,目前已初步具备了发展配送的经济环境和市场条件。

1. 市场供求关系已发生重大变化

随着市场化取向改革的深入发展,中国经济保持了多年的持续快速增长态势,商品市场的供求关系发生了根本性变化,打破了长期以来商品供不应求的市场格局,初步形成了供求平衡或供过于求的买方市场格局。买方市场使市场竞争进一步加剧,要求企业加强科学管理、降低成本。因此,企业要进一步发展就必须降低物流成本。

2. 已经具备了充分的技术基础

现代信息技术和现代商品物流技术的进步,为我国配送业的快速发展准备了充分的技术基础。现代化物流管理和配送服务大量使用了先进的信息技术和商品物流技术。如条形码技术、计算机支持的信息管理技术、EDI技术等。

3. 政府对配送的政策支持

为了大力促进流通体制改革和加快流通现代化的进程,促进连锁经营等组织形式的发展,国家有关部门对商品配送采取了积极鼓励和支持的政策。国务院有关领导多次强调了配送中心对发展连锁经营至关重要的作用;原国内贸易部在《全国连锁经营发展规划》中,重点提出了发展配送中心的政策措施;我国流通领域实行对外开放政策,鼓励国外资本投资于物流和配送业等。目前,国内物流和配送服务已有较快的发展,物流配送已成为许多企业降低产品成本、提高竞争能力的重要手段。例如,相当多的实行连锁经营的零售企业建立了自己的配送中心,为企业内部的连锁网点提供物流配送服务,一些连锁企业配送商品比例已经超过企业经营品种的50%。在社会化物流配送方面,一些国有商业批发企业和大型零售企业正在积极探索和尝试开展社会化物流配送服务,如北京亿商集团、西单商场等;外资在物流配送服务领域的发展也十分迅速。例如,中国储运总公司与日本岗谷钢机株式会社合资组建的天津岗谷物流公司,就是集配送、加工、仓储、寄售、租赁、修理、展销和技术咨询为一体的新型流通组织。像这样的合资物流公司,在北京、天津、上海等地已有多家。它们主要是为在我国投资的跨国公司提供物流配送服务,并已成为跨国公司角逐中国市场的有力竞争手段。

二、我国配送中心的发展状况

(一) 我国配送中心形成的历史原因

配送中心的形成及发展是有其历史原因的。很多学者认为,配送中心是在仓库的基础上发展起来的。仓库的基本功能就是保管、储存各种物资,随着经济的发展、生产总量的逐步扩大,仓库的功能也在不断的演变和分化。

在我国,明代就曾出现过有别于传统仓库功能的转运仓库,叫做"搬转仓"。新中国成立后,出现了大量以衔接流通为职能的"转运仓库",又由于中转仓库的进一步发展和仓库业务能力的增加,出现了相当规模和数量的"储运仓库"。现阶段,我国一部分物流企业和配送中心就是由储运仓库通过功能拓展而发展起来的。

(二) 我国物流配送中心的发展现状

长期以来,由于受计划经济的影响,我国物流社会化程度低,物流管理体制混乱,机构多元化,导致社会化大生产、专业化流通的集约化经营优势难以发挥,规模经营、规模效益难以实现,设施利用率低,布局不合理,重复建设、资金浪费严重。由于利益冲突及信息不通畅等原因,余缺物资不能及时调配,大量物资滞留在流通领域,造成资金沉淀,发生大量库存费用。另外,我国物流企业与物流组织的总体水平较低,设备陈旧,损失率大、效率低,运输能力严重不足,形成了"瓶颈",制约了物流的发展,物流配送明显滞后。商流与物流分割,严重影响了商品经营和规模效益。实践证明,市场经济需要更高程度的组织化、规模化和系统化,迫切需要尽快加强建设具有信息功能的物流配送中心。发展信息化、现代化、社会化的新型物流配送中心是建立和健全社会主义市场经济条件下新型流通体系的重要内容。我国是发展中国家,要借鉴发达国家的经验和利用现代化的设施,但目前还不可能达到发达国家物流配送中心的现代化程度,只能从国情、地区情况、企业情况出发,发展有中国特色的新型物流配送中心。

（三）现阶段我国物流配送中心发展的主要问题

1. 配送中心设施利用率低,发展缓慢

长期以来,我国物流配送的基础设施投入较少,发展比较缓慢,尽管近几年也新建了一些较先进的仓储物流设施,但总体上仍较陈旧落后,20世纪五六十年代建造的仓库还有较多仍在使用,而且仓储物流设施结构不合理,货场、低档通用库多,适合当前社会要求的冷藏、调温等专用库少。应当加快我国物流配送基础设施的建设和技术改造,鼓励和吸引社会各方投资物流行业,国家也应增加这方面的投入,对物流配送设施的建设给予一些低息或贴息贷款支持。

2. 配送中心总体配送比率较低,采购成本难以降低

从我国现有商业零售企业来看,除了一些中大型、知名的商业企业以外,一般的商业"连锁"企业大多没有建立自己的物流配送中心或利用第三方物流中心。这些企业虽然也建立了一些自己的"连锁"分店,但实际上商店经营的商品并没有做到"统一采购、统一配送、统一结算",这使得部分商业零售企业的"连锁经营"显得有名无实。而在其他已经建立自己的物流配送中心或利用第三方物流中心实现商品配送的商业企业中,配送中心的效用也未能得到有效发挥,这进而影响到了连锁企业综合采购成本优势的发挥,导致配送中心配送的比率非常低,采购成本难以降低。

3. 物流的社会化、组织化、专业化程度不高

我国物流配送业的发展水平低,还表现在物流配送企业的小和散,社会化、组织化程度低,在物流配送的各环节上衔接配套差,服务功能不完善,能做到"一站式"服务的企业少。生产企业、流通企业和物流储运企业中的"大而全"、"小而全"现象仍然存在。物流企业大多数规模较小,缺乏覆盖面较广的物流配送服务网络。

4. 现代化程度低、信息化水平不高

随着信息技术的快速发展,国内外各种商业物流配送中心利用信息技术提升管理水平的企业已经越来越多。例如目前采用较多的信息管理技术包括产品识别条码(BC)、企业资源计划系统(ERP)、管理信息系统(MIS)、电子数据交换系统(EDI)、地理信息系统(GIS)、自动分拣系统(ASS)、柔性物流系统(AGV)、全球定位系统(GPS)、仓库管理系统(WMS)等。从国内外商业物流配送中心的信息化程度来看,美国的连锁商业配送中心普遍采用了机械化、自动化设备配合信息系统使用的整合作业模式,如电动叉车、传送带、装卸搬运、吊车等机械设备配合各种信息系统使用,大大提高了管理效率、节约了人力成本。美国立体化的商业物流中心很多都建有专业通讯网,货物的入库、移动、配装等都通过计算机控制托盘、货架铲车和吊车进行。日本采用的机器人物流作业模式已广泛存在。相比而言,我国商业物流中心的现代化程度就相对落后了。据零点研究集团的一项调查显示,目前我国实行物流配送的商业企业中,有超过58%的企业至今几乎没有采用过信息技术或信息系统来进行物流作业,而在已经采用信息技术进行物流管理的企业中,72%的企业仍然以传统手工作业为主,信息技术只作为其辅助性的管理手段,例如,配送中心内部基本上是手工辅以叉车和托盘作业;到货分拣、商品组配、商品盘点等无专业电子扫描装置;计算机应用仅限于配送中心的事务性管理(如商品进、销、存、配、送信息的记录与存档等);商业物流信息技术的采用仍然以互联网、仓库管理系统、管理信息系统等为主,对于供应链管理、企业资源计划的应用还处于起步阶段。

(四) 我国物流配送中心发展的对策

1. 加快现代物流基础设施建设,提高整体物流配送能力

国家实施"八五"、"九五"计划以来,我国的物流基础设施开始得到显著的发展,例如,政府对铁路、公路建设投资力度的加强;各地物流园区建设数量和规模的增加;中重型卡车产销量的上升;现代化物流营运设备的逐渐采用等,这些都标志着我国的物流配送业进入了快速发展期,但相对于我国商业物流配送中心的发展要求来说,目前这些基础设施建设还显得相对滞后。主要表现为区域物流基础设施建设的不平衡,例如,我国进行的西部大开发,对于我国以及外资商业零售企业来说都是发展契机,而西部地区目前的物流基础设施建设显然不能满足连锁企业在当地的物流配送,因此从完善物流基础设施、提高物流配送能力的角度出发,当前需要进一步加快发展主要是西部地区以及其他物流业发展相对缓慢地区的高速公路建设、高速铁路建设;提高城市内部交通的通畅性,减少交通"堵塞"现象;同时加快开发和引进高科技的物流设备如集装箱、散装专用船、各种装卸器具、移动运输器具等,提高商业企业本身物流现代化管理水平,进而从外部发展环境和内部运营硬件方面为我国商业物流配送中心的发展创造条件。

2. 大力推动"共同配送中心"的发展

目前我国商业物流配送中心的发展,多集中在百货公司、超级市场、大型卖场、折扣店等业态领域。每个商业连锁企业由于各自的主营业态差异较大,因此他们建设配送中心的思路也不完全相同。一般而言,百货公司由于自营商品比重较低,采用第三方物流的可能性较大;超级市场以企业经销或代销商品为主,因此它们选择自建配送中心的可能性较大;当然其他不同业态的物流配送模式都会存在一定差异,但不管是何种零售业态,随着企业门店的不断增加,他们必须考虑的一个问题是:选择怎样的物流模式,是建立自己的物流配送中心、利用第三方物流还是与其他零售企业共建配送中心。而在进行配送中心规划决策中,企业往往会遇到这样的问题,企业的连锁门店数量较少,如果自建配送中心投资成本太大,资金流量出现困难;如果利用第三方物流,从企业长期发展来看,也并非一种特别有效的战略,而且会分流企业的利润。从这两个层面进行分析,共建配送中心便是一种既经济又能实现利润共享的选择思路。共同配送中心不仅能有效解决企业资金不足的问题,同时也能通过不同零售企业之间的联合增强企业联盟的集团竞争力,对于中小型投资主体而言都是非常有利的一种物流配送模式。

3. 提高物流配送的社会化、网络化程度

一是大力发展社会化物流服务体系,支持社会化物流企业的发展,提高物流配送的规模化效益。二是提高物流网络化、组织化程度,通过适当方式将物流相关企业组织起来,形成较为完善的物流服务网络。物流企业更要注意网络建设,不断完善网络服务功能。三是充分利用全社会物流配送设施资源,鼓励兼并、重组、联合,优先进行技术改造,尽量避免物流设施的重复建设和资源浪费。

4. 更新传统观念,为我国物流配送中心发展提供人才保障

在推动我国物流配送中心的发展方面,由于受传统观念的影响,人们对于物流配送中心不够重视,因此,多年来我国物流尤其是物流配送中心的理论研究和实践探索都发展较慢。人才已经成为我国物流配送中心建设发展的瓶颈,为改变这种现状,首先要从观念上进行更新,同时通过具体的行动来引起社会各界对物流配送中心的重视,鼓励社会化物流管理培训工作的开展和推进,学习国际先进的物流管理经验和管理方法;行业协会可以组织国内大中型物流配送企业、商业连锁企业的有关人员进行集中培训和实地考察等;各地区政府部门应投入一定的人力、物力、财力,提高劳动者素质,充分利用各种手段和教育途径,建立高素质、专业配套、层次合理的物流配送中心信息化人才队伍。通过高素质物流人才的培养,加快对我国物流配送中心的深入研究和实践经验的探索,从而为我国物流配送中心的发展奠定基础。

三、我国配送中心的发展趋势

(1)企业(集团)内部的配送中心将会在激烈的市场竞争中优胜劣汰,大量规模小、设施欠缺、技术和管理较差的配送中心必然走向消亡,少数大型的、具有较高组织化程度和现代化水平的企业(集团)配送中心,将通过其规模优势的发挥,最终部分或完全地走向社会化。

(2)专业批发企业、储运企业发展建设的配送中心由于其一开始就面向社会,从而易于开拓市场,并且通过扩大代理权,实现契约化配送,逐步走向规范化和专业化。

(3)多个系统、企业乃至地区所有的各自的商品配送中心,从突破自身制约条件,最大限度地创造效益和获得发展出发,携起手来,开展交叉配送;或者联合起来共建配送中心,实现集约化配送,最终构造出辐射全社会的配送网络,形成"物畅其流"的大同世界。

第四节 电子商务下的物流配送

一、电子商务下物流配送的含义

电子商务是在开放的网络环境下,基于浏览器/服务器的应用方式,实现消费者的网上购物、企业之间的网上交易和在线电子支付的一种新型的交易方式。电子商务与传统商务的本质区别,在于它以数字化网络为基础进行商品、货币和服务交易,目的在于减少信息社会的商业中间环节,缩短周期,降低成本,提高经营效率,提高服务质量,使企业有效地参与竞争。

电子商务中物流配送的内涵,可以用以下公式表述:电子商务中物流配送=网上信息传递+网上交易+网上结算+门到门的配送服务。一个完整的电子商务活动,必须通过信息流、商流、资金流、物流等四个流动过程有机构成。电子商务的特殊性就在于信息流、商流、资金流是可以在互联网上实现的,这就是人们所概括的"鼠标";而物流是不可能在网上实现的(最多可以用网络来优化),这就是人们所概括的"车轮",特别指物流配送。换句话说电子商务等于"鼠标"加"车轮"。电子商务时代的物流配送,必须具有信息化、自动化、网络化、智能化和柔性化的特征。信息化是电子商务对物流配送的必然要求;自动化是以信息化为基础的机电一体化;网络化是在信息的传递和物流配送的渠道方面,都应形成畅通的网络;智能化即采用科技手段和科学知识控制物流配送作业;柔性化是树立以用户为中心的理念,建立灵活的服务型的配送体系。

二、我国电子商务中物流配送的发展现状

我国从 1998 年起开始大力发展电子商务。近年来,我国的电子商务虽然有了较快的发展,但与发达国家相比仍处于起步阶段,而作为电子商务诸环节中最为薄弱的一个环节——物流配送,已成为制约电子商务发展的瓶颈。

2005 年我国电子商务交易额达 7 400 亿元,比上年增长了 50%,接下来几年内继续以较快的速度发展。但是,相比成熟的电子商务基础设施条件,我国仍然缺乏全国性、专业化的货物配送企业。与国外发达国家相比,我国物流配送企业存在诸多问题:如总体水平较低、设备陈旧、管理手段落后、运力不足、信息化程度低等。这些问题导致配送成本高,配送时间长,配送渠道不畅,根本无法满足电子商务物

流配送快速、准确、低成本的要求,从而严重制约我国电子商务快速发展。

三、我国电子商务中物流配送存在的问题

(一) 对物流配送缺乏正确和充足的认识

我国的电子商务还处在初级发展阶段,其功能主要局限于信息的交流,电子商务与物流之间相互依赖、相互促进的关系还没有在社会上得到普遍的认识。因此,人们在重视电子商务的同时,却对面向电子商务的物流配送系统的重视程度不高,从而出现物流配送系统落后,不能与电子商务良好结合的现象,限制了电子商务快速、高效、便捷优势的发挥。虽然早在 20 世纪 80 年代初我国就已经有了物流配送的概念,但大多数企业管理人员的观念还停留在成本中心、利润中心上,没有把物流配送放到服务中心、战略中心的高度上。

(二) 我国还缺乏电子商务物流人才

我国缺乏从事物流理论研究与实务的专门人才、懂电子商务理论和实务的专门人才、既懂 IT 技术又懂电子商务的网络经济人才、既懂电子商务又懂现代物流的有创新思想的复合型人才。缺乏这些人才将直接影响我国电子商务与物流配送体系的发展。国外物流配送的教育和培训系统非常发达,很多大学和学院开设物流管理专业,部分院校设置研究生物流课程,并在社会上全面开展物流配送的职业教育。相比较而言,我国在物流配送方面的教育还非常落后,在高等院校中开设物流专业和课程的较少,研究生层次教育刚起步,职业教育更是缺乏。

(三) 物流配送效率低,物流装备标准化程度低

目前,我国大多数物流配送企业是在传统的企业机制上发展起来的,物流服务内容还停留在仓储、运输层面上,能够提供综合性服务的物流配送企业还很少。同时运输、仓储的现代化水平比较低,物流配送中心建设发展比较缓慢,专业化操作水平不高,导致了物流配送效率低下。此外,我国物流部门条块分割、自成体系,使得物流配送环节中各种运输方式之间装备标准不统一,增加了物流配送的无效作业环节,使物流配送速度降低、物流配送成本升高。

(四) 缺乏有效的物流配送网络,配送渠道不完善

现在电子商务企业的配送渠道主要有以下几种。

(1) 自己建立配送网络,组建配送队伍,独立完成配送业务。但是建立一个社会化的配送网络投资相当巨大,如果每个公司都组织和管理自己的整个配送网络,不仅很困难,而且没有规模效应,可能得不偿失。如果企业规模不大,配送量过小,必然造成亏本。

(2) 电子商务企业与其他的配送公司签订配送协议,交给他人完成配送业务。如 8848 网站,与邮局、铁道运输、航空运输等企业签约,与民间的速递公司、发行公司、有自己的配送渠道的销售连锁企业签约,让这些专门的配送公司去处理配送问题。不过,这种配送系统通俗地说,实在是"缝缝补补""凑合着来"。由于电子商务企业与这些独立的配送公司在信息沟通上、账务交易上、经营管理上存在着一定的差距,因而形成配送操作系统与电子商务平台的脱节,出现配送不及时,给客户送错货,忘记送货或者无法送货等让商家与客户皆不满意的现象。

(3) 采取网上购物,网下到就近商店付款取货的形式。这种形式,增加了商店的店面成本,而且不能实现"送货到家",由此降低了电子商务的服务质量和本质内涵,因而得不到推广。

四、我国电子商务中物流配送发展的对策

(一) 深化改革物流配送发展所需的制度环境,建立完善的合理的物流管理体制

物流配送发展所需的制度环境主要是指融资、产权转让、人才使用、市场准入或退出、社会保障等制度,而这些制度方面的改革目前还远远不能适应市场经济体制改革的需求。企业在改善自身物流效率时,必然要涉及各种物流资源在企业内部和企业与市场之间的重新配置,由于上述制度改革尚未到位,企业根据经济合理原则对物流资源的再配置就会受到阻碍。

(二) 大力培养电子商务物流配送方面的专业人才队伍

从国外物流配送的发展经验看,企业要求物流配送方面的从业人员应当具有一定物流知识水平和实践经验,为此,国外物流配送的教育和培训非常发达,形成了比较合理的物流配送人才的教育培训系统,一是在许多大学和学院中设置了物流管理专业,并广泛地为工商管理各专业的学生开设物流课程;二是部分商业院校设置了物流方向的研究生课程和学位教育,形成了一定规模的研究生教育系统;三是在各国物流行业协会的领导和倡导下,全面开展了物流配送的职业教育,强化物流技术与管理人员素质培训。建立优秀的物流人才队伍对确保现代物流的顺利发展显得尤为重要。

(三) 物流企业要投资于现代网络技术,加强现代化技术的应用

如条形码技术、数据库技术、电子数据交换技术、全球定位系统、有效的顾客反应(ECR)等的应用,使物流配送朝信息化、自动化、网络化、柔性化方向发展;同时引进国外先进的物流管理模式和经营方式,提高物流的服务质量,增强与电子商务的衔接,使信息流、商流、资金流畅通无阻。

（四）电子商务企业要结合自身的实际情况，寻求最优的物流配送方案，降低经营成本，提高服务质量，赢得客户的信赖

（1）建立良好的供应链关系。供应链连接着上、下游企业，其最终任务就是支持物流从原始供应商，经过多个生产、运输环节到达最终顾客。

（2）将物流配送业务交给专业的第三方物流公司去完成。新浪广州首席代表张骥说："物流配送并不是我们的专长，新浪的优势在于平台，这里有商家所需要的人气，物流还是交给专业的公司去做。"由于第三方物流公司在物流配送方面比一般的电子商务企业更熟练，其物流配送系统更完善，因此，电子商务企业与第三方物流公司签订长期稳定的合作关系，有利于物流配送系统的完善，扩大电子商务的业务范围。

（3）电子商务企业共同投资，建立社会化的电子商务物流配送网络。如果每个电子商务企业都建立自己独立的物流配送网络，那么一方面会由于建设费用投入高和自身的物流量的不稳定因素使得物流配送经营管理成本偏高；另一方面，由于重复建设，造成无谓的社会资源的大量浪费。

（五）建立以配送为中心的物流服务体系

配送是商品市场发展的产物，随着大批量、少批次的物流配送活动逐步被小批量、多批次所取代，个性化、多样化的市场需求越来越占有更多的市场份额，配送已成为电子商务时代物流活动的中心环节和最终目的。物流企业内部的有关部门和人员应适当地面向配送、面向市场、面向客户。此外，物流企业要改变单一送货的观念，协助电子商务公司完成售后服务，提供更多的增值服务内容，如跟踪产品订单、提供销售统计和报表等。只有这样，才能紧跟电子商务的步伐，不被市场所淘汰。

本 章 小 结

本章主要介绍配送中心的发展情况。首先介绍了配送中心形成的动因，其发展经历的三个阶段，然后介绍了发达国家和地区以及我国配送中心的建设与发展情况，包括美国、日本、我国台湾地区配送中心的类型和特点，并介绍了我国配送的产生与发展，以及我国配送中心的发展状况。其次介绍了连锁零售业的配送情况，包括其主要方式、发展趋势和国际配送中心的发展。最后阐述了电子商务物流配送的含义，重点介绍了我国电子商务中物流配送的发展现状、问题与对策。

综合案例分析

西安高校蔬菜的物流与配送

随着经济的发展，生活节奏的加快，人们生活水平的提高和对更好生活品质的

追求,新鲜蔬菜销售走出传统模式,以现代配送方式走进家庭,步入工矿企业是大势所趋。西北地区,蔬菜配送业务起步较晚,但一旦发展起来速度会很快。由于高校人口密度大,网络普及率高,容易接受新事物,所以选择高校作为蔬菜配送的起点非常合适,对以后家庭用户的蔬菜配送也是一个经验积累。

(一) 国内外蔬菜配送的现状

国外蔬菜配送已经很发达,在欧洲,集体订购和家庭订购量已占到 40%,其余需求一般由超市供应,而超市作为配送中心也可以看做是蔬菜配送的一种。日本由于生活节奏快,在蔬菜配送上做得更为出色,年产值数以百亿计。我国沿海发达地区,蔬菜配送业务这几年飞速发展,像北京、上海等地,很多小区内部都有配送中心,订购业务发展很快。深圳的蔬菜配送公司万家欢,从 1995 年成立至今,已吞并 30 多家蔬菜配送公司,不仅垄断了广东市场,还伸展到海南、云南、福建,而一个广州市场仅 2003 年配送额就达 60 亿。西安是高校密集的省会城市,各高校比较集中。随着招生规模的扩大,各高校的学生一般都在万人以上,有的可达 3 万人,再加上教职员工,是一个庞大的消费群体。目前,各高校食堂所需蔬菜,每天需派专人采购,还需配备专用货车,费事费力。因为对蔬菜的来源不了解,蔬菜品质与质量难以保证。如果采用蔬菜配送的模式,以上不足都可避免。

(二) 西安高校采用蔬菜配送的优点

每天傍晚,各高校通过浏览网站,了解各种蔬菜的信息,按照需求给物流中心发去订单(可以是电话、传真、E-mail 等),物流中心把各高校的订单汇总、调整后,按照订单要求及供需方的具体情况准时配送,这样做订货方便,省时省力。只需一个电话或 E-mail,足不出户就可采购到自己所需的各种蔬菜。同时,价格也便宜。这就是通过集货形成规模效应,减少中间环节,使蔬菜的成本大大降低。蔬菜品质可以保证。配送中心拥有自己的蔬菜基地,对蔬菜的种植、农药的使用量和蔬菜质量均有严格要求;对蔬菜的清洗、消毒、加工工作也有严格的规定;绝对保证蔬菜保存时间少于 24 小时,安全、卫生、新鲜;配送准时,每天早上 8~9 点和下午 2~3 点把蔬菜定时送达各高校。

(三) 高校蔬菜物流与配送计划

1. 配送的基本功能

配送实际上是一个物品集散过程,包括集中、分类和散发三个步骤。这三个步骤由一系列配送作业环节组成。配送的基本功能要素主要包括集货、分拣、配货、配装、送货等。

集货:集货是配送的首要环节,是将分散的、需要配送的物品集中起来,以便进行分拣和配货。西安各高校主要集中在南郊,故可在南郊设立蔬菜基地,采用规模生产方式,每天按照订单要求,把一定量的蔬菜送到配送中心。

分拣、配货:配送中心收到蔬菜基地的蔬菜后马上按类、按质、按需拣取、配备,并贴上标签,以减少差错,提高配送质量,并力求树立品牌。

配装：配装指充分利用运输工具的载重量和容积，采用先进的装载方法，合理安排货物的装载。在西安各高校的蔬菜配送计划中，主要利用货车进行运输。

送货：送货是指将配好的蔬菜按照配送计划确定的配送路线送达各高校，并进行交接。如何确定最佳路线，使配装和路线有效地结合起来，是配送运输的特点，也是难度较大的工作。

2. 配送网络结构的确定

配送网络结构一般分为集中型、分散型、多层次型三种。到底选用哪种配送网络取决于外向运输成本和内向运输成本的高低。外向运输成本是指从配送中心到顾客的运输成本，内向运输成本是指货物供应方到配送中心的运输成本。

（1）集中型配送网络。这种配送网络只有一个配送中心，所以库存集中，有利于库存量的降低和规模经济的实现。但存在外向运输成本增大的趋势。其特点是管理费用少、安全库存低、用户提前期长、运输成本中外向运输成本相对高一些。

（2）分散型配送网络。这种方案根据用户的分布情况，设置多个配送中心，其特点是外向运输成本低，而内向运输成本高，且管理费用增大，库存分散，但是用户的提前期可以相对缩短。

（3）多层次型配送网络。这种配送网络是集中型和分散型配送网络的综合。

通过对西安高校地理位置、蔬菜基地位置和各节点交通状况、运输费用的综合性考虑，决定采用集中型配送网络。

3. 配送模式与服务方式的确定

蔬菜配送方式属于城市配送中心，并且是加工型配送中心。配送网络确定后，配送模式与服务方式就成为降低配送成本、提高服务水平的关键。由于蔬菜配送的特殊性，(蔬菜不宜储藏)，宜选用直通型配送模式，即商品从蔬菜基地到达配送中心后，迅速分拣转移，在12小时内准时配送。准时配送的特点是时间的精确性，要求按照用户的生产节奏，恰好在规定的时间将货物送达，可以完全实现"零库存"。为了达到整个物流信息系统的高效性、准确性，有必要采用电子商务与配送系统相结合的配送方式。蔬菜配送网络成了物流中心、蔬菜基地、各高校之间的商务、信息交流平台。

（四）网站的建立

作为一个纯商业性网站，蔬菜配送中心的网站主要是为通过电子商务模式购买蔬菜的新型顾客提供最方便快捷的途径，真正做到让网民足不出户，就能买到一份质优价廉的蔬菜。同时介绍、宣传公司的各种产品。当消费者浏览网页时，可以看到网站提供的各种时新蔬菜的图片和详细的资料，并为不同的客户提供专业的营养菜谱，满足客户的各种要求。

思考题

1. 西安高校采用蔬菜配送有哪些优点？
2. 西安高校蔬菜的配送模式与服务方式是如何确定的？

本章综合练习题

1. 美国配送中心有哪些类型?分布有何特点?
2. 日本配送中心的特点有哪些?
3. 简述我国配送中心的发展状况。
4. 连锁配送的主要方式有哪些?
5. 电子商务与物流配送有何关系?
6. 我国电子商务中物流配送应如何发展?

 ## 实践活动

调查大型超市

实践目标:了解大型零售连锁超市配送中心的组织结构、业务范围和操作流程。

实践内容:调查大型超市,如沃尔玛、家乐福、好又多等的配送中心,了解其组织结构、业务范围和操作流程。

实践要求:注意资料搜集方式。

实践成果:撰写实践报告并提交。

配送中心作业

配送中心的具体运作需要选择正确且有效率的作业方法配合,否则无论多么先进的系统、设备,也未必能取得最佳效果。本篇将围绕配送中心的具体作业展开讲述,包括第三至第八章,详细讲解配送中心的进货、拣货、配货、送货、退货及装卸搬运等概念、各环节的具体操作流程、注意事项及实践要点等。本篇侧重培养学生的实际操作能力,因此,本篇在介绍相关概念的基础上,着力于介绍具体的操作流程,并安排了相应的案例分析和实践活动,以期学生真正能够学以致用,实现该篇的教学目标。

第三章 配送中心进货作业

本章学习目标

了解货物入库信息处理的流程,理解进货作业的基本流程;掌握货物编码的原则、方法;掌握货物的分类操作;了解货物验收检查方法及问题的处理。

 经典案例导入

配送中心主导物流配送的价值

在超市业态中,配送中心一般都担负着公司内部的物流任务,是商品采购和卖场销售的中间环节,对公司的日常营运起着提高物流效率、控制商品库存的重要作用。广州本土连锁业龙头企业宏城超市自创建配送中心以来,不仅大幅度降低了成本和各种与商品流通相关的费用,同时还为超市把好了销售商品质量的第一道关。

宏城超市的配送中心面积大约有 4 500 平方米,相关的配套运输车 5 辆,可储存 6 000 多种单品,主要存放商品品种有家庭食品、休闲食品、保健食品、洗涤用品、个人用品等。配送中心现有职工 50 人,分为收退货组、仓务组、运输组和单据组四个相对独立的作业队伍,实行从经理到主管,到班组长,再到员工的层级管理结构,以班组为工作重点开展日常营运。

该配送中心的商品周转天数约为 35 天,其按照分店销售需要,定时定量配送商品,平均每天配送 10 个分店,平均配送商品品种 450~500 个,运输辐射半径平均为 11.5 公里。宏城超市有关人士透露,随着公司开店规模的不断扩大,配送中心现正在尝试夜间配送和部分运输外包等新的作业形式。

宏城超市的配送中心现阶段实物操作主要分为收货和出货两个主要环节。尤其在收货环节,配送中心对商品质量的检验相当严格。收货之前,采购部必须按规定将订货单传送到配送中心,配送中心凭有效电脑订货单收货。收货时,配送中心要认真核实订货单与厂商送货单是否一致,对商品名称、规格、数量等仔细核对。其中,质检验收以抽检开箱方式进行,开箱率应低于20%。收货组对无订货单的货品、来货的品名规格与订货单不符的商品、无法准确辨认保质期的商品、保质期与规定不符的产品、通过外观已看到来货变质的商品、有异味或存在明显质量问题的产品、进口商品未附镭射标签或中文标志不全的,以及国产商品无中文标志、来货时间超过订货单有效期的商品,配送中心都会拒绝接受,以此保证进货产品对板的同时,初步把好质量第一关。之后在配货方面,配送中心将根据店铺的销售单据进行配货,并发货运输到各店铺。

商品信息是配送中心管理的重要内容,需及时反映商品库存,而单据报表等则是保证实物、数据的状态和流向,达到商品和数据的一致对应。因此单据流程、交接、审核必须准确、及时。宏城超市的配送中心单据分为:购进单、溢耗单、批发单、拣货单、订货单、出货单等。每种单据的输入、打印、交接、保存等都有操作程序要求,同时计算机系统又把数据分为仓储货架、验货/收货、出货作业、退厂/退库、商品异动、盘点作业、存量管理、配送中心报表、资料查询、权限控制等,有利于进行合理分类和快速分析。在此基础上,实物准确和单据明确的有力结合,促进了配送中心信息管理的科学和高效运作。

第一节 进货作业的基本流程

配送中心作业流程是否合理,直接关系到物流系统的运作效率和服务水平,因此配送中心的各项作业活动必须合理、高效进行。配送流程主要包括进货作业、拣货作业、配货作业、送货作业、退货作业等。进货即组织货源,其方式有两种:一是订货或购货,表现为配送主体向生产商订购货物,由生产商供货,货物的所有权属于配送主体;二是集货或接货,表现为配送主体收集货物,或接收用户所订购的货物,货物的所有权属于用户。进货作业是指从货车上把货物卸下、开箱、检验、入库等一系列作业环节构成的工作过程。在配送的基本作业流程中,进货作业包括订货、接货、验收入库、储存,然后将有关信息书面化等一系列工作。而商业配送中心的收货工作,更涉及商品所有权的转移,商品一旦收下,配送中心将承担商品完好的全部责任。因此,进货作业质量至关重要。

一、进货作业的基本流程

进货是指卸货、验货,并为入库作准备。当物流配送中心的有关部门开出采购单后,进货入库管理员即可根据采购单的信息进行进货计划分析。到货后,进货入库管理员要做的工作就是组织卸货、拆箱验收、标示编码与登记入库。配送中心进货作业的基本流程如图3-1所示。

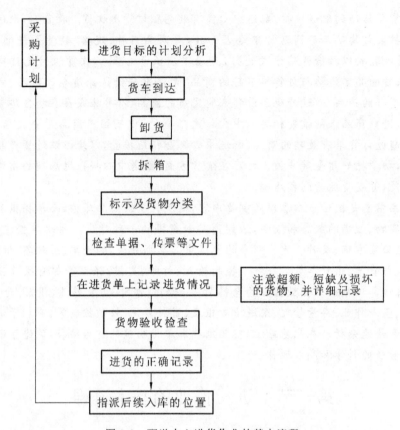

图 3-1　配送中心进货作业的基本流程

二、进货时考虑的因素

在进货时应考虑以下因素。

(1) 进货对象及供应厂商总数：一日内的供应厂数(平均,最多)。

(2) 商品种类数：一日内的进货品种数(平均,最多)。

(3) 进货车种与车辆台数：车数/日(平均,最多)。

(4) 每一台车的卸货及进货时间。

(5) 商品的形状、特性。如散货、单元的尺寸及重量、包装形式、是否具危险性、托盘堆放的可能性、人工搬运或机械搬运和产品的保存期等。

(6) 进货场地人员数(平均,最多)。

(7) 配合储存作业的处理方式。

(8) 进货时的车辆数。

要确实做好进货管理,必须事先制定可依循的进货管理标准,作为员工即时因应的参考。而主要的进货管理标准应包含以下几条。

(1) 订购量计算标准书。

(2) 有关订购手续的标准。
(3) 进货日期管理、进货日期跟催、进货日期变更的手续。
(4) 有关订购取消及补偿手续。
(5) 对进货源的支付货款标准、手续及购入契约书。

三、订货

为了满足需求同时又考虑控制库存成本,一般可使用订货点采购模式、MRP采购模式、JIT采购模式、VMI采购模式和电子采购模式。

(一) 订货点采购模式

订货点采购,是由采购人员根据各个品种的需求量和订货提前期,确定每个品种的订货点、订货批量或订货周期、最高库存水准等,然后建立起一种库存检查机制,当发现到达订货点时,就检查库存,发出订货,订货批量的大小根据规定的标准确定。

> **知识链接**
> 定量订货方式必须先确定最低库存数量(订货点)和订货量(一般以经济批量EOQ为标准);定期订货方式则需要确定订货周期、最高库存量以及订货量三个量。

订货点采购包括两大类采购方法,一类是定量订货法采购,另一类是定期订货法采购。

定量订货法采购,是预先确定订货点和订货批量,然后随时检查库存,当库存下降到订货点时,就发出订货,订货批量的大小每次都相同。

定期订货法采购,是预先确定订货周期和最高库存水准,然后按规定的订货周期,周期性地检查库存,发出订货,订货批量的大小每次都不一定相同,订货量的大小等于当时的实际库存量与规定的最高库存水准的差额。

(二) MRP采购方式

MRP(material requirement planning,物料需求计划)采购,其原理是根据MPS(master production schedule,主生产计划)和BOM(bill of materials,物料清单文件或产品结构文件)以及主产品及其零部件的库存量,逐步计算求出主产品的各个零部件、原材料所应该投产时间、投产数量,或者订货时间、订货数量,也就是产生出所有零部件、原材料的生产计划和采购计划,然后按照这个采购计划进行采购。

(三) JIT采购模式

JIT(just in time)采购,又称准时化采购,是一种完全以满足需求为依据的采购方法。需求方根据自己的需要,对供应商下达订货指令,要求供应商在指定的时间,将指定的品种、指定的数量送到指定的地点。JIT采购做到了灵敏地响应、满足用户的需求,又使得用户的库存量最小。由于用户不需要设库存,所以实现了零库存生产。这是一种比较科学、比较理想的采购模式。

(四) VMI采购模式

VMI(vendor managed inventory,供应商掌握用户库存)采购模式,其基本思想是在供应链机制下,采购不再由采购者操作,而是由供应商操作。用户只需要把自己的需求信息向供应商连续及时传递,由供应商自己根据用户的需求信息,预测用户未来的需求量,并根据这个预测需求量制定自己的生产计划和送货计划,用户库存量的大小由供应商自主决策。

(五) 电子采购模式

电子采购即网上采购,它是指在电子商务环境下的采购模式。

四、货物接运

做好货物接运,可以防止将运输过程中发生的或运输之前已经发生的货物损害和各种差错带入配送中心,减少或避免经济损失,为验收和保管保养创造良好的条件。

(一) 接运方式

并非所有货物都能送货上门,特别是大宗货物往往是通过铁路、水路等运输的,因此不能坐等送货上门,而应到车站、码头接运货物。货物接运人员,要熟悉交通运输部门及有关供货单位的制度和要求,根据不同的接运方式,处理接运中的各种问题。主要有四种接运方式。

1. 专用线接车

专用线接运是铁路部门将转运的货物直接运送到仓库内部专用线的一种接运方式。接到专用线到货通知,应立即确定卸货货位,力求缩短场内搬运距离;组织好卸车所需要的机械、人员以及有关资料,做好卸车准备。

车皮到后,引导对位,进行检查。看车皮封闭情况是否良好(车门、车窗、铅封、苫布等有无异状);根据运单和有关资料核对到货品名、规格、标志并清点件数;检查包装是否有损坏或有无散包;检查是否有进水、受潮或其他损坏现象。在检查中如发现异常情况,应请运输部门派员复查,做出普通或商务记录,记录内容应与实际情况相符,以便交涉。

卸车时要注意为货物验收和入库保管提供便利条件,分清车号、品名、规格,不混不乱;保证包装完好,没有碰坏和压伤,更不得自行打开包装;应根据货物的性质合理堆放,以免混淆;卸车后在货物上应标明车号和卸车日期。

编制卸车记录,记明卸车货位规格、数量,连同有关证件和资料,尽快向保管员交代清楚,办好内部交接手续。

2. 车站、码头接货

提货人员对所提取的货物应了解其品名、规格、特性和一般保管知识,装卸搬运注意事项等。在提货前应做好接运货物的准备工作,如准备好装卸运输工具,腾出存放货物的场地等。提货人员在到货前,应主动了解到货时间和交货情况,根据到货多少,组织装卸人员、机具和车辆,按时前往提货。

提货时应根据运单以及有关资料详细核对品名、规格、数量,并要注意货物外观,查看包装、封印是否完好,有无玷污、受潮、水渍等。若有疑点或货物与货单不符,应当场要求运输部门检查。对短缺损坏情况,凡属运输部门方面责任的,应做出商务记录;属于其他方面责任,需要运输部门证明的应做出普通记录,由运输员签字,注意记录内容与实际情况要相符。

3. 自提货

配送中心直接到供应商处提货,称为自提。自提这种方式的特点是,提货与验收同时进行。配送中心根据提货通知,要了解所提货物的性质、规格、数量,准备好提货所需的设备、工具和人员,到供应商处当场进行货物验收,点清数量,查看外观质量,做好验收记录。货物提回后,再交保管人员复验。

4. 送料

这是供应商将货物直接送达配送中心的一种供货方式。当货物到达后,管理人员直接与送货人办理接收工作,当面验收并办理交接手续;如果有差错,立即做出记录,让送货人签章,向有关方面提出索赔或以其他办法处理。

(二)差错处理

在接运过程中,有时会发现和发生差错,如错发、混装、漏装、丢失、损坏、受潮和污损等。这些差错,有的是供应商造成的,有的是由承运单位造成的,也有的是在接运短途运输装卸中自己造成的。这些差错,除了因不可抗拒的自然灾害或货物本身性质引起的以外,所有差错的损失应向责任者提出索赔。

差错事故记录有以下两种。

1. 货运记录

货运记录是表明承运单位负有责任事故,收货单位据此索赔的基本文件。货物在运输过程中发生以下差错时,均填写货运记录。

(1)件数与运单记载不符。

(2)货物被盗。

(3)丢失或损坏。

(4)货物污损、受潮、生锈、霉变。

(5)其他货物差错等。

记录必须在收货人卸车或提货前,通过认真检查后发现问题,经承运单位复查确认后,由承运单位填写交收货单位。

2. 普通记录

普通记录是承运部门开具的一般性证明文件,不具备索赔效力,仅作为收货单位向有关部门交涉处理的依据。遇有下列情况并发生货损、货差时,管理人员应填写普通记录。

(1) 铁路专用线自装自卸的货物。
(2) 棚车的铅封印纹不清、不符或没有按规定施封。
(3) 施封的车门、车窗关闭不严,或者门窗有损坏。
(4) 篷布苫盖不严实漏雨,或其他异状。
(5) 责任判明为供货单位的其他差错事故等。

以上情况的发生,责任一般在发货单位。可持普通记录向发货单位交涉处理,必要时向发货单位提出索赔。

(三) 接运记录

在完成货物接运工作的同时,每一步骤应有详细的记录。接运记录应详细列明接运货物到达、接运、交接等各环节的情况。

接运工作全部完成后,所有的接运资料,如接运记录、运单、运输普通记录、货运记录、损耗报告单、交接证以及索赔单和文件、提货通知单及其他有关资料等均应分类输入电脑系统以备复查。

五、卸货方式

卸货即是将货物由车辆搬至码头的动作,关键在于克服车辆与月台间的间隙,常见的卸货码头有以下四种设施。

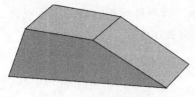

图 3-2 可移动式楔块

1. 可移动式楔块(portable ramp)

可移动式楔块又叫竖板(如图 3-2),当装卸货物时,可放于卡车或拖车的车轮旁固定,以避免装卸货期间因车轮意外地滚动而造成的危险。

2. 升降平台(leveler)

升降平台是最安全也最有弹性的卸货辅助器,可分为卡车升降平台(truck leveler)(如图 3-3)和码头升降平台(dock leveler)(如图 3-4)两种。当配送车到达时,卡车升降平台可提高或降低车子后轮使得车底板高度与月台一致,而方便装卸货;码头升降平台则可调整码头平台高度来配合配送车车底板的高度,两者可谓异曲同工。

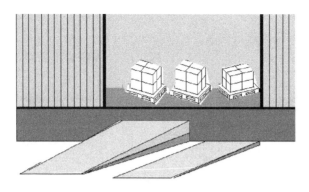

图 3-3 卡车升降平台

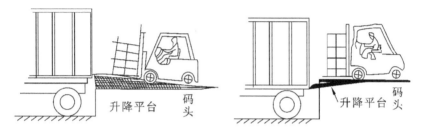

图 3-4 码头升降平台

3. 车尾附升降台(lift gate)

车尾附升降台是装置于配送车尾部的特殊平台(如图 3-5)。当装卸货物时,可运用此平台将货物装上卡车或卸至月台。车尾附升降台可延伸至月台,亦可倾斜放至地面,其设计有多种样式,适用于无月台设施的物流中心或零售点的装卸货使用。

图 3-5 车尾附升降台

4. 吊勾(hook)

当拖车倒退入码头碰到码头缓冲块(bumper)时,即开动吊勾,使其勾住拖车,以免装卸货时轮子打滑,如图 3-6 所示,其功用有如移动式的楔块,亦可用链子等代替吊勾。

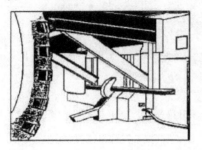

图 3-6　码头吊勾和链子

除了使用以上四种设施来克服车辆与月台间的间隙外,若车辆后车厢高度与码头月台同高,则可考虑直接将车辆尾端开入停车台装卸货的方式,如图 3-7 所示,这样不但可让车辆与月台更紧密结合,使得装卸作业更有效率,且更能有效地保证货物安全。

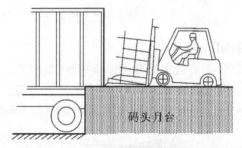

图 3-7　车辆高度与月台同高的卸货方式

六、进货储存方式

配合储存作业的处理方式,实际指的是进货与储存的货物装载形式的转换。在物流配送中心,货物储存有托盘(pallet,简称 P)、箱子(case,简称 C)和小包(bulk,简称 B)三种形式。同样货车进货时也有托盘(P)、箱子(C)和小包(B)三种方式。为此,如何连接进货与储存两者间对货物的三种形式的转换是十分重要的。通常,有以下三种转换方式。(见表 3-1)

> **知识链接**
>
> 托盘是最基本的物流器具,有人称其为"活动的平台"、"可移动的地面"。它是静态货物转变成动态货物的载体,是装卸搬运、仓储保管以及运输过程中均可利用的工具,与叉车配合利用,可以大幅度提高装卸搬运效率;用托盘堆码货物,可以大幅度增加仓库利用率;托盘一贯化运输,可以大幅度降低成本。常用的托盘有:平托盘、柱式托盘、箱式托盘和轮式托盘。

表 3-1　配送中心储存方式与卡车进货的衔接

方　　式	转换方式	采取的措施
进货和储存都是以同一种形式为单位	进货方式 —— 储存方式 托盘(P) ⟶ 托盘(P) 箱子(C) ⟶ 箱子(C) 小包(B) ⟶ 小包(B)	由进货输送机把货物直接转入储存区
进货采用小包或箱子的形式,而储存要求用托盘形式或进货以小包为单位,但储存以箱子为单位	进货方式 —— 储存方式 箱子(C) ⟶ 托盘(P) 小包(B) ⟶ 托盘(P) 小包(B) ⟶ 箱子(C)	将小包或箱子堆放在托盘上,或把小包放入箱子后再储存
进货采用托盘或箱子,而储存则要求用小包或箱子	进货方式 —— 储存方式 托盘(P) ⟶ 小包(B) 箱子(C) ⟶ 小包(B) 托盘(P) ⟶ 箱子(C)	在进货点把托盘或箱子进行拆装,然后以箱子或小包的形式放在输送机上,再送入储存区

表 3-1 所列示的几种方式都需要在进货储存时详细考虑、统一筹划,这样才能节省人力、物力和时间。

第二节　货　物　编　码

货物编码就是指用一组有序的符号(数字、字母或其他符号)组合,来标示不同种类货物的过程。这组有序的符号组合,实质上是一种识别货物的手段。因此在进货阶段将货物进行有效的编码是一项不可缺少的手续。

一、货物编码的方法

常见的货物编码种类有无含义代码和有含义代码两种。无含义代码通常可以采用顺序码和无序码来编排;有含义代码则通常是在对商品进行分类的基础上,采用序列顺序码、数值化字母顺序码、层次码、特征组合码及复合码等来编排。由于储存货物的特性不同,所适合的货物编码方式也不同,因此,必须按照保管货物的存储量、流动率、保管空间布置以及所使用的保管设备而进行选择。

常见编码方法有以下几种。

1. 流水编号法

流水编号法,又叫顺序码或延伸式编号法,是一种最简单的编号法,由"1"开始,按数字顺序或按英文字母顺序往下编码,常用于账号或发票编号等,也可用于少种类、多批量配送中心的货物编码。为了方便使用,常与编码索引配合使用。下面举例说明。

编号	货物名称
1	饼干
2	面包
3	麦片
4	速食面
⋮	⋮

2. 数字分段法

数字分段法是指把数字进行分段,每一段数字代表具有同一共性的一类货物的编号方法,举例如下。

编号	货物名称	
1	350 毫升矿泉水	
2	555 毫升矿泉水	
3	1 000 毫升矿泉水	4～5 矿泉水预留编号
4		
5		
6	潘婷洗发水	
7	力士洗发水	
8	霸王洗发水	
9		9～12 洗发水预留编号
⋮		
12		

3. 分组编号法

分组编号法是按货物的特性分成多个数字组,每一数字组代表此项货物的一种特性,如第一组代表货物的类别,第二组代表货物的形状,第三组代表货物的供应商,第四组代表货物的尺寸,至于每一数字组的位数多少可视实际需要而定。此方法目前较为常用,举例如下。

类别	花色	供应商	尺寸
03	2	008	150

上例数字编号意义如表 3-2 所示。

表 3-2 上例数字编号意义

货品	类别	花色	供应商	尺寸	意义
编号	03				被套
		2			静谷幽兰
			008		睡宝
				150	200 厘米×230 厘米

4. 实际意义编号法

实际意义编号法指依货物的名称、重量、尺寸、分区、储位、保存期限或其他特性的实际情况来考虑编号。这种编号法的特点在于由编号就能很快了解货物的内容及相关信息,举例如下。

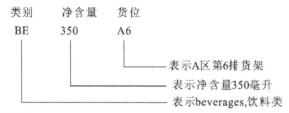

5. 后数位编号法

后数位编号法是指运用编号末尾的数字,来对同类货物作进一步的细分,也就是从数字的层级关系来看货品的归属类别,举例如下。

编号	货品类别
720	沙发
730	柜
740	床
741	布艺软床
742	实木床
742-1	橡木床
742-2	松木床
742-21	松木 100 床
742-22	松木 120 床

6. 暗示编号法

暗示编号法是指用数字与文字的组合来编号,编号本身虽不直接指明货物的实际情况(与实际意义编号法不同),但却能暗示货物的内容,这种方法的优点是容易记忆,但又不易让外人了解,举例如表 3-3。

表 3-3　图示编号 SH36RW13 相应字母意义

货品名称	尺寸	颜色与型式	供应商
SH	36	RW	13
鞋(shoes)	36 码	红色(red) 女装(women)	供应商号码

综上所述,货物编码大致有以下两种形式。

(1) 延展式:此形式并不限制货物分类的级数或数字的多寡,可视实际需要不断延长,较具弹性。但排列上难求整齐、规律。

(2) 非延展式:此形式之编号对于货物分类的级数及采用的数字均有一定限制,不能任意伸展,因而虽能维持整齐划一的形式,但缺乏弹性,难以适应实际增减的需要。

为识别货物而使用的编号标示可置于容器、零件、产品或储位上,让作业员很容易地获得资讯。一般来说,容器及储位的编号标示以特定使用为目的,能被永久保留,而零件或产品上的标示则是暂时的,可标示制造日期、使用期限,以方便出货的选择,如先进先出等。

二、进货标志的应用

(一) 托盘及箱子的标示内容

1. 托盘标签

托盘标签(如图 3-8)的内容主要包括以下几项。

图 3-8 托盘标签

(1) Pallet ID(托盘识别码),如表 3-4 所示。

表 3-4 美国 SUPER RITE FOODS 公司的 Pallet ID

例:81253505A	8→2008 年 125→从 1 月 1 日的累积日数 3505→当日的进货托盘的系列号码 A→保管的指定区域

(2) 托盘每一层的堆积个数与层数、总个数。
(3) 储存的位址(包括拣取的位址及保留的位址)。
(4) 制造商的码号。

2. 箱子标签

箱子标签的内容包括以下几项。

(1) 拣取位址。
(2) 商品码。
(3) 商品名。
(4) 店码。
(5) 送货日。
(6) 销售规格。
(7) 分类用的条码(采用订单拣取者不必印刷此项)。

(二) 防止损失的标签作业

将进货资料输入电脑后输出4片式标签,将其中3片贴在货物上与货物一同移动,视作业需要取用或查询,另一片用于库存时储存人员按照存放位址写上货物放置区及料架的号码,之后与系统信息进行对比;如此可减少出入库作业的疏失。

第三节 货物分类

分类(classification),就是将多种不同货物按其性质或其他条件予以区分,将它们归于不同类别,并进行系统排列的一种方法。分类有助于提高后续作业效率。

一、货物分类的方式

根据货物的特点,货物的分类方式主要有以下几种。

(1) 按货物特性分类,主要是为适应货物储存保管的需要。

(2) 按货物使用的目的、方法和程序分类。主要是为配合货物的使用,如把需要流通加工的分为一类,直接原料分为一类,间接原料分为一类。

(3) 按交易行业分类,主要是为适应货物采购的便利。

> **知识链接**
> 对货物一般采用ABC分类法进行管理,即15%~20%的少量物资占其总物资价值的65%~80%,将这类物资划分为A类物资;30%~40%的物资占总物资价值的15%~20%,将这类物资划分为B类物资;40%~55%的物资占总物资价值的5%~15%,将这类物资划分为C类物资。

(4) 按会计科目分类,主要是为适应货物的账务处理,如价值很高的货物划分为一类,价值低廉的又划分为另一类。

(5) 按货物形态分类,如货物的内容、形状、尺寸、颜色、重量等。

(6) 按信息分类,如货物送往的目的地、顾客类别等。

二、货物分类操作

在实际操作中,货物分类的一般操作如图3-9所示。

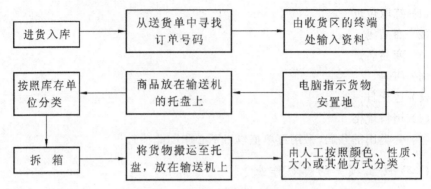

图 3-9 货物分类操作流程图

对品项较多的货物进行分类储存,可分为两个阶段,上下两层输送同时进行。

(1) 由条码读取机读取箱子上的物流条码,依照品项进行第一次分类,再决定是归属上层还是下层的存储输送线。

(2) 上、下层的条码读取机再次读取条码,并将箱子按各个不同的品项,分门别类送到各条储存线上。

> **知识链接**
> CVA(重要性分析的工作)中,对每个库存品种进行重要度打分,评出的分数为分数值,再依据分数值的高低将物资品种划分为三至四个级别,即最高优先级、高优先级、中优先级、低优先级。

(3) 在每条储存线的切离端,箱子堆满一只托盘后,一长串货物即被分离出来;当箱子组合装满一层托盘时,它们就被送入中心部(利用推杆,使其排列整齐);之后,箱子在托盘上一层层地堆叠,堆到预先设定的层数后完成分类。

(4) 操作员用叉式堆高机将分好类的货物依类运送到储存场所。

此系统不仅可以有效地利用空间(上、下输送线)进行分类储存,而且能提高分类作业的效率。

三、货位分配方式

合理地选择货位,必须遵循"安全、优质、方便、多储、低耗"的原则,具体地说,就是要确保货物安全、方便吞吐发运、力求节约仓容。

(一)储存策略

储存策略即决定货物在储存区域存放位置的方法或原则。良好的储存策略可以减少出入库移动的距离,缩短作业时间,保障货物品质,甚至能够充分利用储存空间。

一般的储存方式有定位储存、随机储存、分类储存、分类随机储存和共同储存等。

(1) 定位储存。定位储存是指每一储存货物都有固定货位,货物不能互用货位,因此,在规划时,每一项货物的货位容量不得小于其可能的最大的在库量。定位储存容易管理,所需的总搬运时间较少,但却需较多的储存空间。

(2) 随机储存。随机储存是指每一种货物被指派储存的位置都是随机产生的,而且可以经常改变;也就是说,任何货物都可以被存放在任何可利用的位置。随机原则一般是由储存人员按习惯来确定储存位置,而且通常按货物入库的时间顺序储存于靠近出入口的货位。

(3) 分类储存。分类储存是指将所有货物按照一定特性加以分类,每一类货物都有固定存放的位置,而同属一类的不同货物又按一定的原则来指派货位。分类储存通常按产品相关性、流动性、产品尺寸、重量、产品特性等来分类。

(4) 分类随机储存。分类随机储存是指每类货物有固定存放位置,但在各类储区内,每个货位的指派是随机的。分类随机储存兼具分类储存及随机储存的特色,需要的储存空间介于两者之间。

(5) 共同储存。共同储存是指当确切知道各货物进出的时间时,不同的货物可以共用相同的货位。当然,这在管理上会带来一定的困难,但是有助于减少货位空间,缩短搬运时间,有一定的经济性。

(二) 货位分配原则

1. 可与随机储存、共用储存策略相配合的原则

即靠近出口原则,指将刚到达的货物分配到离出入口最近的空货位上。

2. 可与定位储存、分类(随机)储存策略相配合的原则

(1) 以周转率为基础原则。按照货物在储存区的周转率(销售量除以存货量)来安排货位。首先依周转率由大到小排序,再将此序列分为若干段,通常分三至五段。同属于一段的货物列为同一级,依照定位或分类储存法的原则,为每一级的货物安排储存区域。周转率越大应离出入口越近。

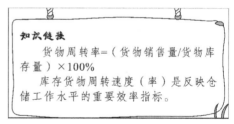

知识链接

货物周转率=(货物销售量/货物库存量)×100%

库存货物周转速度(率)是反映仓储工作水平的重要效率指标。

(2) 产品相关性原则。相关性大的货物,在订购时经常被同时订购,所以应尽可能存放在相邻位置。

(3) 产品同一性原则。把同一货物储放在同一保管位置。

(4) 产品类似性原则。将类似货物毗邻保管。

(5) 产品互补性原则。互补性高的货物也应存放在邻近位置,以便缺货时可迅速以另一品项替代。

(6) 产品相容性原则。相容性低的货物绝不可放置在一起,以免损害品质,如烟、香皂、茶叶不可放在一起。

(7) 先进先出原则。先入库的货物先出库,本原则一般适用于寿命期短的货物,如食品等。

(8) 面对通道的原则。将货物的标志、名称面对通道摆放,以便让作业员容易简单地辨识。

(9) 产品尺寸原则。在储位布置时,考虑货物单位大小及相同货物所形成的整批形状,以便能提供适当空间满足某一特定需要。

(10) 重量特性原则。按照货物重量的不同来决定货物在保管场所的高低位置。

(11) 产品特性原则。货物特性不仅涉及货物本身的危险及易腐性质,同时也可能影响其他货物,因此在安排存货位置时必须要考虑。

(12) 明晰性原则。利用视觉系统,使保管场所及保管货物能够容易被识别。

良好的储存策略和货位分配原则相互配合,可以大大减少拣取货物所需移动的距离。越复杂的货位分配原则需要功能越强的计算机系统相配合。

(三) 货位分配方式

货位分配方式,是指在储存空间、储存设备、储存策略、储位编码等一系列前期工作准备就绪之后,用什么方法把货物分配到最佳的货位上。货位分配的方式有人工分配、计算机辅助分配和计算机全自动分配三种。

1. 人工分配

以人工分配货位,所凭借的是管理者的知识和经验,其效率会因人而异。人工分配货位的优点是投入费用少,但其缺点是分配效率低、出错率高、需要大量人力。

人工分配货位的管理要点如下。

(1) 要求分配者必须熟记各种货位分配原则,并能灵活应用这些原则。

(2) 仓储人员必须严格按分配者的指示(书面形式),把货物存放在指定货位上,并将货物的上架情况记录在货位表单上,及时更新货位信息。

(3) 仓管人员每完成一个货位指派内容后,必须把这个储位内容记录在表单中。此外,货物因补货或拣货从货位中移出后,也应登记消除,从而保证账物相符。

2. 计算机辅助分配

这种货位的分配方法是利用图形监控系统,收集货位信息,并显示货位的使用情况,提供给货位分配者实时查询,为货位分配提供参考,最终还是由人工下达货位分配指示。

3. 计算机自动分配

这是利用图形监控储位管理系统和各种现代化信息技术(条形码扫描器、无线通信设备、网络技术、计算机系统等),收集货位有关信息,通过计算机分析后直接完成货位分配工作,整个作业过程不需要人工分配作业。这是现代化的货位分配方式。总之,计算机辅助分配方式和计算机自动分配方式因为不受人为因素影响,出错率低,效率高。当然,设备投资和维护费用也高。

第四节　货物验收检查

一、货物验收的概述

入库验收是货物进库作业的主要环节,也是仓库工作(入库验收、在库保管、出库复核)的第一道关口。验收是做好配送中心仓库管理工作的基础环节,其主要任务是对入库货物的数量、品种、规格和质量进行检查,准确、及时地把好入库货物的数量关、质量关和凭证关,做到货物入库有依据。同时供需双方当面查点交接,便于分清责任。

（一）货物验收的基本要求

货物验收工作是一项技术要求高,组织严密的工作,关系到整个配送业务能否顺利进行。所以,必须做到准确、及时、严格、经济。

1. 准确

管理人员对于入库货物的数量、规格、质量、名称及配套情况等的验收,要求做到准确无误,如实地反映货物当时的实际情况,不能带有主观偏见和臆断,要严格按照合同规定的标准进行验收。

> **知识链接**
>
> 货物一经验收入库,就须立卡、登账、建档。卡片是识别货物,保持货物不混不乱,并直接反映货物储存动态的重要标识,应一垛一卡,拴在货物堆垛上面。

在对进口货物验收时,管理人员必须坚持实事求是的原则,做到有理、有利、有节,分清相关责任,严格按照合同规定进行验收;需提出索赔时,依据要充分、理由要充足,以维护国家的声誉。

2. 及时

到库货物必须及时地在规定期限内完成验收工作,提出验收结果,以保证货物尽快入库。一批到库货物必须全部验收完毕,登记账卡后才能发货,仓库不应边验收边发货,更不应未验收即予发货。如果验收时发现到货数量不符或质量不合要求,仓库要进行退货、换货或者向对方提出索赔,相应要求均应在规定期限内提出,否则,超过规定期限(尤其是进口商品),银行不予办理手续;超过索赔期限,供货方也不予负责。因此,验收工作必须抓紧,应在一定期限内完成。

3. 严格

仓库有关各方都要严肃认真地对待货物验收工作。验收工作的好坏直接关系到企业利益,也关系到配送中心以后各项仓储业务的顺利开展,因此,仓库管理人员应高度重视验收工作,直接参与人员更要以高度负责的精神来对待这项工作。

4. 经济

货物检验,特别是钢材、木材的数量检验,不但需要检验设备,而且需要装卸搬运设备和装卸搬运工人配合。因此,仓库在组织货物检验时,应对人力、设备进行合理调配与使用,对作业过程进行科学设计与规划,以便最有效地利用人力和设备,挖掘作业潜力,提高作业效率,节省作业费用。此外,货物检验应尽可能保护原包装,减少破坏性试验等。

> **知识链接**
> 在搬运装卸中要讲求省力化原则,即:能往下则不往上;能直行则不拐弯;能用机械则不用人力;能水平则不要上坡;能连续则不间断;能集装则不分散。

(二) 货物验收的标准

确认货物是否符合预定的标准,可以依据以下标准。

(1) 采购合同或订购单所规定的条件。
(2) 采购谈判时展示的合格样品。
(3) 采购合同中的规格或图解。
(4) 各种产品的国家质量标准。

(三) 货物验收的内容

一般而言,货物验收主要包括以下内容。

(1) 核对供方"送货单"内容填写是否详细,是否已填货物名称、货物编码、订单编号和数量等内容。
(2) 核对"送货单"与本企业采购部门下达的订单的数量、品种和规格及交货期限是否相符。
(3) 核对货物规格与送货单是否相符。
(4) 抽查包装箱或容器内的货物数量是否与所贴标签一致。
(5) 检验货物品质是否达到要求。
(6) 合格货物入库建立货物账。

二、货物验收的程序

货物入库验收工作程序包括验收准备、核对证件、确定验收比例和检验实物四个工作环节。(如图3-10)

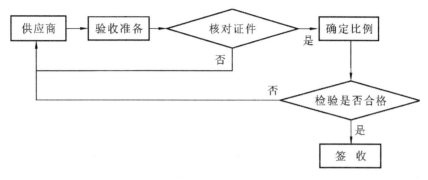

图 3-10　货物入库验收程序

（一）验收准备

一般来说，配送中心收货员应及时掌握总部（或客户）计划中或在途中的进货量、可用的库房空储仓位、装卸人力等情况，并及时与有关部门、人员进行沟通，做好以下接货计划及验收准备工作。

（1）使所有货物直线移动，避免出现反方向移动，移动距离尽可能短，动作尽可能减少。

（2）使机器操作最大化、手工操作最小化。

（3）将某些特定的重复动作标准化。

（4）收集、整理并熟悉各项验收凭证、资料和有关验收要求。对于那些业务素质不高的业务员，或第一次接触的货物，应及时收集验收资料或向供货方索取验收技术资料。

（5）准备相应的检验工具，如磅秤、量尺、卡尺及需用的仪表等，所有检验工具必须先检验校正，保证准确。

（6）根据所到货物的性能、特点和数量，落实存放地点、选择合理的堆垛形和保管方法。

（7）计算和准备所需的苫垫堆码材料、装卸机械、操作器具和担任验收作业的人力。如为特殊性货物，还须配备相应的防护用品，采取必要的应急预防措施，以防万一。

（8）进口货物或存货单位要求对货物进行质量检验时，要预先通知商检部门或检验部门到库进行检验或质量检测。

（二）核对证件

货物运至仓库，就要开始核对单证，对货物进行当面验收并做好记录。若有差错，应填写记录，由相关人员签字证明，据此向有关部门提出索赔。凡入库货物必须具备以下证件。

（1）存货单位提供的入库通知单、订货合同等。入库通知单是仓库据以接收货物的主要凭证。由于货物来源复杂,其入库单的式样、名称也各不相同,但无论何种入库单,一般均应具备货物来源、收货仓库、货物名称、品种、数量、规格、单价、实收数、制单时间、收单时间及验毕时间等内容。订货合同是供需双方为执行物资供应协作任务,并承担经济责任而签订的协议书,具有法律效力。因此,仓库应严格按合同收理货物。

（2）供货单位提供的发票、质量证明书或合格证、装箱单、磅码单和发货明细表等。

（3）运输单位提供的运单。入库前在运输中发生残损情况的,还必须补充记录。

核对证件就是将上述证件加以整理并核对。供货单位提供的质量证明书、合格证、发货明细表等均应与合同相符,要严格做到"五不收"：

① 证件手续不全不收；

② 品种规格不符不收；

③ 品质不符合要求不收；

④ 无计划不收；

⑤ 逾期不收。

核对相符后才可以进行下一步的检验工作。

（三）确定验收比例

货物往往整批、连续到库,且花色、品种、规格又很复杂,如果要在较短时期内件件细验是有一定困难的。为力求及时、准确地验收,每次（批）收货时,主要全面检查大件数量及包装标志与入库凭证所列是否相符,包装外部有无异状。对于货物包装内部的细数和质量的验收,通常是根据货物的不同特点,业务部门的要求,与仓库设备条件以及人力的可能而定,理由如下。

第一,各个仓库的验收人员、保管人员的配备,以及仓库设备、技术条件总是有限的。入库货物数量很大,要求整批、每件都要开箱、拆包验收,实际上难以做到。

第二,有些货物包装技术性较强,如用专用性机械打包的,或是真空压缩包装的,开拆验收之后,其包装就不易甚至不可能复原,这样可能影响销售。所以,只能按实际需要抽验一定数量的货物。

第三,许多工业品都是连续按批量生产的,每批产品或每一阶段的产品,其质量标准一般是比较统一的,抽验一定数量,就具有代表性,无须全验。

第四,有些货物拆包进行验收时,接触外界自然因素（如空气、水分、阳光）,对其质量有影响,不宜多验细数,甚至不开箱更利于安全储存。

因此,确定合理的验收比例很重要,验收比例是货物检验的前提。抽验比例适当,既可以加快货物流动的速度,又降低检验成本。货物检验可分为全数检验和抽样检验。

1. 全数检验

对被检批货物逐个(件)地进行检验,又称百分之百检验。它可以提供较多的货物质量信息,适用于批量小、质量特性少且质量不稳定或较贵重的货物检验。

2. 抽样检验

按照事先已确定的抽样方案,从被检批货物中随机抽取少量样品,组成样本,再对样品逐一测试,并将结果与标准或合同技术要求进行比较,最后由样本质量状况统计推断受检批货物整体质量合格与否的检验。它检验的货物数量相对较少,节约检验费用,有利于及时交货,但提供的货物质量信息少,有可能误判,也不适用于质量差异程度大的货物。

若能避免抽样时可能犯的错误,其可靠性甚至优于全数检验。抽样检验适用于批量较大、价值较低、质量特性多且较稳定或具有破坏性的检验。抽验比例应首先以合同规定为准;合同没有规定时,确定抽验的比例一般应考虑以下因素。

(1) 商品性质。各种商品都有一定的特点,如玻璃器皿、保温瓶胆、瓷器等容易破碎;皮革制品,副食品,海、水产品易霉烂变质;香精、香水易挥发减量;竹、木制品,腌、腊肉等食品容易被虫蛀、鼠咬等。这些商品入库,抽验的比例应定得大些。反之,如肥皂、文具之类,外包装完好,内部不易损坏,抽验的比例可以定得小些。

(2) 商品价值。贵重货物如精密仪器、贵重中药材(鹿茸、人参等),入库时抽验的比例要大些,或者全验;一般价值较低,数量又大的商品,如百货中的发夹、纽扣等可以少验。

(3) 生产技术条件。对于生产技术条件好、工艺水平较高、产品质量好并稳定的,可以少验;而生产技术水平低,或手工操作、产品质量较差又不稳定的需多验。

(4) 包装情况。收货时,对包装外在质量完好,内部垫衬密实的商品可以适当少验,反之则需多验。

(5) 运输条件。货物在运输过程中,其运输路线的长短、时间的长短、使用何种运输工具,以及中转环节多少等,对商品质量都有不同程度的影响。因此,入库验收时应分不同情况确定抽验的比例。如汽车运输,路途长、震动大、损耗多的要适当多验;水路航运,安全少耗的就少验;怕潮的货物(如食糖、洗衣粉等)经水路运输的应多验,而由陆路运输的可少验;对于直线直达的货物可少验,中转、分运环节多的应适当多验。

(6) 气候变化。我国幅员辽阔,各省、市气候存在差异,对长途转运的货物质量可能有影响,即使就一地而言,一年四季气候变化对商品质量也会有影响。所以,对怕热、易溶的货物在夏天要多验;对怕潮、易溶解的货物在雨季、霉天和南方潮湿地区应该多验;干裂、怕冻的货物在冬天应多验。

(7) 新产品或积压货物。新产品凡质量稳定,近期出厂的可适当少验。对出厂已久或长期积压的货物,要防变质,应多验。

(8)计重货物。确定计重货物的抽验比例,一般是依据货物和包装而定。凡采用定额包装的和包装比较定型的货物,可以抽验;非定额包装的货物,一般应多验或全验;无包装的商品,必须全部检斤过磅方可验收入库。

上述各种条件因素,有的互相牵连,有的互为因果,所以确定抽验的比例应全面进行考虑,不能孤立依某项条件而判定。

(四)检验实物

实物验收是货物验收业务管理的核心,管理人员核对资料、证件相符后,应尽快验收实物。实物验收包括内在质量、外观质量、数量、重量和精度验收。当货物入库交接后,仓库应将货物置于待检区域,由仓库管理员及时进行各种验收工作。对于某些货物需要进行内在质量和性能检验的,仓库应积极配合检验部门,提供方便,做好此项工作。

三、货物验收的方法

(一)货物条形码验收

在作业时要抓住两个关键,一是检验该货物是否是有送货预报的货物;二是验收该货物的条形码与货物数据库内已登录的资料是否相符。

(二)数量验收

入库货物按不同供应商或不同类型初步整理查点大数后,必须依据订单和送货单的货物名称、规格、包装细数等对货物数量进行验收,以确保准确无误。货物的数量检验,由保管机构负责进行。数量验收有两种情况:一种是计件货物的件数;另一种是计重货物的重量。

1. 计件货物的数量验收

以件数为计量单位的货物,验收时必须全部逐件点清。计算方法通常是采取轧点计算,即先将货物排成一列,每列排成若干行。每行堆一定的件数,轧点有多少列,多少行,每行多少件,三者相乘即得总数。如果货物包装大小不一,可分别排列堆放,分别轧点,将各个轧点数加在一起,即为该批货物的总件数。对数量较多,清点费时的货物,如纽扣、发夹、钢笔尖、螺丝钉等货物,一般只能按它的打、小盒或千只、百只等单位数量进行验收。

成套的带有附件的机电设备,对主机附件和随机工具等都必须逐件查点;对于包装严密,并且打开包装对货物保管不利,或者不易恢复原包装的货物,可按运输批次抽验 5%~10%;在抽验的货物中,如果发现有的货物数量不符,除了剔除外,还要扩大抽验数量的范围,直至全部检验。

2. 计重货物的数量验收

货物以重量计算的,可以通过过磅或按理论换算的方法求得。过磅是常用的方法,以理论换算重量交货的货物,可以按我国规定的换算方法和数据,换算成重量验收,这种方法适用于规格、长度一致的部分大五金货物;对进口货物,原则上应全部检验验收,如果订货合同规定按理论换算交换,则可以按合同规定办理。

逐件标明重量的货物,属于国内生产的,不必全部检验验收,可以抽验10%~20%;如果一次到达的货物很多,其抽验的绝对量很大,在人力或时间较紧时,抽验比例可适当减少,但不宜少于5%;抽验中发现重量不足,除剔出外,应扩大抽验比例,直到全部检验。

货物的重量,一般有毛重、皮重、净重之分。毛重是指货物重量包括包装重量在内的实重;皮重是指货物包装的重量;净重则是指货物本身重量,即毛重减去皮重的余数。通常所说的货物重量是指货物的净重。实际上货物大都有包装,这就涉及如何方便、准确扣除皮重的问题,在仓库中一般采用的方法有两种。

(1) 平均扣除皮重法。就是按一定的比例将货物包装拆除下来进行过磅,求得包装的平均重量,然后将未拆除的货物件数进行过磅,待过磅完毕,从总重量(毛重)内扣除全部皮重(求得的平均皮重乘以货物件数),即得净重。用此法求净重,其准确程度与拆除过秤的包装是否具有代表性关系甚大,所以管理人员一定要合理选择应拆包装或分类挑选拆除过秤,尽可能使净重准确。

(2) 除皮核实法。就是按件标明重量(包装上刷有毛重、皮重、净重)的货物,可先挑选几件以毛重过磅,如磅得毛重与包装上所注明的毛重相差不超过合理磅差(公差),则再拆除几件包装核实皮重,如皮重与包装上所注皮重亦不超过合理磅差,就可以证明包装上所标的三种重量是准确的。对其余包装严密和捆扎完好的货物,管理人员即可以进行抄码,不再一一过磅;如发现所标重量不准确,则仍应按平均扣除皮重的方法进行过磅。

不论采取哪种方法,管理人员都需填制磅码单,将核计总数与实际件数核对,防止漏码、漏磅。磅秤使用之前,要进行校正,以保证检斤正确。

有的大型配送中心设有地中衡(地磅),进行整车过磅时,要注意车辆实重(作为皮重)的准确性。例如,整车五金钢材,用地磅过秤入库,在扣除空车皮重时,要注意车上随行的工人、送货人员数在进、出时是否一致;带有拖车的车辆,两节车身不能同时一次过秤,应放开拖车,分别过秤,力求准确。

(三) 质量验收

质量验收是检查生产厂和供应部门所提供的货物质量是否符合要求。通常,它与入库货物的抽样验收是紧密结合、同时进行的。

质量验收的方法,目前主要有仪器检验和感官检验两种。仪器检验是利用各种试剂、仪器和机器设备,对货物的规格、成分、技术标准等进行物理、化学和生物的性能分析。目前,运用此法的不多,大部分检验仪器是由业务部门、专业检验机构等专业单位负责。感官检验法则是用感觉器官——视觉、听觉、触觉、嗅觉和味觉来检验货物质量,在验收时从储存保管养护的要求出发,一般应多注意:有无生霉、起锈、氧化、老化、脱漆、受潮、水湿、虫蛀、溶化、挥发、渗漏、干涸、风化、变色、砂眼、变形、油污、沉淀、浑浊、发脆、破损等外观缺陷异状的情况。这是现在较常用的主要检验法,其优点是简便易行,不需要检验设备,缺点是带有一定的主观性,容易受验收人员的经验、生理状态和操作的环境条件等所左右,局限性很大,无统一的可靠标准。

1. 视觉检验

主要是观察货物的外观质量,看外表有无异状。如针织品的变色、油污或水渍;竹、木制品、毛织品的生虫;金属制品的氧化、生锈;药品水剂的浑浊、沉淀、渗漏、破损等;在验收有有效期货物时,必须严格注意货物的出厂日期,并按照客户的要求和规定把关,防止货物的失效和变质。在操作中,还可以根据货物不同特点采用不同的方法,以提高工效。

2. 听觉检验

通过轻敲某些货物,细听发声,鉴别其质量有无缺陷。如对原箱未开盖的热水瓶,可转动箱体,听其内部有无玻璃片撞击声,从而辨别有无破损。

3. 触觉检验

一般直接用手探测包装内货物有无受潮、变质等异状。如针、棉织品是否受潮,有无发脆;胶质品、胶囊剂类有无溶化、发黏。

4. 嗅觉、味觉检验

工作人员用鼻和舌鉴别货物有无发生变质或串味等现象。例如,检验茶叶、香烟有无异味,在验收香水、花露水等时,可检验有无挥发失香,即除了"听声响"外,还可以在箱子封口处"闻"一下,如果闻到香气严重刺鼻,可以判定内部货物必定有异状。即使开箱检查时内部没有破碎,也至少是瓶盖密封不严,若经过较长时间储存或运输中的震动,香水、花露水等流汁货物肯定会外溢损耗。

一些有经验的保管员经过多年的实践和摸索,在感官检验货物方面积累了很多的经验,归纳为一看、二摇、三摸、四嗅。为弥补感官检验的不足,并提高验收效率,验收人员应根据货物性能和特点,研究采用不同的验收方法。

(四)包装验收

包装验收的目的是保证货物正常的储运条件。货物在运销过程中一般都有包装,包装的好坏与干湿对货物的安全储存、运输有着直接的关系。所以,对货物包装必须严格进行验收。凡业务单位对货物包装有具体规定的(如箱板的厚度,打包铁皮的箍数、纸箱、麻袋、草包的质量要求)，配送中心的仓库都要按规定进行验收。货物经过长期运输，多环节装卸搬运，外包装出现变异，往往包藏着货物质量的隐患。所以在货物的交接中，要特别注意外包装是否完好、包装标志是否符合标准、包装材料的质量状况等。

知识链接
对包装活动的管理，根据物流方式和销售要求来确定，以商业包装为主还是以工业包装为主，要全面考虑包装对产品的保护作用、促进销售作用、提高装运率的作用、包拆装的便利性以及包装废弃物的回收处理等因素。

外包装异常，一般有以下几种情况。

（1）人为撬起、挖洞、开缝，通常是被盗的痕迹。

（2）水渍、黏湿，是雨淋、渗透或货物本身出现潮解、渗漏的表现。

（3）污染，是由于装配不当，而引起的货物间互相玷污、染毒或货物本身腐败所致。

（4）由于包装的结构性能不良或在装卸搬运过程中乱摔乱扔、摇晃碰撞而造成的包装破损。

为了保证验收工作的顺利进行，提高验收工作的质量，在有条件的大型配送中心内，可建立一定的验收机构，设立专职验收员，配备必要的检验、测试仪器、工具。同时，还应调配必要的辅助人员和划定一定的验收操作场所，以便与接货工作环节紧凑衔接，缩短收货作业时间，提高效率。

四、货物验收中问题的处理

货物验收中经常会发现一些问题，如证件不齐、数量不符、质量不符合要求等，应区别不同情况，及时处理。

1. 数量不符

货物数量损益在磅差允许范围内的，可按实际验收数量入库，并填写入库单或验收单；凡超过规定磅差范围的，应查对核实，做好验收记录和填写磅码单，交主管部门会同货主向供货单位办理交涉，提请处理，在结果出来之前不得动用该批货物。凡实际数量多于原发货数量的，可由主管部门向供货单位退回多发数，或补付货款。

2. 质量不符合要求

在验收货物时，管理人员一定要严格把好质量关，对于不符合质量要求的，应及时通知采购部，并协助办理退货、换货事宜，或征得供货单位同意代为修理，或在不影响使用的前提下降价处理。货物规格不符或错发时，应先将规格相符的货物予以入库，规格不符的做好验收记录后交给采购部门办理换货。

3. 证件不齐全

证件未到或不齐全时，应及时向供货单位索取，到库货物应作为待检货物处理，堆放在待验区，临时妥善保管，待证件到齐后再进行验收；证件未到之前，不能验收，不能入库，更不能发料。

4. 单证不符

供货单位提供的质量证明书与进库单、合同不符时,应及时通知存货单位,货物应留待处理,不得动用。待存货单位提出处理意见后,按存货单位提出的办法处理。

5. 货物未按时到库

有关证件已到库,但在规定的时间内货物尚未到库的,应及时向主管部门反映,以便向存货单位查询。

6. 价格不符

当价格不符时,应按合同规定的价格承付,对多收部分应予以拒付;如果是总额计算错误,应通知货主及时更改。

7. 货物在入库前已有残损短缺

有商务记录或普通记录等证件的,仓库可按实际情况查对证件是否准确,在记录范围内的,按实际验收情况填写验收记录;在记录范围以外或无运输部门记录时,应查明责任。货物残损情况可以从外观上发现,但在接运时尚未发现而造成无法追赔损失的,应由接运部门负责;外观良好、内部残缺的,仓库应做出验收记录,与供货方交涉处理。

8. 发错货

如发现无进货合同、无任何进货依据,但运输单据上却标明本库为收货人的货物,仓库收货后应及时查找该货的产权部门,并主动与发货人联系,询问该货的来龙去脉,并将该货物作为待处理商品,不得动用,依其现状做好记载,待查清后进行处理。

9. 对外索赔

需要对外索赔的货物,应由商检局检验出证。仓库对经检验提出退货、换货出证的货物应妥善保管,并保留好货物原包装,供商检局复验。

第五节 货物入库信息的处理

配送中心的主体信息系统为 WMS(warehouse management system,仓库管理系统)与 TMS(transportation management system,运输管理系统),其中内部作业主要由 WMS 来控制,而货物进货作业的信息处理可由 WMS 中的采购进货子系统来处理。

一、货物入库信息处理的流程

根据 WMS 的入库操作流程,货物入库后,首先生成入库单,每份入库单可以包含多种货物,不同的货物种类又可生成不同的入库分单。装盘完毕后,在经过人工预检认为外观、尺寸等合格的托盘上贴条形码标志,通过扫描托盘条形码标志(如图3-11),确认货物种类和数量的输入

> **知识链接**
> 配送中心的WMS有三大功能要求,分别是物流业务运营、分拣系统监控和内部管理。

数据后,即完成托盘条形码与所载货物信息的注识,即入库数据登录注记。此时,该托盘货物进入"待入库状态",注记完成的货物托盘所处的状态会一直被管理系统跟踪和监控,直至出库确认成功取消该注记为止。

图3-11 条形码

图3-12 手持终端

注记完成的货物托盘由管理系统分配一个目标储存货位,同时,该操作需求被发送至手持终端(如图3-12),手持终端接受需求后扫描托盘条形码,即可得到该托盘的目标操作货位和货物信息。根据手持终端指示,由操作人员驾驶堆垛机行驶至目的货位。若一切正常,操作人员将用手续终端扫描确认目标货位,操作成功后再确认反馈,与此同时,管理系统收到操作成功的确认后,即可修改数据库相关记录,该次入库操作最终完成。如果出现了异常情况,如目的货位已有货物,手持终端将扫描现有货物条形码,并发送给管理系统。然后再由管理系统将该异常情况录入数据库,并生成一个新的推荐目标货位,指挥重新开始操作,直至成功完成本次入库操作。

货物入库管理信息系统设置应遵循配送中心入库流程,如图3-13所示。

二、货物入库信息处理要点

1. 入库单数据处理(录入)

入库单可包含多份入库分单,每份入库分单又可包含多份托盘数据。入库单的基本结构是每个托盘上放一种货物,因为这样会使仓储的效率更高、流程更清晰。

2. 条形码打印及管理

条形码打印及管理的目的是为了避免条形码的重复,从而保证配送中心仓库内的每一个托盘货物的条形码都是唯一的标志。

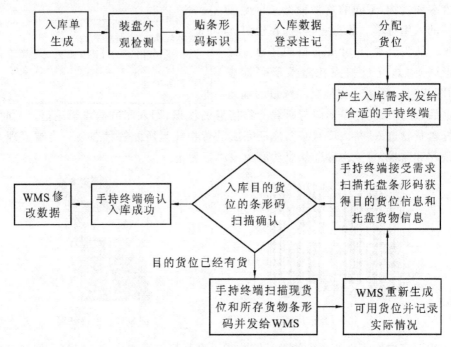

图 3-13 配送中心货物入库流程图

3. 货物装盘及托盘数据登录注记(录入)

入库管理子系统可支持大批量的一次性到货,运作过程如下:批量到货后,首先要分别装盘,然后进行托盘数据的登录注记即数据录入,这里提到的托盘数据是指对每个托盘货物分别给予一个条形码标志。登录注记时将每个托盘上装载的货物种类、数量、入库单号、供应商以及使用部门等信息与该唯一的条形码标志联系起来。注记完成后,条形码标志即成为一个在库管理的关键,可以通过扫描该条形码得到该托盘货物的相关库存信息及动作状态信息。

4. 货位分配及入库指令发出

托盘资料注记完成后,该托盘即进入等待入库状态,系统将自动根据存储规则(如货架适用区域的划分)为每一个托盘分配一个合适的空货位,并向手持终端发出入库操作的要求。

5. 占用货位的重新分配

当所分配的货位实际已有货物时,系统会指出新的可用货位,并通过手持终端指挥操作的完成。

6. 入库成功确认

从注记完成至手持终端返回入库成功的确认信息前,该托盘的货物始终处于入库状态,直至收到确认信息,系统才会把该盘货物状态改为正常库存,并相应更改数据库的相关记录。

7. 入库单据打印

货物入库后,打印实际收货入库单。

本 章 小 结

本章主要介绍配送中心的进货环节的作业流程及具体作业的操作。首先明确了进货作业的定义及其四大环节,然后介绍了制定进货计划、到货卸货、拆箱验收、标示编码与登记入库等基本流程。接着分两节对货物编码的原则、方法、货物分类的方式及操作等进行了专门讲解。对于货物验收检查这一配送中心进货作业的重要环节,介绍了其基本要求、验收的内容、验收的程序、验收的方法以及在货物验收中问题的处理。最后介绍的是货物入库流程及货物入库信息系统的操作流程。

综合案例分析

上海 HL 超市连锁公司配送中心运作

上海 HL 超市连锁公司创立于 1993 年,从创办伊始就坚持"国际标准的超市典范,工薪阶层的购物天堂,创建一流的超市公司"的办店宗旨,不断引进国外先进的管理经验,并结合我国国情加以改造和发展,开拓了一条符合我国国情的超市发展新路。

上海 HL 超市建店开始,就认识到配送中心是超市提高经济效益的关键部门,于是建立了配送中心。上海 HL 超市配送中心建筑面积 20 000 平方米,库存能力 90 万箱,日吞吐能力 19 万箱,可同时停靠 80 辆货运卡车,服务半径 250 公里。配送中心采用高层立体货架和拆零商品拣选货架相结合的仓储系统,以及前移式蓄电池叉车、电动搬运车、电动拣选车和托盘等设备,实现装卸搬运作业机械化。同时拆零货物配货电子化,以及采用电子标签拣选系统。门店订单输入计算机后,货位指示灯和品种显示器立刻显示拣选货物在货架的具体位置和数量,作业人员可以方便地取出货物,订单货物配齐后进入理货环节,大幅度提高了作业速度,降低了差错率。

此外,上海 HL 超市连锁公司对配送中心的运作进行科学、规范的管理。公司对配送中心的进货过程和发货过程制定了严格、明确的要求和规范的操作制度。要求仓库收货员在验货时,必须核对厂商开具的发票是否与订货货物、实际货物一致,检查货物的包装情况,一切准确无误后方可在厂商送货单上签字并将货物入库。货物入库后,要立即制作仓卡,标明货物的品名、入库时间和货位,最后将仓卡和厂商开具的发票按规定的时间送采购部,采购部立即开出收货单,并将货物内容记入货物发货单中,使入库的货物进入可配状态。上海 HL 超市对发货单位制定了更加严格的工作流程控制规定。公司规定,不论是对内或对外发货,发货单位必须由仓库主任亲自检验,验查是否有采购部发货印章,辨别印章真伪,核对发货单的有效期。一切无误后,方可按发货单上开具的货物组配货并按已设定好的运送计划、时间准时送货。

1996年,上海HL超市连锁公司销售额为9.6亿元;2000年,拥有连锁店101家,营业场地面积达500 000平方米。2003年,上海HL超市发展连锁公司与上海××有限公司实现合并,成立BL有限公司,销售额为485.2亿元,店铺4 357家,名列我国连锁企业的前列。

思考题

1. 上海HL超市采用了什么验收方法,各工作人员的职责是什么?

2. 结合我国国情,请说说上海HL超市的哪些措施值得我们借鉴,在进货环节中还可以有什么好的方法?

本章综合练习题

1. 进货作业具有什么作用?简述进货作业的基本流程。
2. 货物验收有哪些方法?在验收中要注意哪些问题?
3. 货物编码有哪几种方法,谈谈它们各自的优缺点。
4. 进货信息主要有哪些?结合目前我国实际情况分析大多数配送中心如何利用进货信息使进货作业更为优化?

实践活动

观察超市进货作业流程

实践目标:掌握超市进货作业流程及各环节具体操作。

实践内容:以小组为单位到附近的超市进货区观察其进货作业,并向工作人员作调查,了解其进货情况。调查中需要观察的内容包括:

① 一般进货的时间,尤其是进货高峰期;
② 验收比例如何确定?
③ 一般由谁验收,采用了什么验收方法?
④ 验收过程中出现退货、不合格等情况该超市是怎样做的?

实践要求:注意选择好观察的时间和地点,确保安全并能搜集到较为准确的数据。

实践成果:根据所观察的情况和内容写一份报告,要包括实践内容中强调的观察内容。

第四章 配送中心拣货作业

本章学习目标

了解拣货作业的含义及一般流程，会根据不同情况运用适当的拣货方式和策略，借助一些拣货信息和技术，结合不同的拣货单位进行合理化的拣货，达到拣货合理化，满足客户的需求。

经典案例导入

红塔卷烟的自动分拣系统

红塔集团玉溪卷烟厂自动分拣系统占地约 1 217 平方米，主要设备包括合流机构、缺条检测机构、扫描系统、主输送带、分拣机构、分拣通道、剔除通道等。其上游设备有立体货架、巷道式堆垛机、环行穿梭车、拆垛机器人等。分拣系统与上游设备协同作业，共同完成卷烟成品的自动出库及分拣发货工作。

红塔自动分拣系统主要采用了高速合流、分拣控制、条码校验及数据处理四项关键技术。

系统发货流程：成品发货员在整体集成物料管理系统客户端录入发货单据（包括品牌、数量、分拣通道号等），系统自动生成发货任务并下达到分拣系统，同时，上位调度系统指派堆垛机到立体仓库货位取满垛成品（28 件），输送到环形穿梭车接货站台，环形穿梭车系统根据上位计算机指令将该垛成品烟运送到拆垛机器人接货工位，经机器人拆垛后，整垛成品被拆分为单件烟经输送机送入分拣系统，分拣系统完成分拣发货。

系统布局规划设计思想：合理利用有限空间，充分考虑分拣系统与立体货架、拆垛机器人系统、成品环形穿梭车之间的相对位置及协同作业需要，对自动分拣系统进行布局设计。另外,为提高烟箱通过能力,进而提高系统整体运行效率,将机器人拆垛系统分为两个单元,每个单元为 4 台机器人,各单元的烟箱沿各自的输送线路进入分拣线,以免输送通道拥挤影响系统运行效率。

系统以期实现以下功能:①连续、大批量分拣货物;②自动辨识、读取及校验分拣信息;③自动采集、存储及回送分拣数据;④自动显示和监控分拣信息;⑤缓存功能。当某一岔道发生阻塞时,分配到该岔道的烟箱可以在环形回路上循环,实现缓存,以免阻塞其他分拣通道,影响分拣效率;⑥其他功能,包括烟箱缺(烟)条检测及剔除、烟箱条码错误剔除及报警功能。

第一节 拣货作业概述

一、拣货作业的含义及原则

(一)拣货作业的含义

所谓拣货作业是指由配送中心根据客户提出的订单要求,从储存的商品中将用户所需的商品分拣出来,放到发货场指定的位置,以备发货。它是配送中心的核心业务,是出货的第一环节,也是配送中心的心脏,占其作业量的一大部分。

> **知识链接**
> 完美订单是指没有库存、没有进行中的工作、品质完善无瑕、最优交货和立即支付的订单,表示企业对顾客订单的要求百分之百的达成。

现代配送中心所处理的商品种类繁多,面对的服务客户众多,掌握正确的拣货方式,有助于提高作业速度、效率,降低出错率,提高订单率,对提高配送作业生产效率和配送经济效益以及客户满意程度都有十分重要的意义。

(二)拣货作业的基本原则

拣货作业除有少数自动化设备应用外,大多靠人工密集作业,因此在拣货系统的设计中,普遍使用工业工程改善手法,以促进生产力的提高。在拣选作业系统设计时可以遵循以下原则。

(1)不要等待——零闲置时间;以动作时间分析、人机时间分析方式改善。

(2)不要拿取——零搬运(多利用输送带、无人搬运车)。

(3)不要走动——动线的缩短;作业人员或机械行走距离尽量缩短,分区拣货,物至人拣取或导入自动仓库等自动化设备。

> **知识链接**
> 在物流中,精益生产方式将所有浪费归纳成七种:等待的浪费;搬运的浪费;不良品的浪费;动作的浪费;加工的浪费;库存的浪费;制造过多的浪费。

(4）不要寻找——储位管理；如拣选的 WMS 自动查找储位和电子标签显示的功能。

(5）不要思考——零判断业务（不依赖熟练工）。

(6）不要书写——免纸张；要求有自动化的 WMS 和 PDA 手持条形码扫描设备及机载拣选显示计算机等。

(7）不要检查——利用条码由电脑检查。

(8）无缺货——做好各项管理；即做好商品管理、储位管理、库存管理、拣货管理，对安全库存量、订购时机、补货频率等状况利用计算机随时掌握。

二、拣货作业的流程

一般拣货作业的基本流程如图 4-1 所示。

1. 订单导入处理

接到客户的订单后，配送中心首先确认订单货物的名称、数量、价格及日期，即检查品名、数量、送货日期等是否有遗漏、笔误或不符合公司要求的情形，并对流通加工确认等；检查现有库存量及各项配送资源是否足以提供此订单的出货；尤其当送货时间有问题或出货时间已延迟时，配送中心更需要与客户再次确认订单内容或更正运送时间；订单资料的建档和维护，统计商品需求数量，检查库存水平，以便在出货日期前进行采购。对于当天要出货的订单，进行订单分割或汇总合并，查询存货数量，然后为其分配存货。若采用电子订货方式接单，配送企业也必须对已接受的订货资料加以检验确认。

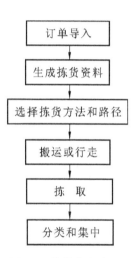

图 4-1　拣货作业流程

无论订单是由何种方式传到配送中心，都要对客户的信用额度进行调查，即核查客户的财务状况，以确定其是否有能力支付该订单的账款。通常的做法是检查客户的应收账款是否已超过其信用额度。若客户应收账款已超过其信用额度，则要决定是继续输入其订货资料还是拒绝其订单。

随着市场竞争的日趋加剧，订货的高频率、平时的快速响应，使传统的订货方式已无法应付，于是电子订货方式便应运而生。

2. 形成拣货资料

订单处理完毕，拣货作业之前，需要生成拣货作业用的单据或信息。大多数配送中心都会把原始的订单转换成拣货专用的单据或电子信息，使拣货员或自动拣取设备进行更有效的拣货作业。拣货专用的单据或电子信息的另一个优点是拣货信息经过专门处理后，往往按拣货顺序来排列储位，使拣货路径最短，从而提高了拣货效率。利用EOS(电子订货系统)和POT(条码管理技术)直接将订货资讯通过计算机快速、及时地转换成拣货单或电子信息,是现代配送中心未来的发展趋势。

3. 选取拣货方法和路径

选取拣货方法可以从多方面考虑。例如,在确定每次分拣的订单数量时,可以对订单进行单一分拣,也可以进行批量分拣;在人员分配上,可以采用一人分拣,也可以采用数人分拣或分区分拣;在货物分拣单位确定上,可以按托盘、整箱或单件为单位进行分拣;在人货互动方面,可以采取人至物的分拣方法,也可以采用物至人的分拣方法等。

> **知识链接**
> 在物流配送中心的平面布置中动线规划是至关重要的,也是首先要考虑的,动线决定了卸货验收区、储存保管区、配货发运区等各个区域的设置和安排。分别有I型(直线型)、L型、U型和S型(锯齿型)四种。

对不同层次的商品(小件商品、箱装商品、托盘装商品)要采用不同的拣货路径,通常有两种类型的路径可供选择。

(1)无顺序的拣货路径。无顺序的拣货路径是由拣货人员自行决定在配送中心内各通道拣货顺序的方式。因拣货员拣货处于无序状态,常常出现事倍功半的效果,拣货效率较低。

(2)顺序的拣货路径。顺序的拣货路径按货物所在货位号的大小从储存区的入口到出口顺序来确定拣货路径,是一种常用的拣货路径。按这种拣货路径,拣货员走完全程就一次性地拣出所有商品。其优点是缩短拣货员的拣货时间和拣货里程,减少疲劳和拣货误差,提高拣货效率。

无论采用何种拣货路径,均要考虑如何准确、快速、低成本地将货物拣出,同时还要考虑到操作方便、缩短行走路径等问题。

4. 搬运或行走

这一过程有两种完成方式。

(1)人至物方式,即拣货人员以步行或搭乘拣货车辆的方式到达货物储存位置。这一方式的特点是货物处于静态储存方式,主要移动方为拣货人员(或拣取机器人)。

(2)物至人方式,即拣货人员在固定位置作业,不必去寻找商品的储存位置,主要移动方是货物。这种方式的特点在于货物保持动态的储存方式,如轻负载自动仓储、旋转自动仓储等。

5. 拣取

当货物出现在拣货人员面前时,其一般采取的两个动作为拣取与确认。拣取是抓取物品的动作,确认则是确定所拣取的物品、数量是否与指示拣货的信息一致。在实际的作业中,配送中心多采用读取品名与拣货单据作对比的确认方式,较先进的做法是利用无线传输终端机读取条码后,再由计算机进行确认。准确的确认动作可以大幅度降低拣选的错误率,同时与出库验货作业相比能更及时有效发现错误。配送中心通常对小体积、小批

知识链接

在物流配送中心的拣货作业,一般是先拣先制造的存货,亦即制造日期在前的先出货,以避免货品逾期失效。

量、搬运重量在人力范围内且出货频率不是特别高的货物,采取手工方式拣取;对体积大、重量大的货物,利用升降叉车等搬运机械辅助作业;对于出货频率很高的货物,则采用自动分拣系统进行拣货。

6. 分类和集中

配送中心收到多个客户的订单后,可以批量拣取,拣取完毕后再根据不同的客户或送货路线分类集中。有些需要进行流通加工的商品还需要根据加工方法进行分类,加工完后再按一定方式分类出货。分货过程中多品种分货的工艺过程较复杂,难度也大,容易发生错误,因此配送中心必须在统筹安排形成规模效应的基础上,提高作业的精确性。在物品体积小、重量轻的情况下,配送中心可以采取人力分货,或机械辅助作业的方式,还可利用自动分货机将拣取出来的货物进行分类与集中。分类完成后,配送中心对货物经过查对、包装,便可以出货、装运、送货了。

从分拣作业的四个基本过程可以看出,拣货作业所消耗的时间包括以下四个部分。

(1)订单或送货单经过信息处理,形成拣货指示的时间。

(2)行走或搬运货物的时间。

(3)准确找到货物的储位并确认所拣货物及数量的时间。

(4)拣取完毕,将货物分类集中的时间。

因此,提高拣货作业效率主要在于如何缩短上述四个作业时间来提高作业速度与作业能力。

三、拣货作业要求

配送中心作业的自动化、省力化,通常都是以拣选作业及相应的存储和搬运方式为实施重点,另外,拣选的里程及拣选策略的应用,也往往是影响接单出货的时间长短的主要因素。还有一点,拣选的精确度也是影响出货品质的重要环节之一。

现代物流对拣选作业的要求,从顾客服务的方向来看,主要有以下几点。

(1)无差错地拣出正确的货物。

(2)时间快,至少不影响后面的送货。

(3)必要的包装和贴标签。

(4)品种多,数量少。

(5)订单跟踪。

(6)完整的供应链服务和管理。

第二节　拣选单位与拣选系统设备配置

配送中心的形态多种多样,存放的货物种类也多种多样,因而存储和拣选的方法也是多种多样。针对不同的存储方式对拣选设备进行合理配置,可以提高配送中心的作业效率,同时也充分利用各设备资源,达到节省成本的目的。

一、拣选单位

拣选单位是指拣货作业中拣取货物的包装单位。拣选单位与存货单位基本对应,但可能会因用户需要的细分而趋于更小。一般来说,拣选单位可分为托盘(P)、箱(C)及单品(B)三种,即通常说的 PCB。以托盘为拣选单位的体积及重量最大,其次为箱,最小者为单品。

1. 托盘

这是一个由箱堆码在托盘上集合而成的以托盘和所堆码的箱组合的拣选单位,经托盘装载后加固,每只托盘堆码数量固定,拣货时以整只托盘为拣选单位,必须利用堆高机或叉车等机械设备。

2. 箱

箱是由单件装箱而成,可由托盘上取出,人工必须用双手拣取,拣货过程以箱为拣选单位,尺寸一般在 10 立方厘米~1 立方米,单边长一般不超过 1 米,重量在 1~30 千克。

3. 单品

单品是指单件货物包装成独立单元,可由箱中取出,用人手单手拣选,是最小的拣选单位,尺寸一般在 10 立方厘米以下,单边长不超过 20 厘米,重量在 1 千克以下。

4. 特殊品

有些特殊品(指体积大、形状特殊,无法按托盘、箱归类,或必须在特殊条件下作业的货物),如大型家具、桶装油料、长杆形货物、冷冻食品、散装颗粒等,储存和拣选时都必须特殊考虑,以特定包装形式和包装单位为标准。

这里的箱是货物常见的包装形式,可以由工人手工方便搬运,而且可以规则地堆码在托盘上,或者由传送带输送。箱子大量地堆放在托盘上,拣选时一次只能搬一个箱子,拣取数量多时就需要多次重复来回动作,而且需要较大的空间容纳拣出的货物。这种作业可以描述为作业者(可以是人或机械手)的输入是一个订单行,输出动作 1 是提取一箱货物,动作 2 是将该箱转移到另一个地方(拣选小车、人上型叉车、传送带等)。

此外,单品有一种情况是包装在箱子内的,拣选时必须拆箱,因此又称为拆箱拣选(splitting case picking),不像整箱货物是立方体可以用机械自动处理,拆箱拣选只能依靠人工。根据这种人—机—物三者的组合特点划分出不同的拣选方法。

拣选单位越小,拣选工作量越大。一般来说,在总库 CDC(中央配送中心)拣选单位较大;而在 RDC(区域配送中心)中拣选往往是多品种小批量,拣选单位小,且要求时间短,拣选作业最繁重。

拣选单位是根据订单分析出来的结果而作决定的,如果订货的最小单位是箱,则不要以单品为拣选单位。库存的每一种货物都要根据实际情况选择合适的拣货单位,有些同类货物可能有两种以上的拣选单位,设计时就要针对每种情况分区考虑。基本的拣选模式如表 4-1 所示。

表 4-1　基本拣选模式

拣选模式编号	储存单位	拣选单位	记　号
1	托盘	托盘	P→P
2	托盘	托盘+箱	P→P+C
3	托盘	箱	P→C
4	箱	箱	C→C
5	箱	单品	C→B
6	箱	箱+单品	C→C+B
7	单品	单品	B→B

二、拣选系统设备配置

拣选系统是由仓储设备、搬运设备及信息传送设备所组成的,根据自动化程度的不同,可分为全自动方式、半自动方式及人工方式等几种模式。根据拣选单位的不同又可分为整盘拣货(P→P)、整箱拣货(P→C)、拆箱拣货(C→B)或单品拣货(B→B)等几种模式。

1. 全自动方式

此种拣货模式多数是利用电脑与自动化设备配合的拣货方式,完全不需要作业人员而将订购的货物拣出来。目前常见的设备配置如表 4-2 所示。

表 4-2　全自动拣货方式的设备配置模型

保管→出货	设备模式
P→P	托盘式自动仓储系统+输送机(穿梭车)
P→C	自动仓储系统+拆盘机+拣取机+输送机
P→C	自动仓储系统+穿梭车+机器人
C→C	流动式货架+拣货机+输送机
C→B	流动式货架+机器人+输送机
B→B	自动拣取机+输送机

2. 半自动方式

此种拣货方式大部分是利用自动仓库与人工进行配合,且作业人员不用移动,利用设备将货物自动搬运到作业人员面前。目前常见的模式如表 4-3 所示。

表 4-3　半自动拣货方式的设备配置模型

保管→出货	设备模式
P→C	自动仓库＋输送机
C→B	水平旋转自动仓库＋输送机
B→B	垂直旋转自动仓库＋手推车

3. 人工方式

此种拣货方式大部分是利用合理化仓储搬运设备与人工进行配合,货物固定不动而作业人员必须走动,将货物拣出。此方法必须依靠储位指示才能顺利进行。目前常见的模式如表 4-4 所示。

表 4-4　人工拣货方式的设备配置模型

保管→出货	设备模式
P→P	托盘式货架＋叉车
P→C	托盘式货架＋叉车(托盘车)
P→C	托盘式货架＋笼车
P→C	托盘式货架＋手推车
P→C	托盘式货架＋输送机
C→B	流动式货架＋笼车
C→B	托盘式货架＋手推车
C→B	托盘式货架＋输送机
C→B	箱式平货架＋手推车
B→B	箱式平货架＋手推车

三、拣货的布置模型

以下是几种较常用的布置模型。

(一) 不需要补货搬运作业,储存与拣货的货架并不分开的作业模型

这种模型又可分为以下三种基本模型。

1. 使用两面开放式的货架

这是一种合理的布置模型,进货→保管→拣货→出货都是单向通行的流动线。

在进货区把货物直接从货车卸到入库输送机上,入库输送机就自动将货物送到储存区。在储存区采用流动货架来保管货物,作业员从流动货架的补给侧将货物置入,货物自动地流向拣货区域侧,提高了拣货效率。而在拣货区,所有货物都整齐排列,所以很容易进行拣货。然后将拣完的货物立即放在出库输送机上,让出库输送机自动把货物送到出货区。

此模型的优点在于:使用流动货架,仅在拣货区的通路一侧行走就可拣出各种货物;使用出库输送机,不但拣货员不必拿着货物走,而且还可减少拣货作业的行走;入出库输送机分开可同时进行入库、出库作业。

这种模型较适用于小规模的配送中心,如果在规模大的配送中心运用,则可并用多列这种模型。

2. 使用单面开放式的货架

使用单面开放式的货架,其入库与出库都在货架的同一面,因而入库、出库输送机都是同一条,其布置方式虽与前述模型不相同,但其理念大致相似,也就是让整个布置动线合理顺畅地流动。

这种模型由于入库、出库输送机共享,因而入库、出库的时机有必要错开,以避免造成混淆,但相对的其空间需要较少。

3. 货架上下层分开作业的方式

针对上述两种基本模型,如果打算在有限空间处理大规模的货物,下层负重高、规划较大型货架采用 P→C 的拣货模式,而上层负重轻、安排小型货架采用 C→C 的拣货模式。如此利用上下层将不同作业性质分开处理的方式,不仅可节约空间,同时可依据资料分析将 P→C 与 C→C 两种拣货模式组合起来,因而此模型如今应用较多且利用价值高。

(二)储存与拣货不在同一货架,需要经由补货作业的拣货模型

这种补货的模型布置较适合进出货量差异大,或入库、出库单位型态不同的货物。这种模型与前一种模型的差别就在于多了补货的步骤,但要注意补货的动线需要与储存、拣货一致,这样效率就不会受影响。

如果作业型态是属于多样少量的出货方式(C→B 的模式),同一拣货员所拣取货物品项可能分散在输送机的两方,如果仍采用上面所讲的布置,拣货员拣完一货架后要再回头去拣取对面货架上的货物,为求更高的出货效率,只要稍微调整输送机的设计布置即可。其特点在于拣货区的出库输送机两侧多设置了无动力的拣货输送机。当作业开始时,拣货员由拣货区域的左上端开始拣货,利用拣货输送机一边推着空塑料箱,一边按照拣货单依箭头方向在流动货架前方边走边拣货,到达右端后再回头沿着另一侧之流动货架继续拣货。

按照这样的方式,拣货员可快速把所有种类的货物拣出来,如果在拣货中途就完成拣货作业,也可把拣完货的塑料箱由拣货输送机移至出库输送机上。因而已完成拣货的塑胶箱不会妨碍下一个拣货作业,而且已完成拣货的塑料箱可依次迅速地送至出库区。

第三节 拣货策略

拣货策略是影响日后拣货效率的重要因素。拣货策略一般可分为订单别拣货策略、批量拣货策略,或者两者混合运用,以及这两种拣货策略的延伸和改进。至于一个物流配送中心到底采用哪种拣货策略合适,还需要事先经过详细分析与规划,需要重点考虑以下几个方面的影响因素:配送中心是库存型或通过型、商品的种类与特性、搬运的特性、储存单位、拣货单位、客户订单数据的 EIQ 分析、商品的 ABC 分类以及是否有适当的仓储管理系统等。

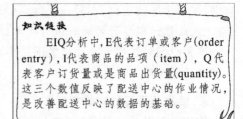

知识链接

EIQ分析中,E代表订单或客户(order entry),I代表商品的品项(item),Q代表客户订货量或是商品出货量(quantity)。这三个数值反映了配送中心的作业情况,是改善配送中心的数据的基础。

一、订单别拣货策略

订单别拣货(single-order-pick)指针对每张订单,作业人员巡回于仓库内,按照订单上所列商品及数量逐一由仓库储位或其他作业区拣出,然后集中在一起的一种拣货策略,是较传统的拣货策略。订单别拣货作业的基本流程见图 4-2。

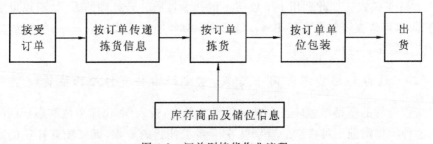

图 4-2 订单别拣货作业流程

(一)订单别拣货策略的特点

(1)作业方法单纯,接到订单可立即拣货、送货,作业前置时间短。
(2)作业人员责任明确,容易公平分工,易于安排人力。
(3)拣货后不用进行分类作业,不需另外的作业场地,适用于配送批量大的订单的处理。
(4)货物品种多时,拣货行走路径加长,拣取效率较低。
(5)拣货区域大时,搬运系统设计困难,无法及时发现拣货差错。

(6) 对储位操作频度大,容易造成储位和库存的不准确。

（二）适用条件

订单别拣货策略的弹性比较大,较为容易调整临时性的生产能力。适合订单大小差异较大、订单数量变化频繁、季节性强的货物配送。在货物外形体积变化较大,货物差异大的情况下也可以采用订单别拣取方式,如化妆品、家具、电器、百货、高级服饰等。

（三）操作方式

订单别拣货一般采取摘取式操作方式。摘取式分拣,又叫摘果式分拣,就是像在果园里的果树上摘果那样去拣选货物。根据每一份用户订单的要求,作业人员或拣货机械巡回于仓库内,按照用户的订单拣选出每一种货物,巡回完毕后也完成了一次的拣货作业,将拣出的货物放置到发货场所指定的货位,然后,再进行下一客户的拣货。

(1) 摘取式分拣的具体做法是：作业人员拉着集货箱(或称分拣箱)在排列整齐的仓库货架间巡回走动,按照配送单上所列的品种、规格、数量等将客户所需要的货物拣出及装入集货箱内。在一般情况下,每次拣选只为一个客户配装。在特殊情况下,配送中心也可以一次为两个以上的客户配装。如果采用自动化分拣技术,并装配自动化分拣设施等,可大大提高分拣作业的劳动效率。(如图 4-3)

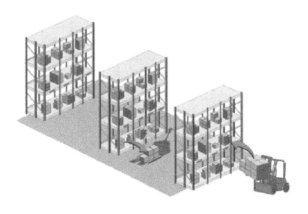

图 4-3　摘取式分拣

(2) 摘取式分拣的适用范围。用户数量不多;用户需要的种类颇多;每种需要数量变化较大;各用户需求的种类有较大的差别;用户的临时紧急需求,如即时配送;播种式无法操作的大件货物等。

(3) 摘取式分拣的优缺点。摘取式分拣的优缺点见表 4-5。

表 4-5　摘取式分拣的优缺点

优　　点	缺　　点
按单拣选,准确程度较高; 简单易行,机动灵活; 对机械化、自动化没有严格的要求,适应性强; 拣货后不必再进行分拣作业,适用于大量、少品种订单的处理	当货物品类多时,拣货行走路径加长,拣取效率较低; 拣货区域大时,搬运系统设计也比较困难; 少量、多批次拣取时,会造成拣货路径的重复,效率降低

摘取式分拣的工具可以是专门配置设计的车辆、传送设备,也可以是一般作业车辆、汽车、手推车甚至人力进行拣选。

二、批量拣货策略

批量拣货(batch pick)是指把多张订单集合成一批,依商品品种类别将数量汇总后再进行拣取,然后依不同客户或不同订单分类集中的一种拣货方式。批量拣货作业流程见图4-4。

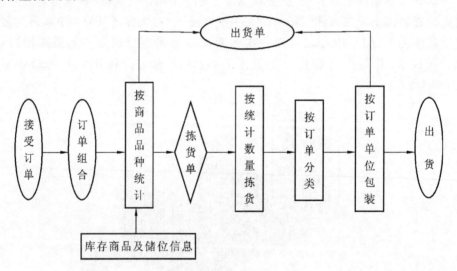

图 4-4　批量拣货作业流程

(一) 批量拣货策略的特点

(1) 适合配送批量大的订单作业。

(2) 一次拣出货物总量,可以缩短拣取货物时的行走时间,增加单位时间的拣货量。

(3) 对储位操作频度小,有助于保持储位和库存的准确性和降低拣错率。

(4) 对拣货区的操作少,拣货准确率高,有利于确保储位和库存的准确。

（5）形成对批次总量拣货的稽核，使拣货正确率提高。

（6）必须当订单累积到一定数量时，才进行一次性的处理，因此，会有停滞时间产生；

（7）需二次分货，增加了作业环节、出差错概率，需另备额外的分货作业空间。

（二）适用条件

批量拣货方式通常在采用系统化、自动化拣货系统后作业速度提高，而调整能力减小的情况下采用，适合订单变化较小、数量稳定的配送中心和外形较规则、固定的商品出货，如集装、扁袋装的商品。此外，需要进行流通加工的商品也适合批量拣货，再批量进行加工，然后分类配送，有利于提高拣货及加工效率。

（三）操作方式

批量拣货一般可采取播种式操作方式。所谓播种式分拣形似于田野中的播种，是指将每批订单上的同种货物各自累加起来，从储存仓位上取出，集中搬运到货场，然后将每一客户所需要的数量取出，分放到该用户单位货物暂存处，直至配送完毕。（如图 4-5）

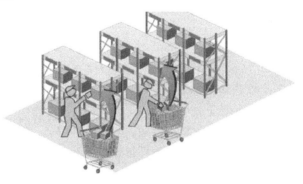

图 4-5 播种式分拣

1. 播种式分拣的分类

播种式分拣又分为先拣后播和即拣即播两种。先拣后播是指拣取人员负责将货物批量拣出来，在分货区内分货人员负责把货物按客户分拣开来。而即拣即播则是指拣取人员将货物批量拣出来后，不是接着去拣另一种货物，而是马上把这批货物按客户别分拣开来，一般这种方式的处理对象是货物体积小、出货频率不高的品类。

2. 播种式分拣的适用范围

用户数量多，用户需要的种类有限，每种的需要量不大，各用户需求种类差别不大，用户有较稳定的计划需求，货物体积不大等。

3. 播种式分拣的优缺点

播种式分拣的优缺点见表 4-6。

表 4-6 播种式分拣的优缺点

优　点	缺　点
先集中再分类,可以缩短拣取货物时的行走时间,增加单位时间的拣货效率; 同一品种货物配货批量大,利于采用机械化、自动化拣货作业系统; 拣货之后,可同时开始对各用户的配送送达工作,有利于综合考虑车辆的合理调配、合理使用和规划配送线路,从而实现配送的规模经济效益	必须当订单累计到一定数量时才作处理,因此拣货作业系统易出现停滞时间; 信息处理量相对摘取式复杂、工作量大,需要用计算机制单和进行管理

播种式分拣可以利用各种作业车辆、汽车甚至人力推车进行,但大规模配送中心的播种分拣作业,需要有非常大的分货能力,因此,往往在配送中心建立专门的播种分货设施。

（四）批量拣取策略的原则

批量拣取的前提是对订单进行分批处理,配送中心常用的批量拣取的分批原则有合计量分批、时窗分批、定量分批、智能型分批等。

1. 合计量分批原则

合计量分批原则是指将进行拣货作业前所有累积订单中的货物依品种类别合计总量,再根据此总量选定拣取。它适合固定地点间的周期性配送。优点是一

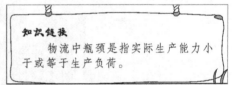

知识链接
物流中瓶颈是指实际生产能力小于或等于生产负荷。

次拣出货物总量,可使平均拣货距离最短,拣货准确率高。缺点是必须经过功能较强的分类系统完成分类作业,订单数不可过多。

2. 时窗分批原则

时窗分批原则是指当订单到达至出货所需时间非常短时,可利用此策略开短暂时窗,如 5~10 分钟,再将此时窗中所到达的订单制作成一批,进行拣取。此分批方式较适合密集频繁的订单,且能应付紧急插单的需求。缺点是要求配送中心能随时出货。

3. 定量分批原则

定量分批原则是指按先进先出(FIFO)的基本原则,当累计订单数达到设定固定量后,再开始进行拣货作业。优点是维持稳定的拣货效率,使自动化的拣货、分类设备得以发挥最大功效。缺点是订单的货物总量变化不宜太大,否则会造成分类作业的不经济。

4. 智能型分批原则

智能型分批原则是指订单汇集后,必须经过较复杂的电脑计算程序,将拣取路

线相近的订单集中处理,求得最佳的订单分批,可大量缩短拣货行走搬运距离。优点是分批时已考虑到订单的类似性及拣货路径的顺序,使拣货效率进一步提高。缺点是软件技术层次较高不易达成,且信息处理的前置时间较长。

因此,采用智能型分批原则的配送中心通常将前一天的订单汇集后,经过电脑处理,在当日下班前产生明日的拣货单,但若发生紧急插单处理作业较困难。

(五)订单别拣货策略与批量拣货策略的区别

订单别拣货策略与批量拣货策略是两种最基本的拣货策略,其异同如表 4-7 所示。

表 4-7 订单别拣货策略与批量拣货策略比较

订单别拣货策略	批量拣货策略
拣取弹性大,临时性调整容易; 适合少量多样订货,订货大小差异较大; 适合订单数量变化频繁,有季节性趋势,且商品外形体积变化较大,货物特性差异大,分类作业较难进行的配送中心	拣货弹性小,产能调整能力较小; 适合订货大小差异不大,少样多量订货; 适合订单数量稳定,订货大小差异不大,商品外形体积较规则固定,及需流通加工的配送中心

三、复合拣货策略

复合拣货策略是指两种拣货策略的混合运用,先将客户订单的订购品类按系统逻辑进行分割,某些品类按订单别拣货,其余则采用批次拣货,最后再进行订单合流。具体流程如图 4-6 所示。

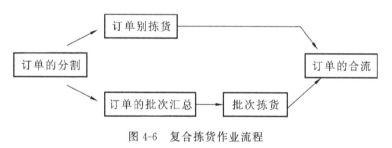

图 4-6 复合拣货作业流程

四、其他拣货策略

(一)分类式拣取策略(sort-while-pick)

分类式拣取策略是指一次处理多张订单,且在拣取各种货物的同时,把货物按照客户订单分类设置的方式。如一次拣取五六张订单,每次拣取用台车或笼车带此五六家客户的篮子,然后边拣取边按客户分。如此可减轻事后分类的麻烦,对提升拣货效益更有助益,较适合每张订单量不大的情况。

(二)分区拣取策略(zoning pick)

不论是采用订单别拣取或批量拣取,从效率上考虑皆可配合采用分区作业策略。所谓分区作业就是将拣取作业场地进行区域划分,每个作业人员负责拣取固定区域内的商品。而其分区方式又可分为拣货单位分区、拣货方式分区及工作分区。事实上在进行拣货分区时也要考虑储存分区的部分,必须先针对储存分区进行了解、规划,才能使系统整体的配合趋于完善,图4-7就是进行分区决策考虑时的程序。

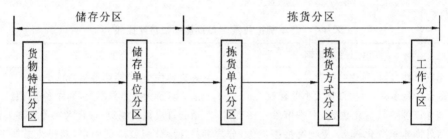

图4-7 储存与拣货分区

(1)货物特性分区:根据货物原有特性来划分储存区域。
(2)储存单位分区:将相同储存单位的货物集中便可形成储存单位分区。
(3)拣货单位分区:根据需求的拣货单位(拣取托盘或拣取箱)来进行分区。
(4)拣货方式分区:在同一拣货单位分区内,若打算采用不同方式及设备进行拣取,则需作拣货方式的分区考虑。
(5)工作分区:先订出工作分区的组合并预计其生产能力,再计算所需的工作。

(三)接力拣取策略(relay pick)

接力拣取与分区拣取类似,先决定拣货员各自分担的货物项目或货架的责任范围,各拣货员只拣取货单中自己所负责的部分,然后以接力的方式交给下一位拣货员。

(四)订单分割拣取策略

当一张订单所订购的货物项目较多,或打算设计一个讲求及时快速处理的拣货系统时,为了使其能在短时间内完成拣货处理,故利用此策略将订单切分成若干子订单,交由不同的拣货人员同时进行拣货作业以加速拣货的完成。订单分割策略必须与分区策略联合运用才能有效发挥长处。

无论采用哪种拣货策略,目的只有一个,即高效、快速、准确地拣货,因此,不拘泥于理论,根据自己的实际情况选择、改进甚至创新拣货策略都是非常可取的,关键是找到适合自己的拣货策略。

第四节　拣货方式的自动化程度

拣货方式根据自动化程度不同,可分为人工拣货、半自动化拣货、全自动化拣货。

一、人工拣货

人工拣货是指以人力手推车为辅助工具,将被分拣货物分送到指定的场所堆放待运。批量较大的货物则用叉车托盘作业。

人工拣货的优点是机动灵活,不需复杂、昂贵的设备,不受货物包装等条件的限制,操作简单;缺点是速度慢、工作效率低、易出差错,只适用于货物批量小、拣货单位少的场合。对此,拣货工作的复核工作是非常重要的。通常是由计算机系统打印仓间拣货明细表,供理货员根据拣货数进行复核,并打印配送汇总表。图4-8是一幅人工拣货图片。

图 4-8　人工拣货

人工拣货有两种方式,一种是按单拣货,另一种是贴标拣货。

1. 按单拣货

按单拣货是最传统、最常用的方式,拣货人员按照打印出来的拣货单据所示去拣选货物。目前,我国配送中心大多数采用按单拣货,摘取式拣货涉及的拣货单据有车辆别或客户别拣货表等,播种式拣货涉及的拣货单据有拣货用的批量拣货表和分货用的客户别分货表等。

2. 贴标拣货

贴标拣货是在拣货前先考察订单的订购品类,按其需求数量印出等量的标签,即一件货物一个标签,一张客户订单的标签数等于该张订单的总拣货件数,标签上注明相关的拣货信息与客户信息,拣货人员以此取代拣货单据来进行拣货,拣取一件货物贴上一张相应的标签。这样一方面可以把标签上的信息与拣选的货物作对比确认,另一方面当该订单的标签全部贴完后,则表示完成该订单的拣货作业,在一定程度上可以对订单总件数的正确性予以控管,这种拣货作业适用于拣货单位为箱的出货型态。

二、半自动化拣货

半自动化拣货是指在设备辅助下的人力拣货作业,如图4-9所示。半自动化拣货按照人与设备间的互动关系,又可分为下列两种。

备料员按照部件货架上电子标签的指示拣料,将订单对应之部件装于物料篮给总装员使用。

图4-9 半自动化拣货

1. 人至物

人至物是最常见的方式,是指货物放置固定不动,拣货人员需要到货物放置处将货物拣出的作业方式。即拣货员通过电子标签辅助拣货、拣货台车辅助拣货和掌上型终端机辅助拣货等方式到货物放置处将货物拣出。人至货物时,拣选货架是静止的,而拣货员带着活动的拣货车或容器到拣选区拣货,然后将货物送到静止的集货点,或者将拣选的货物放置到输送机械上。

> **知识链接**
> 拣选的行走方式除了与拣选单位、拣选策略、拣选设备有关外,与仓库的储存方式也有关。

人至物的系统构成简单,柔性高,可以不用机械设备和计算机支持。但所需的作业面积较大、补货不方便、劳动强度高。人至物系统的存储设备有托盘货架、轻型货架、橱柜、流动货架或高层货架等静态存储设备;拣选搬运设备有无动力拣选台车、动力牵引车、叉车、有动力或无动力的输送机、拣选式堆垛机和计算机辅助拣选台车。

2. 物至人

物至人作业方式与人至物作业方式刚好相反，拣货人员只需停留在固定位置，等待拣货设备把要拣取货物运送到面前的作业方式。即主要行走的一方为被拣货物，拣货人员在固定位置内作业，无须去寻找货位。托盘（或拣选货架）带着货物来到拣选人员面前，供不同的拣货人员拣取，拣出的货物集中在集货点的托盘上，然后由搬运车辆送走。如水平式或垂直式旋转货架、自动仓库等。

物至人方式可分为普通、闭环和活动的三种，采用普通的物至人方式，拣货员不用行走，拣选效率高，所需作业面积较小，补货容易，空箱和空托盘的清理也容易进行，可以优化拣选人员的工作条件与环境。不足之处在于投资大，拣选周期长。这种拣选方法的应用系统被称为小件自动化仓储系统。

闭环"物至人"的拣选方法，是将载货托盘（即集货点）有序地放在地上或搁架上，处在固定位置。输送机将拣选货架（或托盘）送到集货区，拣货人员根据拣选单拣取货架中的货物，放到载货托盘上，然后移动拣选选架，再由其他拣货人员拣选，最后通过另一条输送机，将拣空后的拣选货架送回。这种方法的优点在于：拣选路线短，拣选效率高，系统柔性好，空箱和无货托盘的清理容易，所需作业面积小，劳动组织简单。缺点是：为了解决拣选选架的出货和返回问题，仓库、输送机和控制系统的投资大；因顺序作业，造成作业时间长等。提高这种系统的效率的关键，是通过拣选任务的批处理，减少移动的拣选货架的数量，缩短拣选作业的时间。

活动的"物至人"拣选方法是拣货员（或拣货机器人、高架堆垛机）带着集货容器（集货点）在搬运机械的帮助下，按照订单的要求，到货位拣选，当集货容器装满后，到集货点卸下所拣选物。此系统一般由机器人拣选，但机器人取物装置的柔性差，不能同时满足箱状货物、球状货物、柱状货物的拣取，限制了它的作用。这种系统一般用在出库频率很高且货种单一的场合，是托盘自动仓库采用的主要拣选方法。

三、全自动化拣货

一些大中型配送中心多采用自动化拣货系统，不需人力的介入由自动拣货设备负责完成拣货作业，具有拣货量大、误差小、效率高和基本实现无人化操作等优点。

（一）自动化仓储系统(automated storage and retrieval system, AS/RS)

自动拣选主要是自动化立体仓库的拣货方式，是现代配送中心的一项核心技术设备。自动化立体仓库是指由电子计算机进行管理和控制，不需要人工搬运作业，而实现货物收发自动化作业的仓库。自动化立体仓库主要由仓库建筑、高层货架、巷道式堆垛起重机、周边设备和自动

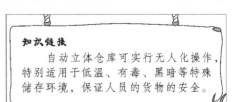

知识链接

自动立体仓库可实行无人化操作，特别适用于低温、有毒、黑暗等特殊储存环境，保证人员的货物的安全。

控制系统等组成。(如图4-10)

图4-10 自动化立体仓库

自动化立体仓库按货物大小可分为托盘自动化立体仓库和小件自动化立体仓库,它们的存取货都是自动进行的,对拣选来说属于"物至人"方式。AS/RS由计算机系统控制,在仓库通常采用波浪式拣货策略,一波拣取多个订单的全部货物,并分类集中整理好(配套自动分拣系统),可以直接进行发货。

托盘自动化立体仓库采用自动巷道堆垛机及配套的输送机械来完成拣货作业,采用高架形式来利用空间。出库计算机收到出库操作任务单,打印出库单据,然后向堆垛机发出出库指令,堆垛机移到指定货位,取出整托盘货物,经输送系统送到出库台,出库计算机控制条码系统扫描货物;扫描后,出库计算机会判断扫描的货物和任务是否相符,如相符则执行出库分拣和分装,可以与AGV(automated guided vehicle,自动导引运输车)结合起来,送到需要的位置。如不符,则发出信号。(如图4-11)

图4-11 托盘自动化立体仓库的自动拣货

若拣选单位比托盘小，可采用小件自动化立体仓库，它采用计算机控制的自动旋转货架来实现"物至人"的自动拣选。水平旋转式货架，有多层多列的货位，每个货位放置一种货物。当联机计算机将拣选信息传入时，待拣去货物的货位自动旋转至前端的窗口，方便拣货员拣取。这种方式省却了货物的寻找与搬运，但仍需人工拣取动作。旋转整个货架，动力消耗大，只适用于轻巧货物，如电子行业的零部件仓库。

（二）自动分拣系统

目前自动分拣机已被广泛用于配送中心，其分拣效率极高，通常每小时可分拣货物 6 000～12 000 箱，在日本和欧洲自动分拣机被普遍使用。

1. 自动分拣系统作业过程

配送中心每天接收成百上千家供应商或货主通过各种运输工具送来的成千上万种货物，在最短的时间内将这些货物卸下并按货物品种、货主、储位或发送地点进行快速、准确的分类，并将这些货物运送到指定地点（如指定的货架、加工区域、出货站台等），同时，当供应商或货主通知配送中心按配送指示发货时，自动分拣系统在最短的时间内从庞大的高层货架存储系统中准确找到要出库的货物所在位置，按所需数量出库，并将货物按配送地点的不同运送到不同的理货区域或配送站台集中，以便装车配送。

2. 自动分拣系统

自动分拣系统的核心组成部分有信号输入装置、控制中心、输送装置、分类装置。此外，还有辅助部分，即搬运输送机、上货装置（入口前处理）、排出装置（出口后处理）。

3. 自动分拣系统的主要特点

（1）能连续、大批量地分拣货物。由于采用流水线自动作业方式，自动分拣系统不受气候、时间、人的体力等的限制，可以长时间连续运行，且每小时分拣的货物远远多于人工分拣。

（2）分拣误差率较低。自动分拣系统的分拣误差率大小主要取决于所输入分拣信息的准确性高低，这又取决于分拣信息的输入机制，如果采用人工键盘或语音识别方式输入，则误差率在 3% 以上，如采用条形码扫描输入，除非条形码的印刷本身有差错，否则不会出错。因此，目前自动分拣系统主要采用条形码技术来识别货物。

（3）分拣作业基本上实现无人化。建立自动分拣系统的目的之一就是为了减少人员的使用，减轻员工劳动强度，提高人员的工作效率，因此自动分拣系统能最大限度地减少人员的使用，基本做到无人化。即分拣作业本身基本不需要使用人员，人员的使用仅限于以下工作：

① 送货车辆抵达自动分拣线的进货端时,由人工接货;
② 由人工控制分拣系统的运行;
③ 分拣线末端由人工将分拣出来的货物进行集载、装车;
④ 自动分拣系统的经营、管理与维护。

如美国一公司的配送中心面积为10万平方米左右,每天可分拣近40万件货物,仅使用400名左右的员工,其中的相当一部分人员都在从事上述的①、②、③项工作,自动分拣线基本上做到了无人化作业。

4. 自动分拣系统的适用条件

引进和建设自动分拣系统时一定要考虑以下两个条件。

(1)一次性投资巨大。系统不仅占地面积大,而且一般都建立在立体仓库中,需要配备的各种配套设施、设备多,巨额的先期投入要花10~20年才能收回。

(2)对货物外包装要求高。自动分拣系统只适用于分拣底部平坦且具有刚性的包装规则的货物。袋装货物,包装底部柔软且凹凸不平的货物,包装容易变形的货物,易破损、超长、超薄、超重、超高、不能倾覆的货物,不能使用普通的自动分拣机进行分拣。

第五节　拣货信息

拣货信息是指示拣货的原始订单或相应材料生成的信息,是拣货作业的原动力,其可以有效确保拣货人员在既定的拣货方式下根据来自客户的订单正确而迅速地完成拣货。拣货信息是拣货操作开始前最重要的准备工作,成为拣货作业规划设计中重要的一环。利用信息来支持拣货系统,除使用单据外,还使用电脑、条形码及一些自动传输的无纸化系统。

一、传票

按照传票信息拣货是最原始的拣选方式,即直接利用客户的订单(分页或影印本)或公司的送货单来作为拣货指示的凭据。一般采用摘果式策略,即依据订单或送货单,拣货员对照货物品寻找货物,再拣出所需要数量,对多品种订单,拣货员需要来回多次才能拣完一张订单。

使用传票信息拣货的优缺点如下。

1. 优点

不需要利用电脑等设备处理拣货资讯,适用于订购品项数甚少或小量订单的情况,较适合订单别拣取方式。

2. 缺点

(1)此类传票容易在拣货过程中受污损,或因存货不足、缺货等注记直接写在传票上,导致作业过程发生错误,甚至无法判别确认。

(2) 未标示储位的货物,必须依靠拣货人员的记忆在储区中寻找存货位置,增加许多无谓的搜寻时间及走行距离。

二、拣货单

拣货单是目前最常用的方式,是指将原始的用户订单信息输入 WMS 进行拣货信息处理,然后打印出专门用于拣货的单据。如 WMS 具备货位管理功能,拣货单的品名就按照货位编号重新编号,以便拣货员行走路径最短,同时拣货单上有货位编号,拣货员按编号寻找货物,不熟悉货物的新手也容易操作。拣货单一般按作业分区和拣货单位分别打印,分别拣货后,在出货暂存区分选集货等待出货,这是一种最经济的拣货方式,但必须与货位管理配合才能发挥其效益。

使用拣货单拣货方法的优缺点如下。

1. 优点

(1) 避免传票在拣取过程中受污损。检品过程中再使用原始传票查对,可修正拣货过程或拣货单打印发生的错误。

(2) 货物的储位编号显示在拣货单上,同时可按路径先后次序排列储位编号,引导拣货员循最短路径拣货。

(3) 可充分配合分批、分区、订单分割等拣货策略,提升拣货效率。

2. 缺点

(1) 拣货单处理打印工作耗费人力、时间。

(2) 拣货完成后仍需要经过检品过程,以确保其正确无误。

三、拣货标签

拣货标签是一种印有拣货信息的标签,每个标签上面注明所拣物品的名称、数量、位置和价格等信息,数量相等于拣取量,在拣取的同时贴标签于货物上,以作为确认数量。采取这种方式时,每拣出一件货物就贴上一个标签,货物拣取完毕,标签也正好贴完,它可以取代拣货单。拣货标签与拣货单不同之处在于,拣货标签与分拣数量相等。拣货标签按要出货的箱(件)数打印,与订购数量一致,每次拣货时标签贴完表示拣货完成,是一种防错的拣货方式(如果拣取未完成而标签已贴完,或拣取完成但标签却有剩,则表示拣取过程可能有错误发生)。依拣货单位的不同,有整箱拣货标签、单品拣货标签和送货标签等。

使用拣货标签拣货的优缺点如下。

1. 优点

(1) 结合拣取与贴标签动作,缩短整体作业时间。

(2) 可落实拣取时即清点拣取量的步骤,提高拣货的正确性。

2. 缺点

(1) 若要同时印出价格标签必须统一下游销售点的货物价格及标签形式,价格标签必须贴在单品上,至于单品以上的包装作业则较困难。

(2) 成本较高。

四、电子标签辅助拣选系统

(一) 电子标签辅助拣选概述

为了克服因长时间连续作业而产生的拣货差错(如看错拣货表上的内容、找错储位、拣错数量、完成标记出错等),提高拣货效率,许多拣货辅助设备被广泛应用开来,其中,电子标签拣货系统是比较理想的系统之一。(如图 4-12)

图 4-12 电子标签拣货

电子标签辅助拣选系统是一种计算机辅助的无纸化的拣货系统,在欧美一般被称为 PTL (pick-to-light or put-to-light)系统,在日本被称为 CAPS(computer assisted picking system)(如图 4-13),它在每一个货位安排数字显示器,如图 4-14 所示,显示灯与按键一体,容易操作,带鸣音器,可由软件控制发出声音。标签内部零部件数量少,大幅度降低故障率。利用计算机控制将订单信息传输到数显装置上,作为拣货信息指示,拣货完成后按确认键,它将拣货作业简化为"看、拣、按"三个单纯的动作,减少了拣货人员目视寻找的时间,提高了拣选效率,降低了拣错率和工人的劳动强度。

(二) 电子标签分类

按照硬件设计与应用的不同,电子标签可分为标准型与经济型两种。

1. 标准型电子标签

在标签的面板设计上,除了信号灯与按键外,还有一个可显示数量的 LED 显示屏。按键有双键式(确认键与缺货键)和三键式(确认键与可调整数量的上、下

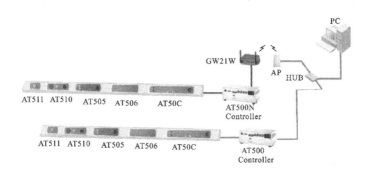

图 4-13 CAPS 系统结构图

图 4-14 CAPS 数字显示器

键)两种。标准型电子标签一般用于出货频率高的货物储位,采用一对一方式,即一个电子标签只对应一个储位。

2. 经济型电子标签

与标准型相比,经济型电子标签只有信号灯和按键,没有显示屏,无法显示应拣数量,因此硬件成本较低。鉴于此,对于出货频率低的货物,可以采用经济型标签,采用一对一的方式作业,以降低投资成本。

(三)电子标签在实际使用中的两种主要方式

(1)摘取式电子标签拣货系统(digital picking system,DPS)就是利用电子标签实现摘果式出库。首先在仓库管理中实现库位、品种与电子标签对应。出库时,出库信息通过系统处理并传到相应库位的电子标签上,显示出该库位存放货物需出库的数量,同时发出光、声音信号,指示拣货员完成作业。(如图 4-15)

图 4-15 摘取式电子标签拣货系统

DPS 使拣货人员无须费时去寻找库位和核对商品,只需核对拣货数量,因此在提高拣货速度、准确率的同时,还降低了人员劳动强度。采用 DPS 时可设置多个拣货区,以进一步提高拣货速度。

DPS 一般要求每一品种均配置电子标签,对很多企业来说,投资较大。因此,可采用两种方式来降低投资:一是采用可多屏显示的电子标签,用一只电子标签显示多个指示;另一种是采用 DPS 加人工拣货的方式,对出库频率最高的 20%~30%产品(占出库量 50%~80%),采用 DPS 以提高拣货效率;而对其他出库频率不高的产品,仍使用纸质的拣货单。这两种方式的结合在确保拣货效率改善的同时,可有效节省投资。

这种方式可适用于烟草、药品、日用百货、电子元件、汽车零配件等行业的配送。

摘取式电子标签拣货系统的操作流程如图 4-16 所示。

出库作业准备	分拣作业准备	读取商品条码	电子标签亮灯	分拣作业完成
作业人员发出周转箱	周转箱到达指定分拣区域,通过条码扫描箱子编号,系统自动为该箱配备货品	字幕显示器显示店铺号或箱号	作业人员根据点亮的电子标签显示的数字进行拣货作业	完成拣货作业后按下完成电子标签按钮

图 4-16 摘取式电子标签拣货系统的操作流程

(2) 播种式电子标签拣货系统(digital assorting system,DAS)是另一种常见的电子标签应用方式。DAS 中的一个储位代表一个客户(一个商店、一条生产线等),每一储位都设置电子标签。操作员先通过条码扫描把将要分拣货物的信息输入系统中,下订单客户的分货位置所在的电子标签就会亮灯、发出蜂鸣,同时显示出该位置所需分货的数量,拣货人员将对应数量的货物分配到对应的标签位置的货架上,然后按确认键,熄灭标签,如此继续,直至该种货物播种完毕,再开始下一种货物的播种。同 DPS 一样,DAS 也可多区作业,提高效率。图 4-17 所示即为播种式电子标签拣货系统。

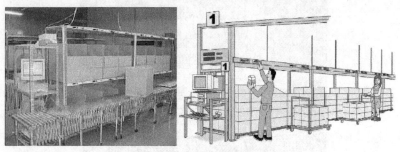

图 4-17 播种式电子标签拣货系统

播种式电子标签拣货系统的操作流程如图 4-18 所示。

分拣作业准备	读取商品条码	电子标签亮灯	分拣作业完成
根据电脑系统指示,将要分拣的货物进行品种和数量汇总,放入拣货作业箱	对每种需要分拣的货物进行条码扫描	作业人员按照电子标签的指示将商品投入相应的分货区域	完成该区域分货作业后按下完成电子标签按钮

图 4-18 播种式电子标签拣货系统的操作流程

在应用类型上有下列两种播种方式。

（1）接力播种。作业人员只针对其负责区域内标签发亮的储位进行分类作业,这样一种货物是在不同的作业人员接力下来完成的。

（2）通道播种。此种作业是将整个播种区域划分为数个通道,各个通道独立作业,彼此间不互相影响,而一个通道所包括的客户自成为一个批次。在理论上,一个通道完成所有品类的播种分类后,该通道则可继续另一批次不同客户的播种分类。

电子标签用于物流配送,能有效提高出库效率,并适应各种苛刻的作业要求,尤其在零散货物配送中有绝对优势,在连锁配送、药品流通场合以及冷冻品、服装、服饰、音像制品物流中有广泛应用前景。一般来说,DPS 适合多品种、短交货期、高准确率、大业务量的情况;而 DAS 较适合品种集中、多客户的情况。无论 DPS 还是 DAS,都具有极高的效率。

（四）电子标签辅助拣货系统的优点

（1）可以提高拣货速度及效率,使拣错率减少到 0.1% 以下。
（2）提高出货配送效率。
（3）实现在线管理,拣货数据在线控制,库存数据一目了然。
（4）操作简单,人员不需特别培训就能上岗工作。

五、无线射频辅助拣选

无线射频（RF）是比电子标签更先进的技术,它利用无线射频技术,通过无线射频无线终端机显示拣货信息,显示的信息量更多,且可结合条形码技术使用,实现拣选和 WMS 信息的及时更新。

无线射频辅助拣选的原理是 WMS 主机将订单信息传输到集成无线射频和条形码扫描的掌上终端,拣货员依此信息拣货,并扫描货位上的条形码,如信息不一致,终端会报警;如一致就会显示拣货数量,拣货完成后,按确认即完成拣货工作,

同时信息利用无线射频传回 WMS 主机,主机依此将库存数据扣除。这是一种即时的无纸化系统。(如图 4-19)

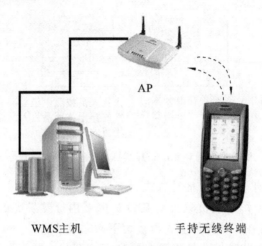

图 4-19 RF 系统结构图

无线射频辅助拣货系统可用于摘果式拣货方式和播种式拣货方式;因为作业弹性大,适用于 SKU(存储单元)多的场合;常用于多品种小量的订单拣选,它的拣货率约为每小时 300 件,拣错率只有 0.01% 左右。缺点是总体投资大,对整个配送中心信息化水平要求高。

综上所述,不同的拣货信息适合的拣货方式如表 4-8 所示。

表 4-8 拣货信息及其适合的拣货方式

拣 货 信 息	适合的拣货作业方式
传票	订单别拣取、订单不切割
拣货单	适合各种传统的拣货作业方式
拣货标签	批量拣取、订单别拣取
电子信息	拣取时分类、工作分区、自动拣货系统
无线射频	摘果式拣货方式和播种式拣货方式

配送中心采用哪种拣货信息,主要是看是否有以下三方面要求:一是服务时间要求,二是准确率要求,三是成本要求。随着市场竞争的加剧,配送中心对服务时间和准确率的要求不断提高,配送中心需要权衡费用和效率间的关系,不能一味地靠增加人力投入来解决对服务时间和准确率的需求。因为一方面单纯的人力补充不可能从根本上提高效率;另一方面从长期来看,人力成本的累加也是一笔越来越大的支出。所以应该根据自身情况,结合自身发展目标,准确判断采用何种方案来实现拣货效率及准确性的提高。

第六节　拣货效率分析评价

拣货可以说是配送中心最具弹性且复杂的一项作业,因而对其运作情形必须随时注意并充分分析评价,才能确保作业品质。而要衡量一个拣货系统的优劣,除观察整体产出外,也要深入评价人员、设备、策略、时间、成本及品质等要素。

一、拣货人员

拣货人员的专业化是影响拣货效率及准确性的主要因素。一般配送中心的拣货小组大致分为两部分人员:拣货计划负责人和作业人员。

当作业流程确定后,对拣货人员配置及作业时间的管理就非常重要。对人员效率评估的指标如下。

1. 每人时平均拣取能力

测算每人时平均拣取能力是希望能衡量出拣货人员的作业效率,而由于各配送中心作业性质不同,拣取能力的评估方式也不同。

(1) 每人时拣货品项数 = $\dfrac{\text{拣货单笔数(一行为一笔)}}{\text{拣货人数} \times \text{每天拣货时数} \times \text{工作天数}}$

当公司采用订单别拣取时,拣货单总笔数即为订单总笔数;而若采用批量拣取时,经整合后的拣货单总笔数必小于订单总笔数。

(2) 每人时拣取次数 = $\dfrac{\text{拣货单位累计总件数}}{\text{拣货人数} \times \text{每天拣货时数} \times \text{工作天数}}$

2. 拣取能力

$$\text{拣货能力} = \dfrac{\text{订单数量}}{\text{一天目标拣取订单数} \times \text{工作天数}}$$

"一天目标拣取订单数"为在现有的人员、设备等条件下,公司预期一天的标准拣货量。公司对自身营运必有一个期望达到的水准,因而要检讨这一水准是否达成,即要观察实际拣货量与目标拣取订单数的比率,也就是计划与实绩的比较,它可反映出公司业绩能否再扩张及目前现有拣货人力、设备能量的运用程度。当此指标大于等于1时,表示公司预期的拣货能量已达到,且业务量已达水准;但若此指标小于1,表示公司拣取能量仍有待提高,当前业务还未有达预期效果。

3. 拣货责任品项数

测算"拣货责任品项数"是要掌握当前每位拣货员的负责品项数,作为改善效率的参考。

$$\text{拣货责任品项数} = \dfrac{\text{总品项数}}{\text{分区拣取区域数}}$$

若此指标数值大,表示每位拣货员负责品项多,必定会花费较多时间在商品的位置找寻及行走上,因而一旦发现拣货作业效率差,即要考虑增加拣取划分区域,将每人负责品项减少。

4. 拣取品项移动距离

$$拣取品项移动距离 = \frac{拣货行走距离}{订单总笔数}$$

此指标是用来检讨拣货的行走规划是否符合动线效率,且作为目前拣货区布置是否得当的参考。因而若此指标太高,表示人员在拣货中耗费太多行走距离及时间,容易影响整体的效率。

以上四指标反映的数值是代表整个拣货规划的结果,但当发觉效率不理想需进行改善时却不能单从人员方面着手,还要考虑其他可能的要素配置是否恰当。

(1) 拣货路径没有合理规划:拣货单没有按照最短动线列印,造成拣货员把时间浪费在重复路径上。

(2) 储位规划不良:相同或同类产品散居两地,又没有良好的资讯系统配合,造成拣货员寻找货物麻烦。

(3) 拣货策略没有达最佳:当前采用的批量或订单别拣货策略未尽合理,及当前拣货员负责的拣货范围不适当。

(4) 没有运用最适当的机器设备,以致效率欠佳。

二、拣货设备

拣货设备的优劣直接影响拣货效率及效益,可用如下指标来分析。

$$拣货员装备率 = \frac{拣货设备成本}{拣货人员数}$$

$$拣货设备投入与产出 = \frac{发货品金额数}{拣货设备成本}$$

$$每人时拣货金额数 = \frac{发货品金额数}{拣货人数 \times 每天拣货时间 \times 工作天数}$$

利用这三项指标可评估投资合理化程度和投资先后次序,装备率代表设备投资程度,投入与产出表示已投设备的拣货效率。若前者高后者低,表示当前的拣货设备并没有达到相应的投资的产出,公司对于设备的选用仍没有做到"投资合理化",对此除非积极拓展业务,增加设备的使用机会,否则可能要考虑将部分设备移转或外租至其他作业、单位使用,以平衡损益。而在效率方面,观察每人时拣货金额,若数值低,表示拣货效率不佳,此时若业绩足够、拣货设备成本产出不低,则可考虑再进一步提高自动化或机械化程度,通过设备效率的提升来适应迅速出货的需求。

影响拣货效率的不良因素有如下几点。

(1) 拣货耗时太多。

(2) 拣货员人数过多。

(3) 拣取准确度降低。

(4) 货物管理不完善。
(5) 计算机处理速度太慢。
(6) 设备投资不够,如自动化程度不高、物流设备与作业量不相适应等。

三、拣货策略

在进行拣货规划时,必须先通过考虑货物订单特性来决定应采用订单别拣货还是批量拣货,然后再考虑如何进一步去分割订单或分批进行。因而在进行营运后检讨时,即要评估这些已选择的策略是否适合,一般可通过五项指标来检查。

(1) 每批量包含订单数 $= \dfrac{\text{订单数量}}{\text{拣货分批次数}}$

(2) 每批量包含品项数 $= \dfrac{\text{订单总笔数}}{\text{拣货分批次数}}$

(3) 每批量处理次数 $= \dfrac{\text{发货箱数}}{\text{拣货分批次数}}$

(4) 每批量拣区体积数 $= \dfrac{\text{发货品体积数}}{\text{拣货分批次数}}$

(5) 批量拣货时间 $= \dfrac{\text{拣货人员} \times \text{每天拣货时间} \times \text{工作天数}}{\text{拣货分批次数}}$

四、拣货时间

时间最能反映出拣货作业的处理能力。拣货时间短,表示拣货的反应时间很快,即订单进入拣货作业系统乃至完成拣选所费的时间少,它特别有利于处理紧急订单。可通过以下四项指标来观察单位时间拣货作业的处理能力。

(1) 单位时间处理订单数:观察拣货系统单位时间处理订单的能力。

$$\text{单位时间处理订单数} = \dfrac{\text{订单数量}}{\text{每天拣货时数} \times \text{工作天数}}$$

(2) 单位时间拣取品项数:观察拣货系统单位时间处理的品项数。

$$\text{单位时间拣取品项数} = \dfrac{\text{订单数量} \times \text{每件订单平均品项数}}{\text{每天拣货时数} \times \text{工作天数}}$$

(3) 单位时间处理次数:观察拣货所要付出劳力的程度。

$$\text{单位时间处理次数} = \dfrac{\text{拣货单位累积总件数}}{\text{每天拣货时数} \times \text{工作天数}}$$

(4) 单位时间拣取体积数:观察单位时间公司的物流体积拣取量。

$$\text{单位时间拣取体积数} = \dfrac{\text{发货品体积总数}}{\text{每天拣货时数} \times \text{工作天数}}$$

五、拣货成本

拣货成本包括人工成本、直接或间接拣选工时成本、信息处理成本、耗材费用以及拣选设备折旧成本(包括储存、搬运和计算机信息处理等设备的折旧费)。可用以下几项指标评价。

(1) 单位订单投入拣货成本 $=\dfrac{拣货投入成本}{订单数量}$

(2) 单位订单笔数投入拣货成本 $=\dfrac{拣货投入成本}{订单总笔数}$

(3) 单位拣货单位投入拣货成本 $=\dfrac{拣货投入成本}{拣货单位累计总件数}$

(4) 单位体积投入拣货成本 $=\dfrac{拣货投入成本}{发货品体积数}$

一旦发觉目前拣货成本太高,应采取措施降低成本。

六、拣货质量

$$拣错率=\dfrac{拣取错误笔数}{订单总笔数}$$

拣货质量差会为后续作业造成许多困难与麻烦,必须加以重视。拣货准确率降低有如下一些原因。

(1) 储位指示错误(计算机出错或货物放置出错)。

(2) 货物拿取出错(货物不易辨别、人员注意力不集中或显示器位置出错等)。

(3) 指定场所有其他物品。

(4) 库存资料不正确。

(5) 作业传票错误。

针对以上情况,降低拣错率的主要措施如下。

(1) 选择合理的拣货方式。

(2) 加强拣货人员的培训。

(3) 引进条形码、拣货标签或电脑辅助拣货系统等自动化技术,以提升拣货精确度。

(4) 改善现场照明度。

(5) 检查拣货的速度。

本 章 小 结

本章围绕拣货这一配送中心的核心业务和主要作业展开论述。首先介绍了拣货作业的含义和订单导入、生成拣货资料、选择拣货方法和途径、搬运或行走、拣取、分类和集中等几个拣货作业基本流程。接着对拣选单位与拣选系统设备配置进行了相应讲解。然后主要介绍了订单别拣货策略、批量拣货策略、复合拣货策略和其他拣货策略等拣货策略和人工拣货、半自动化拣货、全自动化拣货等三种拣货方式。对在拣货中主要利用的信息,如传票、拣货单、拣货标签、电子标签辅助拣选和无线射频辅助拣选等进行了介绍。本章最后给出了评价拣货效率的各项指标及改善效率的建议。

综合案例分析

××便利店有限公司的播种式电子标签拣货系统

每一个成功的零售企业背后都有一个高效、完善的配送系统支撑。对于便利店来说,更是如此。便利店最大的特点是便利,这是便利店区别于其他零售业态的主要业态特征,也是便利店行业生存发展的关键。上海××便利店有限公司的店铺规模如今已拓展至上海、嘉兴、杭州、萧山、绍兴、宁波、昆山、太仓、苏州、无锡、张家港、常熟、江阴、常州、扬州、广州等大中城市,形成集直营、委托和特许加盟三种经营模式为一体的专业便利店。

因为门店要求配送低温的货物,所以××便利店有限公司物流就需重新考虑低温货物从供应商到门店的配送方案。由于低温货物的特殊性(存储温度低、保质期短等),所以无法采用常温商品的配送方案。因此,对于这种低温货物倾向以门店为单位进行配送,同时考虑到配送效率问题,所以决定采用播种式电子标签拣货系统。其配送操作流程分别为:播箱、收货、补货、拣货、换箱、集货、周转箱复核、装车。在××便利店有限公司冷链物流的 DAS 中,使用扫描枪、三码显示标签、五码显示标签。

在播箱时,拣货人员先按一个对应门店的三码标签,然后再扫描相应的周转箱,这样就把门店和周转箱对应起来了。然后收货人员通过 RF 来收货,收货的时候,要检查供应商送货时车厢里的温度是否超过该货物的存储温度。一个货物收完后,接着就进行补货,从效率上考虑,DAS 使用电子标签进行补货,一个补货人员扫描了货物条码后,在五码标签上就会显示该货道需要拣货的数量,然后补货人员以这个数量为准进行补货即可。

紧接着就是拣货了,负责第一组货架拣货的人在开始一种货物的拣货前,需要通过扫描枪来确认该货物拣货开始。在拣货过程中,如果某个周转箱已经放满货物,无法再容纳其他货物的时候,需要进行换箱。拣货人员这时就需要先扫描一个货位条码,然后再扫描新的周转箱条码来达到货位代表的门店与周转箱对应关系的建立。在实际拣货作业中,收货、补货和拣货的动作是可以同时进行的,也就是说,一个货物在拣货的时候,另外一个货物已经在补货,其他的货物已经在收货了。

在所有货物拣货完成后,每组货架后面的集货指示灯就会蜂鸣,这时集货人员就会进行集货,复核人员进行复核,然后就是最后的装车出货了。

××便利店有限公司的 DAS,经过不断的调试和改进,已经进入正式运行阶段。

思考题

1. ××便利店有限公司配送中心的拣货主要采用什么拣货策略?有什么特

色？是如何操作的？

2. ××便利店有限公司主要运用了什么拣货信息进行拣货？还要其他信息吗？

3. ××便利店有限公司在拣货方面存在什么利弊？结合我国实际情况，从长期来看是否可行，为什么？

本章综合练习题

1. 拣货作业的基本环节有哪些？简述拣货作业的一般流程。

2. 拣选过程中往往会有哪些单位？应与哪些拣选设备配合才能提高拣选的效率？

3. 试比较拣货中的摘取式拣货方式和播种式拣货方式，谈谈它们各自的适用范围和优缺点。

4. 目前我国物流行业正在迅速发展，试分析一下在拣货作业中哪些拣货策略和拣货信息在今后的配送中心中占主导地位。

实践活动

拣货作业模拟实训

实践目标：通过模拟操作，熟悉拣货员的职责和工作范围，掌握拣货策略中的摘取式拣货方式和播种式拣货方式。

实践内容：在模拟实习室分别按摘取式拣货方式和播种式拣货方式（主要以人工为主）进行拣货作业操作。模拟操作的角色有：拣货组、信息录入操作员、客户；需要同学们以小组为单位，分别设立不同的岗位成员，由客户下订单，交由信息录入员录入信息，产生拣货单，然后分别按照摘取式拣货方式和播种式拣货方式由拣货组内的拣货员完成拣货操作。

实践要求：注意小组各成员的协作，掌握沟通技巧。

实践成果：各小组完成任务后，分别从拣货人员配合、拣货方式、拣货策略、拣货时间、拣货设备、拣货速度、拣货准确率、拣货量等各方面设计评价表格，从自评和他评两方面对本次实践活动进行评价分析并总结，以巩固所学到的知识。

第五章 配送中心配货作业

本章学习目标

了解配货作业的工作内容、配货作业的基本流程;掌握配送包装的种类;知道配货作业在配货中心作业中的重要地位。

经典案例导入

集琦医药连锁店实施信息化配货方案

广西集琦医药有限公司是一家拥有160家门店的药品零售连锁经营企业,门店分布在广西壮族自治区5个市的30多个县,日常经营品种为2 000个左右。公司在发展到60家门店的时候,开始面临由于巨大的库存带来的资金周转压力:3 500个常备品种,1 200万元的门店库存加上1 200万元的仓库库存,每天只有10万元左右的销售收入。然而从销售终端反馈的最大问题是缺货。

公司实施信息化之前,实行的是以门店要货计划为基础的业务流程。然而这种配货流程存在以下问题:门店制定计划环节存在计划制定周期不确定、计划制定时间严重滞后、商品数量无规律性等;物流中心制单环节存在单据制作工作无序、对门店要货数量缺乏必要的控制等;物流中心分拣环节存在劳动强度大、差错率居高不下的问题;流程整体上缺乏有效的沟通,各自为政的现象比较严重。

基于以上问题,该公司对配货流程实施了信息化。这是一个以物流中心为核心,在综合考虑公司所有门店整体需求情况的基础上,实施主动、全方面零售库存动态监控的业务管理模式,能够实现公司门店的库存分布最优,从而以最少的资金需求获取最大的规模效益。

具体运作方式为:首先建立商品经营目录;其次是强化库存商品的监控职能,

包括配送中心库存监控、对门店库存的控制（可分为门店要货计划环节、门店现有库存环节）；再次是对业务人员强化现代物流观念的培训；最后是建立信息监控体系，使企业物流过程始终处于监控中，并且能够不断完善。

第一节　配货作业概述

一、配货作业的基本概念

配送中心为了顺利、有序、方便地向众多客户发送商品，对组织进来的各种货物进行整理，并依据订单要求进行组合的过程称为配货。

配货主要包括理货和配装两个方面的内容。理货是指理货人员根据理货单上的内容说明，按照出货的优先顺序、储位区域号、配送车辆趟次号、门店号、先进

> **知识链接**
> 理货员通常是指在敞开式销售的连锁店内，通过理货活动，依靠商品展示与陈列、POP广告、标价、排面整理、商品补充与调整、环境卫生、购物工具准备等作业活动，与顾客间接或直接地发生联系的工作人员。在配送中心中也有类似职位。

先出等出货原则和方法，把需要出货的商品整理出来，经复核人确认无误后，放置到暂存区，准备装货上车的工作。配装是指集中不同的客户的配送货物，进行搭配装载，以充分利用运能、运力的工作。

配货环节是配送中心区别于传统仓储行业的明显特征。传统的仓储业虽然也进行进货、存货和发货活动，但都是些辅助性工作，是依附生产、经营部门的"蓄水池"，其地位是从属的、被动的。而配送中心作为顺应市场经济发展而产生的新型流通组织，虽然也从事传统储存业的基本业务，但它增加了配货业务，这就极大地增强了其自身的灵活性、竞争力和生存力。配送中心不再依附于哪个行业或企业，变进货储存为按需要组货，变单纯的发货为配组送货，这些改变，使它提高了库存利用率，增加了车辆配载率，使空置、闲置的资源得到了全面的利用。因此不能配货就无所谓配送中心，配货是整个配送作业的关键环节。

二、配货工作的基本任务

配货工作的基本任务是保证配送业务中所需的商品品种、规格、数量在指定的时间内组配完成并装载完毕。

配送中心内存放的商品数量大、品种杂、规格多，每日发送商品的次数和装配配送车辆的趟次比较高。若没有高度的计划管理，极易出现各种疏漏，影响后续作业的正常进行。因此，配送中心编制配货计划，保证客户需求的商品能在最短的时间内以最合理的方式完好无损地配齐、经济合理地配载，是使配送业务顺利实施的前提条件。

要顺利完成以上任务,需要遵循准时性、方便性、优先性三大原则。

第二节 配货作业的计划与流程

一、配货计划的编制

配货计划的科学性及合理性,直接影响配送中心配送业务的绩效。一个较为完善的计划的编制步骤如下。

1. 进行市场调查

配货作业是配送中心的内部业务活动,在工作时不同具体客户直接交流,只按照订货单进行配货作业。但它不能无视市场状况,只考虑自己的业务流程。脱离实际的业务安排是盲目的、没依据的,会给企业带来资源的极大浪费。因此,配货管理部门在编制具体配货计划时首先要进行市场调查,收集客户的需求信息,了解影响配货工作的因素。例如,哪些商品是畅销品,畅销的原因是什么,这些商品在本配送中心的日需求量将是多少,它们继续畅销的时间会有多长,各种商品的生产周期和需求周期时间是多少,等等。然后根据这些因素的综合影响确定合理配货作业指标。

2. 确定配货顺序

配货是配送业务的环节之一。它需要与其他部门进行经常性的沟通协调,以确定不同时期的配货顺序。实际生产经营存在一定的周期性和淡旺季,且不同企业的淡旺季不同。处于旺季的企业急于赶工、抓时机,往往要货急、要货数量大,而旺季一过,这些企业的需求倾向明显发生变化,需求量降低或根本不需要。因此,配货部门要经常与备货部门及送货部门联系,了解客户订单的变化倾向,不断调整自己的配货顺序,将最需配送的货物优先配装,以保证客户的需要和企业的利益。另外,确定配货顺序还要考虑优先原则,使拥有优先权、交易量大、信用度高的客户享有优先配货的权利。

3. 确定配货作业指标

配送中心进行配货作业时,需确定的考核指标如下。

(1)分拣配货率。分拣配货率是指从库存的货物种类中分拣出的货物种类占全部库存货物种类的比重,计算公式为

$$\text{分拣配货率} = \frac{\text{分拣总类数}}{\text{库存总类数}}$$

分拣配货率越高,说明分拣配货效率越高。影响配货人员配货效率的因素主要有单位时间内处理订单的件数和处理货物的品种数、每天的发货品种数、每个订单的品种数、每个订单的作业量与配货人员的数量、中心内作业场地宽度及允许作

业的时间等,因此,对分拣配货率的确定要综合分析。

(2) 配货方式和配货路线。不同配货方式的作业程度不同,所采用的配货路线也不同。配送中心要根据自己的配送业务类型、商品的种类数、客户订单的数量,确定配货的方式及路线,要尽量减少在一条配货路线上的重复次数。配货线路一经确定,要将商品配货线路图提供给配货人员,供他们拣选商品时使用。

(3) 配货人员的数量和机械类型及种类。配货计划要根据配送中心的日均发货量的大小确定适当的配货人员数。同时,配货人员的数量与配货机械的自动化程度有着密切的关系。配货工具自动化程度高的配送中心需要的配送人员数量相对较少,利用人工配载工具的配送中心为了保证配货速度,人员数量相对就要增多。

(4) 确定配装方案。如果一辆车配装不同客户的商品,就需要考虑商品间的理化性能、客户指定地点的路径方向及区域等方面,然后再按商品性能相近、路线方向一致或区域同属的配装原则制定配装方案。

4. 进行指标控制

(1) 定期对各项指标进行考评。有计划不执行等于没有计划,执行计划不实施检查等于不执行计划。配货管理部门在计划的执行过程中,要定期对计划的执行情况进行监督检查,评价各种指标的完成进度和质量。

(2) 修订和调整配货计划。如果某项指标在执行时发现与计划不符,管理人员要及时查找出现偏差的原因。计划与实际不符的原因主要有两个方面。一方面是客观原因,即市场环境发生了变化。客户的需求也随即发生调整,计划人员要及时研究新的市场需求,修订配货计划。另一方面是主观原因,或是管理人员在拟订计划时对情况了解不足,编制计划有误,使实际与计划难以衔接;或是配货人员执行不利,造成计划没有按期完成。前者需要管理人员主动修订计划,后者则要求管理人员加大管理力度,敦促基层配货人员增强责任心。

二、配货作业的基本流程

在自动化物流配送中心的运作中,无论是机械化的物流系统,还是自动化或智能化的物流系统,如果没有正确有效的作业方法与其配合,不论拥有多么先进的系统和设备,都难以取得最佳经济效益。因此合理科学安排配货作业流程十分重要。配货作业的流程如图5-1所示。

第三节 分 货

分货就是把拣货完毕的商品按用户或配送线路进行分类的工作。分货的方式与拣货的方式有直接关系,按与拣货的关系可分为顺序分货方式和集中分货两种

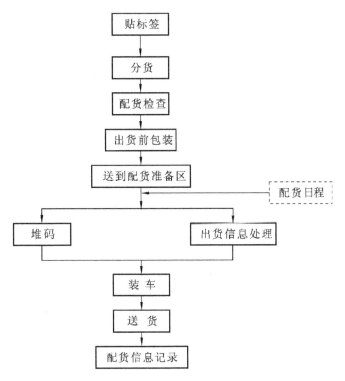

图 5-1 配货作业流程图

方式。顺序分货方式是以最初的订单顺序取出商品,一般用于多用户、多品种、出货少的情况。(如图 5-2)集中分货方式是将每个客户订单的商品汇总,然后拣货,最后按客户分货。(如图 5-3)

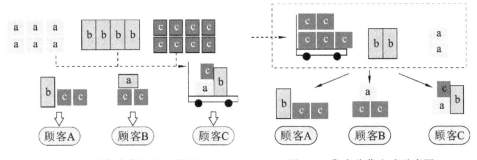

图 5-2 顺序分货方式示意图　　　　图 5-3 集中分货方式示意图

分货按使用机械化的程度一般可以分为以下几种。

1. 人工分货

人工分货是指所有分货作业过程全部由人工根据订单或其他传递过来的信息进行,即分货作业由人工来进行,人、货架、集货设备(货箱、托盘等)配合完成分货作业。在实施时,由分货作业人员一次巡回或分段巡回于各货架之间,按订单拣货,直至配齐,而不借助电脑或自动化的辅助设备。

2. 人工加手推作业车拣选分货

分货作业人员推着手推车一次巡回或分散巡回于货架之间,按订单进行分拣,直至配齐。它与人工拣选分货基本相同,区别在于借助半机械化的手推车作业。当拣选作业量大、单品或单件较重、体积较大时,可以减轻分货作业人员的劳动强度。

3. 机动作业车拣选分货

分货人员乘车辆或台车为一个客户或多个客户拣选分货,车辆上分放各客户的拣选容器,拣选的货物直接放入容器,每次拣选分货作业完成后,将容器内的货物放到指定的货位,或直接装卸到配送车辆上。这种拣选分货作业有时配以装卸工具,这时作业量更大,而且在拣选过程中就地进行货物装箱或装托盘的处理。图5-4表示了叉车与重力货架配合分货的情况。

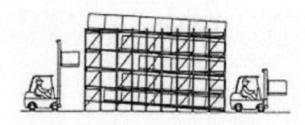

图 5-4　叉车与重力货架分货示意图

4. 传送带拣选分货

分货人员只在附近几个货位进行拣选分货,传送带不停地运转,分货作业人员或按指令将货物取出放在传送带上,或者放入传动输送带上的容器内。传送带运转到末端时把货物或容器卸下来,放到已划好的货位上待装车发送。这种拣选分货方式,可减轻劳动强度,改善劳动条件,提高效率。(如图5-5)

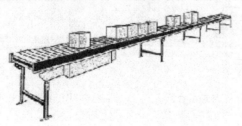

图 5-5　传送装置分货示意图

5. 自动分类机分货

自动分类机分货是指利用电脑和自动分辨系统完成分类工作。这种方式不仅快速省力,而且分货准确率高,尤其适用于多品种业务繁忙的配送中心。

利用自动分类机分货的主要过程如下。

将有关货物及分类信息通过自动分类机的信息输入装置输入自动控制系统;当货物通过移载装置到输送机上时,由输送系统运送至分类系统;自动分拣机或由人操作的叉车、分拣台车巡回于一般高层货架间进行拣选,或在高层重力式货架一端进行拣选。这种拣选方式一般是在标准货架格中取出单元货物,以单元货物为拣选单位,再利用传送带或叉车、台车等设备集货、配货,形成更大的集装货载或直接进行配送。

分类系统是自动分类机的主体,这部分的工作过程为先由自动识别装置识别货物,再由分类道口排出装置按预先设置的分类要求将货物推出分类机。分类排出方式有推出式、浮起送出式、倾斜滑下式、皮带送出式等,同时为尽早使各货物脱离自动分类机,避免发生碰撞而设置有缓冲装置。

6. 旋转架分货

旋转架分类是将旋转架的每一格当成客户的出货框,分类时只要在电脑中输入各客户的代号,旋转架即会自动将货架转至作业人面前。

分货人员与回转式货架配合进行拣选分货,分货人员固定在拣货的位置,按客户的订单操纵回转货架作业,当订单上的货物回转到分货人员面前时,将货物取出,也可同时将几个客户共同需要的货物拣选出来进行分货。旋转架按旋转方向分为垂直旋转架和水平旋转架两种。所谓垂直旋转架是指货架按垂直方向运动,水平旋转架是按水平方向运动。(如图5-6)

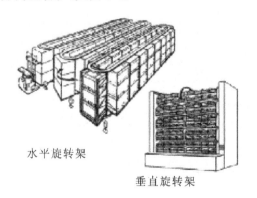

图 5-6 水平旋转架和垂直旋转架

第四节 配货检查

配货检查是对拣货和分货的正确性进行重新确认,一般不应由拣货人员和分货人员来承担此项工作,最好设置专门人员来进行配货检查,这是保证配送工作质量、提高客户服务水平的重要环节。

一、配货检查的内容

配货检查作业是指根据用户信息和车次对拣选物品进行商品号码和数量的核实,以及对产品状态、品质的检查。货物经过检查无误后才能装车发送。(如图5-7)

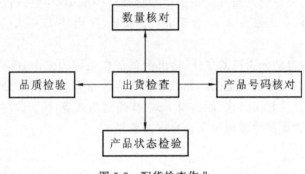

图 5-7　配货检查作业

二、配货检查的方法

1. 人工检查

人工检查是最简单的做法,即将货品逐一点数并核对出货单,进而查验配货的品质及状态情况。

2. 商品条形码检查法

这种方法要导入条形码,条形码是随货物移动的,检查时用条形码扫描器阅读条形码内容,计算机再自动把扫描信息与发货单对比,从而检查商品数量和号码是否有误。

3. 声音输入检查法

声音输入检查法是当作业人员发声读了商品名称、代码和数量后,计算机接受声音并自动识别,转换成资料信息与发货单进行对比,从而判别是否有误。此方法的优点在于作业人员只需要用嘴读取资料,手脚可做其他工作,自由度较高。缺点是对发音要求较高,且每次发音字数有限,否则电脑辨识困难,可能产生错误。

4. 重量计算检查法

重量计算检查法是先利用自动设备加总出货单上的货品重量,而后将拣出货品以计重器来称出总重量,再将两者互相对比的检查方式。如果能利用装有重量检核系统的拣货台车拣货,则在拣取过程中就能利用此法来检查,拣货员每拣取一样货品,台车上的计重器就会自动显示其重量以进行查对,如此可完全省去事后的检查工作,效率及正确性也较高。

第五节 包 装

包装是配货作业中重要的一环,它起到保护商品,便于搬运、储存,提高用户购买欲望以及易于辨识的作用。商品包装具有两个基本属性,即商品包装的商品性和商品包装的从属性。

一、包装的功能

1. 保护货物

保护功能是商品包装最基本的功能。在商品从生产领域向消费领域转移的过程中,必然会经过多次不同情况、不同条件的空间移动、冲击或震动,以及温度、湿度、微生物等外界因素的影响,如果包装不当,就会造成商品的破损、变形、霉变、腐烂、生锈、虫蛀等损失。而科学的包装能有效地保护商品的外观形态和内在品质,维护商品的使用价值。

2. 便于搬运和储存

许多商品,如气体、液体、粉状商品等,如果没有包装就无法运输、储存、携带和使用。包装使得商品实现成组化,以有利于商品运输、保管和销售,减少商品流通的费用。

3. 便于识别货物

包装上标有商标、商品名称、品种、规格、产地、成分、功能以及使用说明等有关商品的信息,这样便于配送中心工作人员有效识别相应的货物,以减少或避免出现差错。

包装的设计不仅要考虑生产终结的要求,而且要考虑流通的要求,尽量做到包装合理化,即包装简洁化、标准化、机械化、单位大型化和资源节约化。

二、包装的分类

1. 包装袋

包装袋包装是柔性包装中的重要技术,包装袋用的是挠性材料,有较高的韧性、抗拉强度和耐磨性。一般包装袋结构是筒管状结构,一端预先封死,在包装结束后再封装另一端,包装一般采用充填操作。包装袋广泛适用于运输包装、商业包装,内装、外装,一般分成下述三种类型。

(1) 集装袋。这是一种大容积的运输包装袋,一般多用聚丙烯、聚乙烯等聚酯纤维纺织而成,盛装重量在 1 吨以上。集装袋的顶部一般装有金属吊架或吊环等,便于铲车或起重机的吊装、搬运。卸货时可打开袋底的卸货孔,即行卸货,非常方便。集装袋适于装运颗粒状、粉状的货物。

(2) 一般运输包装袋。这类包装袋的盛装重量是 0.5～100 千克,大部分是由植物纤维或合成树脂纤维纺织而成的织物袋,或者由几层挠性材料构成的多层材料包装袋。

(3) 小型包装袋(或称普通包装袋)。这类包装袋盛装重量较小,通常用单层材料或双层材料制成。对某些具有特殊要求的包装袋也有用多层不同材料复合而成的,其包装范围较广,液状、粉状、块状和异型物等可采用这种包装。

上述几种包装袋中,集装袋适于运输包装,一般运输包装袋适于外包装及运输包装,小型包装袋适于内装、个装。

2. 包装盒

包装盒是介于刚性和柔性包装之间的包装容器。包装盒的材料有一定挠性,不易变形,有较高的抗压强度,刚性高于袋装材料。包装结构是规则几何形状的立方体,也可裁制成其他形状,如圆盒状、尖角状,一般容量较小,有开闭装置。包装操作一般采用码入或装填,然后将开闭装置闭合。包装盒整体强度不大,包装量也不大,不适合作为运输包装,适合作为商业包装、内包装,适合包装块状及各种异形物品。

3. 包装箱

包装箱是刚性包装容器中的重要一类。包装箱的材料为刚性或半刚性材料,有较高强度且不易变形。包装箱的结构和包装盒相同,只是容积、外形都大于包装盒,两者通常以 10 升为界。包装操作主要为码放,然后将开闭装置闭合或将一端固定封死。包装箱整体强度较高,抗变形能力强,包装量也较大,使用范围较广,适合做运输包装、外包装,特别是固体杂货包装。包装箱主要有以下几种。

(1) 瓦楞纸箱。瓦楞纸箱是用瓦楞纸板制成的箱形容器。按瓦楞纸箱的外形结构分类有折叠式瓦楞纸箱、固定式瓦楞纸箱和异形瓦楞纸箱三种。按构成瓦楞纸箱体的材料来分类,有瓦楞纸箱和钙塑瓦楞箱。

(2) 木箱。木箱是流通领域中常用的一种包装容器,其用量仅次于瓦楞纸箱。木箱主要有木板箱、框板箱、框架箱三种。①木板箱。木板箱一般用于小型运输包装容器,能装载多种不同性质的物品。木板箱作为运输包装容器具有很多优点,例如有抵抗碰裂、溃散、戳穿的性能,有较大的抗压强度,能承受较大负荷,制作方便等。但木板箱的箱体较重,体积也较大,其本身没有防水性。②框板箱。框板箱是先由条木与人造板材制成箱框板,再经钉合装配而成。③框架箱。框架箱是由一定截面的条木构成箱体的骨架,根据需要也可在骨架外面加木板覆盖。这类框架箱有两种形式,无木板覆盖的称为敞开式框架箱,有木板覆盖的称为覆盖式框架箱。框架箱由于有坚固的骨架结构,因此具有较好的抗震和抗扭力,有较大的耐压能力,且其装载量大。

(3) 塑料箱。塑料箱一般用于小型运输包装容器,其优点是,自重轻,耐蚀性好,可装载多种商品,整体性强,强度和耐用性能满足反复使用的要求,可制成多种色彩以对装载物分类,手握搬运方便,没有木刺,不易伤手。

(4) 集装箱。集装箱是由钢材或铝材制成的大容积物流装运设备,从包装角度看,也属一种大型包装箱,可归属于运输包装的类别之中,是大型反复使用的周转型包装。

4. 包装瓶

包装瓶是瓶颈尺寸有较大差别的小型容器,是刚性包装中的一种,包装材料有较高的抗变形能力,刚性、韧性要求一般也较高,个别包装瓶的材料介于刚性材料与柔性材料之间,瓶在受外力时虽会发生一定程度变形,但外力一旦撤除,仍可恢复原来瓶形。包装瓶结构是瓶颈口径远小于瓶身,且在瓶颈顶部开口;包装操作是填灌操作,然后将瓶口用瓶盖封闭。包装瓶包装量一般不大,适合美化装潢,主要用于商业包装、内包装。包装瓶主要包装液体、粉状货物。包装瓶按外形可分为圆瓶、方瓶、高瓶、矮瓶、异形瓶等若干种。瓶口与瓶盖的封盖方式有螺纹式、凸耳式、齿冠式、包封式等。

5. 包装罐(筒)

包装罐是罐身各处横截面形状大致相同,罐颈短,罐颈内径比罐身内颈稍小或无罐颈的一种包装容器,是刚性包装的一种。包装材料强度较高,罐体抗变形能力强。包装操作是装填操作,然后将罐口封闭,可用于运输包装、外包装,也可做商业包装、内包装用。包装罐(筒)主要有三种。

(1) 小型包装罐。这是典型的罐体,可用金属材料或非金属材料制造,容量不大,一般用于销售包装、内包装,罐体可采用各种方式装潢美化。

(2) 中型包装罐。外形也是典型罐体,容量较大,一般做化工原材料、土特产的外包装,起运输包装作用。

(3) 集装罐。这是一种大型罐体,外形有圆柱形、圆球形、椭球形等,卧式、立式都有。集装罐往往是罐体大而罐颈小,采取灌填式作业,灌进作业和排出作业往往不在同一罐口进行。另设卸货出口。集装罐是典型的运输包装,适合包装液状、粉状及颗粒状货物。

三、包装保护技术

1. 防震保护技术

防震包装又称缓冲包装,是重要的包装技术方法。产品从生产出来到使用要经过一系列的运输、保管、堆码和装卸过程,置于一定的环境之中。在任何环境中都会有力作用在产品之上,并使产品发生机械性损坏。为了防止产品遭受损坏,就要设法减小外力的影响,所谓防震包装就是指为减缓内装物受到冲击和振动,保护其免受损坏所采取的具有一定防护措施的包装。防震包装方法主要有以下三种。

(1) 全面防震包装方法。全面防震包装方法是指内装物和外包装之间全部用防震材料填满进行防震的包装方法。

（2）部分防震包装方法。对于整体性好的产品和有内装容器的产品,仅在产品或内包装的拐角或局部地方使用防震材料进行衬垫即可。所用包装材料主要有泡沫塑料防震垫、充气型塑料薄膜防震垫和橡胶弹簧等。

（3）悬浮式防震包装方法。对于某些贵重易损的的物品,为了有效地保证在流通过程中不被损坏,外包装容器比较坚固,然后用绳、带、弹簧等将被装物悬吊在包装容器内,内装物被稳定悬吊而不与包装容器发生碰撞,从而减少损坏。

2. 防破损保护技术

缓冲包装有较强的防破损能力,因而是防破损包装技术中有效的一类。此外还可以采取以下几种防破损保护技术。

（1）捆扎及裹紧技术。捆扎及裹紧技术的应用,是使杂货、散货形成一个牢固整体,以增加整体性,便于处理及防止散堆以减少破损。

（2）集装技术。利用集装,减少与货体的接触,从而防止破损。

（3）选择高强保护材料。通过外包装材料的高强度来防止内装物因受外力作用而破损。

3. 防锈包装技术

（1）防锈油防锈蚀包装技术。大气锈蚀是空气中的氧、水蒸气及其他气体作用于金属表面引起电化学作用的结果。如果使金属表面与引起大气锈蚀的各种因素隔绝(即将金属表面保护起来),就可以起到防止金属大气锈蚀的目的。防锈油包装技术就是根据这一原理将金属涂封防止锈蚀的。

用防锈油封装金属制品,要求油层有一定厚度,油层的连续性好,涂层完整。不同类型的防锈油要采用不同的方法进行涂复。

（2）气相防锈包装技术。气相防锈包装技术就是用气相缓蚀剂(挥发性缓蚀剂),在密封包装容器中对金属制品进行防锈处理的技术。气相缓蚀剂是一种能减慢或完全停止金属在侵蚀性介质中的破坏过程的物质,它在常温下即具有挥发性,它在密封包装容器中,在很短的时间内挥发或升华出的缓蚀气体就能充满整个包装容器内的每个角落和缝隙,同时吸附在金属制品的表面上,从而起到抑制大气对金属锈蚀的作用。

4. 防霉腐包装技术

在运输包装内装运食品和其他有机碳水化合物货物时,货物表面可能生长霉菌,在流通过程中如遇潮湿,霉菌生长繁殖极快,甚至伸延至货物内部,使其腐烂、发霉、变质,因此要采取特别防护措施。

包装防霉烂变质,通常是采用冷冻包装、高温灭菌法和真空包装。冷冻包装的原理是减慢细菌活动和化学变化的过程,以延长储存期,但不能完全消除食品的变质;高温杀菌法可消灭引起食品腐烂的微生物,可在包装过程中用高温处理防霉。有些经干燥处理的食品包装,应防止水汽进入以防霉腐,可选择防水汽和气密性好的包装材料,采取真空和充气包装。

真空包装法也称减压包装法或排气包装法。这种包装可阻挡外界的水汽进入包装容器内,也可防止在密闭着的防潮包装内部存有潮湿空气,在气温下降时结露。采用真空包装法,要注意避免过高的真空度,以防损伤包装材料。

防止运输包装内货物发霉,还可使用防霉剂,防霉剂的种类甚多,用于食品的必须选用无毒防霉剂。

机电产品的大型封闭箱,可酌情采取开设通风孔或通风窗等相应的防霉措施。

5. 防虫包装技术

防虫包装技术,常用的是驱虫剂,即在包装中放入有一定毒性和臭味的药物,利用药物在包装中挥发气体杀灭和驱除各种害虫。常用驱虫剂有对位二氯化苯、樟脑精等。也可采用真空包装、充气包装、脱氧包装等技术,使害虫无生存环境,从而防止虫害。

6. 危险品包装技术

危险品有上千种,按其危险性质,交通运输及公安消防部门的规定将其分为十大类,即爆炸性物品、氧化剂、压缩气体和液化气体、自燃物品、遇水燃烧物品、易燃液体、易燃固体、毒害品、腐蚀性物品、放射性物品等,有些物品同时具有两种以上危险性能。

对有毒商品的包装要明显地标明有毒的标志。防毒的主要措施是包装严密不漏、不透气。例如重铬酸钾(红矾钾)和重铬酸钠(红矾钠),为红色带透明结晶体,有毒,应用坚固的铁桶包装,桶口要严密不漏,制桶的铁板厚度不能小于1.2毫米。对有机农药一类的商品,应装入沥青麻袋,缝口严密不漏,如用塑料袋或沥青纸袋包装的,外面应再用麻袋或布袋包装。用做杀鼠剂的磷化锌有剧毒,应用塑料袋严封后再装入木箱中,箱内用两层牛皮纸、防潮纸或塑料薄膜衬垫,使其与外界隔绝。

对有腐蚀性的商品,要注意商品和包装容器的材质发生化学变化。金属类的包装容器,要在容器壁涂上涂料,防止腐蚀性商品对容器的腐蚀。例如包装合成脂肪酸的铁桶内壁要涂有耐酸保护层,防止铁桶被商品腐蚀,从而商品也随之变质。再如氢氟酸是无机酸性腐蚀物品,有剧毒,能腐蚀玻璃,不能用玻璃瓶作为包装容器,应装入金属桶或塑料桶,然而再装入木箱。甲酸易挥发,其气体有腐蚀性,应装入良好的耐酸坛、玻璃瓶或塑料桶中,严密封口,再装入坚固的木箱或金属桶中。

对黄磷等易自燃商品,宜将其装入壁厚不小于1毫米的铁桶中,桶内壁须涂耐酸保护层,桶内盛水,并使水面浸没商品,桶口严密封闭,每桶净重不超过50千克。再如遇水引起燃烧的物品如碳化钙,遇水即分解并产生易燃乙炔气,对其应用坚固的铁桶包装,桶内充入氮气。如果桶内不充氮气,则应装置放气活塞。

对于易燃、易爆商品,例如有强烈氧化性的,遇有微量不纯物或受热即急剧分解引起爆炸的产品,防爆炸包装的有效方法是采用塑料桶包装,然后将塑料桶装入铁桶或木箱中,每件净重不超过 50 千克,并应有自动放气的安全阀,当桶内达到一定压力时,能自动放气。

7. 特种包装技术

(1) 充气包装。充气包装是用二氧化碳气体或氮气等不活泼气体置换包装容器中空气的一种包装技术,因此也称为气体置换包装。这种包装方法是根据好氧性微生物需氧代谢的特性,在密封的包装容器中改变气体的组成成分,降低氧气的浓度,抑制微生物的生理活动、酶的活性和鲜活商品的呼吸强度,达到防霉、防腐和保鲜的目的。

(2) 真空包装。真空包装是将物品装入气密性容器后,在容器封口之前抽真空,使密封后的容器内基本没有空气的一种包装方法。

一般的肉类商品、谷物加工商品以及某些容易氧化变质的商品都可以采用真空包装,真空包装不但可以避免或减少脂肪氧化,而且抑制了某些霉菌和细菌的生长。同时在对其进行加热杀菌时,由于容器内部气体已排除,因此加速了热量的传导。提高了高温杀菌效率,也避免了加热杀菌时,由于气体的膨胀而使包装容器破裂。

(3) 收缩包装。收缩包装就是用收缩薄膜裹包物品(或内包装件),然后对薄膜进行适当加热处理,使薄膜收缩而紧贴于物品(或内包装件)的包装技术。

收缩薄膜是一种经过特殊拉伸和冷却处理的聚乙烯薄膜,由于薄膜在定向拉伸时产生残余收缩应力,这种应力受到一定热量后便会消除,从而使其横向和纵向均发生急剧收缩,同时使薄膜的厚度增加,收缩率通常为 30%～70%,收缩力在冷却阶段达到最大值,并能长期保持。

(4) 拉伸包装。拉伸包装是 20 世纪 70 年代开始采用的一种新包装技术,它是由收缩包装发展而来的,拉伸包装是依靠机械装置在常温下将弹性薄膜围绕被包装件拉伸、紧裹,并在其末端进行封合的一种包装方法。由于拉伸包装不需进行加热,所以消耗的能源只有收缩包装的二十分之一。拉伸包装可以捆包单件物品,也可用于托盘包装之类的集合包装。

(5) 脱氧包装。脱氧包装是继真空包装和充气包装之后出现的一种新型除氧包装方法。脱氧包装是在密封的包装容器中,使用能与氧气起化学作用的脱氧剂,从而除去包装容器中的氧气,以达到保护内装物的目的。脱氧包装方法适用于某些对氧气特别敏感的物品,即有微量氧气也会促使品质变坏的食品包装中。

四、包装标记和标志

(一) 包装标记

商品包装标记是根据商品本身的特征用文字和阿拉伯数字等在包装上标明规定的记号,一般包装标记也称为包装的基本标记。基本标记包括以下内容。

1. 表示收发货地点和单位的标记

这是注明商品起运、到达地点和收、发货单位的文字记号,反映的内容是收、发货具体地点(收货人地点、发货人地点,收货到站、到港和发货站、发货港等)和收、发货单位的全称。

2. 标牌标记

标牌标记是在物资包装上钉打说明商品性质特征、规格、质量、产品批号、生产厂家等内容的标记牌。

(二)包装标志

包装标志是用来指明被包装物资的性质和物流活动安全以及为满足理货分运的需要而进行的文字和图像的说明。包装标志包括指示标志和危险品标志。

1. 指示标志

指示标志用来指示运输、装卸、保管人员在作业时需注意的事项,以保证物资的安全。这种标志主要表示物资的性质和物资堆放、开启、吊运等的方法。

2. 危险品标志

危险品标志是用来表示危险品的物理、化学性质,以及危险程度的标志。它可提醒人们在运输、储存、保管、搬运等活动中的注意事项。危险品主要有易燃性物品、爆炸物品、有毒物品和放射性物品等。

2000年7月17日,国家质量监督检验检疫总局(原国家质量技术监督局)批准发布了GB191—2000(等效采用ISO780—1997)《包装储运图示标志》强制性国家标准,并于2000年12月1日开始实施。2008年4月1日,中华人民共和国国家质量监督检验检疫总局和中国国家标准化管理委员会发布于2008年10月1日起实施的《包装储运图示标志》GB/T 191—2008,标准修改采用国际标准ISO 780—1997《包装储运图示标志》,并代替GB/T 191—2000《包装储运图示标志》。GB/T 191—2008与GB191—2000相比主要差异如下:

①在国际标准三种规格的基础上,增加了50毫米的规格尺寸;

②在4.1标志的使用中增加了"印制标志时,外框线及标志名称都要印上,出口货物可省略中文标志名称和外框线;喷涂时,外框线及标志名称可以省略";

③在表1中增加了每个标志的完整图形。(具体请参见《包装储运图示标志》GB/T 191—2008)

五、包装合理化的基本要求

包装是物流的起点和必要环节。包装的设计不仅要考虑生产终结的要求,而且还要考虑流通的要求以及环保的要求,一些包装还要考虑回收的要求,尽量做到包装的合理化。

1. 包装简洁化

在强度、寿命、成本相同的条件下,应采用更轻、更薄、更短、更小的包装,这样不仅可以提高运输、装卸搬运的效率,还可以减少成本。

2. 包装标准化

包装的规格和托盘、集装箱的规格关系十分密切。因此,包装时应考虑包装规格是否和运输车辆、搬运机械匹配,从系统的角度制定包装的尺寸标准。标准化的包装规格、单纯化的包装形态和种类更有助于整体物流效率的优化。

3. 包装机械化

为提高作业效率和包装现代化水平,各种包装机械的开发和应用十分重要。在包装过程中,应尽量运用机械操作,减少人力耗费。

4. 包装单位大型化

随着交易单位的大量化和物流过程中的装卸机械化,包装大型化有利于减少包装时间,提高包装效率。

5. 资源节约化

在包装过程中,应加大包装物的再利用程度,减少过度包装,开发和推广新型包装方式,以减少对包装材料的使用。

6. 包装材料环保化

包装材料环保化是指不会造成环境污染或恶化的商品包装,即"绿色包装"。当前世界各国的环保意识日渐增强,特别是一些经济发达国家出于对环保的重视,将容易造成环境污染的包装也列入限制进口之列,而成为非关税壁垒的手段之一。例如,德国、意大利均禁止使用PVC作为包装材料的商品进口。

本 章 小 结

本章主要从配货业务流程出发,围绕配货的基本职能,从操作实务的角度,对配送中心的配货作业进行了详细的讲解。通过学习,使学生对配货作业有一个全面的认识,初步熟悉配货作业。

综合案例分析

日本包装减量化的典型案例

2008年4月,上海市包装协会接待了日本包装协会"包装与环保"代表团,中日包装专家就包装、包装废弃物、环境等问题开展了交流,特别就当今因扰社会经济生活发展的问题开展了深层次的研讨。日本专家介绍的一些产品包装减量化的先进案例，值得我们借鉴、学习。

（一）索尼公司电子产品的新包装

索尼公司不但遵循"减量化、再使用、再循环"的"3R"原则，而且还在替代使用上想办法，对产品包装进行改进。我们来看几个实例。1998年该公司对包装大型号的电视机的泡沫塑料材料（EPS）进行改进，采用8块小的EPS材料分割式包装来缓冲防震，减少了40%EPS的使用；有的产品前面使用EPS材料，后面使用瓦楞纸板材料，并在外包装上采用特殊形状的瓦楞纸板箱，以节约资源；另外对小型号的电视机采用纸浆模塑材料替代原来的EPS材料。

（二）日本印刷株式会社的新型包装

该企业产品包装贯彻环境意识的四原则，即包装材料减量化、使用后包装体积减小、再循环使用、减轻环境污染的原则。

（1）包装材料减量化原则：采用减少容器厚度、薄膜化、削减层数、变更包装材料等方法。

（2）使用后包装体积减小原则：采用箱体凹槽、纸板箱表面压痕、变更包装材料等方法。

（3）再循环使用原则：采用易分离的纸容器，纸盒里面放塑料薄膜，使用完毕后，纸、塑分离，减少废弃物；还可采用一种易分离的热塑成型的容器。

（4）减轻环境污染原则：该企业在包装产品的材料、工艺等方面进行改进，减少生产过程中二氧化碳的排放量，保护环境。

（三）东洋制罐株式会社的包装产品

由东洋制罐开发的塑胶金属复合罐TULC(Toyo ultimate can)的主要使用对象是饮料罐。这种复合罐既节约材料又易于再循环，在制作过程中低能耗、低消耗，属于环境友好型产品。东洋制罐还研发生产出一种超轻级的玻璃瓶。用这种材料生产的187毫升的牛奶瓶只有1.63毫米厚，89克重，比普通瓶轻40%，可反复使用40次以上，普通牛奶瓶厚度为2.26毫米，重130克。该公司还生产不含木纤维的纸杯和可生物降解的纸塑杯子。东洋制罐为了使塑料包装桶、瓶在使用后方便处理，减小体积，在塑料桶上设计了几条环形折痕，废弃时可很方便折叠缩小体积。这类塑料桶（瓶）有从500毫升规格到10升规格等多个品种。

思考题

1. 认真阅读以上案例，几家日本公司包装产品的实际案例给你什么启发？
2. 你觉得我们的包装行业在发展过程中应该注意哪些问题？

本章综合练习题

1. 为什么要进行配货检查？由什么人来做这项工作？

2. 出货检查的方式主要有哪些?
3. 分货的方式有哪些?
4. 配送包装合理化的要求有哪些?

实践活动

配货作业操作及注意事项

实践目标:熟悉配货操作流程,了解操作注意事项。

实践内容:该项实践活动主要安排两项内容。①某公司配送中心接到两个不同省份的食品公司的订单,所需货品数量如下:鲜橙果酱 120 箱,番茄沙司 60 箱,蛋黄酱 25 箱。如果你是配货员,在配货时,将如何操作?②某食品生产商生产的巧克力酱、巧克力饮料为塑料袋包装,每箱 6 袋;菠萝酱、草莓酱为玻璃瓶装,每箱 12 瓶。在配货作业时,应注意哪些方面?

实践要求:注意运用教材理论知识相结合。

实践成果:请对以上实践活动进行总结并撰写报告。

第六章 配送中心送货作业

本章学习目标

了解送货作业的基本流程；了解车辆安排的基本要求；了解设计送货先后顺序的主要内容；了解车辆的选择要考虑的因素；能根据情况选择恰当的送货线路；会运用最终送货线路的确定原则及其优化技术。

经典案例导入

A 公司优化配送体系

A 公司是一家图书分销企业，有 8 辆载重 5 吨的车，主要负责 C 市及其郊县的图书、教材、音像制品的配送业务。随着订单日益增多，管理者却是愁上眉头。配送车总像是不够用似的，客户订的货总是面临着无车可装的窘境，不得不堆在仓库的提货口；商品配送的准时到达率非常低。但是物流部门却抱怨运力不足，而财务部对此却持强烈反对意见，认为物流部门小题大做。财务部门指出，现有的货车每辆车每次充其量只填满了 1/3 的空间，利用率很低。物流部和财务部各执一词，企业老总莫衷一是。可客户对配送能力差、添配满足率低等问题的抱怨，却是实打实的。既要照顾对顾客的最短时间送货的承诺，又要照顾车队整体送货速度，A 公司到底要走哪条路才能同时满足这两项需求呢？

根据实际调查研究情况，发现问题出在企业管理思路上。最大的问题是配送的考核指标过于迁就客户，结果欲速不达；二是考核指标没有与仓库衔接，直接导致仓库和运输不协调。仓库实施了 ABC 分类管理，效率提高了，但是如果车辆运不出去就会堵住整个通道，于是车辆不得不迁就仓库匆匆上路。

很显然，不装满，不能完成当日配送总量；如果车辆满载，则不但与仓库冲突，车辆在规定时间内也难以完成交付货物。于是，车辆吨位利用率低就成了A公司一个最突出的矛盾。而这个问题是由配送路线不合理、作业效率不高等问题引起的。

鉴于以上情况，A公司制定了如下解决方案：建立1个配送中心、8辆车为100多个终端进行配送的线路优化模型。具体做法如下。①划分片区，根据配送车辆和作业的方便性，将全部配送区域划分为若干个片区。将A公司的客户在地图上以点标出来，根据实际情况将一定数量的点划归一个区域，每个区域由该区域的司机负责设计。在分片区时要注意片区之间不能交叉，每一片区内各车辆所选路径也不能交叉。②规划区域内配送路线。在同一片区内，将当天必须交付的客户订单，分两批完成交付。在同一批配送业务中，无论客户订单迟早，在安排中均按配送线路的先后顺序反向装货。而车辆的行车路线，均由该区域的负责司机根据订单分布、到达时间、可能的最远行程、路况及交通状况等，将节约值最大的线路列为首选线路，确定配送线路。配送线路是以配送中心为最初始点和最后终点的环形回路。

通过分区配送、司机负责制度，能有效避免区域内配送车辆重复路线，而且如果出现某些区域业务量突然增长的情况，车辆调度、增派人手也非常方便。

另外，由于区域间的配送业务量存在有不同程度的差异，因此，根据A公司实际情况，实行区域轮换制度，以免在选择分区时有挑肥拣瘦、扯皮打架的情况发生。

最后，在实际运作中，要关注配送作业的可达性、方便性、效率性，以及调动配送人员的责任心和积极性，不可过分拘泥于数字计算的理论最优。

第一节 送货作业概述

一、送货作业的含义

送货是配送活动的核心，也是拣货、配货工序的延伸。配送中心的送货作业是一种有确定组织、确定渠道，有一套装备和管理力量、技术力量，有一套制度的体制形式，是一种高水平送货的形式。它主要包括以下四个方面的内容。

(1) 制定送货计划。大型配送中心需要通过增强计划性来提高送货水平和降低送货成本，由于配送中心特别强调服务功能，很难依靠预测制定完善的计划，因此采用的计划方式是很重要的。

(2) 规划配送路线。合理规划配送路线，以降低运量、减少成本。

(3) 车辆配送。根据不同配送要求，选择合适的车辆并对车辆进行配装以提高其利用率和周转率，是送货的一项主要工作。

(4) 车辆管理。主要包括车辆的合理调度、安排、维护等内容。

二、送货作业的特点

送货作业是配送中心最终直接面对客户的服务,其特点如下。

1. 时效性

时效性是流通业客户最重视的因素,必须确保能在指定的时间内交货。影响时效性的因素很多,除配送车辆故障外,所选择的配送线路不当、中途客户卸货不及时等均会造成时间上的延误。因此,必须认真分析各种因素,用系统思想和原则指导,有效协调、综合管理,选择合理的配送线路、配送车辆和送货人员,使每位客户在预定的时间内收到所订购的货物。

2. 可靠性

影响可靠性的因素有货物的装卸作业、运送过程中的机械振动和冲击及其他意外事故、客户地点及作业环境、送货人员的素质等。

3. 沟通性

运输配送作业是配送的末端服务,它通过送货上门服务直接与客户接触,是与顾客沟通最直接的桥梁,代表着公司的形象和信誉。所以,必须充分利用与客户沟通的机会,巩固与发展公司的信誉,为客户提供更优质的服务。

4. 便利性

配送以服务为目标,以最大限度地满足客户要求为宗旨。因此,应尽可能地让顾客享受到便捷的服务。通过采用高弹性的输配送系统,如采用急送货、顺道送货与退货、辅助资源回收等方式,为客户提供真正意义上的便利服务。

5. 经济性

实现一定的经济利益是企业运作的基本目标,因此,对合作双方来说,以较低的费用,完成配送作业是企业建立双赢机制、加强合作的基础。所以企业提供的不仅是高质量、及时方便的配送服务,还必须提高配送运输的效率,加强成本控制与管理,为客户提供更为经济的配送服务。

三、送货作业的基本原则

(1) 将相互临近的送货点的货物装在一辆车上配送。

(2) 同一天送在一起的送货点的货。

(3) 配送路线从离物流中心最远的送货点开始。

(4) 同一辆车途经各个送货点的路线要成凸状。

(5) 最有效的配送路线是使用大载重量的车辆的结果。

(6) 提货应在送货过程中进行,不要在配送结束后再进行零售商"回程提货",以减少交叉路程。

（7）对偏离积聚送货点路线的单独送货点可使用另一个送货方案。

（8）应尽量预留合理的送货点工作时间。

第二节 送货的基本作业流程

送货流程包括搬运、配装、运输和交货等活动。送货是配送的终结，故在送货流程中除了要圆满地完成货物的移交任务外，还必须及时进行货款（或费用）结算。在送货工序中，运输是一项主要的经济活动，因而选择合理的运输方式和使用先进的运输工具，对于提高送货质量至关重要。

一、送货的基本作业流程

送货的基本作业流程如图 6-1 所示。

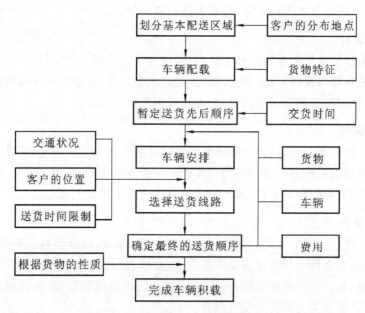

图 6-1 送货的基本作业流程

1. 划分基本配送区域

首先对客户所在地的具体位置进行较系统的统计，并作区域上的整体划分，再将每一客户包括在不同的基本输配送区域中，以作为配送决策的基本参考。如按行政区域或按交通条件划分不同的配送区域，在区域划分的基础上再进行弹性调整以安排输配送顺序。

2. 车辆配载

由于配送货物品种、特性各异，为提高输配送效率，确保货物质量，首先必须对特性差异大的货物进行分类,分别采取不同的输配送方式和运输工具,如按冷冻食品、速食品、散装货物、箱装货物等货物类别进行分类配载。其次,配送货物也有轻重缓急之分,必须初步确定哪些货物可配于同一辆车,哪些货物不能配于同一辆车,以做好车辆的初步配装工作。

3. 暂定送货先后顺序

在考虑其他影响因素,制作出确定的运输送货方案前,应先根据客户订单的运输配送时间对送货的先后次序大致进行预订,为车辆积载做好准备工作,计划工作的目的是为了保证达到既定的目标。所以,预先确定基本送货顺序可以有效地保证送货时间,提高运作效率。

4. 车辆安排

车辆安排要解决的问题是安排什么类型、吨位的配送车辆进行最后的送货。企业无论使用自有车辆还是外雇车辆都必须事先掌握有哪些车辆可供调派并符合要求,即这些车辆的容量和额定载重是否满足要求。其次,安排车辆之前,还必须分析订单上的货物信息,如体积、重量、数量、对装卸的特别要求等,综合考虑多方面因素的影响后,再做出最合适的车辆安排。

5. 选择送货线路

知道了每辆车负责配送的具体客户后,则需要对客户的具体位置、沿途的交通情况等做出判断,选择配送距离短、配送时间短、配送成本低的路线,以便能够以最快的速度完成对货物的配送。此外,还必须考虑有些客户或其所在地点对送货时间、车型等方面的特殊要求,如有些客户不在中午或晚上收货,有些道路在某高峰期实行特别的交通管制等。

6. 确定最终的送货顺序

做好车辆安排及选择好最佳的配送线路后,依据各车负责配送的先后顺序,即可确定最终的送货顺序。

7. 完成车辆积载

车辆积载问题是指如何将货物装车、按什么次序装车的问题。原则上,可将货物依"后送先装"的顺序装车即可,但有时为了有效利用空间,可能还要考虑货物的性质(怕震、怕压、怕撞、怕潮)、形状、体积及重量等做出弹性调整。此外,对于货物的装卸也必须在综合考虑货物的性质、形状、重量、体积等因素后再具体决定。

二、送货流程的注意事项

送货工作是配送业务中的一个关键业务,是实现客户服务水平和配送经济益的最终保证。在以上各阶段的操作过程中,送货作业应注意以下几个问题。

(1)明确订单内容。
(2)了解货物的性质。
(3)明确具体送货地点。
(4)选择适当的配送车辆。
(5)选择最优的配送线路。
(6)充分考虑各作业点的装卸货时间。

第三节 暂定送货先后顺序

预先确定基本送货顺序可以有效地保证送货时间,提高运作效率。

一、暂定送货先后顺序应考虑的因素

暂定送货先后顺序作为一种全局性的事前方案,对于整个配送活动的实施具有重要的作用,具体地说,暂定送货先后顺序应考虑如下一些内容。

1. 配送对象

由于配送中心的种类很多,因此,配送的对象即客户也有所不同,其出货形态也不尽相同。这些客户可能是经销商、配送中心、大型超市、百货公司、便利店及平价商店中的一种或几种。其中经销商、配送中心及大型超市等的订货量较大,它的出货形态可能大部分是整托盘出货,小部分为整箱出货;而中小型超市的订货量居其次,它的出货形态可能是 10% 属于整托盘,60% 是属于整箱,30% 属于拆箱出货;而便利店及平价商店的订货量较小,它的出货形态可能是 30% 属于整箱出货,70% 属于拆箱出货。

2. 配送的货物种类

配送中心所处理的货物品种差异非常大,多则上万种以上,少则数百种甚至数十种,由于品种数的不同,其复杂性与困难性也有所不同。

3. 货品的配送数量或库存量

货品出货数量的多少和时间的变化趋势会直接影响到配送中心的作业能力和设备的配置。如一些季节性波动、过年过节的高峰等问题,都会引起出货量的变动。

配送中心的库存量和库存周期将影响到配送中心的面积和空间的需求。因此应对库存量和库存周期进行详细的分析。一般进口商型的配送中心因进口周期的原因,必须拥有较大的库存量(约 2 个月以上);而流通型的配送中心,则基本不需要考虑库存量,但必须注意分货的空间及效率。

4. 物流渠道

目前,常见的物流渠道主要有如下几种模式。
(1)工厂—配送中心—经销商—零售商—消费者。

(2)工厂—经销商—配送中心—零售商—消费者。
(3)工厂—配送中心—零售店—消费者。
(4)工厂—配送中心—消费者。

因此,在制定物流配送计划时,必须了解物流渠道的类型。然后根据配送中心在物流渠道中的位置和上下游客户的特点进行规划。

5. 物流的服务水平

物流服务水平的高低与物流成本成正比,也就是物流服务质量愈高则其成本也愈高;但是站在客户的立场而言,希望以最经济的成本得到最佳的服务;所以原则上物流的服务水准,应该是合理的物流成本下的服务品质,也就是说物流成本不比竞争对手高,而物流的服务水准比他高一点即可。

物流服务水平的主要指标包括订货交货时间、货品缺货率、增值服务能力等。企业应针对客户的需求,制定一个合理的服务水准。

6. 物流的交货时间

所谓物流的交货时间是指从客户下订单开始,订单处理、库存查询、理货、流通加工、装车及卡车配送到客户手上的这一段时间。物流的交货时间依厂商的服务水准的不同,可分为2小时、12小时、24小时、2天、3天、1周送达等几种。

7. 配送货物的价值

配送货物的价值与物流成本有很密切的关系,因为在物流的成本计算方法中,往往会计算它所占货物的比例。因此,如果货物的单价高则其百分比相对会比较低,客户则能够负担得起;如果货物的单价低则其百分比相对会比较高,则客户会感觉负担较重。

二、暂定送货先后顺序的主要依据

1. 客户订单

一般客户订单对配送商品的品种、规格、数量、送货时间、送达地点、收货方式等都有要求。因此,客户订单是拟订运送计划的最基本依据。

2. 客户分布、运输路线与距离

客户分布是指客户的地理位置分布。客户位置离配送据点的距离长短、配送据点到达客户收货地点的路径选择等,直接影响到输送成本。

3. 配送的各种货物的体积、形状、重量、性能、运输要求

配送货物的体积、形状、重量、性能、运输要求是决定运输方式、车辆种类、载重、容积、装卸装备的制约因素。

4. 运输、装卸条件

运输道路交通状况、运达地点及其作业地理环境、装卸货时间、天气气候等对

输送作业的效率也起相当大的约束作用。

三、暂定送货先后顺序的主要内容

(1) 按日期排定用户所需商品的品种、规格、数量、送达时间、送达地点、送货车辆与人员等。

(2) 优化车辆行走路线与运送车辆趟次,并将送货地址和车辆行走路线在地图上标明或在表格中列出。

(3) 按用户需要的时间结合运输距离以确定启运提前期。

(4) 按用户需求选择送达服务具体组织方式。

暂定送货先后顺序后,还应将货物送达时间、品种、规格、数量通知客户,使客户按计划准备好接货工作。

第四节 车辆安排

一、车辆安排工作的特点

1. 计划性

坚持合同运输与临时运输相结合,以完成运输任务为出发点,认真编制、执行及检查车辆运行作业计划。

2. 预防性

在车辆运行组织中,经常进行系统预防性检查,发现薄弱环节,及时采取措施,避免运输生产的中断。

3. 机动性

加强信息沟通,机动灵活地处理有关部门的问题,准确及时地发布调度命令,保证生产的连续性。

二、车辆安排的基本要求

1. 车辆安排的基本要求

(1) 宁打乱少数计划,不打乱多数计划。

(2) 宁打乱局部计划,不打乱整体计划。

(3) 宁打乱次要环节,不打乱主要环节。

(4) 宁打乱当日计划,不打乱以后计划。

(5) 宁打乱可缓运物资的计划,不打乱急需物资运输计划。

(6) 宁打乱整批货物运输计划,不打乱配装货物运输计划。

(7) 宁使企业内部工作受影响,不使客户受影响。

2. 车辆安排的具体要求

（1）货与货之间、货与车辆之间应留有空隙并适当衬垫，防止货损。

（2）包装不同的货物应分开装载，如板条箱货物不要与纸箱、袋装货物堆放在一起。

（3）重的货物在下，轻的货物在上，包装强度差的应放在包装强度好的上面，即"重下轻上"。

（4）具有尖角或其他突出物的货物应和其他货物分开装载或用木板隔离，以免损伤其他货物。

（5）为了减少或避免差错，尽量把外观相近、容易混淆的货物分开装载。

（6）不将散发臭味的货物与具有吸臭性的食品混装。

（7）尽量不将散发粉尘的货物与清洁货物混装。

（8）切勿将渗水货物与易受潮货物一同存放。

（9）转载易滚动的卷状、桶状货物，要垂直摆放。

（10）尽量做到"后送先装"，即按客户的配送顺序，后送的、远距离的客户的货物先装车，装在里面。先送的、近距离的货物后装车，装在外侧，即"先外后内"。

（11）装货完毕，应在门端处采取适当的稳固措施，以防开门卸货时，货物倾倒造成货损或人身伤害。

货物配装时除综合考虑以上一般原则外，还要考虑货物的性质（如怕震、怕压、怕撞、怕潮等）、形状、体积等因素，进而进行弹性调整。此外，对于货物的装卸方法也必须考虑货物的性质、形状、重量、体积等因素后再作具体决定。具体而言，配装装货、多品种混装、货区分区等问题，可以用运筹学的方法或计算机专用软件来解决。

三、车辆的选择

车辆的选择分为两方面，第一是车辆的购置，第二是车辆的租赁和选用。相对于车辆租赁和选用来说，车辆的购置程序更复杂，需要考虑的问题更全面。下面以车辆的购置为例来论述车辆选择的注意事项。车辆的购置一般应考虑以下因素。

1. 车辆形式的确定

物流中心运输货品的类别决定了所购置的车辆的形式，例如冷冻冷藏食品物流中心的运输车辆要选择冷藏车，一般货品的物流中心选择箱式车。为了节约成本也有些物流中心将敞棚式平板车用于批量货品的运输。但随着食品安全的要求和运输规范的提高，城市物流，特别是快速消费品的物流，使用箱式货车是必然趋势。

2. 车辆吨位的确定

一般来说，车辆越大，承载能力越大，每次运输的单位货品运输费用越低。所以在可能的情况下，选择大吨位的车辆进行运输无疑是降低成本的好方法。但选择大吨位车辆运输受到很多条件的限制：第一，订单批量的限制；第二，交通法规的限制。所以车辆吨位的确定一定要权衡各种条件，选择承载能力恰当的车辆。

3. 车辆箱体体积的确定

车辆箱体体积要根据运输货物的密度确定。运输密度较大的货品，如冷冻货品、饮料等，应选择箱体较小或标准配置的车辆箱体。运输的货品如果密度较小，应选择车辆箱体较大的车辆。对于物流中心而言，管理者会考虑尽可能地少配备车辆，最大限度地发挥车辆的运输能力。

4. 车辆标准的确定

物流中心选择车辆，要按照标准化的原则：第一是在标准的车辆系列中选择适合物流中心的车辆系列，车辆品种尽可能少；第二是车辆的配置、尺寸、侧门等要求要统一。标准化的车辆系列和配置是物流中心运输高效化的保证，能增加车辆的替代性，减少维修成本。

5. 车辆的其他配置

车辆附属装备的配置是车辆型号选择和再设计的重点。车辆附属装备是为了更好地实现运输、装卸货、监控等目的。以下几种车辆装备可供参考。

(1) 车辆尾板的选择。车辆加装尾板是为了方便在没有卸货平台的情况下的装卸货作业。但加装尾板往往使车辆在有卸货平台的物流中心停靠时不能完全与卸货平台密封门贴合。解决的方法一是选择缩进式的尾板，二是物流中心的卸货平台采取底部悬空设计。总之，如果选择车辆尾板配置，必须考虑装卸货地点的设施配合问题。

(2) 车厢侧门的选择。车辆侧门的设计是为了卸货的方便，特别是多客户的配送、多温度控制的货品配送，侧门的选择更是必不可少。车厢侧门的位置及尺寸没有标准的形式，一般是根据运输特性，由订购方自行决定。选择侧门的位置和尺寸主要考虑两方面因素：一是一个订单运输所包含的货品类别，二是不同货品类别的比例。侧门的设计要与运输的特点相配合。

(3) 车厢地板的选择。车厢地板的选择要考虑装卸的状况和货品的运输过程要求。如果采用平衡重叉车整托盘装货，车厢地板的承重必须达到要求。如果运输冷冻货品，车厢地板必须有回风槽，或者用托盘运输。

第五节 选择送货线路

送货线路是指各送货车向各个客户送货时所要经过的路线。送货线路合理与否对送货速度、成本、效益影响很大，采用科学合理的方法来优化送货线路，是送货作业中非常重要的一项工作。

选择送货线路一般可以采取各种数学方法和在数学方法基础上发展和演变出

来的经验方法进行定量分析与定性分析。

一、Dijkstra 算法

当路径无负权时(即 V_i 到 V_{i+1} 之间为正数时,下面的例子就是非负权的情况),求最短路问题的最好方法就是 Dijkstra 算法("狄杰斯特拉"算法或狄氏算法),在路径不复杂的情况下,可用图上作业法解决。但是当路径比较复杂时,一般会用表上作业法解决。

1. 图上作业法

图上作业法要求在地图上标明出发地点和各收货地点与收货数量以及它们之间的通行路线距离,然后从出发地点开始,用"最近的未到过的地点"方法,逐步试探着将各收货点先后连接起来,最终又返回原地,形成一条初始配送路线。在此基础上,反复调试,进行改进,最终求得一条总行程为最短的巡回路线。

如图 6-2 所示,一个有六个节点的运输网络,以千米表示,求节点 V_1 至 V_6 的最短路线及路程。

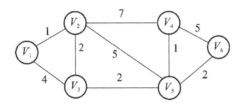

图 6-2 图上作业法示意图

图上作业法的计算方法与表上作业法是一样的,以下是计算过程。

(1) 设 $P(V_1)=0, T(V_i)=+\infty (i=2,3,\cdots,6)$。

(2) 比较路径 (V_1,V_2) 和 (V_1,V_3):

$T(V_2)=\min[T(V_2),P(V_1)+L_{12}]=\min[+\infty,0+1]=1$

$T(V_3)=\min[T(V_3),P(V_1)+L_{13}]=\min[+\infty,0+4]=4$

比较所有 T 标号,$T(V_2)$ 最小,所以令 $T(V_2)$ 为 $P(V_2)=1$。

(3) 考虑点 V_2,比较路径 (V_2,V_3)、(V_2,V_4) 和 (V_2,V_5):

$T(V_3)=\min[T(V_3),P(V_2)+L_{23}]=\min[4,1+2]=3$

$T(V_4)=\min[T(V_4),P(V_2)+L_{24}]=\min[+\infty,1+7]=8$

$T(V_5)=\min[T(V_5),P(V_2)+L_{25}]=\min[+\infty,1+5]=6$

比较所有 T 标号,$T(V_3)$ 最小,所以令 $T(V_3)$ 为 $P(V_3)=3$。

(4) 考虑点 V_3,比较路径 (V_3,V_5):

$T(V_5)=\min[T(V_5),P(V_3)+L_{35}]=\min[6,3+2]=5$

比较所有 T 标号,$T(V_5)$ 最小,所以令 $T(V_5)$ 为 $P(V_5)=5$。

(5) 考虑点 V_5,比较路径 (V_5,V_4) 和 (V_5,V_6):

$$T(V_4) = \min[T(V_4), P(V_5) + L_{54}] = \min[8, 5+1] = 6$$
$$T(V_6) = \min[T(V_6), P(V_5) + L_{56}] = \min[+\infty, 5+2] = 7$$

比较所有 T 标号，$T(V_4)$ 最小，所以令 $T(V_4)$ 为 $P(V_4) = 6$

（6）考虑点 V_4，比较路径 (V_4, V_6)：
$$T(V_6) = \min[T(V_6), P(V_4) + L_{46}] = \min[7, 6+5] = 7$$

令 $T(V_6)$ 为 $P(V_6) = 7$

所以最短路径为：$V_1 \to V_2 \to V_3 \to V_5 \to V_6$，路径为 7。

按照最短路径在图 6-2 上给出箭头，显示路径的方向性。

2. 表上作业法（或称狄氏标号法）

当路径比较复杂时，用表上作业法，在表上进行求解，会显得更方便。还是用上例来说明，先作如下定义：

用 $T(V_i)$ 表示点 V_i 的临时标号，$P(V_k)$ 表示点 V_k 的永久标号，$d(V_k, V_i)$ 为永久标号点 V_k 与临时标号点 V_i 之间的直通距离（V_k 与 V_i 有直通路线），且令

$$d(V_k, V_i) = \begin{cases} d(V_k, V_i) & \\ \infty & V_k \text{ 与 } V_i \text{ 无直通路线} \end{cases}$$

表 6-1 中第一列为迭代序号，主栏中为历次迭代的标号值，有下画线的表示永久标号值；V_k 列记录每次迭代所得到的永久性标号点，$P(V_k)$ 为其相对应的永久标号；改进点即为迭代过程中标号值有改进的点，导致点即为导致它们改进的点。

表 6-1 狄氏标号法作业表

	V_1	V_2	V_3	V_4	V_5	V_6	V_k	$P(V_k)$	改进点	导致点
1	0	∞	∞	∞	∞	∞	V_1	0	V_1	V_1
2		<u>1</u>	4	∞	∞	∞	V_2	1	V_2, V_3	V_1
3			<u>3</u>	8	<u>6</u>	∞	V_3	3	V_3, V_4, V_5	V_2
4				8	<u>5</u>	∞	V_5	5	V_5	V_3
5				<u>6</u>		7	V_4	6	V_4, V_6	V_5
6						<u>7</u>	V_6	7	V_6	

表上作业的迭代步骤如下。

步骤一：首先给 V_1 以临时标号"0"，即 $T(V_1) = 0$，给其他各点以临时标号"∞"，即 $T(V_i) =$ "∞"，$i = 2, 3 \cdots, 6$，作为第一次迭代的结果。

步骤二：在上一次迭代所得的 $T(V_i)$ 中，找到 $T(V_k) = \min\{T(V_i)\}$，在 $T(V_k)$ 下画一横线表示永久性标号，即 $P(V_k) = T(V_k)$。

步骤三：对于上一行的结果，计算 $P(V_k) + d(V_k, V_i)$，并用其结果与上一行对应的 $T(V_i)$ 进行比较，以其中的较小值填入下一行的对应列中，得该行的对应列的

临时标号。

重复步骤二和步骤三,直至终点得永久性标号时为止。

从终点 V_6 开始,根据导致点反推,得到最短路线为 $V_1—V_2—V_3—V_5—V_6$。
反推过程如下:

$$\begin{cases} P(V_6)=V_5 \\ P(V_5)=V_3 \\ P(V_3)=V_2 \\ P(V_2)=V_1 \end{cases}$$

二、启发式方法

(一)启发式方法的含义

启发式方法有时也称为逐次逼近法,即简单求出初始解,然后利用一些经验法则反复计算修改初始解,并通过模仿人的跟踪校正过程使之逐步达到最优解的方法。该方法对于求解非确定性决策,是一种有效的方法。

启发式方法就是把决策过程中的黑箱变成明确的决策准则。也就是研究简化问题、解决问题的启发过程,即采取什么样的启发式方法,为何种特定问题选用特定的寻优过程,以及以什么样的顺序进行寻找可行解等问题。

虽然启发式过程是从决策者的思考过程中推导出来的,但是一经把它明确起来,并且编成计算机程序,求解过程就会大大加快。目前,启发式方法不仅能模拟实际的决策过程,而且也能通过计算机求解一些人工无法处理的复杂问题。

(二)启发式方法的特点

传统的优化方法为了能够应用最优化的计算过程,就要把决策问题结构化。与此相反,启发式方法为了求得可接受的可行解,就要适应特定问题的性质去发现其可以分别应用的决策准则,这正是这种方法的特点。

启发式方法未必能够保证得到最优解,关于这一点,与非确定型决策的系统模拟模型是相同的。但是通过发现最优的求解过程,得到的解便是最优解的近似值,有时是相同的最优解。可见,启发式的重点不是求最优解,而是把重点放在求最优解的过程上。

(三)启发式方法的基本思路

1. 确定目标函数

确立目标函数就是建立运输总成本函数,使总成本最小。

2. 求解

由于目标函数是非线形函数,所以先求初始解,再从以后的求解过程中,顺次得到接近最小成本的方法：

①求出初始解；

②求出第二次解；

③求出最优解。

三、节约里程法

（一）节约里程法的基本规定

利用节约里程法确定配送路线的主要出发点是，根据配送中心的运输能力（包括车辆的多少和载重量）和配送中心到各个需要地之间的距离来制定使总的车辆运输的吨·千米数最小的配送方案。

为了便于介绍节约里程法的基本思想及解题步骤，设：

①配送的是同一种货物；

②各需要地的坐标(x,y)及需求量均为已知；

③配送中心有足够的运力。

利用节约里程法制定出的配送方案除了使配送总吨·千米数最小外，还满足以下条件：

①方案能满足所有需要地的需求；

②不使任何一辆车超载；

③每辆车每天的总运行时间或行驶里程不超过规定的上限；

④能满足需要地到货时间的要求。

（二）节约里程法的基本思想

配送中心 A 向 B 和 C 两地用户送货，它们彼此之间的道路距离为 a、b 和 c，如图 6-3。

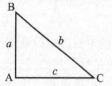

图 6-3 节约里程法示例

使用两辆卡车分别向 B 和 C 两地往返送货，其总行驶里程 D_1 为

$$D_1 = 2(a+c)$$

但如使用一辆卡车（车辆可以满载两地送货）由 A→B→C→A 进行巡回送货，其总行驶里程为

$$D_2 = a+b+c$$

两者比较，后一种送货方案比前一种方案可减少行驶里程 ΔD 为

$$\Delta D = D_1 - D_2 = 2(a+c) - (a+b+c) = a+b-c > 0$$

这一减少的行驶里程 ΔD 就成为"节约里程"。在确定货物配送路线时，如果有多个收货点，将其中取得最大"节约里程"的两个收货点连接在一起，进行巡回送货，就能获得最大的里程节约；同时，在运输车辆满载的条件下，设法在这条选定的巡回路线中将其他收货点按照它们所能取得的"节约里程"数列入其中，则能获得

更大的"节约里程"效果。这就是"节约里程"法的基本原理。

在实际应用中,首先要计算出配送中心至各收货点以及各收货点之间的最短距离;再计算各收货点之间相互间的"节约里程"和各收货点的收货数量或重量,在车辆如卡车载重允许的条件下,将各可能入选的送货点衔接起来,形成一条配送路线。如果一辆卡车不能满足全部送货要求,可先安排一辆,然后按照上述程序继续安排第二辆、第三辆或更多辆,直到全部收货点连在多条配送路线上为止。

(三)节约里程法的注意事项

(1)适用于需求稳定的客户。
(2)应充分考虑交通和道路情况。
(3)充分考虑收货站的停留时间。
(4)当需求量大时,可利用计算机系统实现。

在物流管理领域中,运筹方法得到了广泛的应用,以上介绍的许多控制方法或者最优决策等方法都是建立在运筹法的基础。运筹方法是数量化的方法,它包括多种最优化方法。运用这些方法,对有限资源(人力、物力、财力、时间、信息)等进行计划、组织、协调和控制,以达到最佳效果。同一种优化可以用于不同领域,用来解决不同的实际问题。如网络技术可以用来安排生产计划,也可以用来解决运输问题。另外,对于同一类问题,又可以用不同的方法解决。如运输问题可以用线性规划求解,也可以用上述作业法和网络图求解。可以根据问题的复杂程度和限制条件选择不同的求解方法。

四、经验调度法和运输定额比法

在有多种车辆时,车辆使用的经验原则为尽可能使用能满载运输的车辆进行运输。如运输5吨的货物,安排一辆5吨载重量的车辆运输。在能够保证满载的情况下,优先使用大型车辆,且先载运大批量的货物。一般而言大型车辆能够保证较高的运输效率,较低的运输成本。如某建材配送中心,某日需运输水泥580吨、盘条400吨和不定量的平板玻璃。该中心有大型车20辆、中型车20辆、小型车30辆。各种车每日只运输一种物质,运输定额如表6-2所示。

据经验派车法确定,车辆安排的顺序为大型车、中型车、小型车。货载安排的

表6-2 车辆运输定额表　　　　　　　单位:吨/(日·辆)

车辆种类	运　水　泥	运　盘　条	运　玻　璃
大型车	20	17	14
中型车	18	15	12
小型车	16	13	10

顺序为:水泥、盘条、玻璃。得出派车方案如表6-3所示,共完成货运量1 080吨。

表6-3 经验派车法

车 辆 种 类	运水泥车辆数	运盘条车辆数	运玻璃车辆数	车 辆 总 数
大型车	20	—	—	20
中型车	10	10	—	20
小型车	—	20	10	30

对于以上车辆的运输能力可以按表6-4计算每种车运输不同货物的定额比。

表6-4 车辆运输定额比

车 辆 种 类	运水泥/运盘条	运盘条/运玻璃	运水泥/运玻璃
大型车	1.18	1.21	1.44
中型车	1.2	1.25	1.5
小型车	1.23	1.3	1.6

其他种类的定额比都小于1,不予考虑。在表6-4中小型车运水泥的定额比最高,因而要先安排小型车运输水泥;其次由中型车运输盘条;剩余的由大型车完成。可得如表6-5所示的派车方案,共完成运量1 106吨。

表6-5 定额比优化派车法

车 辆 种 类	运水泥车辆数	运盘条车辆数	运玻璃车辆数	车 辆 总 数
大型车	5	6	9	20
中型车	—	20	—	20
小型车	30	—	—	30

第六节 确定最终的送货顺序

做好车辆安排及选择好最佳的送货线路后,依据各车负责送货的先后顺序,即可确定客户的最终送货顺序。

一、最终送货线路的确定原则

(一)影响送货线路的客观因素

1. 路线允许通行的时间限制

在某些路段允许通行的时间范围内,不允许某些类型的车辆通行。因此,选择送货线路时应当考虑这一因素。以武汉长江大桥为例,过往的车辆以车牌号的末位号分单双号过桥。如果送货线路中包括这条路线则应预计好通过的时间,安排相应的车辆送货。

2. 运输工具载重能力的限制

运输工具载重的限制是指,每辆车、船、飞机都有一定的额定载重量,如果超重就会影响安全运输,所以在安排送货线路时应保证同路线货物的重量不会超过所使用运输工具的载重量。如货物由 C 至 B,运送的货物总重量 10 吨,在配送中心额定载重量为 8 吨的货车和额定载重量为 10 吨的货车中就应选择后者。

3. 积载能力的限制

积载能力是指产品的具体尺寸、形状及其运输工具的空间利用程度。如某些物品由于尺寸、密度、形状等比较特殊,以及超重、超长等特性,使运输工具不能很好地积载,浪费了运输工具的空间,从而增加了运输配送成本。积载能力因素也与装运规模有关,大批量装运往往能够相互嵌套,有利积载;小批量装运相互嵌套的机会较少,可能难以积载。

4. 配送中心的能力

配送中心的功能可以从经济和服务两方面来考虑。配送中心建立在成本—效益的基础上,它在物流系统中的价值体现在它对整个系统的贡献。如果配送中心的使用可以降低企业的物流总成本,那么配送中心就产生了经济利益,说明其存在的合理性。配送中心对物流系统的贡献是通过效益互换体现出来的。例如,在物流系统中增加配送中心会使运输总成本下降,当下降幅度大于增加配送中心前的固定成本和变动成本之和时,物流总成本就会降低,从而体现增加配送中心对物流系统的效益。

5. 自然因素的限制

自然因素主要包括气象条件、地形条件等。如在决定采取航空运输时,就应考虑启运地和到货地的气候是否恶劣,如果有这样的情况,就应考虑替代方案。

6. 其他不可抗力因素的限制

不可抗力事件的范围较广,分为下列两种情况:一种是由于自然力量引起的事件,如水灾、旱灾、冰灾、雪灾、雷电、火灾、暴风雨、地震、海啸等;另一种是政治或社会原因引起的,如政府颁布禁令、政策调整、罢工、暴动、骚乱、战争等。这些因素有时会产生严重的后果,为了规避风险,企业应当对此进行充分的估计而购买相应的保险。

(二)影响送货线路的主观因素

1. 收货人对货物的要求

每一个收货人对于货物的品种、规格、数量都会有具体的要求,配送中心应综合考虑如何配装才能使同一条线路上运送的货物都是符合用户要求的。

2. 收货人对于货物送达时间的要求

这种要求在零存货的运行机制中已经越来越显得重要,及时已成为越来越多用户的要求。送货是从客户订货至交货各阶段中的最后一个阶段,也是最容易引起时间延误的环节。所以配送中心要想留住顾客,就应当充分满足这一要求。

3. 收货人对地点的要求

当货物必须要送到机场、铁路端点站、港口或管道出入口时,对于配送的可达性的要求就会更高一些。

(三) 确定送货线路的原则

在综合考虑主客观因素的基础上,要遵循以下原则。
(1) 以确定效益为目标。
(2) 以效益最高为目标。
(3) 以成本最低为目标。
(4) 以路程最短为目标。
(5) 以吨·千米最小为目标。
(6) 以准时性最高为目标。
(7) 以劳动消耗最低为目标。

二、确定最终送货顺序的优化技术

1. 直送式配送运输

直送式配送运输,是指由一个供应点对一个客户专门送货。从物流优化的角度看,直送式客户的基本条件是其需求量接近于或大于可用车辆的额定载重量,需专门派一辆或多辆车一次或多次送货。因此,直送情况下,货物的配送追求的是多装快跑,选择最短配送路线,以节约时间、费用,提高配送效率。即直送的物流优化,主要是寻找物流网络中的最短线路。

2. 配送式配送运输

配送式配送运输是指由多个供应点向多个客户送货。它的宗旨是将货物从多个供应点分别送到多个客户手中,既满足客户对货物的配送需要,又满足各供应点存储货要求,并最终做到费用最省。

第七节 完成车辆积载

一、车辆运载特性

1. 车辆运输生产率

车辆运输生产率是一个综合性指标,是一系列效率指标的综合表现。在车辆的运行组织中除了车辆行程利用率外,还有一个重要指标就是吨位利用率。

车辆按核定吨位满载运行时,表示车辆的载运能力得到了充分的利用。而在实际工作中则会因不同货物配送的流量、流向、流时、流距及运行中的某些问题,造成车辆未能按核定吨位满载运行。车辆在重载运行中载运能力的利用程度通常用吨位利用率指标来考察。

吨位利用率=(实际完成周转量/总载运行程额定载重量)×100%

配送运输车辆的吨位利用率应保持在100%,即按车辆核定吨位装足货物,既不要亏载,造成车辆载重能力浪费,也不要超载,这也是不合理的。如超载则可能造成车辆早期损坏和过度磨损,同时还会增加车辆运行燃料、润料的消耗;而且车辆容易发生运行事故,可能给企业、货主带来重大损失。

2. 配送运输车辆亏载的原因

(1) 货物特性。如轻泡货物,由于车厢容积的限制和运行限制(主要是超高),而无法装足吨位。

(2) 货物包装情况。如货物包装容器的体积不与车厢容积成整倍数关系,则无法装满车厢。

(3) 不能拼装运输。如遇此情况,则应尽量选派核定吨位与所配送的货物数量接近的车辆进行运输;或按有关规定减载运行,如有些危险品货物必须减载运送才能保证安全。

(4) 装载技术的原因。主要指因装载技术不恰当而造成不能装足吨位的情况。

3. 提高配送运输车辆吨位利用率的具体办法

(1) 研究各类车厢的装载标准,确定不同种类和不同包装体积的货物的合理装载顺序,努力提高装载技术和操作水平,力求装足车辆核定吨位。

(2) 根据客户所需的货物品种和数量,调派适宜的车型承运,这就要求配送中心保持合适的车型结构。

(3) 凡是可以拼装运输的,尽可能拼装运输,但要注意防止差错。

二、车辆积载的原则

为做到既保证货物完好和安全运输,并能使车辆的载重能力和容积得到充分的利用,在车辆积载时应遵循以下原则。

(1) 轻重搭配的原则。车辆装货时,必须将重货置于底部,轻货置于上部,避免重货压坏轻货,并使货物重心下移,从而保证运输安全。

(2) 大小搭配的原则。如到达同一地点的同一批配送货物,其包装的外部尺寸有大小,为了充分利用车厢的内容积,在同一层或上下层合理搭配不同尺寸的货物,以减少厢内留有的空隙。

(3) 货物性质搭配的原则。拼装在一个车厢内的货物,其化学属性、物理属性不能互相抵触。

(4) 到达同一地点的适合配装的货物应尽可能一次积载。

(5) 确定合理的堆码层次及方法。可根据车厢的尺寸、容积、货物外包装的尺寸来确定。

(6) 积载时不允许超过车辆所允许的最大载重量。

(7) 积载时车厢内货物重量应分布均匀。

(8) 应防止车厢内货物之间碰撞、玷污。

除此之外,配送车辆的载重能力和容积能否得到充分的利用,当然与货物本身的包装规格有很大关系。小包装的货物容易降低亏箱率,同类货物用纸箱比用木箱包装亏箱率要低一些。但是,亏箱率的高低还与采用的积载方法有关,所以说,恰当的积载方法能使车厢内部的高度、长度、宽度都得到充分的利用。

本 章 小 结

本章围绕送货活动展开论述,内容包括科学制定送货计划、选择适当的送货方法、采用适当的送货手段、走经济有效的路线等来完成。首先对送货作业及其基本流程进行了介绍,然后具体讲解了如何暂定送货先后顺序、怎样安排车辆、选择何种送货线路、确定最终的送货顺序并完成车辆积载的各种原则、方法及注意事项。完成本章学习后,学生能够掌握送货作业的基本流程及作业安排的各项操作。

综合案例分析

台北东源的物流配送品牌塑造

台北东源储运股份有限公司,是我国台湾地区物流配送中心的第一品牌。

(一) 正视问题,理清发展思路

1990年,新上任不久的东源公司总经理苏隆德,从国外考察回来便在台北林口地区购地,计划建立现代化大型物流中心。东源公司是日本索尼和夏普两大家电公司为提高他们的家电产品的运输效率而联合投资组建的。公司运营状况逐年增长,不但有稳定的业务来源,而且由于运输的物品属于高运价的精细物资,所以企业的生存条件非常好。但是苏隆德是一位锐意改革的企业家,他一直图谋更大的发展空间,寻找向物流配送业转型的机会,他买下大片土地就是为从货物运输向物流配送业发展作准备。

东源的部分职工认为,只要索尼和夏普两大公司长久存在,他们就不愁没有货源,他们不希望再去拓展其他的业务。如何化解阻力,凝聚共识,调动东源公司全体员工积极参与,共同开拓广阔的经营空间是摆在苏隆德面前的一道难题。苏隆

第六章 配送中心送货作业

德设想打破货运局限,把邮购、货运等物流业务组织起来,发展共同配送的综合物流业务,把东源公司变成我国台湾地区服务最完整的物流储运公司。他深知一般消费者对货物运送时间没保证、货物损伤很有意见。苏隆德认为市场(顾客)不满意的地方,就是企业发展的契机。

公司先从现代物流业——综合配送方向上,对传统物流方式进行分析比较,认为运输业面临激烈的竞争,谁能走出传统,占领制高点,实行综合配送,谁就是赢家,一味依赖母公司供食,存在潜在危机,只有开发自己的经营业务,创造使顾客最大满意的服务方式,树立自己的优势,建立自己的企业形象,才能在竞争中取胜。就是说要在东源掀起一场全新的运输革命,从传统的时效慢的运输,转移到快捷配送。它不同于一般的货运,也不同于快递、专递,它是一种运输方式的大变革。便捷配送不仅要采用新的技术,运用新的设备、设施,还包括东源人与客户之间新的主客关系的建立,也包括东源内部新的劳资关系,人与人之间事业上的密切配合,等等。也就是说,这是一场涉及东源人、事、物的全面的变革,在变革中重新塑造东源的新形象,塑造物流配送业的第一品牌。

(二)从爱心出发实现东源经营目标

针对东源中层干部经营观念淡薄的实际情况,苏隆德通过经营研讨会,充分研讨了怎样做到最大限度地让顾客满意,在此基础上,全体员工在物流业的发展方向上达成了共识:以亲和力、信赖感、日夜服务作为满足顾客要求的经营使命和服务信条。东源物流配送的经营使命具体规定为:①我们要成为大家亲近、信赖的企业;②我们要使大众享受便利、舒适的生活;③我们要发挥创造力和综合力,不断追求优良的物流技术,以迈向世界。并在这个经营使命的基础上产生了《东源人宣言》和《服务信条》。《东源人宣言》——我们是一贯勤奋工作的人,这里充满了爱,互相帮助,彼此肯定,我们拥抱智慧,追求成长,共同携手创造美好未来。《服务信条》——便、捷、配、送。东源公司全体人员随时怀着最诚挚的服务热忱,使客户在享受到高品质服务之余,亦能真正领受到东源人最人性化的企业经营特点。

在经营共识研讨过程中,东源职工自动成立了"员工经营促进会"。他们积极提出各种建议,参与经营;企业也建立健全了公平、公正和公开的升迁办法、奖惩条例;在管理层面则强调从爱心出发,关怀部属,加强沟通协调,在达成共识的基础上开展工作。以忠义精神为股东服务,获得股东支持,以诚信之心面对客户,提升服务品质,取得客户信赖,以谋求稳定的货源。强化企业素质和形象,不仅仅是加强对员工的行为规范,同时也要有企业改革的配合,特别要注意给员工提供一个内部创业的机会。针对东源的实际,一面增强职工的自强教育,一面一项项地具体落实职工的生活福利制度,改进管理制度,并给职工创造一个内部创业机会,例如,让员工在周会上介绍自己的经验,说出自己的想法和建议;把员工的收入与企业效益挂起钩来,开展"GOGO360"(走,走,走,一年360天不停地运送,为顾客服务)"日越薪成"(每天都能有超额的好成绩,大家的薪金增加自然有了可靠保证)活动。

(三) 建立配送到家的服务系统,塑造良好社会形象

东源的三大市场经营系统迅速建立起来,它们实行配送到家服务、仓储保管服务和共同配送服务。这种服务方式,比起传统的货物运输方式(制造业—储运—连锁店—消费者),无疑省去了许多中间环节,是一场物流业的革命。

东源职工的创业性在台北独树一帜,在台北运输业中脱颖而出。他们有一个"高效搬迁宣言",宣言规定:只要客户打一个电话,公司就立即派人前往洽谈,按照客户家庭或机关的意愿,制作好房间布置、家具摆放等搬迁画册,顾客认可后,用特制系列包装箱,分别对电视机、音响等需要特别保护的用品,加以特别保护,按设计流程,准确到位做好安排,请你外出旅游3天,回来进入新家,一切家具按设计要求各就各位,让你如回旧家一样地熟悉、方便和舒适。这一套业务极大地显示了东源人的创造精神、差异化服务和无微不至,一下子就在台北打响了。

东源的社会形象透过一系列的社会活动树立起来:①热心筹组物流联演会,苏隆德做专题报告;②协助货运工会举办"货运业经营管理研讨会",向业内传统货运业者传播新的物流观念;③为学术单位提供赞助,促进物流技术开发和物流人才培养。

东源在货运物流业的知名度大为提高。东源还以定期捐助慈济功德会、捐助育幼聋哑机构等方式回馈社会,塑造了企业的良好形象。东源曾两次获台北"热心社会福利事业,捐款物济助低收入民众仁爱之风"奖状。东源完成企业转型之后,最显著的改变表现在三方面。一是业务范围扩大,从转型前专为索尼、夏普做运输,发展到多家家电企业纷纷将产品交付东源来保管配送,到1993年已达41家。东源开启了新的业务领域——生活物流业正式启动。1992年11月与台北农产运销公司结盟,提供共同配送服务,负责将300家厂商的产品配送到18家超市;提供配送到家服务系统,每日将货品送到150个家庭。1993年又与德记实业合作,将该公司代理的商品配送到200户人家。二是经济效益快速成长,1993年东源的营业额比转型前增长2倍,利润以12%的速度稳定增长。同时,引进了先进设备,成为我国台湾地区第一家电脑化的物流公司。三是知名度、美誉度大大提升,受到社会大众及媒体的广泛好评。

(四) 别具创意的"黑白两条狗"标志,传递企业文化

东源储运股份有限公司企业识别系统的基本设计要素由企业标志、中英文标准字、服务标志、服务标准字、企业标准色、象征图形及企业造型所构成,基本设计要素是以东源储运的经营理念及应用需求为规划原则。为了启发东源人对企业标志设计的思考,列举出一组相关企业的形象标志,给东源人参考,力求让东源标志更能体现它的经营使命,符合企业精神。这一组共四个标志:第一个是日本大和货运公司,一只大猫口衔小黑猫,表现一种亲和力;第二个是美国的UPS,UPS的运输车辆统一采用全黑色,其标志为以棕色为基本色的"盾牌",给人以稳重可靠感,表现运输者的珍惜所托和绝对可靠,体现了它的货物流、信息流和资金流实现无缝衔接的实力;第三个是美国的 DHL,以黄色为基本色,以红色"DHL"英文字母为素材,表现急驶汽车形象,体现公司追求卓越品质、迎接挑战、勇于开拓创新、诚信经营服务、成就客户心愿、承担社会责任的企业文化品质;第四个是日本的新弥道货运,它以便捷为服务信条,以大袋鼠用袋子背着小袋鼠飞跑的形象表示快捷递送。

公司发动员工对这些相关案例进行比较研讨,希望更多地听取职工的意见。公司认为,一个企业的标志肩负的是整个企业的象征、生命、理想、希望与目标,而不是一个简单图形,也不是在短时间内可以完成的作品。寻着这条思路公司的标志诞生了,是黑白两条奔跑的狗。台湾与内地人一样,认为狗是非常忠实的动物,特别忠于他的主人,灵敏、机智又负责任,黑白奔跑表示昼夜服务从不懈怠的敬业精神。如果把这黑白两只狗的标志与 GO! 结合在一起用,就有了"走狗"的谐音。不想,职工们非常认同,有的说,为客户当走狗,认真服务,有什么不好。

企业标准色在整体识别系统中,具有强烈的识别效应,是企业经营管理及视觉传达的最佳工具。标准色是根据企业经营理念、行销策略及制作执行技术等要素而制成,绝不可随意更改。经讨论会决定,在专业运输车辆上使用黄色和蓝色。黄色代表安全、警示,主要是加强一般大众及相关厂商的信赖感。黄、蓝本身在色彩视觉上属于对比色,除了具有索尼、夏普的集团色彩个性外,还有明朗、活泼的意味,象征企业朝气蓬勃持续成长与服务热诚。

试想,东源 400 辆蓝黄相间、色彩亮丽的运货车,每天在我国宝岛台湾上南北穿行,会产生多大的视觉冲击力!是一分钱都不花的实体广告。公司尽可能地将企业实物实体做蓝黄相间的建筑物,既有建筑品位风格,又是形象宣传,而且经久耐看,收到一石三鸟的功效。

这种由内而外的统一规划和设计,塑造了东源人和东源企业的文化。

(五)树立了良好企业形象的东源公司

东源荣获我国台湾地区交通部门汽车货运调查活动的优良单位奖。东源负责人陈茂炮当选优良商人。东源公司苏隆德总经理当选我国台湾地区第 11 届杰出企业经理人,并应邀作专题演讲。苏隆德总经理说,东源储运在发展中遇到极大挑战,在其蜕变过程中,如果不是有一种锐意改革、不断革新的精神,恐怕东源储运然依附于索尼、夏普两大家电公司,更无缘成为物流示范企业。将东源定位于"物流业"之角色,落实于经营层面,以追求顾客最大满意为己任,开拓新的业绩,给东源注入了新的活力。

思考题

1. 东源公司是怎样成为我国台湾地区物流配送第一品牌的?
2. 东源公司内部是怎样运作的?
3. 东源公司的"便、捷、配、送"给我们什么启示?

本章综合练习题

1. 送货的基本作业流程是什么?
2. 执行送货作业流程的注意事项有哪些?
3. 选择送货路线的方法有哪几种?
4. 暂定送货先后顺序的主要依据是什么?
5. 车辆的选择应考虑的因素有哪些?
6. 确定送货线路的原则是什么?
7. 确定最终送货顺序的优化技术有哪些?
8. 提高配送运输车辆吨位利用率的具体办法有哪些?

实践活动

送货调度安排

实践目标：熟悉送货调度安排的流程和相关内容,掌握撰写调度安排计划的写作技巧。

实践内容：①业务人员接到发货人员业务单后,凭业务单开具送货通知单,送达储运科调度中心。②储运科调度接到送货通知单后,首先根据所送货物情况及所要求送货目的地,计算出送货路径与有关运费,安排车辆,选择适宜的运输方式,安排运输人员。③调度人员安排好相关送货车辆和相关运输人员后,与仓库调度员联系,安排好装载货物的时间和地点,并通知接货人员送货的到达时间。

实践要求：注意操作过程中的流程,注意思考有没有更好的流程安排。

实践成果：请根据以上各项事项的具体调度安排撰写调度安排计划。

第七章 配送中心退货作业

本章学习目标

了解退货管理的含义，理解退货的原则和退货原因，掌握退货作业流程和退货的理赔。

 经典案例导入

惠普的备件物流

惠普公司 GSO(global service organization)部门在备件物流上与敦豪进行了合作，利用敦豪全球的备件物流中心进行逆向物流，包括回收工程师和销售渠道借用的零件，回收、送修、返库缺陷零件，回送缺陷零件给供货商，从用户端到供货商形成了一个完整的逆向物流链条。对于敦豪这样的物流企业来说，所谓正向和逆向物流均是其物流服务的组成部分，有许多重合之处，而对于科技企业来说则减少了重新建设一套备件物流系统的工作，提高了效率。

虽然备件物流在中国还并不普及，但全球各大物流企业已经在华开始布局。从 20 世纪 90 年代开始，敦豪进入备件物流领域。目前，在全球范围内，敦豪拥有 330 个仓库、10 个分销中心，另外还在亚洲、欧洲、北美地区有 3 个区域呼叫中心，在中国设立了 16 家备件物流中心。联合包裹公司位于上海浦东航空转运中心已于 2007 年 8 月正式动工，其转运中心的主要业务就是服务零配件物流、技术维修配置、退货管理和紧急零配件递送等。

第一节 退货作业概述

为提高市场竞争力、扩大市场份额、留住老客户、吸引新客户，越来越多的企业承诺在一定的范围内接受客户的退货，退货物流也越来越频繁。退换货服务已成为配送中心售后服务的一项基本任务。

一、退货的含义

退货是指仓库已办理出库手续并已发货出库的物资,因某种原因又退回仓库的业务。退货对配送中心的影响体现在以下几点:首先,处理退货的流程比较复杂,涉及很多部门的批复和复核,如订单处理、质量检验等环节,不但耗费大量精力而且增加了配送中心的管理成本;其次,退回的部分物品很难再次销售,如食品和医药物品,这直接导致企业销售额下降,利润减少。即使可以重新利用也要翻新包装和多次运输,无疑增加了企业的经营成本。因此,建立一个良好合理科学的退换货管理制度,有效控制和引导退换货有利于企业正常的物流运作,有利于企业营运绩效的提高。

> **知识链接**
>
> 退货物流指不合格物品的返修、退货以及周转使用的包装容器从需方返回到供方所形成的物品实体流动。退货逆向物流是指最终客户将不符合其订单要求的产品退回给供应商,其流程刚好与正向物流的流程相反。

二、退货的原因

建立退货管理系统必须首先了解客户退货的原因。一般情况下,发生退货或换货的原因主要有以下几个方面。

1. 产品质量存在问题

产品出现缺陷,这种情形不经常发生,但却不能完全避免。作为配送中心应立即通知客户,以最快的速度和最简捷的方法将产品回收,进行集中处理。这样既可以将损失降到最低,也不影响与客户的关系,还体现了配送中心处理突发事件的能力。产品质量问题一般有以下情况。

(1) 产品残缺。在包装或流通加工过程中,由于工作不细致导致出现个别货物包装数量与核定数量不符,错装漏装等现象,配送中心应予退换,并采取改进措施,避免再次发生。

(2) 包装破损。在运输过程中由于保护措施不到位,或在装卸搬运过程中不按照规定工作程序操作,造成货物出现包装破损,缺角缺边,内容物被压,货物出现破碎溢漏等现象,配送中心应予退换。然后配送中心要着力研究包装材料的材质、检验包装方式和搬运过程等各环节,找出真正原因,改进操作避免再次出现同类情况。

(3) 物品鲜度不佳。物品鲜度不佳分为两种情况。

第一种,个别货物例如食品或者药品都有保鲜期或有效期。通常配送中心与供应商定有协约,货品的有效期一过,应立即给予退货或换货。因为过期商品的处理需要花费大量的成本,所以配送中心应事前做好商品的市场预期销售调查和分析,根据销售情况来确定订货数量。实施多次少量配送,从而减少过期商品的产生。同时配送中心要密切细心留意商品的生产日期,做到"先进先出",避免人为产生过期商品。

第二种，商品与商品之间存在着保存条件的差异。如速冻饺子必须全程保存在－18 ℃的冷藏环境下。如果在某一环节没有达到相应温度条件，对商品的质量就会产生影响。因此该类需要特别环境保存的产品虽然没有超过保鲜期，但可根据商品是否变质来判断是否符合退换货条件。当然，首先要追查造成质量问题的源头究竟是配送过程造成的，还是销售过程造成的，然后再确定处理方案。作为配送中心要避免这类退货，要先从设备方面入手。如日本配送中心的物流设施都比较先进，一是自动化程度高，节约人力，收货发货，按相应按键，计算机会自动记录，并将信息分别送至统计、结算、配车等有关部门。二是对冷藏保鲜控制温度要求高，保证商品新鲜。温控高架仓库的冷冻库和冷藏库设计科学合理，钢货架底座设有可移动的轨道，方便使用，大大提高了冷库的面积利用率和高度利用率。此外，送货冷藏车上，可同时容纳三种温度的商品，确保各类商品的不同温度要求，并在整个物流过程中都控制温度。

2. 货品错送问题

该类问题是由于配送中心本身处理不当所产生的问题，例如，货品的品项、数量、重量、规格、包装、条形码等与订单内容不符，配送中心应该反应迅速尽快安排退换，力求将客户的不满降到最低。又如，把应该出库的甲商品错发成乙商品，造成甲商品账面数小于实际数，乙商品的实际数小于账面数。如果商品尚未离库，应组织力量重新发货；如果商品已经出库，保管人员应根据库存实际情况，如实向配送中心主管部门和用户单位讲明错发货的品名、规格、数量等情况，与接收单位协调解决问题。事情过后质量管理部门应督促查明出现问题的原因，以便采取有效措施，避免同类问题的产生。

3. 次品回收

货品在设计、制造过程中存在缺陷，未能达到用户的要求，在配送后用户提出异议，配送中心必须立即部分或者全部回收。如1989年夏季，2 500箱百事可乐橙汁不得不从密苏里西北部和堪萨斯州的东北部的商店货架上撤下来。原因是2升装的瓶子密封不严，致使泡沫数量不符合标准要求。发现问题后，百事总公司快速行动，在报告食品和药品管理部门的同时，火速派遣销售人员到受影响的商店撤回产品，并借助报纸和电台向顾客解释缘由。

4. 经销商特殊原因退货

(1) 依照退货协议，用户订单要求、喜好、市场等发生变化，以及配送中心与供应商订有特别协议的，如季节性商品、试销商品、代销商品等，可以依据协议规定进行退货。

(2) 由于销售商结业而造成的退货情况，配送中心应在企业损失最小的前提下接受退货。

5. 顾客不理智消费造成退货

逆向物流执行协会在一份调查中发现,1999年全球圣诞节后的顾客退货额高达6亿美元,2000年圣诞节后的顾客退货额高达10亿美元。现代物流搬运杂志提供的数据显示,2002年退货额更高达110亿美元,而近两年随着我国经济的发展,人们消费行为的转变,来自退货的逆向物流数量也在急剧增加。

三、退货作业的原则

退货作业繁杂又不可预计,配送中心在处理退货时必须遵循以下原则。

1. 及时受理原则

不管是正常退货还是立即退货,配送中心都要及时启动操作程序去受理来自销售商或使用者的退货要求。无谓的拖拉只会增加企业成本,影响物品的回收利用,同时企业的形象也大打折扣。

2. 认真检测原则

产生退货有多种原因,在界定责任前,质量管理部门应对货物进行认真检测,确定货品是存在质量问题还是只是"皮外伤",从而为界定责任人和货品的再处理提供依据。

3. 界定责任原则

质量管理部门对货品进行认真检测后,可初步认定货品存在问题是配送中心在配送过程中产生的问题,还是客户在使用时产生的问题,同时配送中心还要鉴别产生问题的物品是否由己方送出,从而提出最佳的解决方案。

4. 订立条件原则

配送中心应当事先决定接受何种程度的退货,或者在何种情况下接受退货,并且规定相应的时间作为退换期限。如决定仅在"不良品或商品损伤的情况下接受退货",或者是"销售额的10％以内的退货","7天内保证退货"等。另外还应规定客户以何种凭证作为退换商品的证明,并说明该凭证得以有效使用的方法。

5. 核算费用原则

配送中心在实施退换货时应根据协议规定对进行退换货的客户加收一定的费用。例如,某网上销售规定,第一次退货可免除手续费和邮递费,但产生第二次退换货就要客户自负邮递费。这样可让客户明智消费,还能使配送中心减少额外的成本。在计价方面,配送中心应事前对退换货的计价方法进行说明,通常是取客户购进价与现行价的最低价进行结算。在退货的程度方面,配送中心也可事先跟客户约定接受退货的程度,或者在何种情况下接受退货,并且规定相应的时间作为退换期限,这样会给配送中心的管理和操作带来便利。

6. 管理到位原则

退货是最受忽视的环节,但如果管理到位,措施有力,分工明确,同样可以降低企业成本,还会提升企业在客户心中的形象。在人员管理方面包括单位内部人员管理和对外部人员管理两个方面。

配送中心对单位内部人员的管理,通常是用严格的规章制度来进行约束的。同时,各级行政部门对本部门所辖人员应进行治安宣传教育,一旦出现问题,则由保卫部门配合行政部门解决。

配送中心对单位外部人员的管理,主要是指对押运员、提送货人员等的管理。提送货人员进库办理业务,必须向配送中心门卫出示提送货凭证,门卫要做好入库登记,指明提送货地点。提送货人员一般不得进入库房,需要进入库房时,要经配送中心管理人员同意,并佩带入库证。出库时要交还入库证,随身带出商品时要向门卫递交出门证,经查验无误后方可放行。

四、解决退货问题的管理策略

从供应链的角度来分析,从整体上降低退货造成的成本可从以下几个方面入手。

1. 加强退货中的合同管理

签订合同的过程中应该设置详细而明确的条款以避免出现纠纷。供应商至少可以和经销商订立相关的退货程序,在退货时间、退货额度、退货保护和退货装箱等方面进行规定。例如,在退货程序上,可以要求经销商注明退货的品种、批号、数量,为装车清点及分拣提供参照标准;退货装箱方面要求经销商不要将不同品种的物品混装,除非退货不满整箱而进行的拼箱,并要其简化退货过程,降低退货人工成本。

2. 提高退货再利用率

尽量开发退回物品的价值是控制退回物品成本方法的最佳选择。可以将物品分解,对其可用部分再次利用。如一些拼装物品,可将其损坏的部件去掉,与其他部件再次组合出售。也可以将不影响使用的产品改换包装再次销售。如从批发商处因外箱破损退回的糖果,换上完好的外箱后可以继续销售。另外也可以保持不同类型经销商的比例,将某一类经销商退回的货物直接销售给另一类经销商。如某些大卖场往往对洗发水的生产日期要求比较严格,并经常因此退货,但对货物的外箱完好情况要求不严格,而批发商对生产日期要求不严格却对外箱是否完好相当重视,所以,这两类经销商之间的退货往往可以互相转手。

3. 加强内部正向物流管理

降低退货成本的最主要和最基本的做法就是做好企业的正向物流,保证自己的发货质量,尽量避免退货的发生。大多数的退货往往是由于供应商内部失误造成的。例如,某些公司的物流部经常分不清货物,发错货导致退货,有时甚至是整车的退货。这样的公司即便是退货流程再好,退货的利用率再高,其退货成本也是降不下来的。因此,做好内部向外的发货控制,是避免退货的首要要求。

4. 建立专业化的回收中心

回收中心可以使回流物品的处理更有效率。回收中心强大的分类、库存调节功能能够帮助企业在逆向物流管理中获得收益。回收中心能够加快处理速度,并进行统一有效的处理。回收中心能够有效地帮助零售商减少无法销售的库存产品,结合制造商的生产计划和市场需要,对多余的季节性库存进行重新调配和销售,并且与厂商的生产计划结合,有效地降低整个供应链的成本。回收中心集中化的运作可以节省人力成本。对于回流物品标注、分类、回收中心集中处理,有效达到专业化和规模优势。回收中心对回流物品进行集中处理,因而能够加大运输批量,具有大规模运输的优势,也能降低单位装运成本。

5. 缩短退货处理周期

退货物流成功管理的关键要素还有产品的处理周期要短,即产品从进入逆向物流系统到对其处理完毕所用的时间要短。要缩短退货的周期,商家可以构建退货处理终端。顾客带着在线商家授予的电子退货授权单后就可以到集中式退货中心进行退货,工作人员会按照退货处理终端提供的顾客购买信息、商品退货标准、退货商品授权号等信息来确定该商品是否能退货。这样就避免了顾客把商品来回重复邮寄的麻烦,大大降低了商品的退货处理的时间,提高了顾客的满意度。

第二节 退换货作业操作

一、退换货作业流程

退换货的作业流程如图 7-1 所示。

图 7-1 退换货作业流程

1. 接收退换货申请,接待客户

当客户向配送中心提出退换货的申请时,配送中心的销售部门应立即受理,并同时将退换货信息通知质量管理部门和市场部门,让质量管理部门人员尽快着手处理。退货中心业务员首先根据合同服务范围判断该客户的退货要求是否在服务范围之内。同时要求客户向配送中心提供接货时间、发票、退换货理由、所退换货物的型号、数量等信息材料,以便核实跟进处理。如果不在此范围内则不予受理;如果在此范围内,则判断客户的退货理由是否正当,不正当,则不予受理,如正当则对客户和其退回的物品进行登记,然后交由质量检测部门人员跟进。

资料经核实是符合退货期限内的,接待人员请客户按要求填写退(换)货单(见表7-1),详细列明退货的原因。

表7-1 退(换)货单

退(换)货单位: 　　　　　　　　　　　　　退(换)货单位编号:
收料库: 　　　　　　　　　　　　　　　　　收料库编号:
原发料编号:

年　　月　　日

器材编号	品名规格	单位	数量		计划单价	金额	工程项目或退货原因
			退货	实收			

收料:　　　　　　　　　　　退(换)货:　　　　　　　　　　　开单:

填写好退(换)货单后,接待人员马上安排质量检查人员与客户协商到场检验物品质量的时间。

2. 检测产品,确认退换货原因

配送中心处理退货的验收工作的好坏直接关系到退货物品下一步的处理工作,因此必须要做到及时、准确、严格、经济。

(1)质量检查部门应该让检验人员熟悉基本的产品质量标准,如产品保质期、物品状态分类标准等,以便在检验时对物品进行初步的质量分类。然后检验人员再根据检验程序检验物品。该环节是配送中心处理销货退货的重要内容,因为退回物品的检验结果直接影响到成本、理赔以及物品的后续合理处理工作。货物检验重点是数量清点和质量检验。

第一类:数量清点。

检验人员首先要核实物品的数量。由于配送中心的收货工作非常繁忙,经常会出现运输同一批次或者不同批次货物的多辆车同时进场的现象,如果要逐辆车来验收会很费时间,所以一般采取"先卸后检"的方法,即由车辆送货人员按不同的商品分别堆码托盘,检验人员根据随货同行单据,用移动式计算机终端或其他相应的方法查阅核对实达的数量与单据的数量是否相符。如果几辆货车同时卸货。先卸完的先验收,交叉进行,这样既能节省人力,又可加快验收速度;既便于点验,又可防止差错出现。

清点过程注意事项:①在清点退货物品数量时,要注意物品的计量单位和"细数",正确统计退货的实际数量;②在清点过程中,要大体确定物品有无损伤,是否为物品的正常状态,如果有异常,要在物品包装表面贴上提示标志,并将该物品暂时放置一边,等待进一步的品质清点;③对于易破易碎和流质的物品,在卸车时要采取"边卸边验"的方式,通过"听声音、看异状"等手段及时发现问题,分清责任;④对于散装、畸形、零星等各种商品要实施实时验收,要将状况记录好,防止进一步损坏;⑤在数量验收时还要同步进行商品规格验收,即根据单据核对退回商品的品名、规格、数量。例如,对退回的饼干核对品牌名称、同一品牌但不同规格的还要核对单包装的克数和包装区别。

第二类:质量检验。

质量检验非常重要,这直接影响到退货的范围和理赔数额,因此要认真细致地检验。

货物质量检验的方法应根据采购合同或订单所规定的具体要求确定。合同没有约定的,按照货物的特性和习惯确定。由于新产品不断出现,不同货物具有不同的质量标准,应认真研究各种检验方法,必要时要求客户、货主提供检验方法和标准,或者要求收货人共同参与检验。在收货点验过程中,由于交货时间短和现场工作条件的限制,一般只采取感官检验方法,即"看"、"闻"、"听"、"摇"、"拍"、"摸"等。检验范围也只能是物品的外包装。对于个别有争议的检查结果,企业质量检验部门在征得退货商的同意后在实验室里利用各种仪器、器具和试剂等工具,运用物理、化学及生物学的方法对退回物品作进一步的品质检验。

货物检验的主要方法有以下几种:①视觉检验,即在充足的光线下,利用视力观察货物的状态、颜色、结构等表面状态,检查有无变形、破损、脱落、变色、结块等损害情况,以判断质量;②听觉检验,即通过摇动、搬运操作、轻度敲击,听取声音,判断质量;③触觉检验,即利用手感鉴定货物的细度、光滑度、黏度、柔软程度等,判断质量;④嗅觉、味觉检验,即通过货物所特有的气味、滋味来判断质量;⑤运行检验,即对货物进行运行操作,检查其运行的功能是否正常;⑥力学检验,通过各种力学仪器测定物品的力学性能,如物品的抗拉强度、抗压强度、抗冲击强度、抗疲劳性能、硬度、弹性、耐磨性等;⑦光学检验,利用显微镜、折光仪等光学仪器进行物品光学性能的检验;⑧电学检验,利用电学仪器测定物品电学方面的质量特性及物品的材质和含水量;⑨热学检验,利用热学仪器检验物品的热学质量特性,包括熔点、凝固点、沸点、耐热性、导热性及热稳定性;⑩化学检验,根据一定的、已知的、能定量完成的化学反应进行物品的重量分析、容量分析和气体分析;⑪微生物检验,采用微生物技术手段进行物品中有害微生物的检验。

(2)清楚收货点验的注意事项,包括以下几项。

第一,检验流质物品时,应细致检查全部包装外表有无污渍和溢漏,如果有,必须要开箱进一步检查。

第二,验收易碎物品时,应摇动或倾倒每一件物品,认真细听声音,如果有破碎声响,必须当场开箱检查破碎程度,并将情况认真记录在单,以明确责任。检查要注意力度,杜绝暴力检验,避免加剧货物损坏程度。

第三,验收会挥发、有气味的物品例如香水时,除了"听"和"看"以外,还要在箱口处"闻"一下,如果闻到气味严重刺鼻,可以断定内部物品有异状,应立即开箱检查内部有没有破碎,并细心检查瓶盖的密封情况。

第四,验收纺织品等怕湿物品时,要注意物品包装外表是否有水渍。

第五,验收时要注意物品的出厂日期和有效期。

第六,验收物品的外包装时,要注意纸箱封条是否破裂、箱盖和箱底是否粘牢、纸箱内包装或者物品是否外露、纸箱是否受过潮。

检验人员在物品分拣完毕后,还应做好核对工作。

操作过程注意事项如下:①检验人员应列明产品的明细,包括品种、批号、数量、状态、损坏程度等项目;②核对退货单中列明的产品数量、品种、状态等项目;③在检验人员签名栏填写清楚,检查员名字以及证明人要正确,杜绝弄虚作假。

(3)按照检验人员提供的产品质量明细表,在物流系统中录入退货产品信息,包括品种、批号、数量、状态等,并使产品进入系统控制状态,防止货物再次发出。

操作过程注意事项:①收到检验结果后应马上将退货的相关信息录入物流管理系统,防止因为拖拉造成后续工作被动;②录入产品信息时,要细心认真,防止因为粗心大意而输错信息;③货物要贴好标记,防止与其他货品混乱。

(4)将物品分类放在专门的场地或库房。为了有条理地管理退回货物,仓库管理人员要对货物进行正确的分类。对退货进行统一管理,避免因放置混乱而造成二次分类带来的成本支出。

货物分类的原则:①货物要按统一标准、同一原则区分,质量检验部门要将各项指标细化,切勿凭个人经验分货;②有系统地展开,逐次细分,层次分明,例如,退回的物品虽大都属于零部件损坏而退回维修的,但每部机子损坏的部分不同,因此要在分了大类后,再按小类细分,做到一丝不苟;③分类明确且互相排斥,不能互相交叉;④分类方法具有稳定性,以免货物混乱;⑤分类要符合常识,便于使用。

货物分类的方法:①按照货物损坏程度分类;②按照货物可回收程度分类;③按照货物的特性分类。

操作过程注意事项:①退货分类时一定要按照分类标准和原则来操作,细致认真不错分;②由于场地或库房一般要储存几百上千种的货品,因此要事先做好规划,实行分区、分类和定位保管,分区就是按照库房条件将仓库分为若干货区,分类就是按照商品的不同属性将存储商品分成若干大类,定位就是在分区、分类的基础上固定每种货品在仓库中具体存放的位置,使每种货物都有固定的货区、库房及货位存放,以利于加强物品的科学保管和养护,利于加快商品出入库作业的速度且减少差错,不要因为乱堆乱放而使货物要重新检验分拣;③放置物品的时候,要按照产品状态作明显标记,防止放错位置。

(5) 调整库存量。退回的物品经清点后,配送中心要迅速调整库存量。在正常情况下,配送中心通过相应的库存管理,可以科学合理地控制库存的订购点、订购量和库存基准。但当发生退货问题时,配送中心的库存有时会超出货品库存数量的最高界限,若配送中心不及时调整库存安排,将会冲击购销计划,增加库存成本,降低企业效益。因此,退货后销售部门要尽快制作退货受理报告书,以作为商品入库和冲销货额、应收账款的基础资料;财务人员据此报告书调整账面上的"应收账款余额"与"存货余额",备货人员据此报告书,重新调整购货计划及订购量,或者暂时少进,或者差额补缺,以保证库存物品数量科学合理,达到既满足客户需求,又能保持合理库存的目标。

3. 办理退换货手续,安排退换货

退换货原因得到确认后,配送中心应根据退货原因、责任归属、产品检验结果来进行退换货工作。一般处理退换货的方法有以下几种。

(1) 无条件重新发货或替代。责任在配送中心的,如出现货品残缺、包装污损、货号不对、数量偏差、质量不佳、发错货等情况,配送中心应立即整理好相关资料,及时帮助客户进行退换货。营业人员应安排车辆收回退货商品,将商品集中到仓库退货处理区进行处理。用没有缺陷的同一种产品或替代品重新填补零售商的货架。对于该种情况一定要迅速处理,因为有可能因为货物延迟上架而使其他企业乘虚而入,占领部分市场份额,造成不必要的损失。

(2) 协商处理退换货。责任在客户,配送中心销售部门应连同质量管理部门向客户详细说明判定责任的依据、原委及处理方式。若客户接受,则请客户取消退换货要求,质量管理部门将相关资料储存管理,以作资料留用。如客户不接受仍坚持退货,销售和质量管理部门应对客户进一步详细说明情况。如客户依然坚持,企业主管应在将企业损失降到最小的前提下加以处理。

在回收装车清点中工作人员要做到认真清点。退货的责任划分意义重大,一旦将不该装车取回的货物装车,该责任就转给配送中心;而且装车清点也是对货物信息的初次统计,可在这一阶段对货物实际的品种、数量等信息与退货单核对,为后一阶段的分拣工作形成一个可以参照的基本货物信息标准。所以,装车清点时最好安排熟悉产品的人员持有退货单清点。

4. 入库入账

质量管理部门将退回的货品依照外观、生产日期、保质期限等要素分门别类整理好,清点退货的品项、数量,认真填写《销货退回单》后作入库处理。财务人员依据退货通知单,退货签呈等核对,并依据客户提供的凭证(退货发票、对账单或折让证明单等)入财务库存账。

1)入库操作

(1)受理客户提出退货的要求后,配送中心的信息系统根据相关信息生成销货退回单。销货退回单上记载物品编号、货品名称、货品规格型号、货主编号、货主名称、仓库编号、区域、储位、批次、数量、单位、单价及金额等信息。销售人员要填写清楚和准确。

(2)客户退回物品后,销售人员将退货物品的名称和数量与销货退回单进行初步核对,确保退货的基本信息准确。

(3)销售部门将销货退回单送至配送中心的商品验收部门。验收部门据此进行退回物品的数量和质量清点验收后,填制验收单二联,第二联依验收单号码顺序存档,第一联送交信用部门核准销货退回。

(4)信用部门收到验收部门填写的销货退回单后,根据验收部门的报告核准销货退回,并在验收单上签名,以示负责;验收单送至仓库管理部门。

(5)仓库管理人员根据销货通知单上的货品信息录入货物管理系统,并根据物品的情况作出相应的处理。已经过简单修理或换了新包装的物品,经质量检验合格可进入正品仓库。需要进一步修理或者回收废弃材料的物品放专用仓库等候处理。

2)入账操作

(1)信用部门收到验收部门填写的销货退回单后,根据验收部门的报告核准销货退回,并在验收单上签名,以示负责;同时将核准后的验收单送至开单部门。

利用信用部门核销退货的主要目的是为了防止有关人员不按退货作业流程处理退货,私自退换货,造成退换货品的数量和质量出现严重问题,导致以后的配送供应中少发商品或者误发质量缺失的退货商品,对企业产生负面作用。

配送中心的信用部门可以是一个组织,也可由某级主管担任,其主要任务是:①验明货物的销货地点、销货单据;②向提出退货的客户概要说明本企业的商品退货规定;③协调企业与客户的关系;④核单签名,承担责任。

(2)开单部门接到信用部门转来的验收单后,编制贷项通知单(见表7-2),一式三份,第一联连同核准后的验收单送至财务会计部门,编制应收账款细账,贷记应收账款;第二联送达客户,通知客户销贷退回已核准并已记入账册;第三联依贷项通知单号码顺序存档。

贷项通知单的内容主要包括:货品编号、货品名称、货品规格型号、货主编号、货主名称、数量、单位、单价及金额等信息。

表 7-2 贷项通知单

退(换)货单位：　　　　　　　　　　　　　　货单编号：
　　　　　　　　　　　　　　　　　　　　　　年　　月　　日

货物编号	货物名称	货物规格	货物型号	货主编码	数量	单位	金额

收料：　　　　　　　审核：　　　　　　　开单：

（3）财务会计部门在收到开单部门转来的贷项通知单第一联及已核准的验收单后，经核对正确无误后在"应收账款明细账"中贷记客户明细，在"存货明细账"中贷记退货数量，以保证"应收账款余额"和"存贷余额"的正确无误，并将贷项通知单及核准后验收单存档。

（4）为了加强退换货的账目管理，配送中心的财务部门中每月月底记录总账的人员都要从开单部门取出存档的贷项通知单，核对编号顺序无误后，加总过入总分类账。

5. 质监部门追踪处理

质量管理部门应将退回货品的处理情况和跟踪结果及时记录在册，并及时通知客户。避免因为工作的延误导致客户情绪激化，影响企业声誉。对于客户的投诉和抱怨，质量管理部门应冷静理智接受，根据抱怨的重点分析事情发生的原因，寻求最佳的解决方案。在问题解决后，配送中心应收集相关资料，作为以后处理同类事情的参考。

二、退货商品的处理

1. 退货收集

来自销售商的合理退换货，配送中心必须迅速安排人员和车辆到相应的地点将物品收集回来，从而使物品的再处理顺利开展。收集销售商退回的货物的成本占据了物流总成本的重要部分。从消费市场上收集物品时，经常涉及数目大、批量小的运输，因此运输费用较大。

2. 将退货放置在专门的场地或库房等候分类处理

回收场地作为处理回流物品的第一个节点，具备储存、处理回流物品的功能，它能够使回流物品（包括任何时候的退货和使用后的物品）的处理更加有效率。在场地规划中要做到区分明确，储存条件适当，标示清晰，管理有序。

3. 质量管理部门按照入库验收标准再次检查退货物品，对物品进行分类

1) 再次检验物品

在客户申请退货的环节上质量检查人员已经对物品进行检验，当物品正式进入处理阶段之前还要对物品进行第二次检验，目的是为了更准确地将物品按照质量问题状态情况的轻重进行分类，为后续的处理提供正确的依据。

2) 对物品进行分类

退货的种类繁多，相应的价值也不相同，必须进行有效分类才能进行后续处理。如果回收的物品只是由于顾客偏好或多余库存而不是质量产生问题，这类货物可以作为新的库存进行正常的销售。如果物品确实有质量问题，应将物品返还给制造商。制造商对返回物进行分类、成本核算，再进行相应的处理。例如削价处理或进行再制造和再加工。对于无法再利用的物品，经过适当处理，包括分解并返回原料供应商或直接运到包装材料的制造企业，而中间客户所用的托盘等装运设备则可以多次利用。使用过的包装材料一般需要经过再次加工维护后再利用，这种加工维护工作可由专门的回收包装材料处理厂商来完成。

物品在入库之前进行初步的分类，一般依据标准将退货分为良品、速销品和不良品三大类。

(1) 良品。判断依据：①原封箱物品，物品没破损、没受潮、没受到严重挤压、保质日期没过三分之一；②单支物品，物品包装完好无缺、无刮痕磨损、无粘连异物、无挤压变形变(褪)色，产品内容物无污染、无破损、无外溢等质量问题，保质日期没过三分之一。处理方法：对物品进行重新包装或配齐数量，依据抽样检验合格后，可以重新安排到正品仓库储存。依据程序便可重新进入销售渠道。

操作过程注意事项：对于原封箱物品，一般情况下不存在质量问题，但检验人员不可以掉以轻心。通过感官检验方法逐箱检查，碰到有可疑的一定要开箱进一步检验。防止因为疏忽大意而将有问题的货品当做良品入库，甚至出售。

(2) 速销品。判断依据：质量没有问题，但已到保质期三分之二的物品，外包装轻微磨损的滞销品或试销品。

处理方法：可折价销售或转作赠品。但在重回市场前，必须经质量管理部门再次确认质量，绝不可以让有问题的商品流入市场。

操作过程注意事项：速销品处理中，对那些已到保质期三分之二的物品要十分留意。如果是已经非常接近保质期的，一般情况下不要再返回市场作为速销品或赠品用。因为有可能由于销售不畅而造成再次退货，增加无谓的成本支出。同时即将过期的物品也存在安全质量隐患，企业应衡量利弊再决定处理方法。

(3) 不良品。判断依据：物品包装变形、变(褪)色、破裂、包装表面刮花和磨损严重，内容物被污染、色泽异常、变质有异味及已经过保质期等不能上架正常销售的物品。

处理方法：可降级使用或报废处理，仍有使用价值的部分，如金属、塑料，纸皮等可提炼提取,其余部分依据环保条例要求通过填埋、粉碎、焚烧等方法处理,尽快减少配送中心库存压力。

操作过程注意事项:不良品的处理一定要迅速,因为会占用库房的位置,应定期处理,严禁堆积。

4. 对物品进行再加工

将物品分类完成后,部分物品进入再加工过程。一般来说,物品的再加工需要耗费一定的人力物力,在物流整体成本中占有一定比例。因此,对物品再加工前要对物品再次进行全面的检测,明确每件物品需要哪些后续工作,做到在保证物品质量的同时控制好成本的支出。其做法是,企业可以联合质检、生产、采购等部门,由质检部门对分拣好的回收产品进行检验,判别哪些部分可以再利用;生产部门提出再利用方案;由财务核算再利用处理成本;由采购核算节约的采购成本。当方案成本低于再生价值时,即可以再利用。在加工中心,物品通常被分为三类来进行再加工。

1)直接加工的物品

对物品进行比较简单的加工,如刷新、打磨、换件等。加工后的物品经检测合格后根据合同相关规定,运回市场或制造商再销售。

2)需要深加工的物品

当物品失去或部分失去原有使用价值时,为了发挥其潜在价值的效能,将其回收,再经过加工或修整,提炼出有价值的部分重新投入循环使用。为了更好地变废为宝,配送中心应着重于回收计划的编制,建立回收管理组织以及做好废旧物品的处理。废旧物品加工可根据不同角度进行不同的分类。

(1)按加工深度的不同分类。①拆分零部件再利用。产品的再利用主要针对于零部件。到达使用寿命的设备可以分解为部件和最终零件。其中拆分后状态良好的零件,无须重新制造和维修就可以再次使用,另一部分已经无法使用、整修,又没有废料提炼价值的就作报废处理。可再使用的零件被运回制造商处,而报废的零件则被运送到相应的地点处理。②重新整修和再次制造。对于缺乏最新功能,但是仍处于可用状态并且可以实现功能恢复的设备,可以重新整修并放到仓库中以备再次使用。一般说来,在相关技术没有发生质变的情况下,设备功能再生的修造成本低于制造新品的制造成本。③回收有价值部分。对于无法进行整修、修理或者再销售的返还商品将被分解成零件,然后再进行回收。一些企业由于在物资回收方面的努力,带来了可观的经济效益。例如,报废的机械润滑油可以作为其他石化产品的原材料使用。为了从回收活动中获得最大效益,企业必须对逆向物流系统进行良好的管理,包括减少运输、流程和处理成本,使废弃物价值最大化。

(2)按加工目的不同分类。①为了方便物资回收、装卸、运输等物流作业而进行的加工。例如,将同类物品同类情况的分在一类打包和运输,或者对废旧物资进行捆扎、压缩和集合等。其主要目的是为了提高物流速度。②为了方便废旧物品投入使用的加工。例如,将物品分解成可用、不可用、可回收、无法回收等几大类,或者对货物进行修理、弯曲变形材料的整形等。这种加工目的是为了扫除物品使用前的障碍。

（3）按加工对象不同分类。①废旧金属的加工。例如，报废家用电器、车辆等，含有很多可回收利用的金属材料。②废旧建材的加工。例如，退回的有问题家具，只要是无损坏的部分均可拆卸下来作为后备材料使用。③废旧化工材料的加工。例如，对于滞销或过期的日用品，均可有目的地提炼有用部分。④废旧设备的加工。废旧设备加工是指对完全失去或部分失去原使用价值的设备进行修理，更换必要的配件。一般来说，废旧设备要恢复其原来的工作状态是比较困难的。即使恢复，往往投入的劳动过多，也是不经济的。一些因磨损而被淘汰的设备，几乎无须加工或少量加工即可使用，但使用时要注意经济效益的分析。例如，器械器材类物品可回收其有利用价值的零部件，其余部分可提炼金属材料，但要看成本支出是否合理。

5. 重新配送物品

重新配送和运输跟正向物流中的配送过程相似。由于退货物品的多样化，数量不一，规格不一，因此当流量较大时，必须进行统一配送以提高效率，降低成本。运输方面可利用原有正向物流的车辆即回程车载回退货物品。对于不同分类的物品应给予不同的优先级，选取不同的运输方式。

运输主要有两类线路，一类是从仓库到二手市场和制造商的运输，另一类是从加工中心到二手市场或制造商的运输。第二类运输占去重新配送物品运输的大部分，具体的流程如图 7-2 所示。

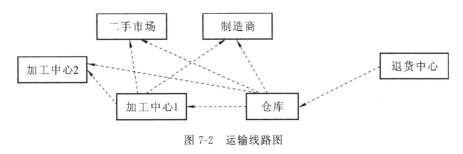

图 7-2　运输线路图

三、退换货作业注意事项

1. 要严格按照公司规章办事，遵守岗位职责

公司有严格的操作规程，工作人员应按照规程操作办事，遇到情况应立即向上级主管报告，严禁迟报、漏报、瞒报、谎报。对于个别特殊事件更应第一时间报告主管，切勿擅自处理，对公司的管理和利益置之不理。

2. 退换货后要立即修正相关会计账目，避免账货不一致

作为符合退货要求的物品在经过多次严格检查后，部分换了包装或数目质量没问题的货品可再次进入重新销售的渠道,工作人员应在检验单上作出标记,并及时通知会计人员重新入账,以免出现账面数量和实际数量不一致的情况。

3. 做好客户退换货的资料整理工作,为以后工作备案

对于与客户产生的正常交易或者是退货处理,作为配送中心都要将本次交易的相关资料整理完善,详细记录。这样做一方面可以令配送中心增加对客户的了解,避免以后同类事情的发生。另一方面也可以为日后处理同类事情提供参考的依据,提高服务质量。

4. 分析退换货原因,完善服务效率

作为配送中心的各部门,应在一段时间内对产生退货的情况进行分析和归纳总结,对做得不够完善的地方应及时补救和改善,务求给客户提供良好的服务质量。例如,因为在装卸搬运过程中没有按规定搬运而造成货品破损的,应立即对搬运工人提示,并要求立即改正,注意对不同货品采用不同的搬运方式。如果是货品质量问题,配送中心应立即反映给制造商或质量检查部门,以便采取措施,防止同类事情发生。

> **知识链接**
>
> 绿色物流:以降低对环境的污染、减少资源消耗为目标,通过先进的物流技术和面向环境管理的理念,进行物流系统的规划、控制、管理和实施的过程。

5. 接待客户要态度端正,处理迅速,一丝不苟

配送中心要时刻落实"服务第一"的做法,以客户满意为出发点,以良好优质的服务态度接待客户,减少客户的抱怨和不必要的误会,维护好企业的形象。

6. 销毁退货时要注意安全,防止污染环境

对于部分已经没有再销售再利用价值的物品,配送中心从不占用储存成本的角度考虑要将它们销毁(如粉碎、焚烧、填埋等)。这部分物品可交由相关部门处理,不能在不符合环保条例的条件下销毁,以免污染生态。

第三节　退货的理赔

对于一次购货数量较少但购物次数较多的商品配送业务,配送中心大都是通过各种经销商实现商品的再分配。在经销商处购买商品的客户,通常会将退换货问题直接反映到经销商处。因此当配送中心配送的商品经由经销商销售时,配送中心必须做好对经销商理赔退返工作的管理。

一、货品验收与退赔

客户提出退货要求后,配送中心质量管理部门应立即对货品进行严格的检查验收。确定退货原因后,按照正规严格的审批手续制度如实在退货申请单中填写检测结果,并根据该结果进行相应处理。

（一）故障机的处理

对经销商退返的故障机,配送中心应立即通知机器的生产厂家进行修复处理,修复后退还经销商,原则上不予更换和退货。

（二）故障品的处理

接收经销商退返的故障品后,配送中心应组织服务人员立即对其进行开箱检验,并在接收清单上详细记录检验结果。配送中心在经销商代表所持的接收清单上签字确认后,由经销商留存接收清单商家保管联的提货凭证,配送中心将故障品交由生产厂家处理。

（1）对保修期内故障货品予以免费维修,不收维修费和故障元件费。

（2）三年保修期外的故障品,按公司标准规定收取维修费和元件费。

（3）所有非生产质量问题引起的损坏以及附件遗失,材料、配件补充费用由经销商承担。

故障品修复后,经销商凭接收清单保管联提回商品,并在备注栏注名"已归还"字样、签名。同时,配送中心还应计算出经销商应付修理费用,并列出清单,由经销商支付。

在进行验收与理赔工作时,应注意:①不管处理故障机还是故障品,均应迅速着手处理,不应延迟和堆积;②向对维修条件有异议的经销商耐心解释,不可无理或模糊处理。

二、核定理赔费用

理赔的费用额度应根据销售商的经营规模、销售形式、销售业绩、诚信度以及代销货品的种类、性质、风险来进行评估和确定。对于地域代理商或大型零售商,配送中心可给予较大额度的理赔费用。因为该类合作伙伴是销售大户,拥有较大的经营规模和相对固定的庞大消费群,同时还有中小型销售商欠缺的灵活销售空间,所以为了稳固该类销售商的市场销售占有地位,配送中心以较大的理赔额度来吸引他们的合作,从而利用其广泛的销售渠道为企业带来大量的供货订单。对中小型销售商,配送中心可根据实际情况来确定一定的理赔额度。该类销售商经营规模较小,销售情况不稳定,尤其是新产品、试销品和季节性商品的销售。配送中心应根据销售商的经营成本和货品的风险评估给予合适的理赔额度,保证他们在经营配送中心的货品时不会受到损失,同时也能激励和稳固销售商的合作意愿。

三、结算理赔费用

理赔费用结算所涉及的检测、审核、核准的项目以及出乎意料而需要理赔的项目很多,配送中心要定期与各销售商进行理赔费用的结算,避免因为拖沓积压引起不必要的误会和经济损失。为此在进行结算理赔费用时应做到三个核实。

1. 退赔数量的核实

退赔货品的数量包括免费维修的商品数量、超出保修期而维修的商品数量、无法维修及部分退货的数量。

2. 退赔品种的核实

由于不同类别商品的理赔额度不同,因此要做好清点货品品种的工作,慎防漏点和错点引致账货不符。

3. 退赔期限的核实

配送中心与销售商要定好合理的退赔期限。结算期限过于频繁会引致双方浪费时间和增加工作手续,过疏又会造成货品的积压和影响资金周转。因此要避免结算期限过频和过疏。

本 章 小 结

本章围绕退货这种与一般物流方向相反的业务活动展开论述。退货是不可避免的,配送中心需要建立完善的退货部门,及时处理来自经销商的退货要求。本章首先介绍了退换货的原则与作业流程,以及操作注意事项,还特别针对退货理赔这一环节的操作程序:产品检测与验收、核定理赔费用和结算理赔费用等展开详细论述,以确保配送中心在做好退换货作业的同时,避免财物损失,同时提高客户的满意程度。通过本章的学习,能够让学生掌握退换货的作业流程,有效提高服务客户的能力。

综合案例分析

著名企业退货物流管理对比分析

越来越多的企业认识到退货管理的重要性,它们采取积极的措施节约资金、提高客户满意度。没有人喜欢退货,但是这个供应链上不可避免的"肿瘤"正在引起企业的关注,企业已经认识到退货管理对客户关系、品牌忠诚度和净收益的重要性。更多的执行主管关注这一领域,他们想了解为什么会产生退货、退货对财务的影响,以及如何降低退货率。退货管理很复杂,不仅包括需要快速地再储存和再销售的产品,还包括需要修理、整修的产品(这些产品往往有保修卡),以及根据环保要求需要安全处理的产品。对于销售供应链,可根据不同的产品成倍增加销售渠道;同样地,逆向物流也需要增加渠道。但是,由于所有的退货不能以同样的方式处理,而且退货占所有售出产品的20%,所以退货管理对大多数企业来说还是一个棘手的问题。

(一)曼哈顿合伙企业的退货解决方案

为了帮助消费者处理不同的退货,曼哈顿合伙企业——美国亚特兰大一家供应链提供商与其他的软件提供商设计了新的解决方案。大多数企业都有自己处理退货的方案,要遵循许多的供应商规则,但是这些方案都不简单。据曼哈顿合伙企业逆向物流的高级总管 David Hommrich 介绍,其实每一个企业都会有自己的退货产品的处理政策,但是由于每一个企业的政策不同,加上操作人员对其不熟悉,使得处理退货的政策指南只能束之高阁,无人问津。因此,曼哈顿合伙企业的一个目标就是要使退货政策深入人心。

曼哈顿合伙企业的"退回供应商"模型能够把所有供应商退货管理的政策纳入计划。例如,一个 DVD 制造商要求每次退回的 DVD 数量为 20。那意味着企业必须搁置前面的 19 件,直到第 20 件到来才能处理。然而,曼哈顿的"退回供应商"模型可以自动生成一个拣选票据,并且能够把票据传输给仓储管理系统。这样,曼哈顿合伙企业就可以避免退货管理中经常出现的问题。

此外,曼哈顿合伙企业的退货政策还具有"守门"功能,可以防止不符合条件的产品的退回。例如,一个制造商可能与一家批发商签订协议,不管是否是质量问题,都只允许一定比例的退货。在这种情况下,企业就必须实时掌握退货的数量。一些企业只允许批发商每季进行一次退货,另一些企业的退货数量与产品的生命周期有关。不管哪种情况,都涉及"守门"功能。曼哈顿合伙企业按照退货处理政策,以关系、产品或环境为基础,动态地解决各种情况,自主决策。

(二)CellStar 退货解决方案

Yantra 是美国马萨诸塞州吐克斯伯利镇的一家供应链执行商。该企业也使用退货政策来管理保修问题。保修问题只是 Yantra 的客户——CellStar 提供的诸多逆向物流服务中的其中之一。CellStar 是美国得克萨斯州北部卡罗顿市的一家移动电话的物流服务提供商。CellStar 提供的一项新服务——Omnigistics,是专门为移动电话退货处理设计的。据 CellStar 副总裁兼总经理克里斯·史密斯介绍,该企业的前向物流非常成熟,但是逆向物流非常薄弱。

另外,移动电话行业还有许多问题。不同的移动电话不仅结构、样式各异,所应用的软件技术不同,而且保修政策也各不相同。严格来讲,每月都有无数个移动电话从客户端退回。这些退回的移动电话都必须经过检验和评估,以确定是否能保修、修理是否经济。特别是当客户退回在保修期内的电话时,企业又得给客户另外一部电话,新移动电话的平均销售价格为 150 美元,这是一笔昂贵的费用。CellStar 提供的 Omnigistics 服务主张为客户修好那部移动电话,而不是换部新的,这样就可以降低 30% 到 40% 的成本。

由于 Omnigistics 的诞生,当客户的移动电话出现问题并且在保修期内时,他们会直接打电话到电话中心。然后,电话中心记录下这部电话的信息,并通过电子数据传输给 CellStar 一份那个客户的资料。第二天,CellStar 就会邮递给客户另外一部价格、型号相当的新电话。收到这部新电话的同时,客户会用刚刚收到的包装退回那部出现问题的电话。在最初客户给电话中心打电话时,有关这部电话的所有信息,包括产品序列号,都会被输入 Yantra 的系统。序列号也有助于 Omnigistics 确定产品是否仍然在保修期内。同时,当退回的产品在逆向物流链上流动时,也可以计算出它的劳动成本。

Omnigistics 不仅带来成本的降低和客户服务水平的提高,而且使企业获取了更多的信息。CellStar 向零售商和制造商报告修理任务的总数,使企业获取了许多有价值的可靠信息,这可以使企业提前采取措施。另外,CellStar 按照环保要求处理退货产品为公司的发展提供了很大的空间。因为 2005 年加利福尼亚州实行了一部新的法律,这部法律要求移动电话的运输商和零售商必须按照环保要求处理终端电话。

(三) 东芝的退货解决方案

东芝电脑的退货管理存在着不同的问题,因为客户想要他们之前使用的、存有所有资料的那个电脑,替代电脑根本不行。因此,客户满意的两个关键因素是速度和第一时间的修理。如果东芝忽略了这两个因素中的任意一个,客户满意度就会降低。

东芝采用六西格玛法寻找缩短修理时间的解决方案。东芝想要外包这项业务,起初对合作伙伴的选择犹豫不决——选择修理企业,还是选择物流企业?实际上,对于大规模的退货处理业务,具备修理和物流服务双重功能的企业很少。最后,东芝选择了 UPS 集团旗下的供应链管理解决方案事业部——具备修理能力,更为重要的是在物流领域处于核心地位。在物流与修理服务两者之间,东芝更加注重物流,因为东芝坚信修理技能可以学习、改进,而物流模型难以模仿。

UPS 位于美国路易(斯)维尔的飞机跑道也是一个大的有利条件。东芝的零件存储和修理中心都位于路易(斯)维尔。结果,双方合作以后,库存竟然变得非常好,因为零部件不用离开工厂。而且,修理周期也大大缩短,由过去的 10 天降为 4 天。在缩短修理周期方面,UPS 发达的店铺网络贡献最大。现在,UPS 再也不用花费几天时间,邮寄给客户一个替代的退回产品。客户可以去往任何一家 UPS 店铺,店铺会为客户包好产品并在当天送出。

(四) Neiman Marcus 的退货解决方案

能够很容易地使产品在供应链上逆向传输对退货管理非常重要。美国得克萨斯州达拉斯市的一家高消费阶层的零售商 Neiman Marcus,采用 Newgistics 提供的"敏捷标签"(smart label)解决方案,实现了小包装客户退货产品在供应链上的逆向传输。

据 Neiman Marcus 的副总裁 Greg Shields 介绍,Neiman Marcus 在运输一件产品的时候,会将运输标签和拣选单据放入包装箱(盒)中,这张标签记录了产品的信息。同时,拣选单据也附有一个便于退货处理的"敏捷标签"。敏捷标签的条形码上记录了装运的所有必要信息。如果客户决定退回产品时,他可以使用同样的包装材料并再次使用这个敏捷标签。客户可以把包装好的退货产品送到任意一家邮局,或者放进家附近的邮筒。然后,Newgistics 从邮局取出这些包裹,运送到自己的工厂进行拣选和拼装。Newgistics 按照纸板箱的尺寸用托盘装运,这又降低了劳动成本。而且,Newgistics 会送出运前通知,这使得 Neiman Marcus 能够及早行动,非常快地处理好退货。平均来讲,Neiman Marcus 处理一件退货产品只需要 3.77 天。在退货产品的同一天,企业就能处理 50%,这大大提高了客户满意度。在一项对客户满意度的调查中,超过 90% 的客户认为 Newgistics 的服务是五星级,这也是最高的等级。此外,这项服务使零售商也非常满意。

退货物流正在成为企业竞争中的重要组成部分,尤其是欧盟又将对电子产品回收执行新的规则,其重要性更趋明显。

思考题

1. 请对比这四家公司在退货物流管理中的做法。
2. 请说说你对退货作业操作的看法。

本章综合练习题

1. 什么是退货?退货作业要遵循什么原则?
2. 假设你是某配送中心的客服部门工作人员,现在有一客户在收到配送中心的商品时发现外包装有破损,你应如何处理客户的投诉?如果客户要求退货,你又如何处理呢?
3. 以三鹿奶粉发现添加三聚氰氨而要全面回收的事件为背景,请你说说企业接受退货的程序。
4. 退货理赔环节是如何操作的?

实践活动

模拟操作退换货作业流程

实践目标:熟悉退换货作业流程的各个步骤,严格按照训练程序进行;培养学生理论与实践相结合的能力;培养学生工作中文明用语、态度端正、严谨办事的工作态度。

实践内容:分别模拟小家电和食品两类货物的退换货作业流程。

实践要求:注意退换货作业流程模拟过程中需要考虑各类货物的不同特性。

实践成果:根据各类货物不同特性制定退换货作业流程,并写出实习报告。

第八章 配送中心装卸搬运作业

本章学习目标

了解配送中心装卸搬运作业的作用、特点及分类；了解装卸搬运设备和设施的种类；掌握装卸搬运作业的方法；知道装卸搬运作业必须遵循的相关准则与安全要求；了解配送中心装卸搬运合理化的措施。

经典案例导入

虎跃快运装卸搬运方法的合理化

辽宁虎跃快运有限公司是由省交通运输服务中心发起，由省内十三家道路客运企业共同投资成立的国有股份制企业。阜新虎跃快运公司是虎跃快运公司的子公司。该公司凭借着高密度的发车班次，健全的网络资源和专业、强大的客户服务中心在快运市场中占有不可替代的地位。

阜新虎跃快运公司成立后，采用更多更先进的机械，逐渐实现装卸搬运机械化、自动化、连续化，这就要求有一套合理的方法。其在实践中总结出一套经验，可概括如下：①防止和消除无效作业；②提高物料的活性指数；③提高货物搬运装卸的可运行性；④实现装卸作业的省力化；⑤合理选择装卸搬运设备；⑥合理选择装卸搬运方式；⑦改进装卸搬运作业方法；⑧合理组织装卸搬运设备，提高装卸搬运作业的机械化水平。

第一节 装卸搬运概述

装卸搬运是物流系统的一个主要子系统，由物料装卸和装卸搬运两个主要部分组成,在物流系统中起着承上启下的作用。物流配送企业最主要的服务内容是将物料等按顾客的要求送达,因此,装卸搬运活动是任何一家物流配送中心最核心的作业之一。

一、装卸搬运的定义

装卸搬运是指在同一地域范围内进行的,以改变物品的存放状态和空间位置为主要内容和目的的活动,即对物料、产品、零部件或其他物品进行搬上、卸下、移动的活动。所谓"同一地域范围",对于物流配送企业,不单指其仓库作业区,当然也包括它的配送服务区域。

装卸搬运的基本功能是改变物品的存放状态和空间位置。要完成这种移动,就要有移动的物品和实现这种移动所需要的人员、工作程序、设备、工具、容器、设施及其设施布置等构成的作业体系。所以,物品、移动和方法是构成装卸搬运的三项基本内容。

二、配送中心装卸搬运的特点

配送中心装卸搬运的特点主要表现在以下几个方面。

1. 具有"伴生"和"起讫"性

因为物料搬运的目的总是与物流的运输、储存、包装等其他环节密不可分(有时甚至视为其他环节的组成部分),一般都以装卸搬运为起点和终点。因此与其他环节相比,它具有"伴生"和"起讫"性的特点。

2. 均衡性与波动性

虽然生产领域的生产活动过程是连续且均衡的,企业内的装卸搬运作业相对也是均衡的,但是在流通领域,由于受到产需衔接、市场机制的制约,物流量会出现较大的波动,从而影响装卸搬运作业过程的均衡性。从配送中心的运营角度看,其装卸搬运量也会出现忽高忽低的现象,使得配送中心出现集中到货或停滞等待的不均衡装卸搬运过程。因此,配送中心各环节的装卸搬运活动的节奏必须保持协调,作业过程必须保持均衡性、连续性、平稳性。

3. 稳定性和多变性

生产领域中,特别是在大量生产的情况下装卸搬运作业过程相对较为稳定,虽略有变化但也具有一定的规律性。而在流通领域中的装卸搬运作业却具有多变性。因此,配送中心的装卸搬运作业应具有适应多变作业的能力。

4. 社会性

配送中心的业务涉及整个社会,其服务对象各种各样,所以,配送中心装卸搬运作业所使用的装备、设施、工艺、管理方式、作业标准等都必须相互协调,满足服务社会的需要,这样才能发挥装卸搬运活动的整体效益。

5. 复杂性

配送中心的装卸搬运作业过程涉及检验、储存、堆码、包装、分拣、计量、配装等作业,作业流程复杂,并且各作业环节需紧密协调。因此,配送中心的装卸搬运作业必须具有适应这种复杂性的能力。

6. 安全性要求高

装卸搬运的安全性涉及人身和物品。由于装卸搬运与其他物流环节相比安全系数较低,因此,装卸搬运的安全性问题就更加突出。

装卸搬运作业过程作业量大,作业对象和环境复杂,存在着不安全的因素和隐患。因此,创造装卸搬运作业适宜的作业环境,改善和加强劳动保护,对任何可能导致不安全的现象都应设法根除,防患于未然。

> **知识链接**
>
> 不同包装对装卸搬运安全性影响:如采用人工装卸作业,包装重量必须限制在人的允许能力之下;运用机械进行装卸作业,既增大包装的重量,又能保证安全装卸。同样,如采用人工装卸作业,包装尺寸必须适合人工的作业,必要时应考虑手搬运的安全性和可行性;运用机械进行装卸作业,包装的外形尺寸可以很大。当采用托盘搬运时,包装外形尺寸的选择余地就相对宽松。

第二节　配送中心装卸搬运的设施与设备

一、配送中心的装卸搬运设施

装卸搬运设施主要指存仓、漏斗、装车隧洞、卸车线桥、高路基、装卸线、站台、码头、前后作业存料、雨棚、各种渡桥、渡板、调节站台、活动站以及动力、维修、照明和计量检验等辅助设施。

下面主要以装卸平台为例介绍配送中心常用的装卸搬运设施。

装卸平台是物料在设施流通程序的起点和终点,它将物料在室内的流通与对外运输结合在一起,所以它必须与整个设施系统的效率相匹配,才能保持整个物流配送中心的高生产力。

装卸平台布置有两种模式:合并式(装货与卸货在同一平台)和分离式(装货与卸货在不同平台)。合并式平台常用于物流量不大的小型库房,但因这种平台需同时完成两种功能,所以不可避免地增加了搬运工具(车辆)在库房内行驶的距离。在分离式模式中,物料从库房的一端进入作业区域,从另一端的分离式平台离去,这样可最大限度地缩短物料在库房内流动的距离。

装卸平台高度调节板安装在平台前端,其作用是消除装卸平台与货车之间的空隙和高度差,以便于叉车将货物直接运送上货车或卸下货物。平台高度调节板主要有两种:镶入式平台调节板和台边式平台调节板。

镶入式平台调节板装入平台上预留的坑位内。(如图 8-1)

图 8-1　镶入式平台调节板

台边式平台调节板安装在装卸平台边缘。(如图 8-2)

图 8-2　台边式平台调节板

根据机械装置的特点,目前常见的装卸平台主要有如下几种类型。

1. 液压式装卸平台

液压式装卸平台搭设在车辆和库房建筑物之间以调整车辆底部与地面的高度差,如图 8-3 所示。

其特点是:液压动力、单个按钮操纵;两侧安全防护裙保护脚部安全;唇板与车厢始终紧密吻合;平台与唇板采用长轴铰接,充分保证其高强度、长寿命;附设检修安全撑竿及缓冲垫。液压式装卸平台与工业滑升门或金属卷帘门、门封一起构成泊存系统。

液压式装卸平台有多种内设装置可供选择,最常见的是具有铰链悬臂的电控液压型。

图 8-3　液压式装卸平台

液压式装卸平台的倾斜角依赖于地面与车辆平台的高度差,液压式装卸平台长度对倾斜角度也有直接影响。装卸平台设备的制造商应对倾斜角度的限度给出建议,如斜面过于陡峭会增加操作的危险性。

车辆平台的高度在空载的时候常常高于停泊平台面高度,而满载时又低于停泊平台面高度。因此,在车辆装卸过程中液压式装卸平台必须伴随其倾斜运动以及垂直变化情况而保持平稳。电控液压式装卸平台适用于装卸场地上的车辆型号多种多样以及交通相对繁忙的场所。

2. 气袋式装卸平台

气袋式装卸平台是采用低压高容量充气原理,利用气袋提升装卸平台,如图8-4所示。

图8-4 气袋式装卸平台

气袋由特种纤维材料制成,内衬保护性发泡材料,并经严格防化学及防昆虫处理。气袋工作温度由-50 ℃~65 ℃。坚固耐用的小型鼓风机需有安全过滤网设计,隔除尘埃,利用回流空气自动清理过滤网。利用调节板自重推出活页;在不伸展活页情况下,仍可将装卸平台降至低于平台操作以适合满载货物的矮车起卸第一排货物。支撑脚的作用在于:即使操作时卡车意外驶离,亦可支撑调节板保持平台水平位置,减少叉车或操作人员摔下平台的危险。这种平台不存在机械式定期调校弹簧或液压式保养费用高昂及漏油环保等问题。

3. 机械式装卸平台

机械式装卸平台(如图8-5)适用于不需要利用电力进行装卸作业、缺乏电力的储存化学品(需要防爆)、防污染行业(诸如食品等)、露天装卸的物流配送中心。

机械式装卸平台利用机械弹簧动力提升装卸平台及前端之搭接板。在不伸展搭接板的情况下,仍可将装卸平台降至低于平台操作,以适合满载货物的矮车起卸第一排货物。

4. 翻板式装卸平台

翻板式装卸平台一般通过人力操作直接搭接在货车上的车厢尾部。(如图8-6)其最终目的也是为货车和搬运车辆搭接通道,主要特点是操作简易而方便,平时不装卸货物的时候可以向上折叠而不必担心占用空间。其起载重量一般小于6 000千克,尺寸小于2 000毫米×2 000毫米。

第八章 配送中心装卸搬运作业

图 8-5 机械式装卸平台

图 8-6 翻板式装卸平台

5．装卸房

装卸房一般由装卸平台、工业门、装卸门封、密封框构成一个完全自动化的泊存系统。

装卸房有如下的功能：节省内部空间，在库房建筑物和车辆之间形成保护屏障，节省能源，改善工作环境等。

装卸门封是装卸房的重要组成要件，如图 8-7 所示。装卸门封密封了车辆与库房建筑物之间的空间，实现了防风、防雨以及隔绝外部冷空气，保存冷藏设备的内部冷空气的作用。装卸门封不仅改善了工作环境而且有助于节能和门洞内的有效操作。装卸门封一般分为机械式门封、垫式门封和充气式门封几种，其选择通常基于以下一些基本条件：建筑物的设计、车辆类型、节能要求以及需要特殊保管作业条件的货物。

图 8-7 装卸门封

6．登车桥

登车桥是实现货物快速装卸的专用辅助设备，如图 8-8 所示。它的高度调节功能使货车与库房的货台之间架起一座桥梁，叉车等搬运车辆通过它能直接驶入货车内部进行货物的批量装卸，仅需单人作业即可实现货物的快速装卸。它能减少大量劳动力，提高工作效率，获取更大的经济效益。

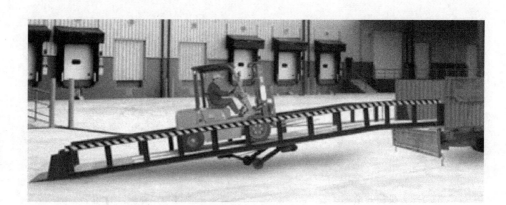

图 8-8 登车桥

登车桥一般采用液压式,根据其安装特点,可以分为固定式液压登车桥和移动式液压登车桥。

(1) 固定式液压登车桥。固定式液压登车桥是固定式电动液压装卸平台,可以实现货物快速装卸,它可使叉车等搬运车直接进入货车装卸货物,能成倍提高工效又能充分保障作业安全。

(2) 移动式液压登车桥。移动式液压登车桥是与叉车配合使用的货物装卸专用辅助设备,借助移动式液压登车桥,叉车能直接从地面驶入汽车车厢内部进行批量装卸作业。移动式液压登车桥采用人工液压动力,不需接动力电源。只需单人操作,即可实现货物的安全快速装卸。

二、配送中心的装卸搬运设备

对装卸搬运设备的类型、主要技术参数及各型机械特征的了解,是使用和选择装卸搬运设备必须具备的知识。装卸搬运的组织就是要充分发挥装卸搬运设备的功能,提高装卸搬运的效率。

目前装卸搬运设备已从简单化、机械化向自动化、智能化方向发展,主要有以下类型。

1. 起重机

起重机是物料起重机械的统称。按照具有机构多少、动作繁简以及工作性质和用途,可把起重机归纳为以下三类。

(1) 简单起重机械。简单起重机械通常只具备一个运动机构,大多数是手动的,一般只作升降运动或一个直线方向移动,如绞车、葫芦,主要用于单件物品的装卸。

(2) 通用起重机械。通用起重机械通常可以作物品的升降、旋转和水平直线运动,如通用桥式起重机、门式起重机、固定旋转式起重机和旋转式起重机(如汽车起重机)等,主要用于大宗物品装卸。

(3)特种起重机械。特种起重机械是专用于某些专业性装卸作业的机械设备,如冶金专用起重机、建筑专用起重机和港口专用起重机等。

2. 连续输送机械

连续输送机械在工作时可以连续不断地沿同一方向输送物品,配送中心的自动化仓库通常采用输送机进行物品的传送。

3. 叉车

叉车是配送中心广泛使用的装卸搬运设备,具有操作灵活、机动性强、转弯半径小、结构紧凑等特点,可用于物品的装卸、堆垛和短距离运输,一般与托盘配合使用。

除上述三类装卸搬运设备外,还有无人搬运车及工业机器人等装卸搬运设备。

三、装卸搬运设备的合理选择

(1)适应原则。应根据不同类物品的装卸搬运特征和要求,如物品的单件规格、物理化学性能、包装、装卸搬运的难易程度等,合理选择具有相应技术特性的装卸搬运设备,同时还应从作业安全和效率出发,选择适合的装卸搬运设备。

(2)作业原则。应根据不同的作业特点,如作业类别、装卸搬运数量、搬运次数和方向等,合理选择装卸搬运机械设备。对专业性较强的作业对象,应选择专用的装卸搬运设备;而对一般作业对象应选择通用性强的装卸搬运设备。

(3)效率原则。应根据具体的作业条件和作业需要,在正确估计和评价装卸搬运使用效益的基础上,合理选择装卸搬运设备,以达到充分利用机械设备和提高作业效率目的。

根据装卸搬运设备选择的基本原则,装卸搬运设备的选择应按物品重量、物品移动状态和移动距离等因素进行选择。

例如,选择各类型起重机时,应根据作业对象的结构特点、起重量、起升高度和速度、工作级别、工作场地、工作级别、作业效率、适用范围等要求进行选择;在选择连续输送设备时,应针对输送物品的特性选择不同的机型;在选用叉车时,应根据装卸搬运对象的重量、状态、外形尺寸和使用场地等条件进行合理的选择,同时应考虑配合使用适当的托盘。

第三节 配送中心的装卸搬运作业

一、装卸搬运作业的要素与条件

在一次装卸搬运作业中,要完成装货、移动、卸货作业,装和卸的次数之和与移动次数之间是2∶1的关系。通常,装货卸货的劳动强度大、费用时间也多,因此在改善搬运系统的过程中,更应重视次数多、劳动强度大、耗时多的装卸环节。"重视装卸"是现代搬运管理的基本论点。如使用叉车、机器人就是为了减轻装卸的劳动强度。"良好的搬运状态",首先是装卸时间少的状态,"良好的搬运"就是装卸次数少的搬运。

1. 搬运的活性

物料平时存放的状态各式各样,可以散放在地上,也可以装箱放在地上,或放在托盘上,等等。存放的状态不同,物料的搬运作业难易程度也不同。人们把不同存放状态的物料的搬运作业的难易程度称为搬运活性。装卸次数少、工时少的货物堆放方法搬运活性高。从经济上看,搬运活性高的搬运方法是一种好方法。

2. 搬运活性指数

活性指数用于表示各种状态下物品的搬运活性。搬运活性指数的组成如下。

最基本的活性是水平最低的散放状态的活性,规定其指数为零。对此状态每增加一次必要的操作(或者与操作后的处于相同状态),其物品的搬运活性指数加上1。活性水平最高的状态活性指数为4。

表8-1是物品处于不同状态的活性指数。

表8-1 活性的区分和活性指数

物品状态	作业说明	作业种类				还需要的作业数目	搬运活性指数
		集中	搬起	升起	运走		
散放在地上	集中、搬起、升起、运走	要	要	要	要	4	0
集装箱中	搬起、升起、运走(已集中)	否	要	要	要	3	1
托盘上	升起、运走(已搬起)	否	否	要	要	2	2
车中	运走(不用升起)	否	否	否	要	1	3
运动中的车上	不要(保持运动)	否	否	否	否	0	4

以活性指数的概念表示活性水平的高低。堆放在地的物品,要经过集中(装箱)→搬起(支垫)→升起(装车)→运走(移动)4次作业才能运走,它的活性指数定为0。

集装在箱中的物品,因为不需要再集中,只经过3个作业环节就能运走,其活性指数为1。在托盘上的物品,不需要集中,不需要搬起,只经过2个作业环节就能运走,其活性指数为2。

放在车上的物品,不需要集中、搬起和升起,只经过1个作业环节就能运走,其活性指数为3。

装载于正在运行的车上的物品,因为它已经在运送的过程中,不再需要进行其他搬卸作业,此时物品的存放状态有利于搬运,其活性指数为4。由此得出搬运活性指数的定义:搬运某种状态下的物品在所需要进行的4项作业中"已经不需要进行的作业数目"为搬运活性指数。

在对物品的活性有所了解的情况下,可以利用活性理论,改善搬运作业。

3. 物料搬运的要素

完成物料搬运作业必须具备:劳动力(搬运、操作人员)、装卸搬运设备及设施、货物等"硬"要素,以及工艺(作业方法)、信息管理等"软"要素。

(1)劳动力。在人力作业时期,劳动力是最重要的;在机械化、自动化阶段,人仍然是决定因素;不断提高职工各方面素质,是改进搬运作业的关键。

(2)装卸搬运设备及设施。它是完成搬运作业的重要手段,其中包含机械、设备、附属工具、集装用具以及相应设施。要发挥其作用,必须合理配置、配套使用。

(3)货物。货物是搬运的对象。对不同的货物要进行分类,以使其处于"良好的搬运状态",同时还要制定合理的搬运工艺。

(4)工艺。工艺是搬运的作业方法,要配合生产工艺流程的需要,选择合理的作业方法,使物流合理化,以提高生产效益。

(5)信息管理。信息管理既是搬运系统的指挥系统又是其保障系统,要用先进的设备和科学的管理方法,使搬运作业效率高且安全可靠。在现代物流配送系统中,信息系统及信息管理是最基础的支撑条件之一,没有有效的信息系统及管理就不可能有高效的物流配送。

4. 决定装卸搬运方法的条件

决定装卸搬运方法的条件为由输送、保管、装卸三者相互关系决定的外部条件和由装卸本身决定的内在条件。

(1)外部条件。①货物:货物装卸单位的形状、重量、尺寸。②装卸作业种类:堆装、拆垛、分拣、配送、搬送、移送。③数量:每一作业种类所处理货物的数量、每单位时间所处理货物的数量、每批货物的数量。④运输设备:设备的构造、尺寸及装运能力。⑤运输、保管设施:设施配置、设施规模、设施构造、设施尺寸。

(2)内在条件。①货物状态:装卸前后状态、状态的变化。②作业动作:作业动作的种类、单位动作的组合及其变化。③装卸机械:机械动作的种类、能力、尺寸、合用条件、配套机具、机械的组合。④工作:人员、时间、勤务、负荷、密度、技能。

作为外部条件的货物、装卸作业、数量、运输设备、运输、保管设施等状态,又成了决定内在条件的因素。内在条件受外部条件影响,计划确定的货物的状态、作业动作、装卸机械、工作的方式方法应与外部条件相适应,这就是决定装卸搬运方法的条件。

二、装卸搬运作业的方法

1. 装卸搬运作业的方法

现代的装卸搬运作业表现为劳动者与机械设备、货物、信息、管理等多种要素所组成的作业系统。装卸搬运作业的方法如下。

1) 单件作业法

单件、逐件的装卸、搬运是人工装卸、搬运阶段的重要方法。虽然装卸、搬运机械已经出现在各种装卸、搬运领域,但单件、逐件装卸、搬运方法也依然存在。

第一种情况表现在某些物质由于物质本身特有的属性,采用单件作业法更有利于安全。

第二种情况表现在某些装卸、搬运场合,没有配置装卸机械或难以配置而被迫单件作业。

第三种情况则是某些物质由于体积过大、形状特殊,即使有机械也不便于采用集装化作业,只好采用单件作业。

2) 集装作业法

集装作业法是指将物质先进行集装,再对集装件进行装卸、搬运的方法。

(1) 集装箱作业法。集装箱的装卸、搬运作业分为垂直装卸法和水平装卸法。

①垂直装卸法。在港口,按与岸边集装箱起重机配套的机械类型,垂直装卸法又可分为跨车方式、轮胎龙门起重机方式和轨道龙门起重机方式等。在铁路车站,集装箱垂直装卸以轨道龙门起重机方式为主,轮胎龙门起重机方式、动臂起重机方式和跨车方式等也有所采用。②水平装卸法。即"滚上滚下"方式。港口是以拖挂车和叉车为主要装卸设备;在铁路车站,主要是采用叉车或平移装卸机来作业。

(2) 托盘作业法。叉车托盘化说明叉车是托盘装卸、搬运的主要机械。水平装卸托盘主要采用搬运车辆和滚子式输运机;垂直装卸采用升降机、载货电梯等。在自动化仓库中,采用桥式堆垛机和巷道堆垛机完成在仓库货架内的取、存装卸。

(3) 滑板作业法。滑板是由纸板、纤维板、塑料板、金属板制成的,与托盘尺寸相一致的带翼板的平板,用以承放货物,组成搬运作业系统。与其匹配的装卸搬运机械是带推拉器的叉车。叉货时,叉车推拉器的钳口夹住滑板的翼板,将货物拉上货叉;卸货时,先对好位,然后叉车后退,推拉器往前推,货物即就位。

(4) 其他集装件作业法。货捆单元化的货物、框架集装化的货物,可以使用与之相配套的叉车、门式起重机和桥式起重机进行装卸、搬运作业。

3) 散装作业法

煤炭、建材、矿石等大宗货物历来都采用散装装卸方式。对于谷物、水泥、化肥、原盐、食糖等,随着作业量增大,为提高装卸搬运效率,也日益趋向于散装装卸。

(1) 重力作业法。重力作业法是利用货物的位能来完成装卸作业的方法。比如重力法卸车,它是指底开门车或漏斗车在高架线或卸车坑道上自动开启车门,煤或矿石依靠重力自行流出的卸车方法。

(2) 倾翻作业法。倾翻作业法是将运载工具载货部分倾翻,而将货物卸出的方法。铁路敞车被送入了翻车机,夹紧固定后,敞车和翻车机一起翻动,货物倒入翻车机下面的受料槽。带有可旋转车钩的敞车和一次翻两节车的大型翻车机配合作业,可以实现列车不解体卸车。自卸车靠液压油缸顶起货厢,实现货物卸载。

(3)机械作业法。机械作业法是指采用各种机械,通过专门的工作机构,通过舀、抓、铲等作业方式,达到装卸、搬运的目的。常用的装卸、搬运机械有带式输送机、链斗装车机、单斗和双斗装载机、抓斗机、挖掘机等。

(4)气力输送法。这是利用风机在气力输送机的管内形成单向气流,依靠气体的流动或气压差来输送货物的方法。

4) 装卸设备作业法

(1)间歇作业法。间歇作业法指在装卸、搬运作业过程中有重程和空程两个阶段,即在两次作业中存在一个空程准备过程的作业方法,如门式起重机作业和桥式起重机作业。

(2)连续作业法。连续作业法指在装卸搬运过程中,设备不停地作业,货物可连续不断地实现装卸的作业方法,如带式输送机作业、链斗装车机作业。

5) 综合机械化作业法

这是代表装卸、搬运作业发展方向的作业方式。综合机械化作业要求作业机械设备和作业设施、作业环境的理想配合,要求对装卸、搬运系统进行全面的组织、管理、协调,并采用自动化控制手段(如电子计算机控制与信息传递),取得高效率、高水平的装卸、搬运作业。

2. 托盘的装盘与紧固作业

目前我国多数物流中心采用人工搬运和机械化搬运相结合的方法。以信息化为前提的智能化和集成化是物流中心搬运作业的发展方向。而托盘化装卸方式是实现装卸作业省力化和效率化的有效方法。下面以托盘的装盘与紧固作业为例,详细介绍其中的作业方法。

用平托盘运输形状整齐的包装货物,装盘是一项重要的操作。整个物流过程的托盘货体稳定与否,主要取决于装盘方式和稳固方式。

(1)托盘货体的装盘。在托盘上放装同一形状的立体形包装货物,可以采取各种交错咬合的办法码垛,这样可以保证有足够的稳定性,甚至不需再用其他方式加固。托盘上货物的码放方式很多,其中主要有以下四种。

①重叠式:各层码放方式相同,上下对应。(如图 8-9)

这种方式的优点是:员工操作速度快,各层重叠之后,包装物四个角和边重叠垂直,能承受较大的荷重。这种方式的缺点是:各层之间缺少咬合作用,稳定性差,容易发生塌垛。

在货体底面积较大的情况下,采用这种方式可有足够的稳定性。

一般情况下,重叠式码放再配以各种紧固方式,不但能保持稳固,而且装卸操作者省力。

②纵横交错式:相临两层货物的摆放交错 90°,一层成横向放置,另一层成纵向放置。(如图 8-10)。

使用这种方式装盘也较简单,如果配以托盘转向器,装完一层之后,利用转向器旋转90°，工人则只用同一装盘方式便可实现纵横交错装盘，劳动强度和重叠式相同。但是用这种方式层间有一定的咬合效果，但咬合强度不高。

重叠式和纵横交错式适合自动装盘机进行装盘操作。

③正反交错式。同一层中，不同列的货物以90°垂直码放，相临两层的货物码放形式是另一层旋转180°的形式。（如图8-11）

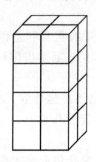 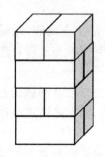 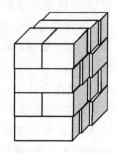

图8-9　重叠式　　　图8-10　纵横交错式　　　图8-11　正反交错式

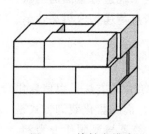

这种方式类似于房屋建筑砖的砌筑方式，不同层间咬合强度较高，相邻层之间不重缝，因而码放后稳定性很高，但操作较为麻烦，且包装体之间不是垂直面互相承受荷载，所以下部货体易被压坏。

④旋转交错式。第一层相邻的两个包装体都互为90°，两层间的码放又相差180°，这样相邻两层之间互相咬合交叉，托盘货体稳定性较高，不易塌垛。（如图8-12）

图8-12　旋转交错式

其缺点是码放难度较大，且中间形成空穴，会降低托盘装载能力。

(2)托盘货体的紧固。托盘货体的紧固是保证货体稳固，防止塌垛的重要手段。托盘货体的紧固方法有以下几种。

①捆扎。用绳索、打包带等对托盘货体进行捆扎，以保证货体的稳固。捆扎方式有水平捆扎、垂直捆扎等方式。

②网罩。用网罩盖住托盘货体，以起到紧固作用。这种方法多用于航空托盘。

③框架。用框架包围整个托盘货体，再用打包带或绳索捆紧，以起到稳固作用。

④中间夹摩擦材料。将摩擦系数大的片状材料，如麻包、纸板、泡沫塑料等夹入货物层间，起到加大摩擦力，防止层间滑动的作用。

⑤专用夹卡。对某些托盘货物，最上部如可伸入金属夹卡，则可用专用夹卡将相邻的包装物卡住，以便使每层货物通过金属夹卡成为一个整体，防止个别分离滑落。

⑥黏合。在每层之间贴上双面胶条，可将两层通过胶条黏合在一起，这样便可防止在物流运输配送中，托盘上货物层间方式滑落。

⑦胶带粘扎。托盘货体用单面不干胶包装带粘捆,即使胶带部分损坏,但由于全部贴于货物表面,也不会出现散捆。如果采用绳索、包装带捆扎,一旦一处断裂,全部捆扎便失去效用。

⑧平托盘周边垫高。将平托盘周边稍稍垫高,托盘上置的货物会向中心互相依靠,在物流运输配送中,发生摇动、震动时,可防止层面滑动错位,防止货垛外倾,因而也会起到稳固作用。

⑨收缩薄膜。将热缩塑料薄膜置于托盘货体之上,然后进行热缩处理,塑料薄膜收缩后,便将托盘货体紧箍成一体。这种紧固方法,不但起到固紧、防塌垛作用,而且由于塑料薄膜的不透水性质,还可起到防水、防雨作用。这种方法有利于克服托盘货体不能露天放置、需要仓库的缺点,可大大扩展托盘的应用领域。

(3)防范措施。防托盘塌垛是托盘装盘中需要注意的问题,比较而言,在不发生特殊的运输事故的情况下,码垛是决定是否发生塌垛的根本因素。

另外,包装表面的材质也起一定的作用,表面摩擦力大的包装物则比较不易发生塌垛。

托盘塌垛一般有几种形式:一是货体发生倾斜;二是货体整体移位;三是货体部分错位外移,部分落下;最严重的一种是全面塌垛。

在托盘化装卸过程中,切实做好托盘装盘,问题就可以得到根本解决。

三、装卸搬运系统的设计

装卸搬运系统设计是指为装卸搬运系统制定装卸搬运方案,主要包括:确定搬运路线系统,确定装卸搬运设备和确定运输单元,最后用图表的形式表示出来。装卸搬运系统设计的基本内容有三项:物品的确定、动线的布置和方法的确定。

1. 物品的确定

通常根据影响物品活性(即移动的难易程度)的各种特征和影响来进行分类。在实际应用时,往往按物品的实际最小单元(瓶、罐、盒等)或最便于搬运的运输单元(箱、捆等)进行分类。

确定物品分类的程序如下。

(1)列表标明所有物品或分组归并物品的名称。

(2)记录物品的物理特征及其他特征。

(3)分析每类物品的各项特征,并确定哪些特征是主导的,在起决定作用的特征下面划出标记线。

(4)确定物品类别,把那些具有相似主导特征的物品归并为一类。

(5)为每类物品写出分类说明。

对物品进行分类后编制物品特征表(见表 8-2),供制定装卸搬运方案时参考。

表 8-2　物品特征表

物品名称	物品的实际最小单元	单元物品的物理特征						其他特征			类别
		尺寸			重量	形状	损伤的可能性（对物料、人、设施）	状态（湿度、稳定性、刚度）	数量（产量）或批量	时间性	特殊控制	
		长	宽	高								

2. 动线的布置

物品搬运动线的布置应根据装卸搬运系统设施布置的基本要求进行。动线布置采用标注起点和终点的方法来表明每条动线线路。动线的起点和终点是用符号、字母或数码等符号语言来标注，简单明了地描述每条路线。通过对每条动线的描述，最终绘出能确切表明物品装卸搬运过程的路线布置图。

配送中心搬运系统常用的动线布置类型有直线型（或直通型）、L 型和 U 型。（如图 8-13）

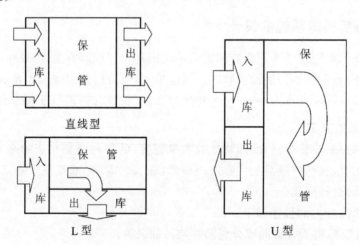

图 8-13　配送中心搬运系统常用的动线布置类型

配送中心主要采用的动线布置类型为直线型，作业过程中，物品由仓库的一端进库，从仓库的另一端出库。直线型动线布置最简单，搬运过程也最简单。L 型和 U 型通常受外界搬运设施以及搬运方法、面积利用、运转管理费用等因素的影响而应用较少。

实际应用中，大型配送中心的动线布置大多数采用上述三种动线的组合形式。动线布置图的内容包括以下几点。

(1) 距离。每条路线的长度就是从起点到终点的距离,即两点间的直线距离、垂直距离(如楼层之间)可换算成当量距离。属于哪种距离应在布置图上注明。常用单位是米、千米。

(2) 路线的具体情况。

①直接程度和直线。如水平、倾斜、垂直、直线、曲线、曲折等。

②道路情况。如有无临时的或长期的阻碍、路面铺砌是否良好、需要维修的路面、泥泞道路等。

③气候与环境。如室内、室外、冷库、空调区、清洁卫生区、洁净房间、易爆区等。

④起讫的工作情况和组织情况。如取货和卸货地点的数量分布、起点和终点的具体布置、起点和终点的组织管理情况等。

当然,路线和设备、设施的布置有密切的关系。不同的布置形式,其物料搬运的路线是不同的,路线的决定要充分考虑设备、设施布置的情况。

(3) 装卸搬运活动。装卸搬运活动要考虑流量和条件问题。流量指单位时间内在一条路线上移动的物品数量,一般用每小时多少吨或每天多少吨来表示。条件包括数量(每次搬运的件数、批量大小、搬运的频繁性、每个时期的数量以及这些情况的规律性)、管理情况(指控制各项搬运活动的规章制度及其稳定性)、时间(对搬运快慢或缓急程度的要求以及规律等)。

3. 装卸搬运方法的确定

可通过以下几种方法确定装卸搬运方法。

(1) 流程分析法。根据装卸搬运作业流程,即操作、运输、搬动、检验、储存、停滞等环节编制流程图表。

(2) 起讫点分析法。起讫点分析法有两种不同做法:一是通过观察每次移动的起讫点收集资料,每次分析一条路线;二是对一个区域进行观察,收集运进运出这个区域的一切物料的有关资料,编制物料进出表。

(3) 图表法。图表法是用图表来表示实际搬运作业的情况,又称为物流图。物流图是用一种系列物流流程符号来形象表示搬运作用过程的图表。

图表法所表示的物流流程图主要有以下几类。

①物流流程简图。物流流程简图只能表示物流料运动的过程和次序。

②在布置图上绘制的物流图。它在物流系统中经常用到。因为它是根据平面布置的实际情况绘出的,图上标出了每条线路的距离、物流量和流向,可以用它来作为选择搬运方法的依据。

③坐标指标图。它是距离与物流量的指标图,是表示物料移动的又一种图表化方法。这种方法是把移动的距离和物流量用点标明在图表上。

4. 方案设计与方案比较

方案设计的内容包括:确定搬运的路线系统、确定搬运设备和确定运输单元。

这三者的结合即可形成一项物料搬运方案。

方案初步设计的步骤如下。

(1) 收集原始数据。收集原始数据的内容包括物品的类型、流量、搬运路线和距离、设备设施的布置、机械设备的选用、时间要求、环境条件等。

(2) 方案的拟订。根据原始数据,拟订几种可供选择的初步搬运方案。

(3) 方案的调整。根据各种可能性,对几个初步方案进行改进和调整,进行各项需求的计算,并进行评价。

(4) 选择方案。确定比较满意的某一方案作为搬运系统设计的总体方案。

搬运方案详细设计就是在初步设计的基础上,制定从工作地到工作地,或从具体的取货点到具体的卸货点之间的搬运方法。详细方案必须与总体方案协调一致。实际上,方案初步设计阶段和方案详细设计阶段在实际运用中仅在设计区域范围、详细程度方面不同而已。详细设计阶段需要大量的资料、更具体的指标和更多的实际条件。方案的比较包括两个方面:一方面为成本费用或财务比较,它包括投资费用和经营费用;另一方面为无形因素比较,它包括优缺点比较和因素加权分析。

第四节　配送中心的装卸搬运的合理化及安全要求

一、装卸搬运合理化的措施

1. 提高物品装卸搬运的灵活性与可运性

提高装卸搬运的灵活性主要是指在装卸搬运作业过程中提高物品的"活性",而装卸搬运的可运性是指装卸搬运的难易程度。影响装卸搬运灵活性和可运性的因素主要有物品的外形尺寸、物品的密度或笨重程度、物品形状、物品损伤程度、设备或人员的因素、物品所处的状态、物品的价值和使用价值等。

2. 利用重力作用、减少能源消耗

在装卸搬运时一方面应尽量消除物品重力对装卸搬运造成的不利影响;另一方面应尽可能利用重力进行装卸搬运,以减轻装卸搬运的劳动强度和和能源消耗,如采用滑槽、溜槽等设施,依靠物品自身重量来完成装卸搬运作业。

3. 合理选择装卸搬运设备

装卸搬运机械化是提高装卸效率的重要环节。装卸搬运机械化程度的实现一般按采用简单装卸搬运机械设备、采用专用高效率装卸搬运机械设备和采用自动化装卸搬运机械设备三个等级划分。无论以哪个等级标准实现装卸搬运机械化,不仅要从是否经济合理来考虑,而且还要从加快装卸搬运速度、减轻劳动强度和保证人与物的安全等方面来考虑。

4. 合理选择装卸搬运方式

在装卸搬运过程中,必须根据物品的种类、性质、形状、重量来确定装卸搬运方式。在装卸搬运作业时,对物品的处理方式主要有"分块处理"、"散装处理"和"单元组合处理"三种方法。"分块处理"是以单件的形式进行装卸搬运,如大件物品的装卸搬运;"散装处理"是以散状物料的形式进行装卸搬运,如大宗物料的装卸搬运;"单元组合处理"是以托盘、集装箱为单位进行组合后的装卸搬运。

5. 改进装卸搬运作业方法

合理分解装卸搬运活动,对于改进装卸搬运各项作业、提高装卸搬运效率有着重要的意义。例如,采用直线搬运,减少货物搬运次数,使货物搬运距离最短,避免了装卸搬运流程的"对流"、"迂回"现象。在改进作业方法上,尽量采用现代化管理方法和手段,如排队论、网络技术、人机系统等的应用。

6. 创建"复合终端"

所谓的"复合终端",即对不同运输方式终端装卸场所,集中建设不同的装卸搬运机械,使各种运输方式有机地连接起来。

二、装卸搬运作业的注意事项

1. 一般操作注意事项

(1) 装卸搬运货物要注意稳挂、稳吊、不重放。袋装货物不要用铁钩。标志向上的货物不可倒放。

(2) 作业区内禁止闲杂人员随便进入,杜绝一切火种火源。作业前不饮酒,作业时思想集中,不打闹、不开玩笑、不赌气赌力。

(3) 作业中要严格遵守安全操作规程,不得超速、超高、超负荷,防止发生工伤及机件损坏事故。堆桩码垛时要注意人身和货物安全,不码"自由码"和"懒码",应达到稳固、整齐、清洁、美观、节约的要求。

(4) 作业时应根据货物的性能和操作要求,使用合理的安全防护工具,保护作业人员的安全和健康。

2. 危险品操作注意事项

(1) 易爆品和氧化剂的装卸搬运。严禁摔、碰、滚、撞击、震动和摩擦,要轻装轻卸。工作时要穿防护服,戴加厚口罩、风镜和手套。

(2) 压缩气体和液化气体的装卸搬运。要注意不可在日光下暴晒。搬运毒性气体时,应戴防毒面具、手套,不可赤手操作。搬运气瓶时要拧紧安全帽,搬运时瓶口朝上,放在专用小车上推运。液态氯和液态氨由于性能有很大的抵触,不可混存同运。

(3) 自燃品装卸搬运。不能让物品曝露在空气中,防止氧化自燃。禁止日光暴晒，隔绝火种和热源。搬运时轻拿轻放，禁止摔滚，防止震动、摩擦、撞击。黄磷和硝化纤维片受潮受热要分解，因此要分别保管和维护。

（4）遇水燃烧物品的装卸搬运。切勿受雨淋或受潮，发现包装破漏应立即修补。操作时要穿工作服、戴口罩和橡皮手套。修理后改换包装时还要佩戴风镜。

（5）易燃物品的装卸搬运。作业时严禁抽烟和接触明火。不可滚动、摩擦、撞击，不可在阳光下暴晒，不可与氧化剂接触。

（6）有毒物品的装卸搬运。一定要注意防护，严禁与皮肤接触。作业时要穿防护服，佩戴滤毒口罩、风镜、手套。操作挥发性毒品或剧毒品应戴防毒面具，固体剧毒品必须戴加厚纱布口罩。工作完毕要洗手、洗脸、淋浴，将所用防护用品妥善保管。不得穿沾染剧毒品的工作服进入食堂及公共场所。

（7）腐蚀性毒品的装卸搬运。操作时不可肩扛、背负，严禁与皮肤接触。工作时要穿工作服、橡胶鞋，佩戴橡胶围裙、橡胶手套、风镜。同时要准备稀石灰或小苏打溶液，以防止酸液沾染皮肤时冲洗急救（冲洗后要用清水冲干净）。

（8）放射性物品的装卸搬运。装卸、搬运、堆码时要尽可能采用机械操作，工作时间不宜过长。作业时要穿好放射性物品专用防护用具，严防放射性粉尘进入体内和放射性物品接触皮肤。皮肤有破裂者不可参加作业。作业后换去工作服，用肥皂清洗手脸、漱口、淋浴后方可进食。作业完毕后必须将现场放射性残物打扫干净并埋入深土，防止扩大污染。为增强工作人员抵抗力，可按有关劳动保护规定供应适当的营养品。

三、装卸搬运作业安全操作技术要求

装卸、搬运作业必须组织严密，必须严格执行安全操作规程，否则，极易造成人身安全事故、机械和物资损坏事故。为此，必须注意下列要求。

1. 人力装卸搬运工安全操作要求

（1）作业开始前必须做好"三检查"：检查货物的性质、形状、规格、重量以及包装情况；检查吊具、工具、索具是否安全、齐备、完好；检查作业现场有无影响作业的障碍物，道路是否平坦，跳板是否牢固、平稳。

（2）作业现场要清洁、畅通，夜间作业要有良好的照明。

（3）多人共同搬运一个大件货物时要有人指挥喊口号，动作要一致。

（4）搬运笨重物件或易碎、怕震、怕碰、怕倾斜的货物时，要有专人接肩，轻拿轻放。

（5）装卸搬运货物要严格按货物包装上标明的要求，做到一般货物不压易碎货物，大型货物不压小型货物，型钢不压管材。

（6）人力装卸搬运作业应遵守"六不、六稳、六防"的安全操作制度。"六不"指车不停稳不上下车，行车时不坐危险地方，不向车上车下扔货物，不擅自离开工作岗位，工作时间不开玩笑、不吸烟，不违章作业。"六稳"指跳板搭稳、接稳、抬稳、走

稳、放稳、垫稳。"六防"指防止掉人、掉物、掉车帮,防止绊脚跌倒事故,防止捆扎不牢,防止铁钉扎脚扭腰,防止起落乱套,防止工具反弹伤人。

(7) 作业时必须戴好安全帽、手套,穿好工作鞋等劳动保护用品。严禁光臂,赤脚,穿高跟鞋、拖鞋或趿拉鞋工作。

(8) 严禁在货物原包装上的铁腰、木档上起吊,吊起的货物下严禁站人。

(9) 起吊易散、易滑物品必须捆牢,防止货物落下伤人损物。

(10) 车辆行驶中严禁上下车,保险杠和板翼上严禁载人。

(11) 装卸列车时,车上人员一般不宜超过两人,操作时应选择安全位置站立。车帮上严禁站人。吊起的货物下不得站人或停留。

(12) 起吊货物时必须挂平挂牢,不得倾斜,否则不得起吊。货物起吊后,装卸人员应用手勾推拉货物,严禁用手直接拉扶货物。

(13) 装卸人员应熟悉设备构造和性能,严禁超负荷使用和违章作业。

(14) 起吊有尖锐棱角的货物时,必须加苫垫物,防止起吊作业中钢丝绳损坏或断裂。

(15) 起吊货物时钢丝绳挂钩夹角应在 60°左右。在夹角大于 90°时,绳头必须用卸扣或 S 钩锁牢,防止钢丝绳滑钩。

(16) 货物装卸过程中的临时桩垛要摆放稳妥,安全可靠。过磅验收入库的货物进行堆码时必须做到安全、稳固、整齐、层次分明,并且要保证作业通道的畅通。

(17) 凡收储过去没有操作过的新品种,要由理货员和质量管理员研究制定出安全操作方案后方可进行作业。在安全措施未落实前,严禁违章冒险操作。

(18) 货物装车要码放均匀。作业完毕关好车厢的门窗,并根据需要进行加固或加盖苫布。

(19) 各装卸作业点都应有质量管理员,并佩戴安全员标志,负责作业现场的安全生产。作业过程应当由专人指挥、统一信号,不准多人乱指挥,以保证作业人员和货物的安全。

(20) 作业完毕要及时清除现场杂物和垃圾,整理回收苫垫、包装等物料。

(21) 装卸搬运危险品时还应严格执行危险品装卸搬运作业的有关规定。

(22) 拆除各种货垛时禁止数层同时拆除,防止货垛倒塌,伤人损物。

(23) 冬季作业一定要有防冻、防滑措施。

2. 起重钢丝绳安全操作要求

(1) 钢丝绳要经常检查、妥善保管、按规定报废或更新。

(2) 严禁超负荷吊物。

(3) 每次作业前要有专人负责检查钢丝绳的磨损程度,防止作业当中出现绳索折断事故。

(4) 吊物时要使钢丝绳受力均衡。吊块状物件或有尖锐棱角货物时要在接触处苫垫保护物,防止损伤,折断绳索。

(5) 不得使用长短不等、规格不同的钢丝绳起吊货物。

3. 起重运输机械安全操作要求

凡操作人员,均须经专门培训,取得操作合格证后方可上机。

运转前的注意事项。

(1) 认真检查,发现问题立即维修,修好后才能进行作业。

(2) 操作人员应明确工作任务,并与装卸、搬运人员共同制定工作程序。

运转中的注意事项。

(1) 不得超负荷、超速度运行。

(2) 起吊时,吊钩必须位于物件重心的正上方,以免起吊后物件摇摆。

(3) 绝对禁止人和物一同吊运、提升。

(4) 要以口令和手势作为指挥信号,并只服从一人指挥。遇有停止信号时,不管信号是谁发出,都应立即停车。

(5) 工作完毕,吊钩上不应再悬挂物件。

为了保证操作安全,应根据起重机械的不同类型装设各种保险装置,如缓冲器、卷扬限制器、行程限制器、起重控制器等。

4. 机电设备装卸安全要求

(1) 机电设备一般都具有一定的紧密度和特殊性能,局部的损伤、弯曲、变形都可能影响设备的使用性能,有的甚至会变得完全不能使用。

(2) 应按照包装上的标志进行作业,特别要禁止倒置和发生撞击。

(3) 吊挂带有木箱包装的设备时,应注意绳索吊挂位置,如果箱上有吊挂位置标记,必须在规定位置上吊挂,避免起吊后设备发生倾斜和翻倒;在吊挂柳条、竹席包装的设备时,更应小心仔细,一定要挂在底座上,在起吊、放下时,必须轻提、轻放、平稳操作。

(4) 起吊裸体机电设备时,应利用机器上备有的专门的吊运孔或吊钩。无吊运孔和吊钩的,要在钢丝绳和机器之间加垫木方,或用废布、棉纱等隔开。不要使钢丝绳直接接触机体的光滑、精密部位,更不允许在机器的轴或手柄上进行吊挂。

(5) 起吊前,应先试吊。当设备离地 10~20 厘米时,应检查悬吊是否牢固。发现问题应立即下吊,不得勉强往上吊。

(6) 成套设备装卸时,应注意成套性,防止随意拆套。

超高、超宽设备装运时,应按运输部门的运输安全规定操作。

5. S 钩安全操作要求

(1) 要经常检查,保持完好,严格按规定报废或更新。

(2) 要确保安全,严禁超负荷使用。

(3) 每次作业前要仔细检查 S 钩的磨损程度和结构情况。

（4）严禁使用未经检验的自制 S 钩。

本 章 小 结

本章详细介绍了配送中心的装卸搬运作业系统。通过学习本章内容可以了解和熟悉配送中心装卸搬运的特点，以及装卸搬运系统在配送中心运作中所起的衔接作用、保障作用和价值作用。在此基础上，熟悉掌握配送中心的堆垛折垛作业、分拣配装作业以及搬动移动作业，熟悉掌握单件物品装卸搬运作业、集装作业和散装作业的方法。

通过对本章的学习还可以了解和熟悉配送中心使用的装卸搬运设备和设施，以及装卸搬运系统的组成。并在此基础上，掌握装卸搬运设备的选择原则和合理的选择方法；掌握装卸搬运系统设施布置的基本要求；了解配送中心搬运系统常用直线型、L 型和 U 型动线布置类型；掌握装卸搬运方法的确定，并能对装卸搬运作业的组织及合理化作出抉择；同时亦能了解装卸搬运作业必须遵循的相关准则与安全要求。

综合案例分析

××烟草公司对装卸搬运设备配置的要求

为了降低生产过程中的烟叶（原料）配送成本，××烟草公司对装卸搬运设备配置的要求主要如下。

（1）取消或合并装卸搬运环节和次数。由于生产过程中的装卸搬运不仅不增加烟叶的成本，而且，随着流通环节的增加和流程的繁杂，烟叶的"综合碎耗"和生产配送成本随之增加。因此，烟草公司在生产物流系统设计中研究了各项装卸搬运作业的必要性，千方百计地取消、合并装卸搬运环节和次数。

（2）要实现生产过程配备作业的集中和集散分工。集中作业才能使生产作业量达到一定的水平。为保证实行机械化、自动化作业，烟叶公司在安排存储保管物流系统的卸载点和装载点时就要尽量集中；在货场内部，同一等级、产地的烟叶应尽可能集中在同一城区域进行配送作业，如建立专业货区、专业卸载平台等。

（3）进行托架单元化组合，充分利用机械进行配送作业。公司在实施配送作业过程中要充分利用机械进行作业（如叉车、平板货车等），增大操作单位、提高作业效率和物品"活性"，实现配送作业标准化。

思考题

××烟草公司在生产过程的配送作业中对装卸搬运设备配置采取了哪些做法？

本章综合练习题

1. 简述装卸搬运的特点。
2. 装卸搬运作业有哪几种方法?
3. 装卸搬运应该注意哪些事项?

 实践活动

用人力叉车、自动导引车(AGV)进行装卸搬运作业

实践目标:熟悉叉车装卸搬运的各个步骤,严格按照训练程序进行;培养学生理论与实践相结合的能力;培养学生工作中的安全防护意识和能力。

实践内容:分别操作人力叉车和自动导引车进行货物搬运和装卸。

实践要求:注意叉车操作过程中的安全问题。

实践成果:根据两种搬运设施的操作体验撰写操作心得,并总结两种方式的优缺点及操作注意事项,撰写报告并提交。

第三篇

配送中心管理

配送中心的具体运作过程不仅需要先进的系统、设备与恰当的操作流程，更需要有效的管理工作配合才能真正实现高效率、高质量、高收益的经营目标。本篇将围绕配送中心管理的主要工作模块展开讲述，包括第九至第十三章，详细讲解了配送中心的设施设备的选择、购置和使用相关问题、信息化系统的管理与应用、成本管理、客户管理及人员管理等实务性内容。本篇侧重培养学生的管理意识和管理能力。因此，本篇在介绍相关知识点的同时，特别注意管理意识、方式、方法和手段的培养与应用，安排了相应的案例分析和实践活动，以期学生真正能够学以致用，从而为物流行业的发展提供更多合格的管理人才。

第九章 配送中心的设备及其管理

本章学习目标

了解配送中心作业设备的分类;了解配送中心常用设备的功能及特点;掌握各种作业设备的选择与设备的使用和维护保养知识。

 经典案例导入

叉车的选择和配置

深圳某物流公司拟建一个立体仓库,总面积达 12 000 平方米(120 米×100 米),有效净高度 10.5 米,卸货平台 16 处,公司希望既能最大限度地利用仓库空间,又能满足货物最大周转量日处理 50 个 40Ft(英尺,1 英尺=0.304 8 米,下同)集装箱的要求。公司原拟向林德公司订购三向高位堆垛叉车 8 台、电动平衡重式叉车 16 台。经过与林德公司共同研究分析仓库的空间利用率、作业效率以及投资成本的规划意图和综合需求状况,再用专用软件加以分析得到的优化方案是:配备三向高位堆垛叉车 4 台、电动平衡叉车 6 台、电动托盘搬运车 10 台。这样既做到叉车分工明确,各款叉车又充分利用,不仅综合作业效率大为改善,同时减少了在叉车上约 70% 的投资。

第一节 配送中心的作业设备

机械设备在物流配送中心中发挥着重要作用,是其重要的组成部分。选用何种搬运设备才能使货物进出库快捷顺畅?选用何种储存设备才能使货物存取方便,并且能达到预期的储存效能?选用何种输送设备才能使货物从一个作业点高效、安全地移动到下一个作业点？这些都是我们在物流中心实际工作中经常要考虑的问题。

一、设备选择的原则

物流自动化与现代化的发展对配送中心的设备要求也越来越高。但就我国目前物流业状况而言,在配送中心设备上宜采取"实用主义"原则,而不应过分追求"高、精、尖"。

据我国的实际状况,对于配送中心的建设,比较一致的共识是贯彻软件先行、硬件适度的原则。也就是说,计算机管理信息系统、管理与控制软件的开发,要瞄准国际先进水平;而机械设备等硬件设施则要根据我国资金不足、人工费用便宜、空间利用要求不严格等特点,在满足作业要求的前提下,更多选用一般机械化、半机械化的装备。如仓库机械化可以使用叉车或者与货架相配合的高位叉车;在作业面积受到限制,一般仓库不能满足使用要求情况下,也可以考虑建设高架自动仓库。

因此符合我国国情的设备选择的原则如下。

(1) 先进性:不买落后设备。

(2) 经济性:在符合条件的前提下,购买价格便宜的。

(3) 合理性:设备作业能力与物流需求相适应。

实际操作中,还要依据系统性原则,做到先进性与经济性、合理性相结合。

二、配送中心的主要作业设备

根据设备在物流配送中心实现的作业活动的不同,可以把物流配送中心的机械设备分为储存设备、装卸搬运设备、输送设备、分拣设备、包装设备、流通加工设备以及集装单元器具等。

(一) 储存设备

物流配送中心中最主要的储存设备就是货架。为提高物流配送中心的效率,储存设施与设备需要根据不同的物品属性、保管要求、用户要求等采用适当的货架,使得货物存取方便、快捷,减少占用面积。

1. 货架的分类与功能

在物流配送中心,货架是专门用于存放成件物品的保管设备,是用支架、隔板或托架组成的立体储存货物的设施。物流活动中使用货架,有助于充分利用仓库空间提高库容利用率;易于货物存放,提高货物保管质量,减少货物损失;货位明确,便于清点计量;存取方便,利于实现机械化、自动化作业。

一般可将货架分为通道式货架、密集型货架和旋转式货架。通道式货架一般采用人工作业或机械作业方式,根据所使用的不同机械类型预留一定宽度的通道。常见的通道式货架有托盘式货架、贯通式货架、货柜式货架和悬臂式货架等。密集型货架是不以通道来分割的整栋式货架,大大节省通道面积。常见的密集型货架有移动式货架和重力式货架。旋转式货架存储的货物可随货架的回转移动到操作人员面前,可以方便操作人员对货物的拣选作业。常见的旋转式货架有水平旋转式货架和垂直旋转式货架。下面具体介绍几种货架。

1) 托盘式货架

(1) 普通托盘货架。托盘式货架(如图9-1)是使用最广泛的托盘类货物存储系统,通用性也较强。其结构是货架通过单列或者双列连接成若干排,排与排中间留有通道供堆垛、叉车以及其他装卸搬运设备运行,每个货架在垂直方向上分为若干层,从而形成大量货格,用以存放托盘货物。

托盘式货架在存取货物时,每一块托盘均能单独存入或者取出,不需要移动其他托盘,货物装卸迅速,主要是用于整托盘进出库或者手工拣选的仓库。较高的托盘货架使用堆垛起重机存取货物,较低的托盘货架可用叉车存取货物。货架的配套设施、设备成本相对较低,能快速安装与拆卸。因此,托盘货架的应用范围也最为广泛。

图9-1 普通托盘货架

(2) 窄通道式货架。窄通道式货架(如图9-2)的通道仅比托盘稍宽,继承了托盘式货架对托盘储存布局无严格要求的特点,充分利用仓库面积和高度,具有中等储存密度。但是窄通道式货架需用特殊的叉车或起重机进行存取作业,还需要其他搬运机械配套,同时对设计与安装有更高的要求。

图9-2 窄通道式货架

图9-3 双重深货架

(3) 双重深货架。双重深货架(如图9-3)与普通托盘货架具有相同的基本架构,只是把两个托盘货架结合,减少了中间的通道位置,储存密度可大大增加。

但是另一方面,也由此降低了其存取性及出入库能力,而且作业时必须配合使用专用叉车以存取存放在第二列的托盘货物。

2) 贯通式货架

贯通式货架(如图 9-4)的支撑导轨上,托盘按深度方向存放,一个紧接着一个,叉车可以驶入,存取单元托盘货物,即叉车作业通道与货物保管场所合一,因此货物存放密度很高,仓库面积利用率大大提高。贯通式货架按其存取托盘货物的作业方式不同分为驶入式货架和驶入驶出式货架。驶入式货架在货物存取时,叉车从货架的同一方向直接进出货架,叉车与架子的正面成垂直方向驶入,在货架进行货物存取作业。装货时,从内向外逐个卸放托盘货物直至装满,取货时,再从外向内顺序取货。驶入式货架投资成本相对较低,可以提高仓库的库容率以及空间利用率。而另一方面,获

图 9-4 贯通式货架

得高空间利用率的代价是在货物管理上很难实现"先进先出"。因此,驶入式货架适用于保管品种少、批量大且不受保管时间限制的货物。

为了实现先进先出管理,可以在驶入式货架的基础上舍弃一部分储存空间换取存取的方便性,将其转变成驶入驶出式货架。与驶入式不同,驶入驶出式货架前后不封闭,前后均设置通道,前后均可进行货物存取作业。为了实现"先进先出"的管理,在存取货物时,一侧为进货通道,另一侧为取货通道。

3) 货柜式货架

货柜式货架(如图 9-5)一般用于储存非标准托盘、小件、零星货物,根据不同的货物需要可以有不同的形式。这种货架一般每格都有底板,货物可以直接搁置在底板上,这种货架的作业方式多为人工作业。货柜式货架分为重型层板货架、轻型层板货架、抽屉式货架等。

图 9-5 货柜式货架

图 9-6 悬臂式货架

4) 悬臂式货架

悬臂式货架(如图 9-6)在立柱上装有外悬的杆臂,是一种边开式的货架。

悬臂式货架适合存放长条状或长卷状、大件和不规则货物,例如钢材、木材、塑料等。若要放置圆形物品,应在其臂端装设阻挡块以防止滑落。货架前伸的

悬臂具有结构轻巧、载重能力好的特点,但货架高度受限,一般在6米以下。悬臂式货架特别适合空间小、高度低的库房。此类货架不太便于机械化作业,存取货物作业强度大,同时空间利用率较低,尤其适用于材料生产工厂,或长形家具制造商。

5) 移动式货架

移动式货架(如图9-7)的底部装有轮子,可以在轨道上沿直线水平方向移动。与固定式货架相比,移动式货架节省了固定式货架在每两排货架之间都要有的通道空间,可以在较多排货架中只保留一条通道。移动式货架通过货架移动,选择所需要的通道位置,让出通道,由叉车进行货物的装卸作业。移动式货架一般是电动的,每列货架的底部有马达驱动装置,一般通过控制装置与操作开关盘,进行操作并移动货架。对于轻型移动式也可以采用手动方式。移动式货架一般附加有变频控制功能,用来控制驱动、停止时的速度,以防止放置在货架上的物品因惯性造成颤动、倾斜或崩倒等危险,同时也配备定位用的光电传感器以及齿轮马达,提升停止定位精度。

图9-7 移动式货架

移动式货架的储存量比一般固定式货架大很多,节省空间,适合少样、多量、低频度的货物保管。但是货架机电装置多,维护困难,建造成本高,施工速度慢。

6) 重力式货架

重力式货架可以分为滑动式货架和后推式货架,存放的货物分为两类:一类是存放整批纸箱包装商品,另一类是存储托盘商品。存放纸箱包装商品的重力式货架比较简单,由多层并列的辊道传送带组成,商品上架及取出使用人力。存放托盘商品的重力式货架相对复杂,每个货架内设重力滚道两条,滚道由左右两组辊轮、导轨和缓冲装置组成。

重力式货架空间利用率较高,与普通通道托盘货架相比,大大节省了通道面积,同时减少货位空缺的现象,货物存取时叉车的行程最短。但是,重力式货架的投资成本高,对托盘及货架的制造加工要求高,日常维护与保养的要求也高。

(1) 自滑动式货架(如图9-8)。这种货架的一侧通道用来存放货物,另一侧通道作为取货用,货物放在滚轮上。货架向取货方向倾斜一定角度,利用货物重力使货物向出口方向自动下滑,以待取出。

这种货架的特点主要是:适用于易损货物和大批量同品种、短期储存、先进先出的货物;适用于先进先出;空间利用率可达85%;适用于一般叉车存取;易搬动,人工拣取方便;高度受限,一般在6米以下;费用大,施工慢。

图 9-8 自滑动式货架

图 9-9 后推式货架

（2）后推式货架。（如图 9-9）后推式货架与自滑动式货架的主要区别是货物的存、取在一侧进行，储存密度比自滑动式货架高。所谓后推式货架是叉车把后到的货物由前方存入货架时，此货物便把原先的货物推到后方。当从前方取货时，由于货架滑轨向前方倾斜，后方的货物自动滑向前方，以待拣取。这种货架的特点是：储存密度高，但存取性差，一般深度方向达 3 个货位，最多达 5 个货位；比一般托盘货架节省 1/3 空间，增加了货位；适用于一般叉车存取；适用于少品种大批量物品的储存；不适合太重物品的储存；货物自动滑向最前的货位；不能进行先进先出的存取。

7）水平旋转式货架和垂直旋转式货架

旋转式货架（如图 9-10）结合自动仓储系统与货架功能，在拣选货物时，取货者不动，货架自动旋转至拣货点。旋转式货架设有电力驱动装置，货架沿着环形轨道运行，存取货物时，把货物所在的货格编号输入控制系统，该货格则以最近的距离自动旋转到拣货点，停止。在实际作业中，可以根据所存放货物的种类、形态、大小、规格等不同条件选择货架的货格。

图 9-10 旋转式货架

旋转式货架的货架移动快速，速度可达 30 米/分钟，存取物品的效率很高，又能依需求自动存取物品，并可利用计算机快速检索，寻找指定的储位，适合拣货，进而达到存货自动管理。旋转式货架由标准化的组件及模块设计而成，能适合各种空间配置，同时由于其自动化程度较高可以减少操作人员。另一方面，旋转式货架的物品存取出入口固定，有利于保证物品安全不易失窃，而且在存取口设计时可以更多地考虑并利用人机工程学的技术方法，以适合操作人员长时间工作，降低人员工作强度。但是，该类货架的建设和维护成本较高。旋转式货架适用于电子零件、精密机件等少量、多品种、小物品的储存及管理。

旋转式货架系统由多台物品货架环列连接组成,依据储存货品的要求,可由向不同方向移动的货架连接组成,一般分为两种形式。

(1) 水平旋转式货架。水平旋转式货架按货架移动方式可分为整体移动式和分层移动式。整体移动式仅用一台马达带动,水平方向旋转时上下连在一起的各货架层整体作水平式连动旋转;分层移动式货架每层各有一台马达,各单层能独立地水平运动旋转。

(2) 垂直旋转式货架。垂直旋转式货架,其原理与水平旋转式货架大致相同,只是旋转的方向是与地面垂直,充分利用仓库的上部空间,是一种空间节省型的仓储设备,其可比传统式平置轻型货架节省 1/2 以上的货架摆设面积,但其移动速度较水平旋转式货架慢,约为 5~10 米/分钟。

垂直旋转式货架也可模块化设计,以列为单位进行独立构造,在需求增加时,可以再行购置模块,添加组合。该类货架有强大扩充能力,在配置需要改变时,能够灵活地拆卸组合,调配位置。

2. 货架的选择

在选择货架时,一般要重点考虑经济高效原则,同时要综合分析各项因素,从而决定最适用的货架类型。通常考虑的因素包括货物属性、出入库情况、与相关设备的配套以及库房构造等。

3. 货物属性

储存货物的外形、尺寸、重量等物理属性直接影响到货架规格,储存单元、储存容器强度、货架结构等要与储存货物的物理性能要求相适应。

4. 出入库情况

出入库情况影响货架选择的策略,包括出入库的频率、出入库吞吐量、吞吐能力等。一般而言,货物的存取方便性与储存密度是相对立的,获得较高的储存密度,会相对牺牲存取方便性。即使有些货架在存取方便性与储存密度两方面均有较好的效果,如重力式货架,但其投资成本高,日常维护与保养的要求高。出入库频繁、吞吐量大的仓库在选用货架时要充分考虑货物存取方便性。

5. 与相关设备的配套

货架的选择要考虑与物流配送中心其他相关设备的配套,尤其是装卸搬运设备。货架上存取货物的作业是由装卸搬运设备完成的,货架与搬运装卸设备的选择要一并考虑。

6. 库房构造

货架的选用与库房的构造紧密相关,决定货架的高度时须考虑梁下有效作业高度,梁柱位置影响货架的配置;地板承受的强度、地面平整度也与货架的设计及安装有关。另外,还要考虑防火设施和照明设施的安装位置。

(二)集装单元器具

集装单元技术是现代物流发展的标志之一,是利用集装单元器具把物品组成标准规格的单元货件,以加快装卸、搬运、储存、运输等物流活动,已广泛应用于物流的各个环节。集装单元化为装卸作业机械化、自动化创造了条件,加速了运输工具的周转,缩短了货物送达时间,从总体上提高了运输工具在重量和容积上的利用率;其次,集装单元化节约了包装材料,减少包装费用,同时减少物流过程的货损、货差,保证货物安全;第三,集装单元化便于堆码,提高了库房、货场单位面积的储存能力。通过集装单元化技术,促使物流实现标准化和批量化,促进物流向社会化、机械化和自动化方向发展,有利于降低物流成本。

集装单元器具中最主要的是集装箱和托盘,仓库中最常用的是托盘。

1. 集装箱

集装箱(如图 9-11)是海、陆、空不同运输方式进行联运时用以装运货物且具有一定强度、刚度和规格,专供周转使用的大型装货容器。使用集装箱转运货物,可直接在发货人的仓库装货,运到收货人的仓库卸货,中途更换车、船时,无须将货物从箱内取出换装。关于集装箱的定义,不同国家、地区和组织的表述有所不同。

根据国际标准化组织(ISO)TC104 委员会的定义,凡是具备下列条件的运输容器,可称为集装箱。

(1) 具有足够的强度,能长期反复使用。

(2) 中途转运时,不用搬动箱内的货物,可整体转载。

(3) 备有便于装卸的装置,特别是便于从一种运输方式转移到另一种运输方式。

(4) 便于货物的装入和卸出。

(5) 具有 1 立方米以上的内部容积。

集装箱这一术语不包括车辆和一般包装。在中华人民共和国国家标准《集装箱名称术语》(GB/T 1992—1985)中,引用了上述定义。

集装箱可以从不同的角度进行分类。按所装货物种类分,有杂货集装箱、散货集装箱、液体集装箱、冷藏集装箱等。按制造材料分,有木集装箱、钢集装箱、铝合金集装箱、玻璃钢集装箱,不锈钢集装箱。按结构分,有折叠式集装箱、固定式集装箱等,固定式集装箱还可分为密闭集装箱、开顶集装箱、板架集装箱等。按总重分,有 30 吨集装箱、20 吨集装箱、10 吨集装箱、5 吨集装箱、2.5 吨集装箱等。

为了有效地开展国际集装箱多式联运,集装箱标

图 9-11 集装箱

准化是必要条件之一。集装箱标准按使用范围分,有国际标准、国家标准、地区标准和公司标准4种。

(1) 国际标准集装箱。国际标准集装箱是指根据国际标准化组织(ISO)TC104技术委员会制定的国际标准来建造和使用的国际通用的标准集装箱。

国际标准化组织(ISO)TC104技术委员会制定的现行集装箱国际标准为第1系列,共13种。其宽度均一样(2 438毫米),长度有4种(12 192毫米,9 125毫米,6 058毫米,2 991毫米),高度有4种(2 896毫米,2 591毫米,2 438毫米,<2 438毫米);第2系列和第3系列均降格为技术报告。

(2) 国家标准集装箱。各国政府参照国际标准并考虑本国的具体情况,制定了本国的集装箱标准。

我国现行国家标准《集装箱外部尺寸和额定重量》(GB 1413—1985)中规定了集装箱各种型号的外部尺寸、极偏差及额定重量。

(3) 地区标准集装箱。此类集装箱标准,是由地区组织根据该地区的特殊情况制定的,此类集装箱仅适用于该地区。例如,根据欧洲国际铁路联盟(VIC)所制定的集装箱标准而建造的集装箱。

(4) 公司标准集装箱。某些大型集装箱船公司,根据本公司的具体情况和条件而制定了集装箱标准,这类集装箱主要在该公司运输范围内使用。

2. 托盘

托盘是指一种便于装卸、运输、保管、使用的,由可以盛载单位数量物品的负荷面和供叉车作业的插入口构成的装卸用垫板。因为它好像盘子可以托起食品一样,所以形象地称之为托盘。

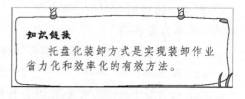

知识链接

托盘化装卸方式是实现装卸作业省力化和效率化的有效方法。

托盘出厂时应有合格证,并在托盘明显处标明公司名称、托盘规格、编号、制造日期、托盘重量及承载能力等。

1) 托盘的构造及标准

这里,将依据JIS(日本工业标准)中介绍的托盘的有关常识,其中包括种类和记号、载重量、大小、强度、构成、材料等。同时,为作参考,也列出部分我国有关托盘的国家标准。

(1) 托盘的种类及记号。托盘的种类及记号,根据其组合形式,如表9-1所示。

表9-1 托盘类型与记号表

种 类	记 号	种 类	记 号	种 类	记 号
单面型	S	一面使用型	D	两面使用型	R
单面型四方插入	S4	一面使用型四方插入	D4	两面使用型四方插入	R4
单面单翼型	SU	一面使用单翼型	DU	两面使用单翼型	RU

(2) 托盘的载重量。托盘载重量有 500 千克,1 000 千克,1 500 千克和 2 000 千克 4 个级别。

(3) 托盘的大小。托盘的大小,用长×宽(平方毫米)表示,如表 9-2 所示。

表 9-2 托盘尺寸表　　　　　　　　单位:毫米

长	宽
800	1 100
1 100	800
800	1 200
1 200	800
900	1 100
1 100	900
1 000	1 200
1 200	1 000
1 100	1 100
1 100	1 400
1 400	1 100

(4) 托盘的强度。托盘强度是很重要的。如果托盘受力变形超过一定范围,将影响正常物流作业的进行,甚至造成设备事故。可接受的托盘变形程度(由 JIS 进行试验)如表 9-3 所示。

表 9-3 托盘强度表

项　　目		强　　度
弯曲强度	弯曲率	2.5%以下
	剩余弯曲率	0.5%以下
压缩强度	倾斜量	4 毫米以下

(5) 托盘的构成。托盘是由 3 根横梁(或者 3 块横梁板)与 9 个砌板块(或者平板)等构成,相邻的面相互成直角。被组合的托盘的装载面,要与其下面成平行面。

(6) 托盘的材料。托盘材料有木材、金属和塑料三大类。木材含水率最高为 30%。目前,木材托盘应用较广。在工业发达国家塑料托盘应用较广。

2) 托盘的种类

目前国内外常见的托盘大致可分为以下五大类。

(1) 平托盘。一般所称的托盘,主要指平托盘,如图 9-12 所示。平托盘是托盘中使用量最大的一种,也可以说是通用型托盘。平托盘可按三个条件分类。

图 9-12　平托盘

按承托货物台面分成单面型、单面使用型和双面使用型、翼型四种。
按叉车叉入方式分为单向叉入型、双向叉入型、四向叉入型三种。
按材料可分成如下几种。

① 木制平托盘。木制平托盘制造方便,便于维修,自重也较轻,是使用广泛的平托盘。

② 钢制平托盘。用角钢等异型钢材焊接制成的平托盘,和木制平托盘一样,也有叉入型和单面、双面使用型等各种形式。

钢制平托盘自身较重,比木制平托盘重,人力搬运较为困难。最近采用轻钢结构,可制成 35 千克的 1 100 毫米×1 100 毫米钢制平托盘,可使用人力搬移。钢制平托盘最大特点是强度高,不易损坏和变形,维修工作量较小。钢制平托盘制成翼型平托盘有优势,这种托盘不但可使用叉车装卸,也可利用两翼套吊器具进行吊装作业。

③ 塑料制平托盘。采用塑料模具制成的平托盘,一般是双面使用型、双叉入型和四向叉入型三种形式。由于塑料强度有限,很少有翼型的平托盘。

塑料制平托盘最重要的特点是本体重量轻,耐腐蚀性强,便于使用各种颜色分类区别。托盘是整体结构,不存在透钉刺破货物的问题,但塑料承载能力不如钢、木制托盘。

胶板制平托盘。用胶合板钉制台面的平板型台面托盘,质量轻,但承重力及耐久性较差。

(2) 柱式托盘。柱式托盘的基本结构是托盘的四个角有固定式或可卸式的柱子,这种托盘又可从对角的柱子上端用横梁连接,使柱子成门框形。(如图 9-13)

柱式托盘的柱子部分可用钢材制成,按柱子固定与否分为柱式和可卸柱式两种。

柱式托盘的主要作用有两个:一是防止托盘上所置物在运输、装卸等过程中发生塌垛;二是利用柱子支撑重量,可以将托盘上部货物悬空载堆,而不用担心压坏下部托盘的货物。

(3) 箱式托盘。箱式托盘是由沿托盘四个边的栏板(板式、栅式、网式)和下面的平面组成的箱体。(如图 9-14)有些箱体有顶板,有些箱体上没有顶板。箱板有

图 9-13 柱式托盘

图 9-14 箱式托盘

固定式、折叠式和可卸式三种。

由于四周栏板不同,箱式托盘又有各种叫法,如四周栏板为栅栏式的也称笼式托盘或集装笼。箱式托盘的主要特点有二:一是防护能力强,可有效防止塌垛,防止货损;二是由于四周有护板护栏,这种托盘装运范围较大,不但能装运可码垛的整齐形状包装的货物,也可装运各种异型的不能稳定堆码的物品。

(4)轮式托盘。轮式托盘的基本结构是在柱式、箱式托盘下部装有小型轮子,可利用轮子进行小距离运动,在不使用搬运机械的情况下实现搬运。

轮式托盘可利用轮子进行滚上滚下的装卸,也可将其放置在车内、舱内,可灵活运动,有很强的搬运性。

轮式托盘在生产物流系统中,可以兼作作业车辆。

(5)特种专用托盘。托盘可适装多种、小件以及杂、散、包装货物。由于托盘制作简单,造价低,所以针对某些较大数量的货物,可制出装载效率高、装运方便、适于该种物品特殊要求的专用托盘,并在某些特殊领域发挥作用。

航空托盘。航空货运或行李托运用托盘,一般采用铝合金制造,为适应各种飞机货舱及舱门的限制,一般制成平托盘,托盘上所载物品以网罩覆盖固定。

平板玻璃集装托盘。这种托盘又称平板玻璃集装架。这种托盘能支撑和固定平板玻璃,在装运时,平板玻璃顺着运输方向放置以保持托盘货载的稳定性。平板玻璃集装托盘有若干种,使用较多的是 L 形单面装放单面进叉式托盘、A 形双面装放双向进叉式托盘、吊叉结合式托盘及框架式双向进叉式托盘。

油桶专用托盘。此种托盘是专门装运标准油桶的异型平托盘。托盘为双面型,两个面皆有稳固油桶的波形表面或侧挡板,油桶卧放于托盘上面,由于波形槽或挡板的作用,不会发生滚动位移,还可几层叠垛,解决桶形物难堆高码放的困难,也方便了储存。

货架式托盘。货架式托盘是一种框架形托盘,框架正面尺寸比平托盘略宽,以保证托盘能放入架内;架的深度比托盘宽度窄,以保证托盘能搭放在架上。架子下部有四个支脚,形成叉车进叉的空间。这种货架式托盘叠高组合,便成了托盘货架,可将托盘货载送入货架内放置。这种货架式托盘也是托盘货架的一种,是货架与托盘的一体物。

长尺寸物托盘。这是一种专门用于装放长尺寸材料的托盘,这种托盘叠高码放后便形成了组装式长尺寸货架。

轮胎专用托盘。轮胎本身有一定的耐水、耐蚀性,因而在物流过程中无须密闭,且本身很轻,装放于集装箱可以充分发挥箱的载重能力。其主要问题是储运时怕压、怕挤。

(三)装卸搬运设备

物流配送中心的装卸搬运设备主要分为:起重机械和搬运车辆。起重机械是一种最常见的装卸搬运机械,在建筑工地、工厂、仓库、港口等场合和多种行业中广泛应用,在物流领域中起重机械是物流作业机械化、自动化的重要物质基础。搬运车辆实现货物的短距离运输与装卸。常用的搬运车辆可以分为载重量大、较长距离搬运的叉车系列;载重量轻、短距离搬运的手推系列;柔性强、自动化的无人设备,如自动导引运车,简称 AGV(automated guided vehicle)。

物流配送中心中的装卸搬运设备主要完成货场、站台上的货物装卸、短距离搬运,以及在库房中从货架上存取货物。在货场、站台中采用的主要机械设备包括桥式起重机、龙门起重机、汽车起重机、门座起重机、叉车等;在库房中采用的主要机械设备包括起重设备中的堆垛起重机、升降平台,搬运车辆中的叉车、手推车、自动导引搬运车等。

1. 常用的装卸搬运设备

1) 堆垛起重机

堆垛起重机是立体仓库中重要的起重运输设备,其主要作用是在立体仓库的通道内运行,在三维空间上(行走,升降,两侧向伸缩)按照一定的顺序组合进行往复运动,以完成对集装单元或拣选货物的出入库作业。

(1) 桥式堆垛起重机

桥式堆垛起重机根据其构造可以分为支撑桥式堆垛起重机和悬挂桥式堆垛起重机。支撑桥式堆垛起重机的大车轮沿着轨道顶面运行,悬挂桥式堆垛起重机的车轮沿着工字钢下翼缘运行。桥式堆垛起重机有大车、小车、立柱、货叉等主要零部件。大车桥架在仓库上方运行,回转小车在桥架上运行。立柱有伸缩立柱和固定立柱,是货叉和司机室导向并支撑载荷的结构件。货叉同样有伸缩式或者固定式,是用来堆取成件物品的叉型取物装置。

桥式堆垛起重机的货架和仓库顶棚之间需要留有一定的空间,以保证堆垛机的正常运行与安装维护。桥式堆垛起重机的立柱可以回转,以方便货物堆取和保证工作的灵活性。

(2) 巷道式堆垛起重机

巷道式堆垛起重机按结构可分为单立柱式和双立柱式。单立柱式适用于起重量 2 000 千克以下,起升高度 20 米以下的场合;双立柱式适用于搬运高大货物的场合,最大起重量达 10 吨以上。(如图 9-15)巷道式堆垛起重机按存取方式可分为拣选存取式、单元托盘存取式(手动/半自动/自动)、长大物料存取式;按操作方式可分为带司机室式和不带司机室式;按运行方式可分为直线运行式和转轨式。转轨式堆垛起重机在多巷道仓库内通过转轨机构,可以进入任何巷道作业,从而使多巷道共用一台机成为可能,可以节省堆垛起重机数量。各种类型可以任意搭配,以满足不同的应用要求。

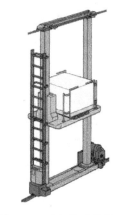

图 9-15　双立柱式巷道堆垛起重机

2)叉车

叉车又称铲车,它由自行的轮胎底盘并由能升降、前后倾斜的货叉、门架等部件组成,主要用于举高和搬运货物。叉车主要以货叉作为拣取货物的装置,一般依靠液压起升机构升降货物,靠轮胎实现货物的水平搬运。物流配送中心中常用的叉车分别介绍如下。

(1) 低提升托盘叉车。一般低提升托盘叉车分为手动与电动两种方式。手动托盘叉车是以人力操作在水平及垂直方向移动。(如图 9-16)电动托盘叉车是以电瓶提供动力进行举升及搬运操作。(如图 9-17)低提升托盘叉车的操作人员可站立于地板上进行所有作业,因此该类叉车一般为步行式。

图 9-16　手动托盘叉车　　　　　　　　图 9-17　电动托盘叉车

在使用手动托盘叉车时将其承载的货叉插入托盘孔内,由人力驱动液压系统来实现托盘货物的起升和下降,并由人力拉动完成搬运作业。它是托盘运输中最简便、最有效、最常见的装卸、搬运工具。但以手动的拖动进行作业操作,除了费力外且易造成作业人员受伤,因此电动托盘叉车使用得越来越普遍。

(2)平衡重式叉车。平衡重式叉车在车体前方具有货叉和门架,货叉伸出到叉车的前轮前方,货物的重心落在车轮轮廓之外。(如图 9-18)为了平衡叉车前部的载荷,在车体尾部没有平衡重块,以保证叉车的纵向稳定性。平衡重式叉车的叉卸货物作业依靠叉车的前后移动才能完成。

该类叉车适应性较强,是叉车中应用最广的一种。平衡重式叉车也有坐式和立式两种。坐式叉车适用于长距离搬运,且由于其轴距较立式的大,为此负载能力也大。立式的轴距小,在巷道中作业比较方便。

(3)插腿式叉车。插腿式叉车有两条支腿位于叉车前端跨于底部,支腿下有很小的轮子。(如图 9-19)支腿能与货叉一起伸到货物底部,然后货叉提升货物,利用支腿支撑平衡,承载负载。这种设计方式可减少配重的重量,以较轻的车重得到较高的稳定度。插腿式叉车与平衡重式叉车相比,结构简单,自重和外形尺寸小,适合在狭窄的通道和室内作业,但其速度较低,行走轮直径小,对地面要求较高。

图 9-18 平衡重式叉车

图 9-19 插腿式叉车

(4)前移式叉车。前移式叉车是门架或货叉可以前后移动的叉车,分为门架前移式和货叉前移式。(如图 9-20)门架前移式的货叉与门架一起移动;货叉前移式的货叉移动而门架不动,货叉借助于伸缩机构单独前伸。前移式叉车的特点是在存取货物时,货叉伸出的长度超过底部支腿长度,动力系统和操作者起配重作用,行走平稳,当货叉缩回时,与插腿式叉车相同,稳定性好,负载能力大。另外,货叉前移式叉车在地面具有一定的空间允许插腿插入的情况下,叉车能超越前排货架,对后一排货物进行作业。

侧面式叉车是货叉和门架位于车体侧面的装卸作业车辆。(如图 9-21)该类叉车主要用来搬运特殊形状的物品,最普遍的侧面叉车是装卸和搬运长形的货物,如金属管、木材等;通常是在有导引的通道内作业,存取高度可至 9～11 米。

侧面式叉车按动力不同可分为内燃型和电瓶型;按作业环境可分为室外型(充气轮胎)和室内工作型(实心轮胎)。

(a) 门架前移式叉车　　　　　　(b) 货叉前移式叉车

图 9-20　前移式叉车

图 9-21　侧面式叉车　　　　　　图 9-22　低位拣选式叉车

（5）拣选式叉车。拣选式叉车是操作台上的操作者可与装卸装置一起上下运动，并拣选储存在两侧货架内物品的叉车。按升举高度可分为低位拣选式叉车和高位拣选式叉车。

低位拣选式叉车适于车间内各个工序间加工部件的搬运，操作者可乘立在上下车便利的平台上，驾驶叉车并完成上下车拣选物料，以减轻操作者搬运、拣选作业的强度。（如图 9-22）低位拣选式叉车一般乘立平台离地高度仅为 200 毫米左右，支撑脚轮直径小，仅适用于在车间平坦路面上行驶。按承载平台（货叉）的起升高度分为微起升和低起升两种，可根据拣选物料的需要进行选择。

高位拣选式叉车适用于多品种少量出入库的特选式高层货架仓库。(如图 9-23)其起升高度一般为 4～6 米,最高可达 13 米,可以大大提高仓库空间利用率。为保证安全,操作台起升时,只能微动运行。

图 9-23　高位拣选式叉车

图 9-24　高架叉车

(6) 高架叉车。高架叉车称为无轨巷道堆垛机或者三向堆垛叉车。(如图 9-24) 高架叉车的货叉在水平面内可以做旋转和侧移的动作,即叉车向运行方向两侧进行堆垛作业时,车体无须直角转向,而使前部的门架或货叉直角转向及侧移,这样叉车作业时可以更加节约空间,作业通道就可大大减少,提高了面积利用率。高架叉车的门架宽度相对较大,刚性好,同时为了提高起升高度,高架叉车一般采用 3 节或者 4 节门架,高架叉车的起升高度比普通叉车要高,一般在 6 米左右,最高可达 13 米,提高了空间利用率。其作业的基本动作是,提升(把负载提升到所需要的高度),旋转(货叉向左或向右旋转,并对准所需的货位),侧移(在货位中取出或存入货品)。根据作业形式分为司机室地面固定型和司机室随作业货叉升降型。司机室地面固定型高架叉车起升高度较低,因而视线较差;司机室随作业货叉升降型的高架叉车,起升高度较高,视线好。

在选择叉车时,根据实际需要应主要考虑其负载能力、尺寸、升程、行走及提升速度、机动性和爬坡能力等指标。

3) 手推车

手推车主要根据其用途及负荷能力来分类,一般分为两轮手推车、手推台车和物流台车三类。由于一般手推车没有提升能力,所以一般承载能力在 5 000 千克以下。物流台车也是手推车之一,主要用于配送发货之前的集货用。它存放货品多,一般高度为 1.7 米以上,并可折叠,便于空笼回送。

(1) 两轮手推车。两轮杠杆式手推车是最古老的、最实用的人力搬运车,它轻

巧、灵活、转向方便,但因靠体力装卸,保持平衡和移动,所以仅适合装载较轻货物,搬运距离较短。(如图 9-25)

图 9-25　杠杆式手推车

图 9-26　立体多层式手推台车

为适合现代社会的需要,目前该手推车还采用自重轻的型钢和铝型材作为车体,使用阻力小的、耐磨的车轮,还有可折叠、便携的车体。

(2) 手推台车。根据其应用和形式的不同,手推台车可分为立体多层式、折叠式、升降式、登高式等。

① 立体多层式手推台车。立体多层式手推台车是为了增加置物的空间及存取方便性,而把传统单板台面改成多层式台面设计,此种手推台车常常用于拣货场合。(如图 9-26)

② 折叠式手推台车。为了方便携带,手推台车的推杆常设计成可折叠方式,此种手推台车因使用方便,收藏容易,故普及率高。(如图 9-27)

图 9-27　折叠式手推台车

图 9-28　升降式手推台车

③ 升降式手推台车。在搬运某些体积较小、重量较重的金属制品或工人搬运移动吃力的搬运场合中,由于场地的限制而无法使用堆垛机时便可采用可升降式手推台车。(如图 9-28)此种手推车除了装有升降台面来供承载物升降外,其轮子一般采用耐负荷且附有刹车定位的车轮以供准确定位和上下货。

④ 登高式手推台车。在物流配送中心中,手推车在拣货作业中使用得最广,

而在拣货作业中,拣货员常因货架高度的限制而得爬高取物,故有些手推台车旁附有梯子以方便取物,称为登高式手推台车。(如图 9-29)

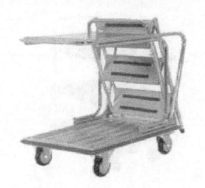

图 9-29　登高式手推台车

图 9-30　物流台车

(3)物流台车。物流台车是在平托盘、柱式托盘或网箱托盘的底部装上脚轮,既便于机械化搬运,又宜于短距离的人力移动。(如图 9-30)物流台车适用于企业工序的物流搬运;也可在工厂或物流配送中心装上货物运到商店,直接作为商品货架的一部分。

4)自动导引搬运车

自动导引搬运车是指装有自动导引装置,能够沿规定的路径行驶,在车体上还装有停车选择装置、安全保护装置以及拥有各种物料移栽功能的搬运车辆。(如图 9-31)自动导引搬运车系统广泛应用于柔性搬运系统和自动化立体仓库中。

图 9-31　自动导引搬运车(AGV)

根据导引方式的不同,自动导引搬运车可分为固定路径导引(包括电磁导引、光导导引和磁带(磁气)导引)和自由路径导引(包括激光导引、惯性导引等)。

根据自动导引搬运车装卸物料方式的不同,自动导引搬运车可分为料斗式、巷道输送式、链条输送式、垂直升降式、叉车式几种。

2. 装卸搬运设备的选择

通常在选择装卸搬运设备时,需要关注的主要因素有货物属性、货流量、作业性质、作业场合、搬运距离、堆垛高度等。

1)货物属性

货物不同的形状、包装、物理化学属性,都对装卸搬运设备有不同的要求,在配置选择装卸搬运设备时,应尽可能地符合货物特性,以保证作业合理、货物安全。

2)货流量

货流量的大小关系到设备应具有的作业能力。货流量大时,应配备作业能力较高的大型专用设备;作业量小时,可以采用构造简单、造价相对较低的中小型通用设备。

3)作业性质

需要明确作业性质是单纯的装卸作业或搬运作业,还是同时兼顾装卸和搬运作业,在此基础上选择合适的装卸搬运设备。

4)作业场合

对于作业场合,应主要考虑如下一些因素:室外或者室内作业、作业环境的温度、湿度等、路面情况、最大坡度、最长坡道、地面承载能力、货物的存放方式是货架还是堆叠码放、通道大小、通道最小宽度、最低净高等。

5)搬运距离

为了提高装卸搬运设备的利用率,应结合设备种类的特点,使行车、货运、装卸、搬运等工作密切配合。

6)堆垛高度

在选择装卸搬运设备时,应注意尽量选择同一类型的标准机械,以便于维护保养。对于整个物流配送中心的设备也应尽可能避免其多样化,这样可以减少这些设备所需要的附属设备并简化技术管理工作。在作业量不大而货物品种复杂的情况下,应尽量一机多用,扩大机械适用范围。

(四)输送设备

输送设备主要是指连续输送机。连续输送机是自动化物流配送中心必不可少的重要搬运设备,是沿着一定的输送路线以连续的方式运输货物的机械。

1. 输送设备的特点

与间歇动作的起重机械相比,连续输送机的特点如下。

1)生产率高

连续输送机可以连续不停地输送货物,整个作业的装载、输送、卸载过程连续进行,不必因空载回程而引起运货间断,工作速度较高,且稳定,不必经常地启动与制动。因此,连续、高速的输送可以实现较高的生产率。

2) 容易实现自动控制

连续输送机输送货物的路线固定,动作单一,机构结构紧凑,便于实现自动控制,是自动化仓库以及物流配送中心实现机械化、自动化作业的重要保证。

3) 驱动功率小

在同样生产率的情况下,由于载荷均匀,速度稳定,连续输送机的功率较小,重量较轻,造价较低,输送距离长。

4) 通用性较差

连续输送机只能按照一定的路线输送货物,当输送路线复杂或者变化时,会造成机构复杂或者需要重新布置。另外,每种机型只能用于一定类型的货物,一般不适于运输重量很大的单件物品。

2. 常用的输送设备

1) 成件货物连续输送机

成件货物连续输送机主要用于固定路径的输送。输送机输送的是托盘、纸箱或固定尺寸的物品。输送机按动力源可分为重力式和动力式两种。

重力式输送机就是以输送物品的本身重量为动力,在倾斜的输送机上由上往下滑动;动力式输送机就是以马达为动力的输送机。

大型物流配送中心一般采用动力输送机,根据实际需要还可选择立体输送机,等等。成件货物连续输送机的主要工作参数是搬运货物的最大宽度和最大长宽以及最大重量。此外,单位时间的搬运量也是重要参数。在物流配送中心,使用最普遍的输送机包括辊道式输送机、滚柱式输送机、链条式输送机。

（1）辊道式输送机。辊道式输送机是利用辊子的转动来输送成件物品的输送机。（如图 9-32）它可沿水平或曲线路径进行输送,其结构简单,安装、使用、维护方便,可将不规则的物品放在托盘或者托板上进行输送。

图 9-32　辊道式输送机

图 9-33　滚柱式输送机

（2）滚柱式输送机。滚柱式输送机是用滚柱来取代辊道的输送机。（如图 9-33）其特点是结构简单,一般用于无动力驱动,适用于成件包装货物或者整底面物料的短距离搬运。

（3）链条式输送机。链条式输送机是利用链条牵引、承载，或由链条上安装的板条、金属网、辊道等承载物料的输送机。（如图 9-34）

2）散装货物连续输送机

在实际工作中，某些货物如煤、化肥、粮食等的散装、散卸、散储、散运，是重要的物流活动，散装货物连续输送机在其中发挥了重要的作用。常见的散装货物连续输送机包括带式输送机、刮板输送机、斗式提升机、螺旋输送机、气力输送机、振动输送机等。

图 9-34 链条式输送机

（1）带式输送机。带式输送机由挠性输送带作为货物承载件和连续牵引件。根据摩擦传动原理，由驱动鼓轮带动输送带，可以在水平方向和小倾角的倾斜方向上运输货物。

带式输送机是应用最为广泛、最典型的连续输送机。（如图 9-35）在各种连续输送机中，它的生产率最高，输送距离最长，工作平稳，能耗小，自重轻，噪音小，操作管理容易，最适合于水平或低倾斜角度方向上连续输送散货或者小型成件货物。

（2）刮板输送机。刮板输送机可以水平、倾斜和垂直输送粉尘状、小颗粒及小块砖等散货。输送物料时，刮板链条全埋在物料之中，它主要由封闭断面的机槽（机壳）、刮板链条、驱动装置以及张紧装置等部件所组成，刮板链条既是牵引又是承载构件，工作时，物料可以由加料口进入机槽内，也可在机槽的开口处由运动着的刮板从料堆取料。

刮板输送机分为固定式、移动式和吊装式。固定式刮板输送机多用于仓库中输送物料；移动式刮板输送机长度较小，多用于汽车、飞机等场合的物料装卸以及清理等过程中的加料；吊装式刮板输送机多用于港口卸船。

图 9-35 带式输送机

图 9-36 刮板输送机

如图 9-36 所示。刮板输送机结构简单，造价低，密封性好，便于中间进料或卸料，但由于物料与刮板和机槽有摩擦，功率消耗大而且磨损严重，也易磨损物料。

(3) 斗式提升机。斗式提升机可在垂直或接近垂直的方向上连续提升粉粒状物料。其牵引构件绕过上部和底部的滚筒或链轮,牵引构件每隔一定距离有一个料斗,由上部滚筒或链轮驱动,形成具有上升的载重分支和下降的空载重分支的无端闭合环路。物料从载重分支的下部进料口进入,由料斗把物料提升至上部卸料口卸出。

斗式提升机构造简单,横向尺寸小,提升高度高,生产能力大,并可以在全封闭环境下工作,减少灰尘对环境的污染。但它对过载较为敏感,必须均匀进料。

(4) 螺旋输送机。螺旋输送机是没有挠性牵引构件的输送设备。它利用螺旋叶片的旋转推动物料运动,在输送物料的过程中能起到掺和、搅拌和松散物料的作用,适用于输送粉状、颗粒状或小块物料,不宜输送大块的、磨损性强、易破碎、黏性大易结块的物料。螺旋输送机可分为水平螺旋输送机和垂直螺旋输送机。

螺旋输送机结构简单、紧凑,没有空返分支,可多点装卸卸物料,工作可靠,可实现封闭输送。由于物料对螺旋和料槽的摩擦以及物料搅拌,使得螺旋输送机功率消耗大,因而螺旋和料槽易磨损,物料易破损。此外螺旋输送机对超载较敏感,容易产生堵塞现象。

(5) 气力输送机。气力输送机是运用风机使管道内形成气流来输送散粒状物料。气力输送机分为吸气式、压气式和混合式。与其他输送机相比,气力运输机操作简单,生产率较高,易于实现自动化;其结构简单,易于装卸,机械故障少,维修方便,有利于实现散装运输。但是,气力运输机功率消耗大,鼓风机噪音大,弯管等部件容易磨损,物料的块度、黏度、湿度受到一定限制,输送过程中物料易破碎。

(6) 振动输送机。振动输送机可把块状、粉粒状物均匀连续地输送到卸料口。振动输送机料槽磨损小,可以实现水平、倾斜或垂直输送,同时可对物料进行干燥、冷却作业。振动输送机按工作原理的不同可分为电磁振动输送机和机械振动输送机。

3. 输送设备的选择

选择输送设备时通常关注货物属性、输送量大小、输送距离和方向、工艺流程以及安装场地等因素。

1) 货物属性

货物是成件货物还是散装货物,成件的货物是托盘还是纸箱包装,成件货物的外形、尺寸、单位重量,散装货物粒状大小、表面状态、容重、散落性、外摩擦系数、破碎性等特性,都影响输送设备的选用。形状不规则的成件物品可以选用链板式输送机;辊式输送机适用于底部是平面的成件货物,可输送较大单件重量的货物;对于表面粗糙坚硬的散装货物应选用耐磨材料构件的输送设备;为提高散装货物的输送量,为防止货物散落,可选用深槽型输送设备。

2) 输送量大小

输送量与输送物品的最大重量、输送速度相关。在输送物品最大重量相同的情况下,输送速度越快对应的输送量越大,在选择速度时要考虑输送稳定性、电耗增大比例、设备机械性能、货物属性等因素。

3) 输送距离和方向

长距离、小倾角的货物输送可选用带式输送机;垂直输送可选用斗式提升机;既有水平输送又有垂直输送的场合可选用刮板输送机或螺旋输送机。

4) 输送中的工艺流程

输送过程中,接收和发送货物的环境、接口设备、进料或出料点的数量,都影响输送机的选用。工艺流程不同,对输送机的要求也不同。如果在输送的过程中需要搅拌,可以选用螺旋输送机。

5) 安装场地

不同的安装场地、不同的位置条件,需要根据实际情况配置合适的输送设备。

(五) 分拣设备

物流配送中心的作业流程包括入库、保管、拣货、分拣、暂存、出库等作业活动,其中分拣作业任务繁重。尤其是面对零售业多品种、少批量的订货,物流配送中心的劳动量大大增加,若无新技术的支撑将会导致作业效率下降。与此同时,对物流服务和质量的要求也越来越高,致使一些大型连锁商业公司把拣货和分拣视为两大难题。

随着科学技术日新月异的进步,特别是检测技术(激光扫描)、条码及计算机控制技术等的导入使用,自动分拣机已被广泛用于物流配送中心。我国的邮政等系统也已多年使用自动分拣设备。自动分拣机的分拣效率极高,通常每小时可分拣商品6 000~12 000箱。在日本和欧洲,自动分拣机的使用很普遍。特别是在日本的连锁商业(如西友、日生协、高岛屋等)和宅急便(大和、西浓、佐川等)中,自动分拣机的应用更是普遍。

自动分拣系统特别适用于分拣量较大、一次性分拣单位较多、被分拣的货物适应自动分拣机的货物分拣工作场合。其优点是分拣准确、迅速、吞吐能力大;缺点是系统设施复杂,投资和运营成本较高,需要计算机信息系统、作业环境等一系列配套设施和外部条件与之相适应。

1. 常用的分拣设备

常用的分拣设备按照其分拣机构的结构不同,可以分为挡板型、浮出型、倾翻型、滑块型。

1) 挡板型

挡板型分拣设备是利用一个挡板(或档杆)挡住在输送机上向前移动的商品,将商品引导到一侧的滑道排出。挡板的另一种形式是挡板一端作为支点,可以旋转。挡板动作时,像一堵墙似的挡住商品向前移动,利用输送机对商品的摩擦推力使商品继续前移;如挡板横向移动或旋转时,商品就排向滑道。

挡板一般是安装在输送机的两侧,和输送机上平面不相接触,即使在操作时也只接触商品而不触及输送机的输送表面,因此它能适用大多数形式的输送机。

就挡板本身而言,也有不同形式,如有直线式、曲线式,也有在挡板工作面上装有辊筒或光滑的塑料材料,以减少摩擦阻力。

2) 浮出型

浮出型分拣设备是把商品从主输送机上托起,而将商品引导出主输送机的一种结构形式。从引离主输送机的方向看,一种是引出方向与主输送机成直角;另一种是呈一定夹角(通常是 30°～45°)。一般前者比后者生产率低,且对商品容易产生较大的冲击力。浮出型分拣机大致有胶带浮出式和辊筒浮出式两种形式。

(1) 胶带浮出式。这种分拣结构用于辊筒式主输送机,将有动力驱动的两条或数条狭胶带或单个链条横向安装在主输送辊筒之间的下方。当分拣机构接受指令启动时,胶带或链条向上提升,接触商品底面把商品托起,并将其向主输送机一侧移出。

(2) 辊筒浮出式。这种分拣结构用于辊筒式或链条式的主输送机,将一个或数个有动力的斜向辊筒安装在主输送机。这种上浮式分拣机,有一种是采用一排能向左或右旋转的聚氨酯辊筒,以气动提升,可将商品向左或向右排出。

3) 倾翻型

倾翻型分拣设备有两种形式:倾斜式、翻盘式。

(1) 倾斜式。这是一种特殊型的条板输送机,商品装载在输送机的条板上,当商品行走到需要分拣位置时,条板的一端自动升起,使条板倾斜将商品移离主输送机。商品占用的条板数随不同商品的长度而定,所占用的条板数如同一个单元,同时倾斜。因此,使用这种分拣机,商品的长度在一定范围内不受限制。

(2) 翻盘式。这种分拣机是由一系列的盘子组成,盘子为铰接式结构,可向左或右倾斜。商品装载在盘子上行走到一定位置时,盘子倾斜,将商品翻倒于旁边的滑道中,为减轻商品倾倒时的冲击力,有的分拣机能控制商品以抛物线状来倾倒出商品。使用这种分拣机,在不超出盘子的前提下,分拣商品的形状和大小可以不受限制。对于长形商品可以跨越两只盘子同时倾斜。

4) 滑块型

这也是一种特殊形式的条板输送机。输送机的表面用金属条板或管子构成,如竹席状,而在每个条板或管子上有一枚用硬质材料制成的滑块,能沿条板横向滑动,而平时滑块停止在输送机的侧边。滑块的下部有销子与条板下导向杆连接,通过计算机控制滑板能有序地自动向输送机的对面一侧滑动,因而商品就被引出主输送机。这种方式是将商品侧向逐渐推出,并不冲击商品,故商品不易损伤;它对分拣商品的形状和大小限制较小。(如图 9-37)

图 9-37　大型滑块分拣机

2. 分拣设备的选择

选用分拣设备一般需要考虑物品包装大小和形式、重量、易碎性、分拣的预期能力、分拣数量、批数、操作环境等因素。同时还应注意遵循以下原则。

(1) 符合所分拣货物的特性原则。必须根据所分拣货物的物理、化学性质及其外部形状、重量、包装等特性来选择分拣设备,如浮出式分拣设备只能分拣包装质量较高的纸箱等。这样才能保证货物在分拣过程中不受损失,保证配送作业的安全。

(2) 适应分拣方式和分拣量需求原则。在选择分拣设备时,首先要根据分拣方式选用不同类型的分拣设备。其次,要考虑分拣货物批量大小,若批量大,应采用分拣能力高的大型分拣设备,并可选用多台设备;如果批量小,则适合采用分拣能力较低的中小型分拣设备。

(3) 经济实用性。设备选用时应结合实际的情况,以提高经济效益为目的,同时应注意选用操作和维护方便、安全可靠、能耗小、噪音低、成本低、能保证操作人员安全和货物安全的设备。

(4) 整体匹配性。分拣设备的选用应与物流配送中心相关的设备相配套,只有这样才能使各环节均衡作业,从而使得整个物流配送中心的物流作业过程最经济和优化。

三、配送中心的其他设备

(一) 流通加工设备

在中华人民共和国国家标准《物流术语》(GB/T 18354—2001)中对物流加工的定义是:物品在从生产地到使用地的过程中,根据需要施加包装、分割、计量、分拣、组装、价格贴付、商品检验等简单作业的总成。即在物品从厂商到消费者的物流过程中,为了促进销售,维护产品质量,实现物流作业高效率所采用的使物品发生物理或化学变化的功能。

　　流通加工设备根据其实现的功能不同可分为包装设备、分割设备、分拣设备、组织设备、冷冻设备、精加工设备等；根据加工的物品可分为金属加工设备、木材加工设备、玻璃加工设备、煤炭加工设备、混凝土加工设备等。以下将主要介绍物流配送中心最常用的包装设备。

　　包装机械是指能完成全部或部分产品和商品包装过程的机械，是实现包装的主要手段。物流配送中心根据其不同的功能和处理的产品类型，会采用不同的包装机械，常用的包装机械有装箱机、裹包机、捆扎机等。

　　在物流配送中心中，装箱机一般用于完成运输包装，它将包装成品按一定排列方式和定量装入箱中，并把箱的开口部分闭合或封固。

　　裹包机是用包装材料进行全部或局部裹包产品的包装机械。裹包机按裹包成品的形式分为全裹式裹包机、半裹式裹包机；按裹包方式可分为折叠式裹包机、接缝式裹包机、覆盖式裹包机、扭结式裹包机、缠绕式裹包机、拉伸式裹包机。（如图9-38）。

　　捆扎机是用于捆扎封闭包装容器的包装机械。捆扎机利用带状材料将一个或多个包件扎紧。捆扎机按自动化程度分为自动捆扎机、半自动捆扎机、手提式捆扎机；按捆扎材料分为塑料带捆扎机（如图9-39）、钢带捆扎机、聚酯带捆扎机、纸带捆扎机和塑料绳捆扎机。

图 9-38　缠绕式裹包机

图 9-39　塑料带捆扎机

（二）电子与电气设备

　　物流配送中心中的电子与电气设备主要指检测装置、信息识别装置、控制装置、监控调度设备、计算机管理设备、通信设备、大屏幕显示、图像监视设备等。

1. 检测装置

　　为了实现对物流配送中心内各种作业设备的控制，并保证系统安全可靠地运行，系统必须具有多种检测手段，能检测各种物理参数和相应的化学参数。

2. 信息识别装置

信息识别装置完成对货物品名、类别、货号、数量、等级、目的地、生产厂，甚至货位地址的识别。物流配送中心中，为了完成物流信息的采集，通常采用条形码、磁条、光学字符和射频等识别技术。条形码识别在物流配送中心应用最普遍。

3. 控制装置

为了实现自动运转，物流配送中心所用的各种存取设备和输送设备本身必须配备各种控制装置。这些控制装置种类较多，从普通开关和继电器，到微处理器、单片机和可编程序控制器（PLC），根据各自的设定功能，它们都完成一定的控制任务，如巷道式堆垛机的控制要求就包括了位置控制、速度控制、货叉控制及方向控制等。所有这些控制都必须通过各种控制装置去实现。

4. 监控调度设备

监控系统是物流配送中心的信息枢纽，它在整个系统中起着举足轻重的作用，负责协调系统中各个部分的运行。有的物流配送中心系统使用了很多运行设备，各设备的运行任务、运行路径、运行方向都需要由监控系统来统一调度，按照指挥系统的命令进行货物搬运活动。通过监控系统的监视画面可以直观地看到各设备的运行情况。

5. 计算机管理设备

计算机管理系统（主机系统）是物流配送中心的指挥中心，相当于人的大脑，指挥着仓库中各设备的运行。它主要完成整个仓库的账目管理和作业管理，并承担与上级系统的通信和企业信息管理系统的部分任务。一般的物流配送中心管理系统采用以微型计算机为主的系统，比较大的物流配送中心管理系统也可采用中型计算机。

6. 通信设备

物流配送中心是一个复杂的自动化系统，它是由众多子系统组成的。在物流配送中心，为了完成规定的任务，各系统之间、各设备之间要进行大量的信息交换。例如，物流配送中心中的主机与监控系统，监控系统与控制系统之间的通信及仓库管理机通过局域网与其他信息系统的通信。信息传递的媒介有电缆、滑触线、运红外光、光纤和电磁波等。

7. 大屏幕显示

物流配送中心的各种显示设备是为了使人们操作方便，易于观察设备情况而设置的。在操作现场，操作人员那可以通过屏幕或模拟屏的显示，观察现场的操作及设备情况。

8. 图像监视设备

工业电视监视系统是通过高分辨率、低照度变焦摄像装置对物流配送中心的人员及设备安全进行观察,对主要操作点进行集中监视的现代化装置,是提高企业管理水平,创造无人化作业环境的重要手段。

第二节 设备的使用和维护保养

加强设备的使用和维护保养,能够在节省费用的前提下,大大压缩设备的检修停机时间,提高时间可利用率。

一、设备的正确使用

设备正确使用的基本条件是:按实际需要配备设备,布局合理、协调;依据设备的性能、承荷能力和技术特性,安排设备的运行使用;选择配备合格的操作者;制定并执行使用和维护保养设备的法规,包括一系列规章、制度,保证操作者按设备的有关技术资料使用和维护设备;具有保证设备充分发挥效能的客观环境,包括必要的防护措施和防潮、防腐、防尘、防震措施等;建立和执行使用设备的各项责任制度。使用设备的管理,就是依据这些基本条件,对设备从与供方签订合同起,直至退出生产为止,通过计划、组织、教育、监督以及一系列措施,达到减少磨损,保持设备应有的精度、技术性能和效率,延长使用寿命,使设备经常处于良好的技术状态,获得最佳经济效果。

(一) 合理配备设备

在配备和选择设备时,要注意以下几点。

(1) 在配备设备过程中,切忌追求"大而全"、"小而全"。一个物流配送中心内,在全面规划,平衡和落实各单位设备能力时,要以发挥设备的最大作用和最高利用效果为出发点,尽可能做到集中而不分散。

(2) 在配备设备时,要注意提高设备的适应性和灵活性。

(3) 有的专用设备,如果能利用现有设备进行改进、改装或通过某项工模夹具的革新来填补专业设备的空白,就不要购置专用的设备。

(二) 新设备的使用

新设备的使用,要着重抓好以下主要环节。

1. 操作工的选择和培训

应根据设备的技术性能和结构复杂程度,择优挑选责任心强,具有相应文化水平和专业知识的,能刻苦钻研技术业务的技术工人进行培训、学习。现在,电子计算机控制设备、多功能的高效设备、程控自动化设备日趋增多,这些设备技术先进、结构复杂,对操作使用要求高。操作者不具备一定文化和专业技术基础知识是难以掌握和操作的,使用不当不仅发挥不了设备应有的效能,甚至还会把设备损坏。

在选择操作工人时,必须经过:

① 文化知识和智力选择;

② 专业知识学习、考核;

③ 操作使用技能培训。

只有通过以上三个方面的学习、培训,并经过全部考核合格,取得合格证,才能成为一名符合要求的设备操作者。

2. 拟订操作规程和保养细则

应根据设备说明书上所规定的技术要求性能、结构特点、操作使用规范、调整措施等,组织拟订安全操作规程,同时向操作人员提出操作使用要求的规范,并组织学习,使他们能熟知、掌握操作使用设备的具体要求和有关规定。在操作规程和保养细则中,要具体规定设备的使用范围、要求、方法、操作和保养的要求,以及其他注意事项。

在拟订安全操作规程的同时,要拟订保养细则。设备保养细则的内容,包括外部保养和传动系统、安全装置、润滑系统、操纵系统、液压系统、电气控制计量仪表等各项保养规定和具体要求,并明确规定保养时间。

3. 明确岗位职责

对单人使用的设备,在明确操作人员后,必须明确其职责;两人以上同时使用或单人操作有两、三班制生产的设备,应明确班组长负责设备的维护保养工作。

(三) 设备的正常使用过程

设备在使用过程中,要遵循以下要求。

1. 按设备技术性能合理地安排工作任务

根据据设备的性能、技术条件、载荷能力等合理安排工作任务。不能超负荷、超范围使用设备;不能片面追求业务量而拼设备,该修的不修或挤占设备保养时间。要避免"大马拉小车",造成设备、能源的浪费。

2. 加强业务管理

设备完好与否,是业务管理和操作过硬的先决条件。然而业务的合理性又直接影响设备的状态。从一些企业在实际工作中积累的资料表明,由于业务安排的不合理,动载荷加大,磨损速度加快,磨损量增加,使设备的修理周期缩短了三分之二。

3. 正确、合理地使用设备

设备在使用过程中,操作人员要根据设备的有关技术文件、资料上规定的操作使用程序和设备的特性、技术要求、性能、正确、合理使用设备。为了保证设备得到正确、合理的使用,要定期组织操作人员学习操作技术理论知识和进行基本功训练;定期组织理论知识和实际操作考核。通过这一系列措施,使他们达到"四个过硬"：在设备上过硬——熟悉设备性能、结构、原理，会维护保养，会检查和排除一般性故障；在操作上过硬——动作熟练、准确，协调动作好；在服务质量上过硬——懂业务流程，符合规定的服务要求；在复杂情况面前过硬——具有一定的安全和防范知识，能判断、预防和处理事故，防止事故扩大造成更大的损失。

设备在使用过程中，操作工必须做到"三好"（管理好，用好，维护保养好），"五不要"（不要开着机器离开工作岗位，必须离开时，应停车并切断电源；不要违反操作规程，严格按使用要求和规范操作使用设备，不准脚踏设备和用脚踢电器开关、操作手柄；不要超负荷、超加工范围使用设备，必要时应事先报告并经有关方面同意后方可使用；不要带"病"运转，发现故障隐患，应及时停车检查，直到查明原因，排除隐患后才能继续使用；不要在机器上放置材料、工具、量具等，严禁敲打设备导轨等部位），使设备经常保持整齐、清洁、润滑、安全。

4. 配备从事检查、督促设备使用的设备检查员和维护工

物流配送中心应设立专职"设备检查员"，负责拟订设备操作规程、保养细则，检查、督促操作工严格按照操作规程、保养细则操作、保养设备；负责解决设备保养、故障排除中存在的技术问题；负责设备故障的统计、分析和有关资料的积累，研究常见故障、多发性故障的解决措施；负责设备使用期内信息的储存、传递和反馈。设备检查员应经常巡回于各设备使用部门，及时了解、检查设备使用、维护保养情况，发现事故隐患，及时通知停机，并负责督促直至排除；协助设备检查员对操作工进行有关设备使用、维护保养技术的考核，帮助操作工掌握机器性能、结构和原理。做到勤问、勤听、勤看、勤检查。

5. 创造必要的工作环境和工作条件

设备对工作环境和工作条件有一定的要求，例如，一般设备要求工作环境清洁，不受腐蚀性、有害物质的侵蚀，安装必要的防护、防腐、防潮、保暖、降温等装置，配备必要的测量、控制和安全警报装置的仪器仪表。如果设备的工作环境和工作条件不符合要求，甚至很恶劣，不仅影响产品质量，损伤设备，对职工健康也有害无益，从而影响操作工情绪。

6. 建立健全必要的规章制度

针对设备的不同特点和技术要求，制定一套科学的管理制度、办法，并组织学习，保证贯彻执行，这是使设备得到合理使用的基本条件。规章制度主要包括以下几种。

(1) 设备操作使用责任制。
(2) 设备操作规程和保养细则。
(3) 设备维护保养制度。
(4) 设备维护修理专业人员的巡回检查制度。
(5) 设备交接班制度。

二、设备的维护保养

在日常工作中,设备的日常维护,是指对设备在使用过程中,由于各部件、零件相互摩擦,而产生的技术状态变化,必须进行经常的检查、调整和处理。这是一项经常性的工作,由操作工和维修工共同负责。

设备维护保养工作包括日常维护保养,设备的润滑和定期加油换油,预防性试验,定期校正精度,设备的防腐和一级保养等。

设备的日常维护保养简称例保,是指操作工每天在设备使用前、使用过程中和使用后必须进行的工作。

日常维护保养的基本要求是:操作者应严格按操作规程使用设备,经常观察设备运转情况,并在班前、班后填写记录;应保持设备完整,附件整齐,安全防护装置齐全,线路、管道完整无损;要经常擦拭设备的各个部件,做到无油垢、无漏油,运转灵活;应按正常运转的需要,及时注油、换油,并保持油路畅通;经常检查安全防护装置是否完备可靠,保证设备安全运行。

通过设备维护保养,达到"整齐、清洁、安全、润滑"。

整齐:工具、工件、附件放置整齐、合理,安全防护装置齐全,线路、管道完整,零部件无缺损。

清洁:设备内外清洁,无灰尘,无黑污锈蚀;各运动件无油污、无拉毛、无碰伤、无划痕;各部位不漏水、漏气、漏油;切屑、垃圾清扫干净。

润滑:按设备各部位润滑要求,按时加油、换油,油质符合要求;油壶、油枪、油杯齐全,油毡、油线清洁,油标醒目,油路畅通。

安全:要求严格实行职责和交接班制度;操作工应熟悉设备性能、结构和原理,遵守操作规程,正确、合理地使用,精心地维护保养;各种安全防护装置可靠,受压容器按规定时间进行预防性试验,保证安全、可靠;控制系统工作正常,接地良好,电力传导电缆按规定时间,要求进预防性试验,保证传输安全、正常,无事故隐患。

在日常维护保养中,要"严"字当头,正确、合理使用,精心地维护保养,认真管理,切实加强使用前、使用过程中和使用后的检查,及时地、认真地、高质量地消除隐患,排除故障。要做好使用运行情况记录,保证原始资料、凭证的正确性和完整性。要求操作工能针对设备存在的常见故障,提出改善性建议,并与维修工一起,采取相应措施,改善设备的技术状况,减少故障发生频率和杜绝事故发生,达到维护保养的目的。因此,要求设备操作工做到以下几点。

1. 在开机前

检查电源及电气控制开关、旋扭等是否安全、可靠;各操纵机构、传动部位、挡块、限位开关等位置是否正常、灵活;各运转滑动部位润滑是否良好,油杯、油孔、油毡、油线等处是否油量充足;检查油箱油位和滤油器是否清洁。在确认一切正常后,才能开机试运转。在启动和试运转时,要检查各部位工作情况,有无异常现象和声响。检查结束后,要做好记录。

2. 在使用过程中

(1) 严格按照操作规程使用设备,不要违章操作。

(2) 设备上不要放置工、量、夹、刃具和工件、原材料等。确保活动导轨面和导轨面接合处无切屑、尘灰、油污、锈迹、拉毛、划痕、研伤、撞伤等现象。

(3) 应随时注意观察各部件运转情况和仪器仪表指示是否准确、灵敏,声响是否正常,如有异常,应立即停机检查,直到查明原因,排除为止。

(4) 设备运转时,操作工应集中精力,不要边操作边交谈,更不能开着机器离开岗位。

(5) 设备发生故障后,自己不能排除的应立即与维修工联系;在排除故障时,不要离开工作岗位,应与维修工一起工作,并提供故障的发生、发展情况,共同做好故障排除记录。

3. 当班工作结束后

无论加工完成与否,都应进行认真擦拭,全面保养,要求做到以下几点。

(1) 设备内外清洁,无锈迹,工作场地清洁、整齐,地面无油污、垃圾;加工件存放整齐。

(2) 各传动系统工作正常;所有操作手柄灵活、可靠。

(3) 润滑装置齐全,保管妥善、清洁。

(4) 安全防护装置完整、可靠,内外清洁。

(5) 设备附件齐全,保管妥善、清洁。

(6) 工具箱内量、夹、工、刃具等存放整齐、合理、清洁,并严格按要求保管,保证量具准确、精密、可靠。

(7) 设备上的全部仪器、仪表和安全装置完整无损、灵敏、可靠,指示准确;各传输管接口处无泄漏现象。

(8) 保养后,各操纵手柄等应置于非工作状态位置,电气控制开关、旋扭等回复至"0"位,切断电源。

(9) 认真填写维护保养记录和交接班记录。

(10) 保养工作未完成时,不得离开工作岗位;保养不合要求,接班人员提出异议时,应虚心接受并及时改进。

为了保证设备操作工进行日常维护保养,规定每班工作结束前和节、假日放假前的一定时间内,要求操作工进行设备保养。对连续作业不能停机保养的设备,操作工要利用一切可以利用的时间,擦拭、检查、保养,完成保养细则中规定的工作内容并达到要求。

三、设备的三级保养制

设备的"三级保养制"是依靠群众,充分发挥群众的积极性,实行群众管理,搞好设备维护保养的有效办法。

(一)"三级保养制"的内容

1. 日常维护保养

班前班后由操作工认真检查设备,擦拭各个部位和加注润滑油,使设备经常保持整齐、清洁、润滑、安全。班中设备发生故障,及时检查、排除,并认真做好交接班记录。

2. 一级保养

以操作工为主,维修工辅导,按计划对设备进行局部拆卸和检查,清洗规定的部位,疏通油路、管道,更换或清洗油线、油毡、滤油器,调整设备各部位配合间隙,紧固设备各个部位。

3. 二级保养

以维修工为主,列入设备的检修计划,对设备进行部分解体检查和修理,更换或修复磨损件,清洗、换油、检查修理电气部分,局部恢复精度,满足加工零件的最低要求。例如,叉车的保养。

要使叉车工作正常可靠,发挥叉车潜在能力,要有经常维护措施。技术维护保养措施一般为:①日常维护,每班工作后;②一级技术保养,累计工作 100 小时后,一班工作制相当于 2 周;③二级技术保养,累计工作 500 小时后,一班工作制相当于一个季度。

日常维护。

(1) 清洗叉车上污垢、泥土和垢埃,重点部位是货叉架及门架滑道、发电机及启动器、蓄电池电极叉柱、水箱、空气滤清器。

(2) 检查各部位的紧固情况,重点是货叉架支承、起重链拉紧螺丝、车轮螺钉、车轮固定销、制动器、转向器螺钉。

(3) 检查转向器的可靠性、灵活性。

(4) 检查渗漏情况,重点是各管接头、柴油箱、机油箱、制动泵、升降油缸、倾斜油缸、水箱、水泵、发动机油底壳、变矩器、变速器、驱动桥、主减速器、液压转向器、转向油缸。

(5) 轮胎气压检查:不足应补充至规定值,确认不漏气。检查轮胎接地面和侧面有无破损,轮辋是否变形。

(6) 制动液、水量检查:查看制动液是否在刻度范围内,并检查制动管路内是否混入空气。添加制动液时,防止灰尘、水混入。向水箱加水时,就使用清洁的自来水,若使用了防冻液,应加注同样的防冻液。水温高于 70℃ 时,不要打开水箱盖,打开盖子时,垫一块薄布,不要戴手套拧水箱盖。

(7) 发动机机油量、液压油、电解液检查:先拔出机油标尺,擦净尺头后插入再拉出检查油位是否在两刻度线之间。工作油箱内油位应在两根刻度线之间；油太少,管路中会混入空气,太多会从盖板溢出。电瓶电解液也同样要处在上下刻度线之间,不足则要加蒸馏水到顶线。

(8) 制动踏板、微动踏板、离合器踏板、手制动检查：踩下各踏板,检查是否有异常迟钝或卡阻。手制动手柄的作用力应小于 300 牛,确认手制动安全可靠。

(9) 皮带、喇叭、灯光、仪表等检查：检查皮带松紧度是否符合规定,没有调整余量或破损有裂纹,须更换；喇叭、灯光、仪表均应正常有效。

(10) 放去机油滤清器沉淀物。

一级技术保养：按照"日常维护"项目进行,并增添下列工作。

(1) 检查气缸压力或真空度。

(2) 检查与调整气门间隙。

(3) 检查节温器工作是否正常。

(4) 检查多路换向阀、升降油缸、倾斜油缸、转向油缸及齿轮泵工作是否正常。

(5) 检查变速器的换挡工作是否正常。

(6) 检查与调整手、脚制动器的制动片与制动鼓的间隙。

(7) 更换油底壳内机油,检查曲轴箱通风接管是否完好,清洗机油滤清器和柴油滤清器滤芯。

(8) 检查发电机及启动电机安装是否牢固,与接线头是否连接牢固,检查碳刷和整流子有无磨损。

(9) 检查风扇皮带松紧程度。

(10) 检查车轮安装是否牢固、轮胎气压是否符合要求,并清除胎面嵌入的杂物。

(11) 由于进行保养工作而拆散零部件,当重新装配后要进行叉车路试。路试内容：①不同程度下的制动性能,应无跑偏、蛇行,在陡坡上,手制动拉紧后,能可靠停车；②倾听发动机在加速、减速、重载或空载等情况下运转,有无不正常声响；③路试一段里程后,应检查制动器、变速器、前桥壳、齿轮泵处有无过热；④货叉架升降速度是否正常,有无颤抖。

(12) 检查柴油箱油进口过滤网有否堵塞破损,并清洗或更换滤网。

二级技术保养。

除按一级技术保养各项目外,增添下列工作。

(1) 清洗各油箱、过滤网及管路,并检查有无腐蚀、撞裂情况,清洗后不得用带有纤维的纱头、布料抹擦。

(2) 清洗变矩器、变速箱,检查零件磨损情况,更换新油。

(3) 检查传动轴轴承,视需要调换万向节十字轴方向。

(4) 检查驱动桥各部紧固情况及有无漏油现象,疏通气孔。拆检主减速器、差速器、轮边减速器,调整轴承轴向间隙,添加或更换润滑油。

(5) 拆检、调整和润滑前后轮毂,进行半轴换位。

(6) 清洗制动器,调整制动鼓和制动蹄摩擦片间的间隙。

(7) 清洗转向器,检查转向盘的自由转动量。

(8) 拆卸及清洗齿轮油泵,注意检查齿轮、壳体及轴承的磨损情况。

(9) 拆卸多路阀,检查阀杆与阀体的间隙,如无必要时勿拆开安全阀。

(10) 检查转向节有无损伤和裂纹、转向桥主销与转向节的配合情况,拆检纵横拉杆和转向臂各接头的磨损情况。

(11) 拆卸轮胎,对轮辋除锈刷漆,检查内外胎和垫带,换位并按规定充气。

(12) 检查手制动机件的连接紧固情况,调整手制动杆和脚制动踏板工作行程。

(13) 检查蓄电池电液比重,如与要求不符,必须拆下充电。

(14) 清洗水箱及油散热器。

(15) 检查货架、车架有无变形,拆洗滚轮,各附件固定是否可靠,必要时补添焊牢。

(16) 拆检起升油缸、倾斜油缸及转向油缸,更换磨损的密封件。

(17) 检查各仪表感应器、保险丝及各种开关,必要时进行调整。

全车润滑。

新叉车或长期停止工作后的叉车,在开始使用的两星期内,对于应进行润滑的轴承,在加油润滑时,应利用新油将陈油全部挤出,并润滑两次以上,同时应注意下列几点。

(1) 润滑前应清除油盖、油塞和油嘴上面的污垢,以免污垢落入机构内部。

(2) 用油脂枪压注润滑剂时,应压注到各部件的零件结合处,直至挤出润滑剂为止。

(3) 在夏季或冬季应更换季节性润滑剂(机油等)。

(二)"三好""四会"的内容

实行"三级保养制",必须使操作工对设备做到"三好"、"四会"的要求。

1. "三好"的内容

(1) 管好:自觉遵守定人定机制度,凭操作证使用设备,不乱用别人的设备,管好工具、附件,不丢失损坏,放置整齐,安全防护装置齐全好用,线路、管道完整。

(2) 用好:设备不带病运转,不超负荷使用,不大机小用、精机粗用;遵守操作规程和维护保养规程;细心爱护设备,防止事故发生。

(3) 修好:按计划检修时间,停机修理,积极配合维修工,参加设备的二级保养工作和大、中修理后完工验收试车工作。

2. "四会"的内容

（1）会使用：熟悉设备结构，掌握设备的技术性能和操作方法，懂得加工工艺，正确使用设备。

（2）会保养：正确地按润滑图表规定加油、换油，保持油路畅通，油线、油毡、滤油器清洁，认真清扫，保持设备内外清洁，无油垢、无脏物，漆见本色铁见光；按规定进行一级保养工作。

（3）会检查：了解设备精度标准，会检查与加工工艺有关的精度检验项目，并能进行适当调整；会检查安全防护和保险装置。

（4）会排除故障：能通过不正常的声音、温度和运转情况，发现设备的异常状况，并能判断异常状况的部位和原因，及时采取措施，排除故障；发生事故，参加分析，明确事故原因，吸取教训，采取预防措施。

本章小结

本章主要介绍物流配送中心常用的一些机械设备的工作原理、常用类型和选择方式及注意事项，以及如何正确使用和保养各种机械设备。本章首先介绍了选择物流配送中心机械设备的原则，然后分别对储存设备、装卸搬运设备、输送设备、分拣设备、包装设备、流通加工设备以及集装单元器具等进行了详细介绍。特别对货架、集装箱、托盘、起重机械、搬运车辆、连续输送机、自动分拣机、包装设备等进行了特别说明。本章还对设备的使用和维护保养进行了说明，特别强调设备的日常维护工作。通过学习本章，学生应该能够掌握各种设备的特点，会根据企业的实际情况选择合适的设施设备并正确使用。

综合案例分析

永恒力对堆垛机的选择

永恒力为哈萨克斯坦阿拉木图市的 CALM（中亚物流管理）物流园提供仓储物流设备，确保该园区的仓储作业能够顺畅进行。除了电动平衡重叉车、步行式堆垛机及托盘车，永恒力前移式叉车 ETV 320 也发挥了重大作用。

在过去数年中，哈萨克斯坦经济发展迅速，该国政府因势利导势，启动了多个政治-经济项目。哈萨克斯坦 CALM 公司便负责其中的 CALM 物流园项目（位于阿拉木图国际机场附近）。

CALM 公司创立于 2006 年 2 月，并得到了俄罗斯物流专家的大力支持，目前已成为哈萨克斯坦国有企业。CALM 的合作伙伴有 Paragon Development LLP 公司和 JSC—Astana—Contract 公司。前者为一家致力于在哈萨克斯坦和中亚地区发展物流中心的投资公司，后者为哈国领先的集装箱运输公司。

(一) CALM 物流园：可满足各种仓储需求

该物流园的仓储面积为 48 500 平方米，其仓储配送设施可存储总计 70 000 托盘的货物。物流园约有 200 位员工，月周转量为 25 000 托盘。除了拥有便捷的陆路交通线通往公路公共运输网外，该园区还有集装箱物流园及专门的铁路，可满足货架仓储、地板堆积仓储、零部件仓储、冷冻仓储及客户定制仓储等各种仓储需求。

来自中国、俄罗斯及欧洲（多为消费品）的货物均从阿拉木图发往哈萨克斯坦各大商店及连锁店。CALM 公司能够成为哈国物流行业的领先者，与永恒力给予的专业支持密不可分。永恒力是一家总部位于汉堡，运营机构遍布世界各地的物流设备及服务提供商。因为欧洲与中亚物流行业的基本流程一致，永恒力与哈萨克斯坦境内公司的合作十分顺利。

永恒力手动托盘车 AM 2200 可用于卸货点卸车。铁路运输也采用类似的方法，在仓库的另一侧卸货。所有货物经验收后可通过永恒力前移式叉车 ETV 320 搬运至指定地点。发货时采用相反步骤和同样的路线。

(二) 永恒力前移式叉车：可提供极佳的经济效益

ETV 320 是一款功能强大的叉车，其所有驱动装置（行驶、举升及转向）均采用永恒力一贯使用的三相交流电技术，因此具有更高的生产力和更少的维护需求。这款叉车的高经济效益主要得益于在制动及降低载荷时的电量回收功能。ETV 320 可将载荷重达 2 000 千克的货物堆垛至 12 米以上的位置。

CALM 公司之所以选择永恒力前移式叉车，不仅因其具有卓越的性能，"还因为该款叉车采用了为操作人员量身定做的人性化设计"。永恒力叉车的踏板低，便于操作人员上下车。驾驶舱配备了可调节三折叠坐椅、可调节扶手、多功能操作手柄以及可纵向、横向无级调节的方向盘。

目前，CALM 物流园共有 50 辆永恒力叉车，确保了园区的仓储作业顺畅进行。这些叉车中除了前移式叉车 ETV 320 外，还有电动平衡重叉车 EFG 213、步行式电动托盘车 EJE 220、步行式电动堆垛机 EJC 216 以及数十台手动托盘车 AM 2200。

(三) Igor Bekrenyov："永恒力提供了最优越的合作条件！"

CALM 总经理 Igor Bekrenyov 表示，当初选择与永恒力合作决不是一个轻率的决定，之前经过了多方询价，但最后"我们都被永恒力提出的优越条件打动了"，Bekrenyov 说道。选择永恒力的另一大好处是后者可提供多种电动叉车供其选择。"我们在物流园区只使用电动叉车，而在这方面永恒力又一次提供了最佳方案。"

CALM 与永恒力最初签署的是响应式维修支持协议。"当我们根据实际情况判断需要现场支持时会立即派维修工程师前往现场。这是一种典型的维修服务协议，"永恒力经销商 Oleg Zaytsev 表示。不过，现在 CALM 正在考虑将来与永恒力签署全套服务协议。Igor Bekrenyov 深知："维修服务非常重要，迄今为止我们从未与永恒力发生过任何维修服务纠纷。"

Igor Bekrenyov 曾就职于多家俄罗斯物流公司,对叉车有着丰富的经验和专业的认知。他认为:"对于物流公司来说,永恒力始终是最佳选择。"

这一点也得到了 CALM 公司管理者的肯定。对他们来说,经营如此大规模的物流园尚属首次。"我们中没有人具有这方面的经验,"Bekrenyov 表示。因此选择合适的叉车是确保项目成功的重要因素。"服务质量、客户关系以及永恒力的支持服务对于如此规模的大型项目来说都是不可或缺的关键要素。"

后续项目亦是如此。CALM 商业模式发展迅速,公司运营者已开始考虑扩张事宜。位于哈萨克斯坦首都阿拉木图的物流园已于 2008 年春开工建设,其他项目也将后续进行。

思考题

1. 请总结本案例中出现的几种设备的特点。
2. 请结合本章所学选择设施设备的条件、影响因素等分析如何恰当地选择设施设备供应商。

本章综合练习题

1. 物流配送中心储存设备的分类有哪些?
2. 简述几种常用的储存设备的特点。
3. 物流配送中心装卸搬运设备有哪些?
4. 简述几种常用的装卸搬运设备的特点。
5. 简述几种常用的输送设备的特点。
6. 简述几种常用的分拣设备的特点。
7. 简述几种常用的流通加工设备的特点。
8. 简述几种常用的包装机械的特点。
9. 集装箱标准主要有哪些?
10. 在物流配送中心规划与设计时,其设施设备如何选择?
11. 设备合理使用的基本条件是哪些?

实践活动

装置搬运设备的选择

实践目标:熟悉各装卸搬运设备的性能和用途,学会如何合理选择装卸搬运设备。

实践内容:参观一家配送中心或者物流实训室,观察其运营过程包括哪些环节,这些作业环节需要哪些装卸搬运设备。

实践要求:注意搜集第一手资料,进行现场记录,特别注意观察装卸搬运设备是否能满足其运营过程的需要。

实践成果:撰写报告并进行小组交流,报告撰写需注意:①根据所了解的装卸搬运设备类型,用列表的方法将它们的性能和用途一一列出;②根据配送中心的运营过程存在的装卸搬运环节,合理选择装卸搬运设备。

第十章 配送中心信息管理

本章学习目标

了解配送信息的概念；了解配送中心信息系统的概念与组成；掌握配送中心信息系统的功能；了解配送中心信息技术知识，会用配送中心信息技术进行配送中心信息管理。

经典案例导入

白沙烟草的物流 GIS 配送优化系统

白沙物流烟草配送 GIS 及线路优化系统集成了国际上发展成熟的网络数据库、WEB/GIS 中间件、GPS、GPRS 通讯技术，采用金启元科技发展（北京）有限公司的地图引擎中间件（GS-GMS-MapEngine for Java）产品为核心开发技术平台，结合白沙物流的实际，开发设计集烟草配送线路优化、烟草配送和烟草稽查车辆安全监控、烟草业务（访销、CRM 等）可视化分析、烟草电子地图查询为一体的物流 WEB/GIS 综合管理信息系统。该系统利用 WEB/GIS 强大的地理数据功能来完善物流分析，及时获取直观可视化的第一手综合管理信息，既可直接合理调配人力、运力资源，求得最佳的送货路线，又能有效地为综合管理决策提供依据。系统中使用的 GPS 技术可以实时监控车辆的位置，根据道路交通状况向车辆发出实时调度指令，实现对车辆进行远程管理。

白沙烟草物流开发使用 GIS 线路优化系统以期实现以下六大应用功能。

（1）烟草配送线路优化系统。选择订单日期和配送区域后自动完成订单数据的抽取，根据送货车辆的装载量、客户分布、配送订单、送货线路交通状况、司机对送货区域的熟悉程度等因素设定计算条件，系统进行送货线路的自动优化处理，形成最佳送货路线,保证送货成本及送货效率最佳。

(2)烟草综合地图查询。能够基于电子地图实现客户分布的模糊查询、行政区域查询和任意区域查询,查询结果实时在电子地图上标注出来。通过使用图形操作工具如放大、缩小、漫游、测距等,来具体查看每一客户的详细情况。

(3)烟草业务地图数据远程维护。提供基于地图方式的烟草业务地图数据维护功能,还可以根据采集的新变化的道路等地理数据及时更新地图。对烟户点的增、删、改;对路段和客户数据的综合初始化;对地图图层的维护操作;地图服务器系统的运行故障修复和负载均衡等功能。

(4)烟草业务分析。对选定区域、选定时间段的烟草订单访销区域的分布进行分析和复合条件查询;在选定时间段内对各种品牌香烟的销量进行统计和对地理及烟草访销区域分布进行分析;通过空间数据密度计算,挖掘潜在客户;通过对配送业务的互动分析,扩展配送业务。

(5)烟草物流GPS车辆监控管理。通过对烟草送货车辆的导航跟踪,提高车辆运作效率,降低车辆管理费用,抵抗风险。

(6)烟草配送车辆信息维护。根据车组和烟草配送人员的变动及时在这一模块中进行车辆、司机、送货员信息的维护操作。包括添加车辆和对现有车辆信息的编辑。

白沙物流烟草配送GIS及线路优化系统的上线运行,标志着白沙物流的信息化建设迈上了一个新的台阶,必定会在规范日常运作、提升公司形象、打造数字化的跨区物流企业的进程中起到巨大推动作用。经过GIS计算自动生成的优化配送线路图,可指导烟草送货员大大提高送货效率,节约配送成本。

第一节 配送中心的信息

物流信息是指与物流活动,如运输、仓储、装卸、搬运、包装、流通加工和配送等有关的信息。物流配送中心信息是指反映物流配送中心各种活动、数据、文件与图像的总称。物流配送中心信息伴随着物流配送中心各个环节的业务活动而生成,与物流配送中心的订单处理、进出货、在库管理、流通加工及计划配送等活动结合为一个有机的整体,对物流配送中心的正常运转和业务拓展有着不可或缺的重要作用。

一、物流配送中心信息的特性

物流信息具有种类繁多、来源广泛、信息量大、更新速度快的特性,物流配送中心信息除了具有物流信息的特性外,还具有以下特性。

1. 信息收集的密集性

在配送中心,商品的移动与处理,每一步都有要有记录。如DHL或Federal

Express,自收件后就通过条码一路记载其位置状态,任何时间客户询问都可回答出商品在何处,何时可送到,而不是仅知道在递送中,配送中心的营运也是如此。信息系统应能追踪每张订单任何时候的处理状态,货品还需要的处理时间,精确地掌控送货时间,以便回答客户的询问,以满足客户的需求。

2. 信息的详细性

在配送中心的日常营运中,各个管理阶层都需要详细的信息进行决策。大多数的情形下,管理各阶层都需要了解到底哪种商品缺货,哪条路线送货延误,哪个客户有抱怨,知道了真正原因后,才能采取改善的方案。

3. 信息的动态性

配送中心的信息系统除了提供各种商品的库存量、配送时间、价格、已订购商品等信息外,最主要的功能是希望随着营运状态的变化,随时提供最新的信息。例如,接订单时,掌握了库存信息后,还需扣除已接受但尚未到货的数量,再加上下批次拣货前可能的到货数量,这样才能决定是否有足够的数量满足新订单需求。当然最好还能预估下批次拣货的时间、总重量与数量,检查配送车辆的载运能力是否能满足要求,计算出订单的可能送货时间,甚至通过无线电话或是全球卫星定位系统随时掌控每辆货车的位置,这种高度动态性的要求并非一般管理信息系统所需的,但在配送中心,这正是提供客户完整而及时服务的关键所在。

4. 信息的标准化程度高

配送企业与其他企业和部门间需进行大量的信息交流,为了实现不同系统间信息的高效交换与共享,必须采纳国际或国家对信息的标准化要求以及统一的物品编码。

二、配送中心信息的分类

从配送中心信息管理的层次来进行分类,可分为战略管理信息、战术管理信息、知识管理信息和操作管理信息。

(1) 战略管理信息。它是企业高层决策者制定企业年经营目标、企业战略决策所需要的信息。通常包括综合报表管理信息、供应链管理信息、企业战略管理信息、市场动态、国家有关政策法规等。这类信息一部分来自企业内部,多为报表类型,另一部分来自企业外部,数据量较少、不确定性程度高、内容较抽象。

(2) 战术管理信息。它是部门负责人制定短期和中期决策所涉及的信息。一般包括合同管理信息、用户关系管理信息、质量管理信息、计划管理信息、市场商情管理信息等。这类信息一般来自本单位所属各部门。

(3) 知识管理信息。它是知识管理部门相关人员对企业内部的知识进行搜集、分类、存储和查询,并进行知识分析得到的信息。例如专家决策知识、配送企业相关业务信息、工人的技术和经验形成的知识信息等。这类信息一般隐藏在企业内部,需要挖掘和提炼。知识管理信息贯穿企业的各个部门、各个层次。

(4)操作管理信息。产生配送作业层,反映和控制配送企业的日常生产和经营工作。它是管理信息中的最底层,是信息源,来自企业的基层。如订单处理信息、计划管理信息、运输管理信息、库存管理信息、设备管理信息等。这类信息通常具有量大、发生频率高等特点。

三、配送中心信息流与物流、商流、资金流的相互关系

信息流是指适时准确、快速地由控制点输入信息,经过处理分类后,再适时、准确、快速地送到信息需要的地方。物流、商流、资金流与信息流之间的关系极为密切,它们是互为依存的条件和基础,相辅相成,互相促进。但从其本身的性质、作用及体现方式来看,"四流"各有其特殊性,各有其独立存在的特点,又有着不同的运动规律。首先,信息流是由物流、商流和资金流引起并反映其变化的各种信息在传输过程中所形成的经济活动,因此,信息是具有价值和使用价值的,没有信息流,物流、商流和资金流就不能顺利地进行。其次,信息流又制约着物流、商流和资金流,是为物流、商流和资金流提供预测与决策的依据,同时,信息流又沟通物流、商流和资金流,完成商品流通过程。由此可见,信息流为物流、商流和资金流的联系提供了有力的支撑和网络化的平台。

第二节　配送中心信息系统

一、配送中心信息系统概述

配送中心管理信息系统在经历了人工、计算机化、自动化信息集成和智能化信息集成四个阶段后,目前又向网络化、智能化、柔性化等新的方向发展。配送中心管理信息系统在配送中心运作中的作用日益显著。

(一)配送中心信息系统的作用

配送中心信息系统是处理信息流的平台,它为配送中心经营者制定管理政策、和商品营销策略提供参考。现代化的配送中心管理信息系统的作用如下。

(1)缩短订单处理周期。
(2)提高接受订货和发出订货精度。
(3)接受订货和发出订货更为简便。
(4)提高运输配送效率。
(5)保证库存水平适量。
(6)提高仓储作业效率。
(7)提高发货、配送准确率。

(8) 调整需求与供给。

(二) 配送中心信息系统的功能

在实践中,虽然配送中心的类型、规模、功能、定位、流程以及处理的物品不同,配送中心管理信息系统也会有差异,但总体来看,配送中心管理信息系统包含以下基本功能。

1. 标准化管理

负责维护配送中心管理信息系统涉及的物品编码、代码、人员、货位等基础信息,是信息系统应用的基础。

2. 订单管理

承担配送中心对外业务的处理,包括受理客户的收、发货请求,配送中心出具的单据的验证、复核、打印与传递。

3. 合约管理

负责有关合同、客户档案的管理。

4. 存储管理

入库管理:负责处理不同要求、不同形式的入库指令,生成入库单。

理货管理:物品外观质量检验与验收,条码录入与打印,储存区域、货位分配,在库保管与养护,盘点作业管理。

出库管理:负责处理各种出库方式的出库指令。

5. 车辆调度

按照配送中心出货单与自有车辆和外雇车辆状况合理安排车辆。

6. 配载

按一定算法将不同重量货物指派到指定车辆上,以实现车辆的较高利用率。

7. 货物跟踪

货物跟踪是指物品运输过程中信息的反馈与发送。可链接 GPS 装置,实现货物跟踪的功能。

8. 到货交接

到货交接是指物品送达客户时对交接相关信息的处理。

9. 费用结算

费用结算是指配送业务相关费用的结算,业务单据和报表的打印与传递。

10. 其他

电子订货系统(EOS)数据接口:由 POS 或 MIS 生成的信息通过网络传给配送中心管理信息系统,并由配送中心管理信息系统组织物品的采购、库存及配送。

电子数据交换(EDI)数据转换接口:合作企业之间交互信息的有效方式。

条码系统数据接口:配送中心管理信息系统通过相应的数据接口对条码系统获取的数据按标准格式导入系统进行处理。

RF无线网络系统接口:RF识别的信息应用无线方传输到配送中心管理信息系统。

GPS接口:GPS获取的信息与配送中心管理信息系统链接,供其使用。

二、配送中心信息系统的结构

(一)配送中心信息系统的总体结构

物流信息系统的功能结构规划与设计应主要考虑四个因素:配送中心在流通渠道的作用;配送中心的功能、组织结构和作业内容;管理政策;管理方法。要特别注意引进现代物流管理观念和方法,在不增加费用和少增加费用的前提下,设计出这部分功能。根据配送中心的各项作业将配送中心的系统大架构划分为以下四个模块:采购入库管理系统、销售出库管理系统、经营绩效管理系统、财务会计管理系统。每个系统下又包括各自的子系统。(如图10-1)

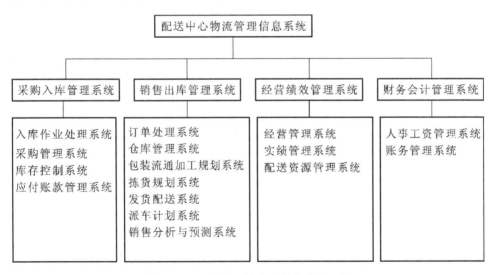

图10-1　配送中心信息系统总体结构图

(二)采购入库管理系统

采购入库管理系统是处理与生产厂商相关的作业的管理系统,包括商品实际入库、根据入库商品内容进行库存管理、根据商品需求向供货厂商下订单。采购入库系统与其他系统的数据关联如图10-2所示。

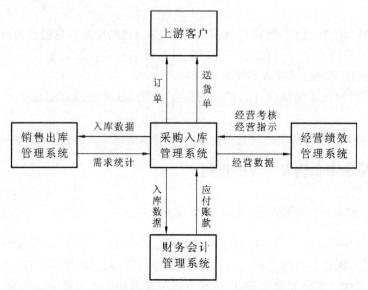

图 10-2 采购入库管理系统与其他系统的数据关联图

采购入库管理系统的工作包括采购管理系统、入库作业处理系统、库存控制系统和应付账款管理系统，其系统结构如图 10-3 所示。

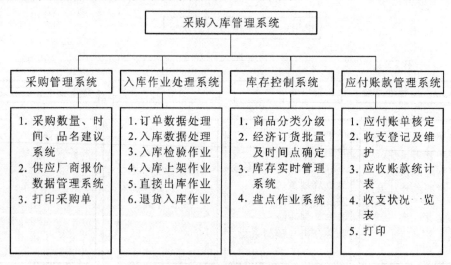

图 10-3 采购入库管理系统的功能结构

（三）销售出库管理系统

销售出库管理系统的内容包括从客户处取得订单、处理订单资料、仓库管理、出货准备、将货品运送至客户手中，整个作业都是以对客户服务为主。内部各系统的作业顺序是首先统计订单需求量，然后传送给采购入库管理系统作为库存管理参考的数据,并由采购入库管理系统取得货品,在货品外送后将应收账款账单转入会计部门作为转账之用,最后将各项内部资料提供给经营绩效管理系统作为绩效考核的参考,并由经营绩效管理系统取得各项营运指示。销售出库管理系统与其他三大系统间信息的关联性如图10-4所示。

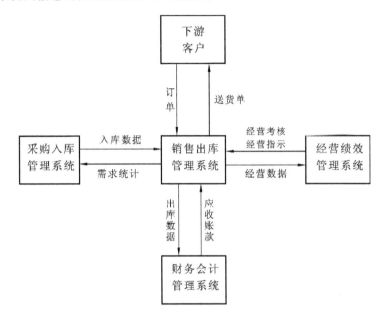

图 10-4　销售出库管理系统与其他系统的数据关系图

销售出库管理系统包括订单处理系统、仓库管理系统、销售分析与预测、应收账款管理系统、出货配送系统、派车计划、包装流通加工规划系统和拣货规划系统,其系统结构如图10-5所示。

（四）经营绩效管理系统

经营绩效管理系统从各系统及流通业取得信息,制定各种经营政策,然后将政策内容及执行方针告知各个经营部门,并将配送中心的数据提供给流通业。它与其他系统的关联如图10-6所示。

经营绩效管理系统包括配送资源管理系统、经营管理系统和实绩管理系统,其系统结构如图10-7所示。

（五）财务会计管理系统

财务会计部门对外主要用采购部门传来的商品入库数据核查供货厂商送来的催款数据,并据此给厂商付款;或由销售部门取得出货单来制作应收账款催款单并收取账款。会计系统还制作各种财务报表以供经营绩效管理系统参考。财务会计系统与其他系统的关联如图10-8所示。

财务会计管理系统主要包括人事工资系统与财务系统，其系统结构如图10-9所示。

图 10-5　销售出库管理系统的功能结构

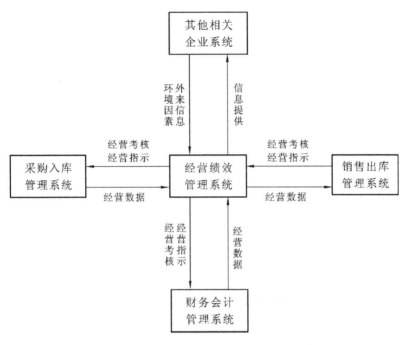

图 10-6　经营绩效管理系统与其他系统的数据关联图

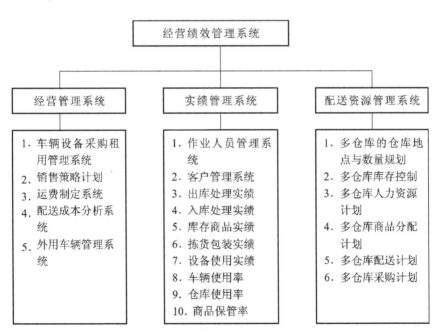

图 10-7　经营绩效管理系统的功能结构

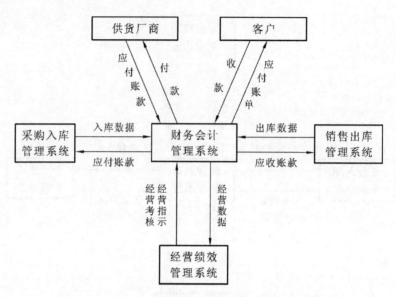

图 10-8　财务会计管理系统与其他系统的数据关联图

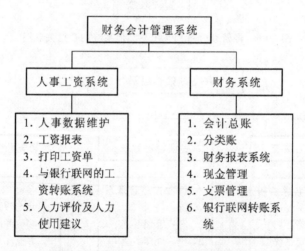

图 10-9　财务会计管理系统的功能结构

第三节　物流配送信息技术

物流配送信息技术现已成为物流行业中不可或缺的重要领域。配送中心信息技术主要包括自动识别技术、全球卫星定位系统（GPS）、地理信息系统（GIS）、电子数据交换技术（EDI）、电子自动订货系统（EOS）和自动分拣技术。

一、自动识别技术

(一) 自动识别技术概述

自动识别技术是现代物流技术中的一项关键技术,是指应用一定的识别装置,通过自动识别装置接近被识别物品的活动,自动地获取被识别物品的相关信息,并提供给后台的计算机处理系统来完成相关后续处理的一种技术。它作为一种依赖于信息技术的多学科结合的技术,近几十年在全球范围内得到了迅猛发展,初步形成了一种包括条形码技术、磁条技术、光学字符识别、射频技术、声音识别及视觉识别等集计算机、光、机电、通信技术为一体的高新技术。

(二) 条形码技术

条形码是由美国的 N.T. Woodland 在 1949 年首先提出的,是在计算机的应用实践中产生和发展起来的一种自动识别技术。它是为实现对商品信息的自动扫描而设计的,是实现快速、准确采集数据的有效手段。条形码技术的应用解决了数据采集和数据录入的"瓶颈"问题,被广泛应用于商业、邮政、图书管理、仓储、工业生产过程控制、交通等领域。

条形码是由一组按一定编码规则排列的条、空符号组成的编码符号,用于表示一定的字符、数字及符号组成的信息。常见的条形码是由反射率相差很大的黑条(简称条)和白条(简称空)组成。条形码可以标出商品的生产国、制造商、名称、生产日期、图书分类号、邮件起止地点、类别、日期等信息。

商品条形码的编码遵循唯一性原则,即一个商品项目只能有一个代码,或者说一个代码只能标识一种商品项目。不同规格、不同包装、不同品种、不同价格、不同颜色的商品只能使用不同的商品代码。

条形码技术借助自动识别技术、POS、EDI 系统等现代技术手段使企业可以随时了解有关产品在供应链上的位置,并及时反应。条形码技术是实现自动化管理的有力武器,有利于进货、销售和仓储管理一体化;是实现 EDI、节约资源的基础;是及时沟通产、供、销的纽带和桥梁;是提高市场竞争力的工具;可以节省消费者的购物时间,增加商品的销售量。条形码具有可靠、准确、数据输入速度快、灵活实用、自由度大、设备简单和易于制作等优越性。

条形码种类多达四十多种,常见的也有二十多种。目前应用最广泛的有交叉二五码、39 码、UPC 码、EAN 码、128 码等。近年来又出现了按矩阵方式或堆栈方式排列信息的二维条码。

(三) 射频技术

1. 射频识别技术概述

射频识别(RFID)技术是 20 世纪 90 年代开始兴起的一种自动识别技术。该技术在世界范围内正被广泛应用。RFID是一种非接触式的自动识别技术，是一项利用射频信号，通过空间耦合（交变磁场或电磁场）实现无接触信息传递并通过所传递的信息达到识别目的的技术。它通过射频信号自动识别目标对象并获取相关数据，识别工作无须人工干预，可工作于各种恶劣环境。射频系统的优点是不受视线的局限，识别距离比光学系统远，射频识别卡具有读写能力，可携带大量数据，难以伪造，比较智能，可识别高速运动物体以及同时识别多个标签，操作快捷方便。RFID适用于物料跟踪和货架识别等要求非接触数据采集和交换的场合。由于RFID标签具有可读写能力，对于需要频繁改变数据内容的场合尤为重要。

2. 射频识别系统的组成

1) 射频

射频系统由读写器和计算机网络两部分组成。读写器由三个主要组成部分：读写模块、射频和天线。读写器在工作区域范围内发射电磁波，对标签进行数据采集，通过计算机网络进行数据转换、数据处理和数据传输。

2) 标签

（1）射频标签的基本功能。射频标签的基本功能为：具有一定的存储容量，用于存储识别对象的信息；标签的数据能被读出或写入，还可以编程，一旦编程后，就成为不可更改的永久数据；使用、维护都很简单，在使用期限内需维护。

（2）射频标签的构成。射频标签由射频模块、存储器、控制器及天线四个主要部分构成。标签的主要作用是存储物流对象的数据编码，对物流对象进行标识，通过天线将编码后的信息发射给读写器，或者接受读写器的电磁波，将目标信息反射给读写器。

（3）标签的种类。根据标签的工作方式不同，分为能够主动发射数据给读写器的主动式和只能由读写器发出查询询信号进行识别的被动式两类。

按照标签读写方式的不同，可以分成只读型和读写型两类。读写型标签的信息，不但可以被读写器读出，还可以由读写器写入。

按照标签是否携带能源，分为不带能源的标签和带能源的标签两类。

按标签工作频率不同，分为低频、高频、微波三种标签。

按照工作的距离可以分成过程标签、近程和超近程三类，远程标签可以识别100厘米距离，近程为10～100厘米，超近程为0.2～10厘米。

射频识别系统的总体组成如图10-10所示。

3. 射频识别技术的应用

1) 高速公路自动收费与城区交通管理

高速公路自动收费系统是RFID技术最成功的应用之一。RFID技术在高速公路收费上的应用能充分体现它的非接触识别的优势，可减少排队交费、交通堵塞等现象。

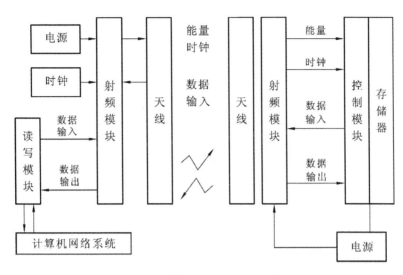

图 10-10 射频识别系统组成示意图

目前广东省佛山市政府已安装了 RFID 系统,通过自动收取路桥费来提高车辆通过率,缓解了道路堵塞。车辆在时速为 250 公里/小时的情况下不到 0.5 毫秒就能被识别,正确率 99.95%。上海市也安装了基于 RFID 技术的自动收取养路费系统。广州市尝试在开放的高速公路上对在高速行驶的车辆进行自动收费。

2) 人员识别与物资跟踪

将来的门禁保安系统均可应用射频卡,一卡可以多用,如工作证、出入证、停车证等,目的都是识别人员身份,实现安全管理,自动收费或上下班打卡,提高工作效率。安全级别要求高的地方,还可以结合其他的识别方式,将指纹、掌纹或颜面特征存入射频卡。2000 年悉尼奥运会的安全机构将射频卡和生物测定技术结合起来,将其作为保安系统中的一种技术措施,运动员和工作人员随身携带含有自己手掌信息的射频卡,当他们要进入某安全区时,必须将其右手搁在扫描器上,只有该人的掌纹、指纹、颜面特征同系统根据其掌纹信息在安全库检索出的三维图像一样,并且同其本人所携带的卡片上的信息一致方可进入该区域,而卡丢失、偷卡和借卡使用都构不成对安全的威胁。

还可以用射频卡保护和跟踪财产。将射频卡贴在重要物资如计算机、传真机、文件、复印机或其他实验用品上,自动跟踪管理这些有价值的财产。可以跟踪一个物品从某一建筑处离开,或是用报警的方式限制物品离开某地。结合 GPS 系统利用射频卡,还可以对货柜车、货舱等进行有效跟踪。

3) 生产线自动化控制

在生产流水线应用 RFID 技术可实现自动控制和监视,提高生产率,改进生产方式,节约生产成本,如汽车装配流水线。德国宝马汽车公司通过在装配流水线上应用射频卡可以大量地生产用户定制的汽车。宝马汽车的生产是基于用户提出的要求式样而生产的,用户可以从上万种内部和外部选项中选定自己所需要的颜色、引擎型号和轮胎式样等,如果没有一个高度组织的、复杂的控制系统是很难完成这样复杂的任务的。

4) 仓储管理

将 RFID 系统与条码系统相结合,可用于智能仓库货物管理,有效解决仓库管理与货物流动有关的信息管理问题,不但可增加一天内处理货物的件数,还能监看这些货物的一切流动信息。一般而言,射频卡贴在货物要通过的仓库大门边上,读写器天线放在叉车上,每个货物都贴有条形码,所有条形码信息都被存储在仓库的中心计算机里,这样该货物的有关信息都能在计算机里查到。当货物被装走运往别地时,由另一读写器识别并告知计算机中心它被放在哪个拖车上。这样管理中心可以实时地了解到已经生产了多少产品和发送了多少产品,并可自动识别货物,确定货物的位置。

二、GPS

(一) GPS 概要

1. GPS 的含义

全球定位系统(global positioning system,GPS),是利用由导航卫星构成的全球卫星定位系统,进行测时和测距。GPS 能对静态、动态对象进行动态空间信息的获取,空间信息反馈快速,精度均匀,不受天气和时间的限制。目前全球有两套 GPS 可以利用:一是 NAVSTAR 系统,由美国研制,归美国国防部管理和操作;一是 GLONASS 系统,为俄罗斯拥有。因为通常首先可利用的是 NAVSTAR 系统,故又将这一全球卫星定位导航系统简称为 GPS。GPS 主要用于船舶和飞机导航,对地面目标的精确定时和精密定位,地面及空中交通管制,空间及地面灾害监测等。在物流领域中利用 GPS 可以对在公路上运输货物的卡车进行定位和跟踪调度,把空放或迂回运输的情况减到最少。对在铁路上运输的货物或集装箱,只要知道运载货车的车种、车型、车号,就可利用 GPS 获知所要寻找的货车,现在在何路段运行或停留何处,以达到对货物追踪管理的目的。

2. GPS 的特点

(1) 全球、全天候作业。

(2) 定位精度高。

(3) 实时导航。

(4) 抗干扰性能好,保密性强。

(5) 执行操作方便。

(6) 功能多,应用广。

（二）GPS 在物流配送中的应用

GPS 起初是基于军事的目的而建立的,之后广泛应用于交通、通信等各个领域。目前,GPS 已广泛应用于物流配送领域。全球卫星定位系统在物流配送中的应用表现在以下三个方面。

1. 用于汽车定位,跟踪调度

利用 GPS 和电子地图可以实时显示车辆的实际位置、行驶速度、方向以及时间等精确的信息,随着目标的移动,实现多车、多屏幕的及时跟踪。正是由于以上优点,今后车辆导航将成为全球卫星定位系统应用的主要领域之一。

2. 用于铁路运输管理

我国铁路部门开发的基于 GPS 的计算机管理信息系统,可以通过 GPS 和计算网络实时收集全路列车、机车、车辆、集装箱及所运货物的动态信息,可实现列车货物追踪管理。只要知道货车的车种、车型、车号,就可以立即从庞大的铁路网上运行着的几十万货车中找到该货车,还能得知这辆货车现在何处,以及所有的车载货物发货信息。铁路部门运用这项技术可大大提高其路网运营的透明度,为货主提供更高质量的服务。

3. 用于军事物流

全球卫星定位系统首先是因为军事目的而建立的,在军事物流中,如后勤装备的保障等方面,应用相当普遍。尤其是在美国,其在世界各地驻扎的大量军队无论是在战时还是在平时都对后勤补给提出很高的要求。在我国,GPS 在军事部门中的运用也引起了重视。

三、GIS

（一）GIS 概要

GIS(geographical information system,GIS)即地理信息系统,顾名思义,是处理地理信息的系统,是 20 世纪 60 年代开始迅速发展起来的地理学研究新成果,它是多种学科交叉的产物,它以地理空间数据为基础,采用地理模型分析方法,适时地提供多种空间的和动态的地理信息,是一种为地理研究和地理决策服务的计算机技术系统。

GIS 的主要特征是存储、管理、分析与位置有关的信息,它通过对地理数据的集成、存储、检索、操作和分析,生成并输出各种地理信息,从而为土地利用、资源评价与管理、环境监测、交通运输、经济建设、城市规划以及政府部门行政管理提供新的知识,为工程设计和规划、管理决策服务。

GIS 的基本功能是将表格型数据转换为地图形显示,提供多种空间的和动态的地理信息。显示范围,大至洲际地图,小到详细的街区地图。

GIS 主要由两部分组成:一部分是桌面地图系统,另一部分是数据库,用来存放地图上与特定点、线、面所相关的数据。通过点取地图上的相关部位,可以立即得到相关的数据;反之,通过已知的相关数据,也可以在地图上查询到相关的位置和其他信息。借助地理信息系统,进行路线的选择和优化,既可以对运输车辆进行监控和调度,也可以给司机提供有关的地理信息等。

(二) GIS 在物流配送中的应用

1. GIS 物流分析软件集成模型

完整的 GIS 物流分析软件集成了车辆路线模型、最短路径模型、网络物流模型、分配集合模型和设施定位模型等。

1) 车辆路线模型

车辆路线模型用于解决在货物运输中一个起点、多个终点的情况下,如何降低物流作业费用,并保证服务质量。包括决定使用多少车辆,每辆车的运输行驶路线等。

物流分析中,在一对多收发货点之间存在着多种可供选择的运输路线的情况下,应该以物资运输的安全性、及时性和低成本为目标,综合考虑,权衡利弊,选择经济合理的运输方式并确定费用最低的运输路线。例如,一个公司只有一个仓库,而销售店却有几十个,并分布在城市各个不同的位置上,每天用卡车把货物从仓库配送到零售商店,每辆卡车的载重量或货物尺寸是固定的,同时每个商店所需的货物重量或体积也是固定的,这时,需要多少车辆以及所有车辆所经过的路线就是一个最简单的车辆路线模型。

实际运作中,设计车辆路线还应考虑更多相关因素,问题也变得十分复杂。例如:仓库的数量不止一个,而仓库和商店之间不是一一对应的;部分或所有商店对货物送达时间有一定的限制,如某商场上午 9 点开始营业,因此要求货物在上午 6—8 点运到;仓库的发货时间有一定的限制,如当地交通规则要求卡车上午 7 点之前不能上路,而司机要求每天下午 6 点之前完成一天的工作;交通高峰期的拥堵情况;在每个车站,需要一定的服务时间。最常见的情况是不管卡车所运货物有多少,在车站上都需要固定的时间让卡车进站接受检查,当然也有检查时间随着所运货物多少而变化的情况,等等。建车辆路线模型时应综合考虑这些因素。

2) 网络物流模型

网络物流模型用于提供最有效的分配货物的路径问题,即物流网点布局问题。网络物流模型可处理下列问题:

如需要把货物从 10 个仓库运到 80 个零售店,每个商店有固定的需求量,因此需要确定哪个仓库供应哪个零售店,从而使运输代价最小;

在考虑线路上的车流密度前提下,怎样把空载的货车从所在位置调到货物所在位置。

网络物流模型可分为三种类型,第一种用来处理"一对一"的起点终点问题;第二种用来处理"一对一"或"多对一"的起点终点问题,同时产生一个矩阵,计算出从各个起点到终点的物流;第三种也是用来处理"一对多"或"多对一"的起点终点问题,但是可以考虑网络各阶段路径的限制量,其结果也是产生一个表示物流量大小的矩阵。

3）分配集合模型

可以根据各个要素的相似点把同一层上的所有或部分要素分为几个组,用以解决确定服务范围、销售市场范围等问题。

在很多物流问题中都涉及分配集合模型,例如,某公司要设立 12 个分销点,要求这些分销点覆盖整个地区,且每个分销点的顾客数目大致相等;某既定经济区域（可大至一个国家,小至某一地区、城市）内,考虑其他仓储网点的规模及地理位置等因素,合理划分配送中心的服务范围,确定其供应半径,实现宏观供需平衡。

两个程序解决这些问题:区域分散模型和集中模型,在对某一区域进行地理分区时应使用区域分散模型,而把某一层上的许多小的要素依据他们之间的距离或旅行时间进行组合时则应使用集中模型。

4）设施定位模型

设施定位模型用来解决物流设施的布局定位问题,如确定仓库、医院、零售商店、加工中心等设施的最佳位置。

设施定位模型可以用于确定一个或多个设施的位置。在物流系统中,仓库和运输线共同组成了物流网络,仓库处在网络的"节点"上,运输线就是连接各个"节点"的"线路"。"节点"决定着"线路"。具体地说,在一个具有若干资源点及若干需求点的经济区域内,物资资源要通过某一个仓库的汇集中转和分发才能供应各个需求点,因此,根据供求的实际需要并结合经济效益等原则,在既定区域内设立多少仓库、每个仓库的地理位置在什么地方、每个仓库应有多大规模（包括吞吐能力和存储能力）、这些仓库间的物流关系如何等问题,就显得十分重要。而这些问题运用设施定位模型均能很容易地得到解决。

设施定位模型也可以加入经济或者其他限定条件,运用模型的目的也可以是使各服务设施之间的距离最大或其服务的人数总和最大,同时,也可以是在考虑其他已经存在设施的影响的情况下,确定设施的最佳位置,等等。对于这些形式不一的问题,可以通过运用现有设施定位的模型,或者修改一定的参数加以解决。

2. 基于 GIS 的物流配送系统主要功能

1）车辆和货物跟踪

利用 GPS 和电子地图可以实时显示出车辆或货物的实际位置,并能查询出车辆和货物的状态,以便进行合理调度和管理。

2）提供运输路线规划和导航

规划出运输线路,使显示器能够在电子地图上显示设计线路,并同时显示汽车运行路径和运行方法。

3）信息查询

对配送范围内的主要建筑、运输车辆、客户等进行查询,查询资料可以以文字、语言及图像的形式显示,并在电子地图上显示其位置。

4）模拟与决策

如何利用长期客户、车辆、订单和地理数据等建立模型以进行物流网络的布局模拟,并以此来建立决策支持系统,以提供更有效且直观的决策依据。

3. GIS 在物流信息管理系统中的应用

（1）应用 GIS 可以解决物流活动中客户服务、货物查询等环节的问题。

（2）通过 GIS 辅助物流配送,自动确定客户的位置,以便及时、准确地将货物配送到目的地和消费者。

（3）利用 GIS 的地图显示系统,准确计算客户的距离,以便更好地为客户服务。

（4）通过 GIS 可以及时查询货物在运输途中的情况,提高物流管理水平。

四、EDI 技术

（一）EDI 技术概要

1. EDI 技术的含义

电子数据交换（electronic data interchange,EDI）一种在公司之间传输订单、发票等作业文件的电子化手段。它是以完成贸易为中心的,在贸易各有关部门或公司与企业之间用一种国际公认的标准格式,通过计算机网络进行数据交换与处理,实现贸易、运输、保险、银行和海关等贸易活动相关信息传递的全过程。它是 20 世纪 80 年代发展起来的一种新颖的电子化贸易工具,是计算机、通信和现代管理技术相结合的产物。

国际化标准组织将 EDI 描述成"将贸易（商业）或行政事务处理按照一个公认的标准变成结构化的事务处理或信息数据格式,从计算机到计算机的电子传输"。

2. EDI 的发展

20 世纪 60 年代末,美国航运业首先使用 EDI。1968 年美国运输业许多公司联合成立了运输业数据协调委员会,研究开发电子通信标准的可行性。早期 EDI 是点对点,靠计算机与计算机直接通信完成的。

20 世纪 70 年代,数字通信网的出现加快了 EDI 技术的成熟,同时 EDI 的应用范围也扩大了,出现了一些行业性数据传输标准并建立了行业性 EDI 技术。例如,银行业发展的电子资金汇兑系统（SWIFT）;美国数据传送协调委员会发展了一整套有关数据目录、语法规则的报文格式,这就是 ANSI X.12 的前身;英国简化贸易程序委员会出版了第一部用于国际贸易的数据元目录和应用语法规则,即EDIFACT标准体系。20世纪70年代EDI应用集中在银行业、运输业和零售业。

20世纪80年代EDI应用迅速发展,美国国家标准化协会(ANSI)鉴定标准委员会(ASCX 12)与欧洲一些国家联合研究国际标准。1986年欧洲和北美20多个国家开发了用于行政管理、商业及运输业的EDI国际标准(EDIFACT)。增值网的出现和行业性标准逐步发展成通用标准,加快了EDI的应用和跨行业EDI的发展。

20世纪90年代出现了互联网EDI,使EDI从专用网扩大到因特网,降低了成本,满足了中小企业对EDI的需求。20世纪90年代初,全球已有2.5万家大型企业采用EDI,美国100家最大企业中有97家采用EDI。20世纪90年代中期,美国有3万多家公司采用EDI,西欧有4万多家EDI企业用户,包括化工、电子、汽车、零售业和银行业等行业。

我国EDI于20世纪90年代初才开始,但起点较高。1991年,由原国务院电子信息推广应用办公室牵头,科技部(原国家科委)、商贸部(原外经贸部)、海关总署等16个部委及局(行,公司)共同组织成立了"中国促进EDI应用协调小组",并以"中国EDI理事会"的名义参加了"亚洲EDIFACT理事会",成为该组织的正式会员,有力地促进了EDI技术在我国的推广应用。目前,我国的EDI应用不仅在国际贸易中继续深入发展,在其他行业和部门中也飞速发展,商检、税务、邮电、铁路、银行、工商行政管理、商贸等领域都已运用EDI方式开展业务。但用户方面的研究表明,近几年来,我国EDI应用仍然存在下列一系列有待解决的问题,主要表现在:EDI用户被动应用EDI技术,不重视效益分析;EDI服务中心重复建设,功能未能充分利用;实现EDI后,产生了节约人力与人员富余的矛盾;EDI系统未能和企业计算机信息管理系统结合,给企业造成额外负担;订单数量少,无法发挥规模效益;自上而下的协调仍然不够深入细致,效率低下;法律制度不健全带来许多问题;基于互联网的电子商务的兴起,使人们对EDI的未来缺乏足够的信心。

3. EDI 的分类

电子数据交换系统有三个主要类别。

(1) 国家专设的EDI系统。这是全国电子协会同八部委确立的作为我国电子数据交换平台的系统,英文名称是CHINA-EDI。通过专用的广域网进行电子数据交换的动作。这种网络是由电子数据交换中心和广域网的所有节点构成,所有的数据,通过交换中心实现交换并进行结算。这种连接方式又被称为增值网络连接方式,即VAN(value-added-network)方式。过去一直在外贸系统应用,应用的面不宽。

(2) 基于互联网的EDI系统。也就是说在互联网上运行电子数据交换。由于互联网的开放性,可以使用很多用户方便地介入到电子数据交换系统,也有利于电子数据交换系统在不同范畴的广泛应用。同时由于互联网的开放性,所以基于互联网的 EDI 系统,应当是对于数据安全性、保密性没有特殊要求的用户。这种方式可以实现协议用户直接连结传递 EDI 信息,所以可以进行点对点 PTP 的数据传递。

(3) 通过专线的点对点电子数据交换系统。可以通过租用信息基础平台的数据传输专线、电话专线或自己铺设的专线进行电子数据交换。这种电子数据交换系统封闭性较强,因为是专线系统,所以成本很高。

4. EDI 的系统构成

通信网络、EDI 软件及硬件、EDI 数据标准化是构成 EDI 系统的三要素。其中,通信网络是 EDI 实现的基础,计算机硬件、专用软件组成的应用系统是实现 EDI 的前提条件,EDI 标准化是实现 EDI 的关键。这三方面相互衔接、相互依存,构成 EDI 的系统框架。

(1) 通信网络。目前 EDI 的通信网络大多是借助于范围广泛的因特网,也有为实现某些具体任务而单独建设的专用网,具体采用哪种方式要看通信将要从事的工作来确定的。从 EDI 的长远发展考虑,在因特网上实现 EDI 具有较强的生命力和更为广阔的发展空间。

(2) EDI 软件和硬件。EDI 软件具有将用户数据库系统中的信息翻译成 EDI 的标准格式,以提供数据传输交换的能力。EDI 软件可分为转换软件、翻译软件和通信软件三大类。其中,转换软件可以帮助用户将原有计算机系统的文件或数据库中的数据转换成翻译软件能够理解的平面文件,或是将从翻译软件接收来的平面文件转换成原计算机系统中的文件。翻译软件可以将平面文件翻译成 EDI 标准格式,或将接收到的 EDI 标准格式翻译成平面文件。通信软件则将 EDI 标准格式的文件外层加上通信信封,再送到 EDI 系统交换中心的邮箱,或在 EDI 系统交换中心内将接收到的文件取回。

(3) 数据标准化。EDI 标准是由企业、地区代表经过讨论制定的电子数据交换共同标准,统一的 EDI 标准可以使各个组织和企业之间不同的文件格式,通过共同的标准,达到彼此之间进行文件交换的目的。显然,标准的不统一将直接影响 EDI 的发展。

早期的 EDI 标准大多数是行业标准,标准之间不能进行跨行业的 EDI 互联,严重影响 EDI 的效率,阻碍了 EDI 的发展。在美国就存在汽车工业的 AIAG 标准、零售业的 UCS 标准、货栈和冷冻食品储存业的 WINS 标准等。在日本有连锁店协会的 JCQ 行业标准、全国银行协会的 AENGIN 标准和电子工业协会的 EIAT 标准等。

为了促进 EDI 的发展,世界各国都在不遗余力地促进 EDI 标准的国际化,以求最大限度地发挥 EDI 的作用。

目前在 EDI 的标准上,国际上最为流行的就是联合国欧洲经济委员会下属的第四工作组在 1986 年制定的《用于行政管理、商业和运输的电子数据交换标准》

(UN/EDIFACT),简称 EDIFACT。EDIFACT 目前已成为全球通用的 EDI 标准。

5. EDI 的通信方式

EDI 通信主要采用增值网(VAN)方式,VAN 又被称为在线系统,是指通过利用(一般是租用)通信公司的通信线路连接分布在不同地点的计算机终端形成的信息传递交换网络。该网络向使用者提供服务,如计算机之间的联网、数据交换服务、通信线路阻塞时的迂回中继等。VAN 是实现 EDI 功能的外部设备,目前被广泛应用的销售时点数据(POS)、电子订货系统(EOS)都是 VAN 应用的具体形式。应用于 POS 系统的 VAN 除了传递销售时点数据之外,还能通过对销售时点数据加工计算出每个商品的利润、商品周转率,区分畅销商品和滞销商品。VAN 的附加价值表现在它能够提供以上服务。VAN 按使用目的分为业务共同利用型网络(即企业间数据交换网络)、通用数据通信网络和数据库服务网络。按应用范围分为大企业主导的 VAN、行业 VAN 和地区 VAN。

6. 物流 EDI

所谓物流 EDI 是指货主、承运业主以及其他相关的单位之间,通过 EDI 系统进行物流数据交换,并以此为基础实施物流作业活动的方法。物流 EDI 参与单位有货主(如生产厂家、贸易商、批发商、零售商)、承运业主(如独立的物流承运企业等)、实际运送货物的交通运输企业(如铁路企业、水运企业、航空企业、公路运输企业等)、协助单位(政府有关部门、金融企业等)和其他的物流相关单位(如仓库业者、专业报关业者等)。物流 EDI 的框架结构如图 10-11 所示。

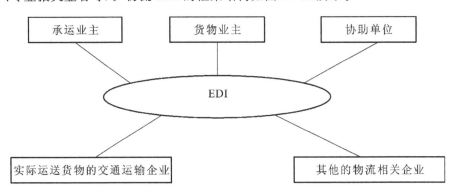

图 10-11 物流 EDI 的框架结构

下面是一个由发送货物业主、物流运输企业和接收货物业主组成的物流模型。这个物流模型的动作步骤如下。

(1) 发送货物业主(如生产厂家)在接到订货后制定货物运送计划,并把运送货物的清单及运送时间安排等信息通过 EDI 发送给物流运输业主和接收货物业主(如零售商),以便物流运输业主预先制定车辆调配计划和接收货物业主制定货物接收计划。

(2) 发送货物业主依据顾客订货的要求和货物运送计划下达发货指令,分拣配货,打印出物流条形码标签,并贴在货物包装箱上,同时把运送货物品种、数量、包装等信息通过 EDI 发送给物流运输业主和接收货物业主,并依据货物情况下达车辆调配指令。

(3) 物流运输业主在向发送货物业主取运货物时,利用车载扫描读数仪读取货物标签的物流条形码,并与先前收到的货物运输数据进行核对,确认运送货物。

(4) 物流运输业主在物流中心对货物进行整理、集装,做成送货清单并通过 EDI 向收货业主发送发货信息。在货物运送的同时进行货物跟踪管理,并在货物交给收货业主之后,通过 EDI 向发货物业主发送完成运送业务信息和运费缴纳信息。

(5) 收货业主在货物到达时,利用扫描读数仪读取货物标签的物流条形码,并与先前收到的货物运输数据进行核对确认,开出收货发票,货物入库。同时通过 EDI 向物流运输业主和发送货物业主发送收货确认信息。

物流 EDI 的优点在于供应链组成各方基于标准化的信息格式处理方法,通过 EDI 共同分享信息,提高流通效率,降低物流成本。例如,对零售商来说,应用 EDI 系统可以大大降低进货作业的出错率,节省进货商品检验的时间和成本,能迅速核对订货与到货的数据,易于发现差错。

(二) EDI 技术在物流配送中的应用

1. EDI 的应用领域

传统企业简单的购货贸易过程是:买方向卖方提出订单,卖方得到订单后,就进行内部的纸制票据处理,准备发货。纸制票据中包括发货票等。买方在收到货和发货票之后,开具支票,寄给卖方。卖方持支票至银行兑现。银行再开出一个票据,确认款项的汇兑。

一个生产企业的 EDI 系统,就是要把上述买卖双方在贸易处理过程中的所有纸质单证通过 EDI 通信网来传送,并由计算机自动完成全部(或大部分)处理过程。具体过程为:企业收到一份 EDI 订单后,系统自动处理该订单,核查订单是否符合要求;然后通知企业内部管理系统安排生产;向零配件供销商订购零配件等;向有关部门申请进出口许可证;通知银行并给订货方开出 EDI 发票;向保险公司申请保险单等。从而使整个贸易过程在最短时间内准确完成。EDI 系统将订单、发货、报送、商检和银行结算合成一体,对企业文化、业务流程和组织机构的影响是巨大的。

物流 EDI 是指货主、承运业主以及其他相关单位之间通过 EDI 系统进行物流数据交换,以此为基础实现物流活动的方法。EDI 的目的是充分利用现有计算机及通信网络资源,提高贸易伙伴间通信的效益。EDI 主要应用于制造业、贸易运输业、流通业和金融业。

2. 物流 EDI 的一般流程

（1）发送方（厂家）接到订货后，制定货物运送计划，并发信息给物流运输业主和接收方，以便物流运输业主预先制定车辆调配计划和接收货物业主制定货物接收计划。

（2）发送方下达发货指令，分拣配货，打印条形码标签，并贴在货物包装箱上，同时把运送货物的品种、数量、包装等信息通过 EDI 发送给物流业主和接收货物业主，据此请示下达车辆调配指令。

（3）物流运输业主在取货时用车载扫描读数仪读取物流条形码，并进行核对、验货。

（4）物流运输业主在物流中心对货物进行整理、集装，制单并通过 EDI 发送发货信息给接收方。

（5）接收方利用扫描读数仪读取物流条形码，与订货信息核对无误后，开收货发票，货物入库。同时通过 EDI 向物流运输业主和发货物业主发送收货确定信息。

3. EDI 运用于物流业的好处

（1）加快通关报检的速度。

（2）减少电话、传真、电传的费用。

（3）降低文件成本，减少或避免因人工抄写文件而造成的差错。

（4）及时利用运输资源，降低运输成本和减少时间费用。

4. 通过 EDI 系统可处理的物流单证

（1）运输单据，如托运单、海运提单。

（2）商业单证，如发票、订单、装箱单。

（3）海关单证，如报关单、海关发票。

（4）商检单证，如出入境通关单、各种检验检疫证书。

五、EOS

（一）EOS 概要

EOS(electronic ordering system)即电子自动订货系统，是指企业间利用通信网络(VAN 或互联网)和终端设备以在线连接(ON-LINE)方式进行订货作业和订货信息交换的系统。EOS 按应用范围可分为企业内的 EOS(如连锁店经营中各个连锁分店与总部之间建立的 EOS 系统)、零售商与批发商之间的 EOS 以及零售商同批发商之间的 EOS。

EOS 是一个订货作业和订货信息交换系统。利用它可以减少订货所需的时间，可以减少货源销售一空的情况发生；保证及时进货，避免缺货的发生；并且由此系统中的订货资料，可以知道以往的进货情况，分辨哪些是畅销品，哪些是滞留品。

（二）EOS在物流配送中的应用

1. EOS在企业物流中的作用

（1）相对于传统的订货方式如上门订货、电话订货、传真订货等而言，EOS可以缩短从接到订单到发出订货的时间，缩短订货商品的交货期，减少商品订单的出错率，节省人工费。

（2）EOS有利于降低企业的库存水平，提高企业的库存管理效率，同时也能防止商品特别是畅销商品缺货现象的出现。

（3）对于生产厂家和批发商来说，通过分析零售店的商品订货信息，能准确判断畅销商品和滞销商品，有利于企业调整商品生产和销售计划。

（4）有利于厂家提高企业物流信息系统的效率，使各个业务信息子系统之间的数据交换更加方便和迅速，丰富企业的经营信息。

2. 企业应用EOS的基础条件

（1）订货业务作业的标准化，是有效利用EOS的前提条件。

（2）商品代码的设计。在零售行业的单品管理方式中，每一个商品品种对应一个独立的商品代码，商品代码一般采用国家统一规定的标准。对于统一标准中没有规定的商品则采用本企业自己规定的商品代码。商品代码的设计是应用EOS的基础条件。

（3）订货商品目录的制作和更新。订货商品目录账册的设计和运用是EOS成功的重要保证。

（4）计算机、订货信息输入和输出终端设备的添置，以及EOS设计是应用EOS的基础条件。

六、自动分拣技术

（一）自动分拣技术概要

自动分拣系统在美国、日本的物流中心被广泛采用，已成为发达国家大中型物流中心不可缺少的一部分。该系统的作业过程可以简单描述如下：物流中心每天接收成千上万家供应商或货主通过各种运输工具送来的各种商品，在最短的时间内将这些商品卸下并按商品品种、货主、储位或发送地点进行快速准确的分类，将这些商品运送到指定地点，同时，当供应商或货主通知物流中心按配送指示发货时，自动分拣系统在最短时间内从庞大的高层货架存储系统中准确找到需出库的商品所在位置，并按所需数量出库，将从不同储位上取出的不同数量的商品按配送地点的不同运送到不同的理货区域或配送站台集中，以便装车配送。

自动分拣系统具有以下特点：①能连续、大批量地分拣货物；②分拣误差率极低;③分拣作业基本实现无人化。

(二)自动分拣技术在物流配送中的应用

一般而言,物流配送中心的作业流程包括"入库—保管—拣货—分拣—暂存—出库"等作业,其中分拣作业是一项非常繁重的工作,尤其是面对零售业多品种、少批量的订货。自动分拣系统能将来自不同方向、不同地点、不同渠道的不同物资,按照类型、品种、尺寸、重量及特殊要求分拣输送后集中在指定的仓库或旋转货架上。其输送速度快(最快达150米/秒)、分拣能力强(最高达3万件/小时)、规模大(机长高达几十甚至数百米)、卸货及分拣的通道多(最多达200个以上)、适用的货物范围广。

本 章 小 结

本章较全面地介绍了配送中心信息系统和物流配送信息技术。通过本章的学习,可以了解和熟悉配送信息的概念、配送中心信息系统的作用、配送信息分类和特性,掌握配送中心信息系统的结构。在此基础上,对配送中心信息技术有较全面的了解:熟悉条码技术、无线射频技术、地理信息技术、全球定位技术、电子数据交换技术、电子订货系统和自动分拣技术等。

综合案例分析

杭州瑞宾配送中心的综合信息化建设

杭州瑞宾配送中心是杭州娃哈哈、农夫山泉等知名品牌所合作的物流配送中心之一,主要为杭州各大知名超市、连锁便利店、星级酒店、食品零售店等提供食品饮料的配送服务,随着业务的增长,原有的传统管理模式已不能够很好地满足业务的需求,为此瑞宾配送中心特委托杭州瑞普科技有限公司为其建设综合的信息化管理系统来满足其业务增长的要求。

瑞宾配送中心的综合信息化建设主要内容包含智能配送呼叫中心系统、配送调度及跟踪系统、远程安防监控及联动报警系统。其中,包括集人工坐席服务、IVR(自动语音应答)系统的集智能化配送、订货、客服于一体的呼叫中心,对于一些新客户可以通过人工坐席员的服务完成订货及配送申请,对于一些老客户则可以直接通过IVR系统完成订货、配送调度及跟踪,系统能够实时地根据呼叫中心下发的配送短信指令,采取就近的原则为经销商完成货物配送。远程安防监控及联动报警系统则是通过配送中心建设的远程安防监控和报警联动机制,让配送中心在非工作时间无人值守的情况下,确保配送中心财物的安全。相关安保人员可以通过网络远程实时地掌握配送中心的现场情况。并可实时地接收到来自配送中心的防盗、防火等警报。

瑞宾配送中心综合信息化建设大大地提高了其工作效率,降低了企业的运作成本,为其提升企业竞争力,拓展更大的业务空间创造了有利的条件。

思考题

1. 瑞宾配送中心综合信息化的内容大致包括哪些模块?
2. 请谈谈你对瑞宾配送中心综合信息化系统的看法?如有更好的完善意见请指出。

本章综合练习题

1. 配送信息有哪些特性?
2. 配送中心信息系统分为哪几个模块?
3. 配送中心采用哪些信息应用技术?

实践活动

配送中心信息管理系统的功能模块调查

实践目标:熟悉配送中心信息管理系统的模块组成。

实践内容:选择一家配送中心,调查其信息管理系统的模块组成。

实践要求:注意搜集第一手资料,并试图分析其是否有效地帮助企业取得了良好的绩效。

实践成果:撰写实践报告,具体包括如下内容:你所调查的配送中心的基本情况、其采用信息管理系统的原因、其信息管理系统的模块组成、其信息管理系统实施的效果。

第十一章 配送中心成本管理

本章学习目标

掌握配送成本概念、掌握配送成本构成、掌握配送成本控制方法、掌握降低配送成本的策略、掌握配送定价的技巧、了解配送成本的计算方法;了解影响配送成本的因素、会用降低配送成本的方法制定策略、理解配送定价的技巧。

 经典案例导入

长虹的物流成本管理

长虹公司是一家较大的家用彩色电视机生产厂商。1998年长虹将设置在全国各地的分公司内部的保管和配送等业务部门,从各分公司分离出来,设置物流中心,在那里制定长虹公司的物流计划。

在此之前长虹公司采取的方法是,将工厂装配好的产品,直接运到各地从事经营的商店,让其暂时保管,然后再根据客户的订货配送到客户所在地。不管配送件数多少,各分店都必须配备运货人员和货车。经计算运输费用占物流费用的70%以上。物流费用的上升严重影响了企业的竞争力,因此长虹采用了商物分离的运作模式,以及设置物流中心使物流趋于合理化的物流计划。

将物流中心建立在分公司集中的大城市内,一个中心可以承担约20个分公司的商品配送业务。建立物流中心,分公司的车辆和送货人员就可以压缩,这样就能用较少车辆运送大量货物;还可实行从工厂到消费者的一贯制产品运输,从而可以大批量运输,节约物流成本。

长虹公司所采取的措施是各企业所采取的物流合理化措施中具有代表性的措施。这种合理化措施不但可以提高企业的服务水平,还可以降低物流费用。

第一节 配送成本概述

一、配送成本的概念及其构成

配送一般包括备货、加工、分拣、配货、配装、运输、送达等环节,但完成配送活动是需要付出成本的。配送成本是在配送各环节中所支付的费用总和,包括配送运输费用、分拣费用、配装费用、流通加工费用等。

> **知识链接**
>
> "第三个利润源"的说法主要出自日本。从历史发展来看,人类历史上曾经有过两个大量提供利润的领域:第一个是资源领域,第二个是人力领域。在前两个利润源潜力越来越小、利润开拓越来越困难的情况下,物流领域的潜力被人们所重视,按时间序列排为"第三个利润源"。

(一)配送运输费用

1. 车辆费用

车辆费用指从事配送运输生产而发生的各项费用,包括驾驶员及助手等的工资及福利费用、燃料费、轮胎费用、修理费、折旧费、养路费、车船使用税等项目。

2. 营运间接费用

营运间接费用是指营运过程中发生的不能直接计入核算成本对象的各种间接费用,主要是运输站、队经费。包括站、队人员的工资及福利费、办公费、水电费、折旧费等内容,但不包括管理费用。

(二)分拣费用

(1)分拣人工费用。这是指从事分拣工作的作业人员及有关人员工资、奖金、补贴等费用的总和。

(2)分拣设备费用。这是指分拣机械设备的折旧费用及修理费用。

(三)配装费用

(1)配装材料费用。常见的配装材料有木材、纸、自然纤维和合成纤维、塑料等。

(2)配装辅助费用。除上述费用外,还有一些辅助性费用,如包装标记、标志的印刷,拴挂物费用等的支出。

(3)配装人工费用。这是指从事包装工作的工人及有关人员的工资、奖金、补贴等费用总和。

(四)流通加工费用

(1)流通加工设备费用。流通加工设备因流通加工形式不同而不同,购置这些设备所支出的费用,以流通加工费用的形式转移到被加工产品中去。

(2) 流通加工材料费用。这是指在流通加工过程中,投入到加工过程中的一些材料消耗所需要的费用,即流通加工材料费用。

(3) 流通加工人工费用。在流通加工过程中从事加工活动的管理人员、工人及有关人员工资、奖金等费用的总和。

二、配送成本的核算

配送成本费用的计算由于涉及多环节的成本计算,对每个环节应当计算各成本计算对象的总成本。总成本是指成本计算期内成本计算对象的成本总额,即各个成本项目金额之和。配送成本费用总额是由各个环节的成本组成。其计算公式如下:

配送成本＝运输成本＋分拣成本＋配装成本＋流通加工成本

需要指出的是,在进行配送成本费用核算时要避免配送成本费用重复交叉。

(一) 运输成本的核算

配送运输成本的核算,是指将配送车辆在配送生产过程中所发生的费用,按照规定的配送对象和成本项目,计入配送对象的运输成本项目中去的方法。

1. 运输成本的数据来源

(1) 工资及职工福利费。根据"工资分配汇总表"和"职工福利费计算表"中各车型分配的金额计入成本。

(2) 燃料。根据"燃料发出凭证汇总表"中各车型耗用的燃料金额计入成本。配送车辆在本企业以外的油库加油,其领发数量不作为企业购入和发出处理的,应在发生时按照配送车辆领用数量和金额计入成本。

(3) 轮胎。轮胎外胎采用一次摊销法的,根据"轮胎发出凭证汇总表"中各车型领用的金额计入成本;采用按行驶胎公里提取法的,根据"轮胎摊提费计算表"中各车型应负担的摊提额计入成本。发生轮胎翻新费时,根据付款凭证直接计入各车型成本或通过待摊费用分期摊销。内胎、垫带根据"材料发出凭证汇总表"中各车型成本领用金额计入成本。

(4) 修理费。辅助生产部门对配送车辆进行保养和修理的费用,根据"辅助营运费用分配表"中分配各车型的金额计入成本。

(5) 折旧费。根据"固定资产折旧计算表"中按照车辆种类提取的折旧金额计入各分类成本。

(6) 养路费及运输管理费。配送车辆应缴纳的养路费和运输管理费,应在月终计算成本时,编制"配送营运车辆应缴纳养路费及管理费计算表",据此计入配送成本。

(7) 车船使用税、行车事故损失和其他费用。如果是通过银行转账、应付票据、现金支付的,根据付款凭证等直接计入有关的车辆成本;如果是在企业仓库内领用的材料物资,根据"材料发出凭证汇总表"、"低值易耗品发出凭证汇总表"中各车型领用的金额计入成本。

（8）营运间接费用。根据"营运间接费用分配表"计入有关配送车辆成本。

2. 配送运输成本计算表

物流配送企业月末应编制"运输成本计算表"（见表11-1），以反映运输总成本和单位成本。

表11-1 运输成本计算表

编制单位： 单位：元

项 目	配送车辆合计	配送营运车辆			
		A型车	B型车	C型车	D型车
一、车辆费用					
工资					
职工福利费					
燃料费					
轮胎费					
修理费					
折旧费					
养路费					
运输管理费					
保险费					
路桥费（过路费）					
行车事故损失					
年审费用					
其他					
二、营业间接费用					
三、配送运输总成本					
四、周转量/(千吨·千米)					
五、单位成本/(元/(千吨·千米))					
六、成本降低额/元					
七、成本降低率/(％)					

复核： 制表： 编制日期： 年 月 日

配送运输总成本是指成本计算期内成本计算对象的成本总额，即各个成本项目金额之和。单位成本是指成本计算期内各成本计算对象完成单位周转量的成本额。各成本计算对象计算的成本降低额，是指用该配送成本的上年度实际单位成本乘以本期实际周转量计算的总成本，减去本期实际总成本的差额，它是反映该配送运输成本由于成本降低所产生的节约金额的一项指标。按各成本计算对象计算的成本降低率,是指该配送运输成本的降低额与上年度实际单位成本乘以本期实际周转量计算的总成本比较的百分比。它是反映该配送运输成本降低幅度的一项指标。

各成本计算对象的降低额和降低率的计算公式如下。

成本降低额＝上年度实际单位成本×本期实际周转量－本期实际总成本

成本降低率＝成本降低额/(上年度实际单位成本×本期实际周转量)×100％

(二) 分拣成本的核算

分拣成本是指分拣机械及人工在完成货物分拣过程中所发生的各种费用。

1. 分拣成本项目

1) 分拣直接费用

(1) 工资:按规定支付给分拣作业工人的标准工资、奖金、津贴等。

(2) 职工福利费:按规定的工资总额和提取标准计提的职工福利费。

(3) 修理费:分拣机械进行保养和修理所发生的工料费用。

(4) 折旧费:分拣机械按规定计提的折旧费用。

(5) 其他:不属于以上各项的费用。

2) 分拣间接费用

分拣间接费用是指配送分拣管理部门为管理和组织分拣生产,需要由分拣成本负担的各项管理费用和业务费用。

2. 分拣成本的核算

分拣成本的核算是指将分拣过程中所发生的费用,按照规定的成本计算对象和成本项目计入分拣成本。其具体核算方法如下。

(1) 工资及职工福利费:根据"工资分配汇总表"和"职工福利费计算表"中分配的金额计入分拣成本。

(2) 修理费:辅助生产部门对分拣机械进行保养和修理的费用,根据"辅助生产费用分配表"中分配的分拣成本金额计入成本。

(3) 折旧:根据"固定资产折旧计算表"中按照分拣机械提取的折旧金额计入成本。

(4) 其他:根据"低值易耗品发出凭证汇总表"中分拣成本领用的金额计入成本。

(5) 分拣间接费用:根据"配送管理费用分配表"计入分拣成本。

3. 分拣成本计算表

物流配送企业月末应编制"分拣成本计算表"(见表 11-2),以反映配送分拣总成本。

表 11-2 分拣成本计算表

编制单位：　　　　　　　　　　　　　　　　　　　　　　　　　　　单位：元

项　目	合　计	分拣品种			
		货物 A	货物 B	货物 C	货物 D
一、分拣直接费用					
工资					
福利费					
修理费					
折旧费					
其他					
二、分拣间接费用					
分拣总成本					

复核：　　　　　制表：　　　　　编制日期：　　　年　　月　　日

(三) 配装成本的核算

配装成本是指完成货物配装的过程中所发生的各种费用。

1. 配装成本项目

(1) 工资：按规定支付给配装作业工人的标准工资、奖金、津贴。

(2) 职工福利费：按规定的工资总额和提取标准计提的职工福利费。

(3) 材料费：配装过程中消耗的各种材料，如包装纸、包装箱、包装塑料等。

(4) 辅助材料：配装过程中消耗的辅助材料，如标志、标签等。

(5) 其他：不属于以上各项的费用，如配装工人的劳保用品费等。

2. 配装成本的核算

配装成本的核算是指将配装过程中所发生的费用，按照确定的成本计算对象和成本项目计入配装成本。其具体核算方法如下。

(1) 工资及福利费：根据"工资分配汇总表"和"职工福利费计算表"中分配的配装成本的金额计入成本。

(2) 材料费用：根据"材料发出凭证汇总表"、"领料单"及"领料登记表"等原始凭证中配装成本耗用的金额计入成本。

(3) 辅助材料费用：根据"材料发出凭证表"、"领料单"中的金额计入成本。

(4) 其他费用：根据"材料发出凭证汇总表"、"低值易耗品发出凭证"中配装成本领用的金额计入成本。

(5) 配装间接费用：根据"配送间接费用分配表"计入配装成本。

3. 配装成本计算表

物流配送企业月末应编制"配装成本计算表"(见表11-3),以反映配装总成本。

表11-3 配装成本计算表

编制单位:　　　　　　　　　　　　　　　　　　　　　　　　单位:元

项　　目	合　　计	分拣品种			
		货物A	货物B	货物C	货物D
一、配装直接费用					
工资					
福利费					
材料费					
辅助材料费					
其他					
二、配装间接费用					
配装总成本					

复核:　　　　　制表:　　　　　　　　　编制日期:　　　年　　月　　日

(四)流通加工成本的核算

1. 流通加工成本项目和内容

(1)直接材料费。流通加工的直接材料费用是指流通加工产品加工过程中直接消耗的材料、辅助材料、包装材料以及燃料和动力等费用。与工业企业相比,在流通加工过程中的直接材料费用占流通加工成本的比例不大。

(2)直接人工费用。流通加工成本中的直接人工费用是指直接进行加工生产的生产工人的工资总额和按工资总额提取的职工福利费。生产工人工资总额包括计时工资、计件工资、奖金、津贴和补贴、加班工资、特殊情况下支付的工资等。

(3)制造费用。流通加工制造费用是物流中心设置的生产加工单位为组织和管理生产加工所发生的各项间接费用,主要包括流通加工生产单位管理人员的工资及提取的福利费,生产加工单位房屋、建筑物、机器设备等的折旧和修理费,生产单位固定资产租赁费,物料消耗费,低值易耗品摊销,取暖费,水电费,办公费,差旅费,保险费,试验检验费,季节性停工和机器设备修理期间的停工损失以及其他制造费用。

2. 流通加工成本项目的归集

(1)直接材料费用的归集。直接材料费用中材料费用和燃料费用数额是根据全部领料凭证汇总编制的"耗用材料汇总表"确定的;外购动力费用是根据有关凭证确定的。

在归集直接材料费用时,凡能分清某一成本计算对象的费用,应单独列出,以便直接计入该加工对象的成本计算单中;属于几个加工成本对象共同耗用的直接材料费用,应当选择适当的方法,分配计入各加工成本计算对象的成本计算单中。

(2) 直接人工费用的归集。直接人工费用的数额是根据当期"工资结算汇总表"和"职工福利费计算表"确定的。

"工资结算汇总表"是进行工资结算和分配的原始依据。它是根据"工资结算单"按人员类别(工资用途)汇总编制的。"工资结算单"应当依据职工工作卡片、考勤记录、工作量记录等工资计算的原始记录编制,"职工福利费计算表"是依据"工资结算汇总表"确定的各类人员工资总额,按照规定的提取比例计算后编制的。

(3) 制造费用的归集。制造费用是通过设置制造费用明细账,按照费用发生的地点来归集的。制造费用明细账按照加工生产单位开设,并按费用明细账项目设专栏组织核算。流通加工制造费用表的格式可以参考工业企业的制造费用表的一般格式。由于流通加工环节的折旧费用、固定资产修理费用等占成本比例较大,其费用归集尤其重要。

3. 流通加工成本计算表

物流配送企业月末应编制"流通加工计算表"(见表11-4),以反映流通加工总成本。

表11-4 流通加工成本计算表

编制单位: 单位:元

项 目	合 计	分拣品种			
		产品A	产品B	产品C	产品D
直接材料					
直接人工					
制造费用					
流通加工总成本					

复核: 制表: 编制日期: 年   月   日

三、配送中心成本影响因素

配送成本是各种作业活动的费用,它的大小与下面的因素有关。

(一) 时间

配送时间延长的后果是占用了配送中心库存,耗用了配送中心的固定成本。而这种成本往往表现为机会成本,使得配送中心不能提供其他配送服务以获得收益或者在其他配送服务上增加成本。

> **知识链接**
>
> 显性成本包括仓库租金,运输费用,包装费用,装卸费用,加工费用,定单清关费用,人员工资,管理费用,办公费用,应交税金,设备折旧费用,设施折旧费用,物流软件费用。隐性成本:库存资金占用成本,库存积压降价处理成本,库存呆滞产品成本,回程空载成本,产品损坏成本,退货损失费用。

（二）距离

距离是构成配送运输成本的主要内容,距离越远意味着成本越高,同时造成运输设备增加、送货员增加。

（三）配送物的数量和重量

数量和重量增加虽说会使配送作业量增大,但大批量的作业往往使配送效率提高。配送的数量和重量是委托人获得价格折扣的理由。

（四）货物种类及作业过程

不同种类的货物配送难度不同,对配送作业的要求不同,承担的责任也不一样,因而对成本会产生较大的影响。采用原包装配送,成本支出显然要比配装配送要少,因而不同的配送作业过程直接影响配送成本。

（五）外部成本

配送经营有时会需要使用到配送企业以外的资源,比如需要使用起吊设备时,配送企业就需要租用起吊设备从而增加成本支出。如当地的路桥普遍收费且无管制,则必然会增加配送成本。

第二节 配 送 定 价

一、影响物流企业定价的因素

（一）定价目标

定价目标是指物流企业通过制定一定水平的价格所要达到的预期目的。定价目标一般可分为利润目标、销售额目标、市场占有率目标和稳定价格目标。

1. 利润目标

由于每个物流企业的经营哲学及营销总目标的不同,利润目标在实践中有两种形式。

1) 以追求最大利润为目标

最大利润有长期和短期之分,还有单一服务产品最大利润和物流企业全部服务产品综合最大利润之别。一般而言,物流企业追求的应该是长期的、全部服务产品的综合最大利润。当然,对于一些中小物流企业、产品生命周期较短的物流企业、物流新产品在市场上供不应求的物流企业等,也可以谋求短期最大利润。

2) 以获取适度利润为目标

它是指物流企业在补偿社会平均成本的基础上,适当地加上一定量的利润作为物流服务的价格,以获取正常情况下合理利润的一种定价目标。

2. 销售目标

这种定价目标是在保证一定利润水平的前提下，谋求销售额或者营业额（统称销售额）的最大化。某种物流服务产品在一定时期、一定市场状况下的销售额由该物流服务产品的销售量和价格共同决定，因此销售额的最大化既不等于销量最大，也不等于价格最高。

3. 市场占有率目标

市场占有率又称市场份额，是指物流企业的销售额占整个物流行业销售额的百分比，或者是指物流企业的某服务产品在某市场上的销量占同类物流服务产品在该市场销售总量的比重。经验数据表明：当市场占有率在10%以下时，投资收益率大约为8%；市场占有率在10%～20%时，投资收益率约为14%以上；市场占有率在20%～30%时，投资收益率约为22%；市场占有率在30%～40%时，投资收益率约为24%；市场占有率在40%以上时，投资收益率约为29%。因此，以销售额为定价目标具有获取长期较好利润的可能性。

4. 稳定价格目标

稳定价格目标通常是大多数物流企业获得一定目标收益的必要条件，市场价格越稳定，经营风险也就越小。稳定价格目标的实质是通过本物流企业产品的定价来左右整个物流市场价格，避免不必要的价格波动。按这种目标定价，可以使市场价格在一个较长的时期内相对稳定，减少物流企业之间因价格竞争而发生的损失。

（二）成本

物流产品的成本可以分两种，即固定成本和变动成本。固定成本包括物流企业软、硬件设施的建设费用和物流服务市场上公认固定的一些费用。可变成本包括与具体物流服务过程相关的劳动力成本、能耗费用、维护保养物流设施工具的费用等。

物流产品的总成本等于固定成本加变动成本之和。物流企业在制定定价战略时，必须考虑不同成本的变动趋势。经验曲线有助于物流人员认识物流行业的成本变动。经验曲线（又称学习曲线）是指随着累计产量的提高单位成本下降的趋势。在这里，经验意味着某些特定的技术改进，正是由于改进了操作方法，使用了先进的工艺设备，以及科学化的经营管理方法，才形成一定规模的经济效应，进而实现企业成本的逐步下降。

（三）需求

企业的产品价格不同，就会导致不同水平的需求。市场需求影响顾客对产品价值的认识，决定着产品价格的上限；市场竞争状况调节着价格在上限和下限之间不断波动的幅度，并最终确定产品的市场价格。物流企业在制定价格策略，考虑需求因素的影响时,通常使用价格需求弹性法来分析。

价格弹性对企业的收益有着重要影响。通常企业产品销售量的增加会产生边际收益,而边际收益的高低又取决于价格弹性的大小。是什么决定着需求的弹性呢？当产品奇特,或在品质、声望、排他性上都不同寻常时,购买者就不会很在意价格。在现实生活中,不同物流产品的需求是不尽相同的,如果对物流的需求是有弹性的,那么其定价水平就特别重要。物流企业可以考虑采取降价的策略。因为较低的价格会带来更多的总收益。只要增加的生产成本和销售成本不超过增加的收益,这一做法就是可行的。

（四）竞争状况

市场竞争状况直接影响着企业定价策略的制定。在产品差异性较小、市场竞争激烈的情况下,企业制定价格的自主性也相应缩小。市场竞争所包含的内容很广,例如,在交通运输行业,企业之间的竞争不仅有不同品种之间的竞争,而且在不同运输工具之间、服务顾客的时间和资金的利用方式之间都存在着竞争。总而言之,凡是物流产品之间区别很小而且竞争较激烈的市场,都可制定一贯的价格。此外,在某些市场背景下之下,传统和惯例可能影响到定价(如广告代理的佣金制度)。

值得强调的是,在研究物流产品成本、市场供求和竞争状况时,必须联系物流产品的基本特征。

（五）其他因素

当企业营销环境急剧变化时,物流企业制定定价策略还应考虑许多相关因素的影响,如国际国内的经济状况、通货膨胀、利率、汇率、政策法令等。对于物流企业而言,行业特征也是影响物流产品定价的重要因素。而且不同的物流产品和市场状况、行业特征所造成的影响也不同。

二、物流产品定价方法

（一）成本导向定价法

成本导向定价法是指企业依据提供物流服务的成本决定物流的价格。成本导向定价法的主要优点:一是它比需求导向定价法更简单明了;二是在考虑生产者获得合理利润的前提下,即当顾客需求量大时,顾客购买费用可以合理降低。成本导向定价法有如下几种具体方法。

1. 成本加成定价法

成本加成定价法是按照单位成本加上一定百分比的加成来制定产品销售价格的方法。具体方法如下。

1) 按单位总成本定价

即以平均总成本加预期利润。若产品的平均总成本为100元,加成20%,售价则为120元。加成率多少对加成定价法极为关键,必须依据产品的性质、营销渠道以及市场需求等情况,通过认真考虑后决定。

2) 按边际成本定价

边际成本是指每增加或减少单位物流产品所引起的总成本的变化量。由于边际成本与变动成本比较接近,而变动成本的计算更容易,所以在定价实务中多用变动成本代替边际成本。当市场价格低于企业产品的总成本,企业又拿不出别的对策时,只好按边际成本定价。只要边际成本少于市面价格,企业即可获得一定的边际贡献来弥补企业的固定成本,这样总比不做生意好。边际成本是定价的极限,若产品的市场价格已经低于企业的边际成本的话,生意就不能做了,因为在这种情况下做多亏多,不如不做。但在企业经营淡季时采用这种定价也不失为权宜之计。

2. 投资报酬率定价法

按投资报酬率定价也是一种很好的方法。投资报酬率定价法,又称目标报酬率定价法,是一种以投资额为基础计算加成利润(投资报酬)后,再计算出产品价格的方法。投资报酬是投资额与投资报酬率的乘积。这种投资报酬率的多少,由企业或投资者决定,但一般不低于银行的存款利率。

3. 非标准产品合同定价法

这也是加成定价法中常用的一种形式。非标准产品合同定价是指企业的非标准产品无市价可供参考,只能以成本为基础协商定价,并签合同的一种定价方法。合同定价有不同的内容。

1) 固定价格合同

当买卖双方对产品的成本计算均有一定知识和经验时,把经过双方协商一致同意的价格作为明确的合同价格固定下来,不管今后卖方产品的实际成本高低,均按此固定价格结算。这种定价能促使卖方努力降低成本。但合同的双方,无论哪一方缺乏经验,都可能受损失,风险较大。

2) 成本加成合同

这种方法是指以合同或其他方式议定的成本为基础,加上该成本的一定比例或定额费用确定价格的一种定价方法。

3) 成本加固定费用合同

合同规定价格由实际成本和固定费用两部分构成,即成本实报实销,减少委托方的风险,也能保证卖方取得一定的利润,但缺乏供应方降低成本的动力。

4) 奖励合同

合同明确定出预算成本和固定费用额,并规定实际成本超过预算成本时可以实报实销。成本如有节约,则按合同规定的比例,由双方分成,给卖方的即成为鼓励卖方降低成本的奖励。这种定价有利于鼓励卖方尽力降低成本。

（二）需求导向定价法

需求导向定价法就是企业根据市场需求强度来确定物流产品的价格,不是仅仅考虑成本,而是注意到市场需求的强度和顾客的价值观,根据目标市场顾客所能接受的价格水平定价。即在市场需求强度大时,可以适当提高价格,而在市场需求强度小时,则适当降价。这种定价综合考虑了成本、产品的市场生命周期、市场购买能力、顾客心理、销售区域等因素。需求导向定价法有习惯定价法、理解价值定价法、区分需求定价法、比较定价法等。

1. 习惯定价法

习惯定价法又称便利定价法,是企业考虑并按照长期被顾客接受和承认并已成为习惯便利的价格来定价的一种方法。这种习惯的、便利的价格,在物流企业中较为常见。顾客已习惯按某一种价格购买。对这类产品,任何生产者要想打开销路,必须按照习惯价格或便利价格定价,即使生产成本降低,也不能轻易减价,减价容易引起顾客对产品质量的怀疑;反之,生产成本增加,也不能轻易涨价,只能靠薄利多销以弥补低价的损失,否则将影响产品的销路。

2. 理解价值定价法

理解价值定价法是根据顾客对产品价值的理解,即以顾客在观念上对产品价值大小所作判断为依据来决定价格的定价法。这种定价不是以卖方的成本为基础,而是以买方对产品的需求和价值的认识为出发点。企业运用销售推广策略,特别是其中的非价格因素,以影响顾客,使顾客在头脑里形成一种价值观念,然后根据这种价值观念制定价格。

理解价值定价法的关键之一,是要求企业对顾客理解的相对价值,有正确的估计和决断。如果企业对顾客理解的价值估计过高,定价必然过高,影响销售量;反之,如定价太低,则不能实现营销目的。

3. 区分需求定价法

区分需求定价法是指对某种产品并不按照边际成本的差异制定不同的价格,而是根据不同的顾客、产品的形式、时间、地点制定不同的价格。

同一产品对不同顾客可照价目表出售或可通过讨价还价,给予一定的折扣。不同季节、日期、时间可以规定不同的价格。采用这种区分需求定价法,要注意一些问题,如市场要能够细分并能掌握其需求的不同;要确实了解高价细分市场的竞争者不可能以较低价格竞销;差别价格不致引起顾客反感等。

4. 比较定价法

比较定价法是根据产品需求弹性的研究与市场调查来决定价格的方法。一般认为,价格高,获利则多;反之,获利就少。其实,根据市场需求情况,实行薄利多销,定价虽低,但销量增加,反而可以获得较高的利润。

究竟是采取低价薄利多销,还是采取高价高利少销,可以通过对价格需求弹性的研究与市场的调查来决定。对富于需求弹性的产品,可以采取降低价格的办法;对于缺乏需求弹性的产品,则应采取提高价格的方法。通过市场调查的方法,分别按高价、低价出售,然后计算其销量和利润,比较其利润大小,从而判断出哪种价格对企业有利。这种方法有较高的实用性,深受现代企业的青睐与欢迎。

(三) 竞争导向定价法

竞争导向定价法是根据同一市场或类似市场上竞争对手的物流产品价格来制定本企业物流产品的价格。采用这种方法只需要了解竞争对手的物流项目和相应的价格即可,因而简便易行。其不足之处是当特殊市场没有参考价格时,很难对这种市场的专门物流或特殊物流制定价格。此外,在许多情况下,有关某些细分市场及竞争对手的定价方式等信息也不容易获得。竞争导向定价法主要有:随行就市定价法、低于竞争者产品价格定价法、高于竞争者产品价格定价法、投标定价法、变动成本定价法、倾销定价法、垄断定价法等。

1. 随行就市定价法

随行就市定价法是以本行业平均定价水平作为本企业定价标准的一种定价方法。这种方法适合企业难以对顾客和竞争者做出准确的估计,自己又难以另行定价时运用。随行就市是依照现有本行业的平均定价水平定价,这样就容易与同行业和平共处,并且易于集中本行业的智慧,获得合理的收益。随行就市定价法是一种很流行的方法。例如,中远集团远洋集装箱运输采用的就是随行就市定价,这种定价使企业在激烈的航运市场竞争中能有效配合营销组合策略。

2. 低于竞争者产品价格定价法

所谓低于竞争者产品价格的定价法是指那些成本低于同行平均成本的企业准备推销产品,渗入其他企业已经建立牢固基础的市场,或扩大市场占有率时所用的一种方法。当企业以低于竞争者产品的价格出售其产品时,往往是服务项目较少。

3. 高于竞争者产品价格定价法

所谓高于竞争者产品价格定价法是指能制造特种产品和高质量产品的企业凭借其产品本身独具的特点和较高的声誉,以及能为顾客提供较之别的企业更高水平的服务等而与同行竞争的一种定价方法。这些按较高价格出售的产品,或是受专利保护的产品,或是企业具有良好形象的产品。

4. 投标定价法

投标定价法是指事先不对产品规定价格,而是运用各种方式,大力宣扬产品的价值和特点,然后规定时间,采取公开招标的方式,由顾客投标出价竞购,以顾客愿意支付的最高价格拍板成交的定价方法。投标定价不是以本企业的成本和主观愿望为依据,而是由买者竞争出价情况决定的。在投标中,企业定价的目标是中标,但是企业定价仍有一定的界限,即使有一个迫切希望中标的企业,也不愿定价低于边际成本。同时,企业也不能只顾利润,根据最高的期望利润定价。期望利润可以根据估计的中标率和利润计算。凡是大型企业,经常参加投标,一般以期望利润作为定价标准比较合适。但是,如果一个企业因为某种原因,一定要投标成功,以期望利润作为定价标准就不一定适宜,此时应该以力争低于竞争者标价为定价原则。

5. 变动成本定价法

变动成本定价法是指企业以变动成本为依据,考虑市场环境,对付竞争的一种定价方法。变动成本与边际成本很相似,但这种方法只考虑变动成本不计算边际贡献。当市场竞争不激烈时,企业根据产品价格需求弹性的情况,一般定价略高;当市场竞争激烈时,企业为了提高产品的竞争能力,一般定价较低。在维持和提高市场占有率的时候,制定只要能收回变动成本或稍高于变动成本的价格即可。

6. 倾销定价法

倾销定价法是企业在控制了国内市场的情况下,以低于国内市场的价格向国外销售,借低价打击竞争对手而占领市场的方法。以低价基本控制国外目标市场后,继续实行薄利多销策略,以获取总体利润为目标,不断开拓国际市场。

7. 垄断定价法

少数垄断企业控制了某项产品的生产与流通后,结成垄断同盟或达成垄断协议,使产品定价大大超过其价值;同时对非垄断企业的原材料或零配件的定价则低于这些产品的价值。

三、物流产品的定价技巧

(一) 新产品定价

1. 取脂定价策略(又称高价策略)

所谓取脂定价策略是将新产品价格定得较高,尽可能在产品市场生命周期的初期赚取最大的利润。取脂定价的名称来自从鲜奶中提炼奶酪,含有提取精华之意。采用此策略主要是为了尽快收回成本,并料定竞争终究要使价格趋于下降之前,只要高价未引起顾客的反感与抵制,即可维持相当一段时间,获得可观的赢利;如果影响到预期销量,或招来竞争者,即可削价竞销,其着眼点是降价容易升价难。

2. 渗透定价策略(又称低价策略)

与取脂定价相反,渗透定价是将产品价格定得低于预期价格,以有利于为市场所接受,迅速打开销路为目标。同时,低价低利能有效地排斥竞争者加入,因而能较长期地占领市场。

渗透定价相较取脂定价更具有积极的竞争性,适用于以下情况。

(1) 需求弹性大的产品,价格与市场关系密切。

(2) 销路扩大,生产与销售成本可因大量生产、大量销售而迅速降低。

(3) 潜在市场大的产品,竞争者很容易进入市场。实行低价薄利,使竞争者望而却步,再逐渐提高售价,亦不致丧失市场占有率。这时,渗透定价成败的关键就在于初期是否已建立了品牌声誉。

(4) 顾客购买力较为薄弱的市场,低价易为顾客接受。

3. 温和定价策略(又称满意定价策略或君子定价策略)

有的企业处于优势地位,本可定高价获得最大利润,但为了博得顾客的良好印象,采取温和定价。既吸引购买,又赢得各方的尊敬,被称为介于"取脂定价"和"渗透定价"之间的君子定价。采取这一策略的具体定价方法,一般是采用反向定价法,通过调查或征询分销渠道的意见,拟订出顾客容易接受的价格。

以上三种新产品的定价策略各有利弊,如何选择,主要取决于以下几个方面。

(1) 企业服务能力的大小。服务能力大、能大量投放新产品于市场,宜采用渗透定价策略,薄利多销,兼收大量生产之利;反之,生产能力一时难以扩大,不如采取取脂定价策略为妥。

(2) 新技术是否已经分开及是否易于实施和采用。如果竞争者易于加入,宜采取渗透定价策略,以便有效地排斥竞争者,减少竞争;如新技术尚未分开,新产品成为"独生子、新产品",不妨采用取脂定价策略。

(3) 需求弹性的大小。需求弹性小,可采用取脂定价策略;反之,宜用渗透定价策略。

(4) 让顾客满意。

(二) 折扣定价法

企业通过折扣方式可达到两个目的:折扣是对服务承揽支付的报酬,以此来促进物流服务的生产和消费(某些市场付给中间者的酬金)的产生;折扣也是一种促销手段,可以鼓励提早付款,以及大量购买或高峰期以外的消费。

1. 数量折扣

数量折扣是物流企业因货主需要服务的数量大而给予的一种折扣,它应向所有的货主提供。数量折扣分为累计折扣和一次数量折扣,前者是规定在一定时期内,购买量达到一定数量即给予的折扣。

2. 现金折扣

现金折扣是物流企业对以现金付款或提前付款的顾客给予一定比例的价格折扣优待,以促进确认成交,加快回款,防止坏账的产生。这种折扣通常写成:"2/10、全价 30",其意思是若顾客在 10 天内付清款项,可享受 2%的折扣,否则须在 30 天内按全价付清账款。

3. 季节折扣

季节折扣是物流企业在淡季给予顾客一定的价格折扣,以刺激顾客的需要。

4. 代理折扣

代理折扣是指物流企业给予一些蹭商(如货运代理商、票运代理商等)的价格折扣。

5. 回程和方向折扣

这里指物流企业在回程或动力供应富裕的运输线路与方向,给予的价格折扣,以减少运能浪费。

(三) 以满意为基础的定价

以满意为基础的定价策略在于缓和、减轻顾客的购买风险。物流企业可以通过以下几种方式来实施这种策略。

1. 服务保证

对一项服务直接进行保证对于顾客来说可能是一个非常有力的保险。即顾客体验完物流服务后表示不满意,这个保证将给予他们一个补偿,通常是降低价格或者是全部偿还。当服务保证执行成功时,它实现了企业对顾客满意的承诺,体现了企业对自己服务质量的自信。一项服务保证是勇敢的一步,它要求企业对做出选择的原因进行彻底分析,并且还要充分考虑风险。通过服务保证来减少客户的有关服务方面的风险,同时也激励本企业员工充分理解和满足客户的需求。服务保证对于具备下列三个条件的企业是非常有意义的:第一,销售高风险服务;第二,希望充分利用本企业的高质量服务优势;第三,要以差异化的途径进入市场,与早已存在的竞争对手抗衡。

对于提供较差或一般服务水平的企业,在考虑使用保证之前,应大幅度改善其服务质量。

2. 利润驱动定价

利润驱动定价就是直接针对能给顾客带来收益的方面进行定价。在运用驱动定价方式时,也应考虑顾客所重视的方面。

对于一个服务项目,顾客重视的方面很可能由于顾客群的不同而不同。如将有关此类信息收集起来,将能为成功实施利润驱动定价提供保障。一般来说,定价必须在价格和顾客所重视的方面之间建立一个清晰的联系。

3. 不变价格定价

不变价格定价是通过事先在价格方面达成一致来进行的。物流企业由于其服务价格难以预测且成本难以管理，运用不变价格定价策略是有效的。

不变价格定价取得成功要具备三个条件。第一，不变的价格必须是具有竞争力的。如果顾客认为价格过高，那么非但不能吸引新顾客，反而还会失去老客户。第二，企业必须发展和维持一个高度有效的成本结构来为不可预测成本超支提供一些缓冲。第三，关系营销的潜力必须很大。即使不可预测的成本使一个物流产品项目的利润大大降低，也可用给顾客提供附加服务所产生的附加利润来弥补。

（四）关系定价策略

关系营销包括建立、保持并加强同顾客的关系(通常是指长期关系)。由于它的获利潜力对顾客的吸引力相当之大，越来越被认为是一种理想的营销策略。物流企业如果较长期地为现有的顾客提供更多的物流服务，那么它肯定会从中获利。同样，顾客如果同物流企业建立了合作关系，也会从中获利。

一般来说，关系定价策略可以采用长期合同和多购优惠两种方式。

1. 长期合同

物流企业可以运用长期合同向顾客提供价格刺激和非价格刺激，或者加强现有关系，或者发展新的关系，使物流企业与顾客形成一种长期稳定的关系。来自于长期合同的可观稳定收入使物流企业可以集中更多资源来拉开同竞争对手的差距。

2. 多购优惠

这个策略在于促进和维持顾客关系。它包括同时提供两个或两个以上的相关物流服务。价格优惠确保几种物流服务一次购买比单次购买要便宜。物流服务提供者将从多购优惠策略中获取三个方面的利益。第一，多购能降低成本。大多数服务企业的成本结构是：提供一种附加服务比单独提供第二种服务所花成本要少。第二，吸引顾客从一个物流企业购买相关的多种服务，顾客可以节省时间和金钱。第三，多购优惠能够有效增加一个物流企业同它的服务对象之间的联系点。这种联系越多，企业获取顾客信息的途径越广，了解顾客需要与偏好的潜力也会越大。如能充分利用这类数据信息，将会有助于企业同顾客发展长期的关系。

（五）差别定价

为了适应货主、货物、运输线路等方面的差异，物流企业可以修改基本价格，实行差别定价。差别定价主要有货主差别定价、货物差别定价和运输线路差别定价。

（六）产品组合定价

如某种产品只是产品组合中的一部分时，物流企业需要制定一系列的价格，从而使产品组合取得整体的最大利润。产品组合定价主要有产品线定价和单一价格定价。

（七）高价位维持定价法

这是当顾客把价格视为质量的体现时企业使用的一种定价技巧。在某种情况下，某些企业往往有意地造成高质量高价位姿态。这种定价法适合于已经培养出一种特殊细分市场，或已建立起特殊专属高知名度的物流企业。

（八）牺牲定价法

牺牲定价法是指一次订货或第一个合同的要价很低，希望借此能获得更多的生意，而在后来的生意中再提高价格的一种定价方法。这种定价法适合于顾客不满意目前的服务供应者或者买主不精通所提供的物流服务时。

这种定价方法的最大不利之处在于起初的低价位可能成为上限价位。一旦此上限价位成立，顾客便会拒绝再加价。

四、价格确定与调整

（一）最终定价确定

上述定价方法与技巧有助于选定物流产品的最终价格。物流企业在选定最终价格时还必须考虑以下的一些因素：最终定价必须与企业定价政策相符合；最终定价必须与政府政策、法令以及国际惯例、规则相符合；最终定价要考虑顾客心理感受；最终定价要考虑企业品牌质量和广告宣传；最终定价还要考虑企业内部有关人员、供应链上其他伙伴以及竞争对手的反应。

（二）价格变动与调整

在定价策略形成后，物流企业还将面临价格变动问题，如主动降价或提价以及根据竞争者价格变动做出反应。

1. 降价与提价

当物流企业服务能力过剩或者市场占有率下降或者成本费用比竞争者低时，企业可以主动降价。当物流服务供不应求或者成本膨胀时，企业就得提价。

2. 价格变化带来的反应

价格变化将会受到购买者、竞争者、其他利益相关者甚至政府的注意。价格变化后，顾客经常提出质疑。对于降价，顾客会认为：这种产品将会被新产品代替；这种产品可能存在缺点、销售不畅；企业财务困难导致经营困难；价格还会跌；这种产品质量下降了，等等。竞争者会认为：降价的企业正试图悄悄地夺取市场或者经营不佳或者试图通过减价刺激行业的总需求。对于提价，可能会被顾客或竞争者认为：这种产品畅销；这种产品有价值；卖主想尽量取得更多利润。

3. 对竞争者发动价格变动的反应

不同的企业对竞争者发动价格变动的反应各不一样。市场的领导者常常面临较小企业发起的降价,对此市场领导者会有以下几种选择:①维持原价;②维持原价和增加价值;③降价;④推出廉价产品线予以反击。

第三节 配送成本控制

一、配送成本控制的原则

由于实际运营中物流情况复杂多变,因而降低配送成本的方法也是多种多样、变化不定的,但是一般要遵守以下原则。

(一)加快物流速度,扩大物流量

物流速度越快,其成本越小。从物流速度与流动资金需要量的关系来看,在其他条件不变的情况下,物流速度越快,所需物流资金越少,从而减少资金占用,减少利息支出,使配送成本降低。

(二)减少物流周转环节

尽可能减少流通环节和节约物流时间,尽可能直达运输,尽可能减少物资集中和分散,这样能加快物流速度,降低配送成本。

(三)采用先进、合理的配送技术

采用先进、合理的配送技术是降低物流成本的根本措施。它不但能加快物流速度,增加物流量,还可以减少物流中的损失。

(四)改善配送管理,加强经济核算

实现管理现代化是降低配送成本最直接最有效的方法。在具体实施过程中,采用岗位责任制,加强经济核算,实行目标管理等都是行之有效的措施。

二、配送成本控制的方法

(1) 从流通全过程的视点来降低物流成本。
(2) 通过实现供应链管理、提高对顾客的物流服务来削减成本。
(3) 借助于现代信息系统的构筑降低物流成本。
(4) 通过效率化的配送降低物流成本。
(5) 削减退货成本。
(6) 利用一贯制运输和物流外包降低成本。

三、降低配送成本的策略

本书着重介绍在一定的顾客服务水平下使配送成本最低的五种策略。

(一) 混合策略

混合策略是指配送业务一部分由企业自身完成,另一部分外包给第三方物流企业。采用混合策略,合理安排企业自身完成的配送和外包给第三方物流完成的配送,能使配送成本最低。例如,美国一家干货生产企业为满足遍及全美的1 000家连锁店的配送需要,建造了6座仓库,并拥有自己的车队。随着经营的发展,企业决定扩大配送系统,计划在芝加哥投资7 000万美元再建一座新仓库,并配以新型的物料处理系统。该计划提交董事会讨论时,却发现这样不仅成本较高,而且就算仓库建起来也还是满足不了需要。于是,企业把目光投向租赁公共仓库,结果发现,如果企业在附近租用公共仓库,增加一些必要的设备,再加上原有的仓储设施,企业所需的仓储空间就足够了,而且只需20万元的设备购置费,10万元的外包运费,加上租金,也远没有7 000万元之多。

(二) 差异化策略

差异化策略是指产品特征不同,顾客服务水平也不同。当企业拥有多种产品线时,不能对所有产品都按同一标准的顾客服务水平来配送,而应按产品的特点、销售水平来设置不同的库存、不同的运输方式以及不同的储存地点。忽视产品的差异性会增加不必要的配送成本。例如,一家生产化学品添加剂的公司,为降低成本,按各种产品的销售量比重进行分类:A类产品的销售量占总销售量的70%以上,B类产品占20%左右、C类产品则为10%左右。对A类产品,公司在各销售网点都备有库存,B类产品只在地区分销中心备有库存而在各销售网点不备有库存,C类产品连地区分销中心都不设库存,仅在工厂的仓库才有存货。经过一段时间的运行,事实证明这种方法是成功的,企业总的配送成本下降了20%以上。

(三) 合并策略

合并策略包含两个层次:一是配送方法上的合并;另一个则是共同配送。

配送方法上的合并。企业在安排车辆完成配送任务时,充分利用车辆的容积和载重量,做到满载满装,是降低成本的重要途径。由于产品品种繁多,不仅包装形态、储运性能不一,在容重方面也往往相差甚远。一车上如果只装容重大的货物,往往是达到了载重量但容积空余很多;只装容重小的货物则相反,看起来车装得很满,实际上并未达到车辆载重量。这两种情况实际上都造成了浪费。实行合理的轻重配装、容积大小不同的货物搭配装车不但可以在载重方面达到满载,而且也充分利用了车辆的有效容积,取得最优效果。

共同配送。共同配送是一种产权层次上的共享,也称集中协作配送。它是几个企业联合,集小量为大量共同利用同一配送设施的配送方式,其标准运作形式是:在中心机构的统一指挥和调度下,各配送主体以经营活动(或以资产为纽带)联合行动,在较大的地域内协调运作,共同为某一个或某几个客户提供系列化的配送服务。这种配送有两种情况:一是中小型生产企业、零售企业之间分工合作实行共同配送,即在同一行业或同一地区的中小型生产企业、零售企业单独进行配送运输量少、效率低的情况下进行联合配送,不仅可减少企业的配送费用,配送能力得到互补,而且有利于缓和城市交通拥挤状况,提高配送车辆的利用率;第二种是几个中小型配送中心之间的联合,针对某一地区的用户,由于各配送中心所配物资数量少、车辆利用率低等原因,几个配送中心将用户所需物资集中起来共同配送。

本 章 小 结

本章围绕配送中心成本管理展开论述。首先对配送成本进行了概述,接着对配送产品定价方法进行了介绍,最后特别对如何控制成本进行了讲解,列举了几种控制成本的方法。通过本章的学习,学生应该对配送中心运作成本有一定认识,并能够自觉配合配送中心的各项管理工作有效降低成本。

综合案例分析

百胜物流降低连锁餐饮企业运输成本之道

对于连锁餐饮业来说,靠物流手段节省成本并不容易。然而,百胜物流公司作为肯德基、必胜客等业内巨头的指定物流提供商,抓住运输环节大做文章,通过合理地运输安排、降低配送频率、实施歇业时间送货等优化管理方法,有效地实现了物流成本的"缩水",给业内管理者指出了一条细致而周密的降低物流成本之路。

连锁餐饮业由于原料价格相差不大,物流成本始终是企业成本竞争的焦点。据有关资料显示,在一家连锁餐饮企业的总体配送成本中,运输成本占到60%左右,而运输成本中的55%~60%又是可以控制的。因此,降低物流成本应当紧紧围绕运输这个核心环节。

(一)合理安排运输排程

运输排程的意义在于,尽量使车辆满载,只要货量许可,就应该进行相应的调整,以减少总行驶里程。

由于连锁餐厅的进货时间是事先约定好的,这就需要配送中心按照餐厅的需要,制作一个类似列车时刻表的主班表,此表是针对连锁餐厅的进货时间和路线详细规划制定的。

众所周知,餐厅的销售存在着季节性波动,因此主班表至少有旺季、淡季两套。有必要的话,应该在每次营业季节转换时重新审核运输排程表。安排主班表的基本思路是,首先计算每家餐厅的平均订货量,设计出若干条送货路线,覆盖所有的连锁餐厅,最终选择总行驶里程最短、所需司机人数和车辆数最少的。

运输排程的构想最初起源于运筹学中的路线原理,其最简单的是从起点 A 到终点 O 有多条路径可供选择,每条路径的长度各不相同,要求找到最短的路线。实际问题要比这个模型复杂得多,首先,需要了解最短路线的点数,从几个点增加到成百甚至上千个,路径的数量也相应增多到成千上万条。其次,每个点都有一定数量的货物需要配送或提取,因此要寻找的不是一条串联所有点的最短路线,而是每条串联几个点的若干条路线的最优组合。另外,还需要考虑许多限制条件,比如车辆装载能力、车辆数目、每个点在相应的时间开放窗口等,问题的复杂度随着约束数目的增加呈几何级数增长。要解决这些问题,需要用线性规划、整数规划等数学工具。

在主班表确定以后,就要进入每日运输排程,也就是每天审视各条路线的实际货量,根据实际货量对配送路线进行调整,通过对所有路线逐一进行安排,可以去除几条送货路线,至少也能减少某些路线的行驶里程,最终达到增加车辆利用率、增加司机工作效率和降低总行驶里程的目的。

(二) 减少不必要的配送

对于产品保鲜要求很高的连锁餐饮企业来说,尽力和餐厅沟通,减少不必要的配送频率,这样可以有效地降低物流配送成本。

如果连锁餐厅要将其每周配送频率增加 1 次,会对物流运作的哪些领域产生影响?

在运输方面,餐厅所在路线的总货量不会发生变化,但配送频率上升,会导致运输里程上升,相应的油耗、路桥费、维护保养费和司机工时都要上升。在客户服务方面,餐厅下订单的次数增加,相应的单据处理作业也要增加,餐厅来电次数相应上升,办公用品(纸、笔、电脑耗材等)的消耗也会增加。在仓储方面,所要花费的拣货、装货的人工会增加。如果涉及短保质期物料的进货频率增加,那么连仓储收货的人工都会增加,而且由于进货批量减少,进货运费很可能会上升。

由此可见,配送频率增加会影响配送中心的几乎所有职能,最大的影响在于运输里程上升所造成的运费上升。因此,减少不必要的配送,对于连锁餐饮企业显得尤其关键。

(三) 提高车辆的利用率

车辆利用率也是值得关注的,提高车辆的利用率可以从增大卡车尺寸、改变作业班次、二次出车和增加每周运行天数四个方面着手。

由于大型车辆可以每次装载更多的货物,一次出车可以配送更多的餐厅,由此延长了卡车的在途时间,从而增加了其有效作业的时间。这样做还能减少公路运输里程和总运输里程。虽然大型车辆单次的过路桥费、油耗和维修保养费高于小型车辆,但其总体上的使用费用绝对低于小型车辆。

运输成本是最大项的物流成本,其他作业都应该配合运输作业的需求。所谓改变作业班次就是指改变仓库和其他部门的作业时间,适应实际的运输需求,提高运输资产的利用率。否则朝九晚五的作业时间表只会限制发车和收货时间,从而限制车辆的使用。

如果配送中心实行 24 小时作业,车辆就可以晚间二次出车配送,大大提高车辆的利用率。在实际物流作业中,一般餐厅收货时间段可分成上午、下午、上半夜、下半夜四个,据此制定仓储作业的配套时间表,从而将车辆利用率最大化。

(四)尝试歇业时间送货

目前我国城市的交通限制越来越严,卡车只能在夜间时段进入市区。由于连锁餐厅运作一般到夜间 24 点结束,如果赶在餐厅下班前送货,车辆的利用率势必非常有限。随之而来的解决办法就是利用餐厅的歇业时间送货。

歇业时间送货避开了城市交通高峰时间,既没有顾客的打扰,也没有餐厅运营的打扰。由于餐厅一般处在繁华路段,夜间停车也不用像白天那样有许多顾忌,可以有充裕的时间进行配送。由于送货时间拓宽到了下半夜,使卡车可以二次出车,提高了车辆利用率。

思考题

1. 百胜是如何有效降低运输环节的成本的?
2. 百胜的举措对你有何启发?

本章综合练习题

1. 配送成本由哪几部分构成?
2. 如何有效控制配送成本?
3. 降低配送成本的策略有哪些?

实践活动

参观物流企业的配送中心

实践目标:了解配送中心的整体运作并试图发现、分析和解决配送中心成本管理中的问题。

实践内容:

① 选择一家物流企业或者物流模拟实训室进行参观;

② 主要观察配送中心的环境、设施设备情况、工作人员的操作流程等。

实践要求:

观察过程中注意将所看到的情况与配送中心运行成本联系起来思考。

实践成果：

参观结束之后,进行小组讨论,并以小组形式提交一份参观报告,具体内容应该包括：

① 配送中心的环境介绍；

② 配送中心的设施设备情况；

③ 配送活动的工作流程；

④ 可能影响配送中心成本的因素；

⑤ 可能的降低配送成本的对策。

第十二章 配送中心客户服务

本章学习目标

了解客户的内涵、特点及分类;了解客户管理的内涵及其主要内容;掌握客户服务的含义、特点、重要性及其主要内容;理解客户管理策略的基本理论;理解物流客户服务所涉及的流程、环节;了解订单处理的步骤及其主要内容,会据此制定或修改配送中心订单作业流程。

 经典案例导入

安得物流的客户服务

物流,不仅要拼成本,服务也是一个相当重要的环节。

安得物流股份有限公司大门前有一条醒目的横幅:提升服务意识,树立企业形象。总经理卢立新先生多次强调,安得的核心价值观是:诚信负责、合作共赢、服务光荣、有序创新。这是安得人的价值观,也是安得人的行为准则。安得刚进入家电以外的其他产品的物流的时候,曾在服务上吃过亏,因为未能及时兑现对客户的承诺,失去了一个大客户,让安得人痛心不已。至此,公司自上而下,提出员工要有诚信负责的服务态度,不因为服务不到位而丢失客户。

至今,安得的"诚信负责"已深入每个安得人的"骨髓",这四个字也成为了安得企业文化的重要组成部分。也有新员工在入职培训后未能领会其中的深意,在运作中,会有不诚信的行为,对此,老安得人,一定会将此类行为消灭在萌芽状态。有这样一个事例,安得的一个快消品大客户出现了这样的问题,有一车货从北京急运沈阳,一位新来的员工,在不能确定车是否按时到达后就给客户一个未知的承诺,实际到车时间比承诺的时候滞后了两小时。负责此客户的专职客户经理得知此事后,马上向客户道歉并对员工的不诚信行为进行了全公司范围内的通报。也许,在别人看来是小题大做,而在安得,每一个这样的小题,都会成为高层管理人员关注的对象。也因为高度的关注,安得人犯错的机会愈来愈小。

安得在诚信负责上可谓做足了文章。在一间财务办公室内,有一位司机持一张卡片来结款。安得的出纳员,不到五分钟,将款付给了司机。这就是安得最新推出的"诚信支付",即司机在发车网点拿了叫做"见单付"的卡片后,到安得的到货网点去结款,只要出示这张卡片,安得就会在第一时间内无条件付款。这一举措,让司机心里满是甜蜜。不用再为长时间拖欠运费而劳神,选择安得做客户,何乐而不为?

安得的同事间、上下级间、总部与网点间、网点与网点间,都存在着服务的关系。比如,网点的文件要提交总部审批,公司规定:安得的"供应链管理信息系统"中,办公平台上的待批文件不得超过三天,也就是说,不能因为你审批文件的速度影响了网点的业务运作。这是服务意识的一种体现。因此,服务意识增强了安得人的整体素质;服务意识提升了安得的运营效率;服务意识巩固了安得的行业地位。

由此可见,高效的物流运作来源于高效的管理,而管理核心在于突出的服务,突出的服务能够切实增强企业的竞争力。

第一节 配送中心的客户服务概述

一、配送中心的客户服务概念及特点

(一)客户服务的概念

所谓客户服务是企业与客户交互的一个完整过程,包括听取客户的问题和要求,对客户的需求做出反应并探询客户新的需求。客户服务不仅仅包括客户和企业的客户服务部门,实际上包含了整个企业,即将企业整体作为一个受客户需求驱动的对象。

配送中心的客户服务就是配送中心围绕客户(包括内部客户和外部客户)而进行的一系列服务。除了传统的储存、运输、包装、流通加工等服务外,更强调物流配送服务功能的恰当定位与不断完善和系列化,强调在外延上进行市场调查与预测、采购及订单的处理,向下则延伸至物流配送咨询、物流配送方案的选择与规划、库存控制策略建议、货款回收与结算、教育培训等增值服务。配送的本质是服务,它本身并不创造商品的形质效用,而是产生空间效用和时间效用。站在不同经营实体上,配送服务有着不同的内容和要求。

配送中心客户服务是服务优势和服务成本的一种平衡。服务不是越高越好,而是以客户满意为目标。但是,不同客户对服务水平的要求是不一样的,通常把支持大多数顾客从事正常生产经营和正常生活的服务称为基本服务,而把针对具体

客户进行的独特的、超出基本服务范围的服务称为增值服务。

配送基本服务要求配送系统具有一定的基本能力,这种能力是配送主体向客户承诺的基础,也是客户选择配送主体的依据。配送需要一定的物质条件,包括配送中心、配送网络、运输车辆、装卸搬运设备、流通加工能力、计算机信息系统以及组织管理能力。配送基本能力是这些设施、设备、网点及管理能力的综合表现,是形成物流企业竞争优势的基础。每个承担配送业务的物流企业,都应该创造条件形成这种能力。

(二)客户服务的特点

1. 无形性

物流企业生产的是一种无形产品——物流服务,这种产品在很大程度上是抽象的和无形的,服务不是物质的东西,而是一种精力的支出,是一种伴随销售发生的即时服务,它具有即时性和非贮存性的特征。

2. 归属性

客户企业的物流需求是以商流的发生为基础,伴随着商流的发生而产生的。其主要表现在:处于需方的客户企业,能选择和决定流通的货物种类、流通的时间、流通的方式等,甚至自行提货还是靠物流配送也由自己选定。这在客观上决定了物流企业提供的物流服务具有被动性,受客户企业的制约。

3. 移动性与分散性

物流服务的对象分布广泛,具有不固定的特点,物流服务具有移动性以及面广、分散的特征。

4. 要求的波动性

物流企业在经营上常常出现劳动效率低、费用高的情况,这是由于物流服务的对象难以固定,同时客户需求方式和数量往往又是多变的,有较强的波动性。

5. 替代性

我国现代股份制企业大多是从计划经济体制下转型而来,基本上都具有自营运输、自家保管等自营物流的能力,都具有物流服务能力。这种自营物流的普遍性使得物流企业从量上和质上调整物流服务的供给能力变得相当困难,也就是说,物流服务,从供给能力方面来看,富于替代性。

二、配送中心客户服务的内容

(一)客户服务的构成因素

按照企业和其客户之间交易发生的时间为依据,可以把企业客户服务的因素分为交易前、交易中和交易后三类。如图12-1所示,每个阶段都包括不同的服务因素。

图 12-1 客户服务的构成要素

1. 交易前因素

交易前因素(pretransaction elements)是指在交易发生之前,企业为了促使交易的发生而提供的一系列相关服务。这部分要素直接影响客户对企业及产品或服务的初始印象,为物流企业稳定持久地开展客户服务活动打下良好的基础。

(1) 服务条例。客户服务条例以正式的文字说明形式表示,其内容包括:如何为客户提供满意的服务、客户服务标准、每个职员的责任和业务等。这些具体的条例可以增进物流客户对公司的信任。

(2) 客户服务组织结构。每一个企业,应根据实际情况,有一个较完善的组织结构总体负责客户服务工作,明确各组织结构的权责范围,保障和促进各职能部门之间的沟通与协作,以求最大限度地实现客户服务的优质化,提高客户的满意度。

(3) 物流系统的应急服务。为了使客户得到满意的服务,在缺货、自然灾害、劳动力紧张等突发事件出现时,必须有应急措施来保证物流系统正常高效运作。

(4) 增值服务。增值服务是为了巩固与客户合作伙伴关系,向客户提供管理咨询服务及培训活动等。具体方式包括发放培训材料、举办培训班、面对面或利用通信工具进行咨询等。说到底,物流企业进行增值服务的目的是为了更好地与客户长期合作。

2. 交易中因素

交易中因素(transaction elements)是指在从企业收到客户订单到把产品送到客户手中这段时间内企业提供的相关服务。这些因素直接决定着客户服务质量的好坏,对于客户满意度的影响很大。

(1) 缺货频率。缺货频率是衡量产品现货供应比率的重要指标。为了确定问题存在的地方,缺货情况应根据产品和客户来进行登记。当缺货出现时,公司可以通过安排合适的替代产品,或当产品已入库时,可以通过加速发货来维持与客户的良好关系。由于缺货成本一般较高,所以要对这一因素详细考察,逐个产品、逐个客户进行统计,确定问题所在,有针对性地提出解决方案。

(2) 订货信息。订货信息反映为客户提供关于库存情况、订单状态、预期发货和交付日期以及延期交货情况的快速和准确的信息的能力。延期交货的能力使公司能够确定和加速那些需要加以立即关注的订单。公司可以利用延期交付的订单数量及其相关的订货周期时间来评估系统的绩效水平。

(3) 订货周期要素。订货周期是指从客户开始发出订单到产品交付给客户过程的总时间。订货周期的各个组成部分包括订单传递、订单输入、订单处理、订单分拣和包装、交付。因为客户主要关心的是总体时间,因此重要的是,监控和管理好订货周期的每一个组成部分,以决定订货周期的任何变动。

(4) 加急发货。加急发货是指那些为了缩短正常的订货周期时间而需要得到特殊处理的货物。尽管加急成本要比标准处理的成本高得多,但它可能比失去客户的成本要低。对于管理来说,决定哪些客户应该得到加急发货以及哪些客户不适合采用加急发货是很重要的。

(5) 特殊货物的运送。有些货物不能按常规方法运送,而需采用特殊运送方式。提供特殊运送服务成本比较高,但为了能够跟客户长期合作,这一服务也是非常重要的。

(6) 系统的准确性。系统的准确性主要指订货数量、订购产品和发票的准确性,这对于制造商和客户来说是很重要的。

(7) 订货的便利性。订货便利性是指一个客户在下订单时所经历的困难的程度。由模糊的订单形式或非标准化的术语所引起的问题会导致不良的客户关系。一个比较合适的绩效衡量指标是与便利性有关的问题数占订单数的百分比。这些问题可以通过对客户进行现场采访的方式来分别、减少或消除。

(8) 产品的替代性。一个客户所订购的产品被同一种但不同尺寸的产品或另一种具有同样性能或性能更好的产品所代替,称为产品的替代性。

3. 交易后因素

交易后因素(post-transaction elements)指在产品运达客户手中之后的相关服务,这些服务可用于产品使用时的服务支持;保护客户利益不受缺陷产品的损害;提供包装(可返还的瓶子、托盘等)返还服务;处理索赔、投诉和退货。这些活动发生在售出产品或提供服务之后,能够保证客户的满意程度持续下去,对于提高客户的忠实度来说至关重要。但必须在交易前和交易阶段就做好计划。

(1) 安装、质量保证、变更、修理和零部件。为了执行这些功能,公司需要做到:协助确保产品在客户开始使用时其性能与期望的要求相符;可获得零部件和修理人员；对现场人员的文件支持以及容易获得零部件的供应；证实质量保证有效的管理职能。

（2）产品跟踪。产品跟踪是客户服务的另一个必要的组成要素。为了避免诉讼，公司必须做到一旦发现问题，就收回存在潜在危险的产品。

（3）客户索赔、投诉和退货。几乎每一个制造商都有一些退货产品，对这些物品进行的非日常性处理成本是很高的。公司政策应规定如何处理索赔、投诉和退货。公司应保留有关索赔、投诉和退货方面的数据，从而为产品开发、市场营销、物流和其他公司职能部门提供有价值的客户信息。

（4）临时性的产品替代。客户服务的最后一个要素是临时性的产品替代，当客户在等待接受采购的物品或等待先前采购的产品被修理时，为客户提供临时性的产品替代。

（二）订货周期

订货周期可以定义为从客户提出订货或其他服务要求到收到所订产品或服务所经过的时间。其内容包括从订购到货物送达客户这段时间内发生的所有相关活动，通常包括订单传输时间、订单处理时间、配货时间、存货可得率、生产时间和送货时间。这些因素直接决定了企业的客户服务水平和客户的满意程度，因此，必须科学、合理地确定订货周期，才能提高客户服务水平和客户的满意度。影响订货周期的主要因素有如下几点。

1. 订单传递时间

这段时间是指客户把自己所需产品的订单传递给公司所需的时间。它在很大程度上取决于订单传递的方式。在一些大型的超市中，销售人员根据商品的销售情况，使用电子订货终端设备，可以使订单信息在瞬间传递给企业。

2. 订单处理时间

企业收到客户的订单后就要对订单进行相关的处理。处理工作包括核对订单、核对库存、更新库存记录等。这一过程不仅涉及企业的物流部门，还涉及销售、财务，甚至生产部门。

3. 订单配货时间

订单经过销售部门和财务部门的审批和确认后，就可以转给库存管理人员，由库存管理人员按照订单的要求从仓库中提货，并进行必要的加工和处理，例如贴价签、换促销包装、捆绑销售等。最终将配好的货物集中到仓库的发货点。

在一定程度上，订单的处理与配货是同时进行的，所以完成两项活动所费的总时间并不是两项活动分别需要的时间之和。另外，因为首先要进行核对和文件初级处理工作，所以订单处理比配货稍稍提前，而运输单证填制和库存数据更新则可以与配货同时进行。

4. 存货可得率

存货可得率对订货周期影响较大,因为它常常迫使产品流和信息流脱离现有的轨道。例如,缺货品种的延期交货订单要传给工厂,用工厂的库存来履行订单。如果工厂没有存货,就要填制生产订单,进行生产,然后由工厂直接送货到客户手中。也可以使用其他的备用系统,从第二家仓库转运延期交付的货物或者仍由原来的仓库持有延期交货订单。

5. 生产时间

如果客户订购的货物在仓库里有足够的库存,就可以直接从仓库中配货。否则就需要把订单传递给生产部门,由生产部门按照要求进行生产。在这种情况下,货物在生产线上的时间就会影响总的订货周转时间。

6. 送货时间

送货时间是指从存储地到客户所在地运输产品所需的时间。不论货物是来自仓库还是来自生产线,在备好货后就要由企业的运输部门负责装车并运送到客户指定的地点。送货时间的长短在很大程度上取决于所选择的运输工具和运输路线。同等条件下,航空运输的速度肯定要比海运和陆运要快。另外,有些企业为了节省成本,在送货之前会等待备运货物的数量达到能够批量运输的程度才会一起运输,这在无形中就会增加某些订单的周转时间。

(三) 订单处理

所谓订单处理就是从接到用户订单开始一直到拣选货品为止的工作,其中还包括有关客户和订单的资料确认、存货查询和单据处理以及订单履行等内容,处理的手段主要有手工处理和以计算机和网络为基础的电子处理两种形式。在配送中心整体作业中,订单管理通常扮演着重要角色。订单完成的水平高低直接决定了物流中心服务水平的高低;订单处理作业效率在很大程度上体现着物流中心的运作效率。目前,配送中心订单的处理基本上都采用了以计算机和网络为主体的现代信息处理技术,以做到快速反应,进行准确而有效的配送。如上海联华生鲜食品加工配送中心通过联华数据通信平台处理订单。

第二节 配送中心的客户服务理念和策略

一、配送中心的客户服务理念

企业的经营理念关系到企业的生存和发展,良好的经营理念是企业长足发展必不可少的条件。美国哈佛商学院的彼得·利维特教授说:企业与客户的关系,乃是企业最宝贵的资产。从某种意义上说,客户就是企业的生命线,没有企业能脱离客户而独立存在,而客户的需求正是企业追逐利益的基础。

可见,客户服务是物流企业维持持久竞争优势,保持企业可持续发展的重要基础。

确定客户管理的理念,根据企业的能力和经营状况界定企业将为客户提供什么样的服务。客户管理的理念包括服务的使命和业务界定。客户管理业务界定的内容如下。

（1）企业所提供的服务是什么。
（2）客户需要满足的需求是什么。
（3）企业的客户目标是什么。
（4）客户为什么选择本企业服务。
（5）企业采取什么样的方式来满足客户的需求。
（6）本企业与竞争对手的区别是什么。

二、配送中心客户服务策略

（一）开拓物流客户的策略

物流客户具有一定的特性,开拓物流客户一定要根据物流客户的特征,结合企业本身的特点,运用市场营销原理,通过建立良好的物流服务体系,进行精确的物流市场定位,推进忠诚的物流市场营销以及开展多样的物流促销活动等途径开拓物流客户,为企业赢得利润。

1. 建立良好的物流服务体系

良好的服务体系包括物流服务设施和物流服务作业体系。物流服务设施包括有形的设施和无形的设施,是开展一切物流活动的基础;物流服务作业体系的确定,就是确定该企业怎样开展物流服务、服务对象是谁,即干什么、怎么干、为谁干。

2. 进行精确的物流市场定位

首先要进行市场细分,即进行精确的物流市场定位,找准物流客户,做到有的放矢,才能有效地开拓物流客户;再结合企业自身实力、产品差异、市场需求特点、产品生命周期、市场竞争状况、营销宏观环境等,选择一个或几个或全都细分市场作为自己的目标市场。

3. 推进忠诚的物流市场营销

建立客户忠诚又被称为关系营销,它是开拓物流客户的一种具有生命力的方法与途径,能长期保证市场份额的占有率和企业的长期赢利。推进忠诚的物流市场营销的方式一般有三种,即通过物流服务品牌的塑造、满足客户的需求,以及超越客户的期望来实现忠诚营销。

4. 开展多样的物流促销活动

物流客户所需的服务和有形商品一样也需要促销,通过沟通、宣传、说服,使客户了解并接受服务产品。可采用的促销策略有人员推销策略、服务广告策略、公共宣传策略等。

(二) 客户分类管理的策略

客户分类管理的策略主要有以下几点。

1. 抓大放小的策略

为使客户分类更加规律化,不妨把客户划分为关键、重点、一般、维持、无效等几种,以分别制定不同的销售和服务政策并提供差异化管理。然后在"提供利润能力"这个中心下,近似地将客户数量层次分类法和利润提供能力分类法联系起来,并进行整合,如图 12-2 所示。

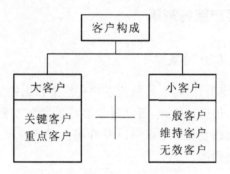

图 12-2　客户构成结构图

进行整合后会发现如图 12-3 所示的不会创造负利润的客户数量金字塔和客户利润提供能力倒金字塔,体现了客户类型、数量分布和创造利润能力之间的关系。

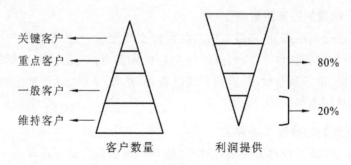

图 12-3　客户数量和利润提供金字塔

从图 12-3 可以看到,企业 80% 的利润来自 20% 的大客户,大客户是影响企业生存的关键,大客户无疑就是市场上最具有策略意义的客户,也是客户管理应保持高度重视的客户群体,所以在客户分类管理中就要掌握抓"大"放"小"的策略。

实施客户管理抓"大"放"小",要防止走两个极端:既不要因为客户"大"就丧失管理原则;也不要因为客户"小"就盲目抛弃。

2. 大客户管理的策略

大客户是指那些能给企业带来大利润的客户。大客户也被称为重点客户、关键客户、核心客户,是对企业的生存与发展起着举足轻重作用的客户。

企业的大客户管理应该是完全动态的,去年的大客户未必是明年的大客户,原来的中小客户如果做得成功也会成为大客户。在快速变化的市场上,客服人员的工作就是挑选优胜者。在界定大客户时,既要关注现在,又要考虑未来,两者同样重要。

同时,在界定大客户时强调"忠诚度"而非"客户满意度"。权威研究结论表明,有66%~85%的客户虽然已经流失但仍对企业"满意",这绝对不是"忠诚"。因此,我们把"忠诚度"作为衡量大客户的一个因素,能够让企业看清谁才是自己真正的"上帝"。

做好大客户的管理,可以从以下十个方面着手。

(1) 优先保证大客户的货源充足。

(2) 充分调动大客户中的一切与销售相关的因素,包括基层的营业员与推销员,提高大客户的销售能力。

(3) 新服务的推行应首先在大客户之间进行。

(4) 充分关注大客户的一切公关及促销活动、商业动态,并及时给予支援或协助。

(5) 安排企业高层主管对大客户的拜访工作。

(6) 根据大客户不同的情况,与每个大客户一起设计促销方案。

(7) 经常性地征求大客户对营销人员的意见,及时调整营销人员,保证渠道畅通。

(8) 对大客户制定适当的奖励政策。

(9) 保证与大客户之间信息传递的及时、准确,把握市场脉搏。

(10) 组织每年一度的大客户与企业之间的座谈会。

(三) 客户关系管理的策略

客户关系管理(CRM)是开发并且加强客户购买关系的商业流程。开展的关键之处在于企业所采用的系统是否足以实现企业的目标。要实施以客户为导向的成功的客户关系管理解决方案,企业必须首先对CRM项目进行可行性评估。

可行性评估并不仅仅是一种技术评估,更应该是一种文化的评估。从全球实施CRM的经验可以看出,企业成败的原因主要在于企业文化的变革。决定实施CRM的企业首要的问题不是去购买软件,而是要聘请有丰富经验的专业咨询管理公司对企业进行评估,明确问题的关键所在,即哪些问题可以通过技术解决,哪些问题需要通过策略调整解决,哪些问题需要通过转变观念、重塑文化来解决。企业必须明确一点,CRM 不是万能钥匙,也并非所有的企业都适宜上 CRM 项目。在经过了可行性评估后,决定实施 CRM 项目的企业必须经过如下几个不可或缺的步骤。

(1) 获得企业内部的全方位支持。
(2) 建立 CRM 项目团队。
(3) 商业需求分析。
(4) 制定执行计划。
(5) CRM 软件的选择。
(6) 技术的选择。
(7) 供应商的选择。
(8) CRM 系统的实施和安装。
(9) 评估实施效果。

(四) 客户满意度管理的策略

企业要想真正做到客户满意,就必须制定和实施切实可行的有效策略。

1. 满足客户需要

为了更好地满足客户的需要,企业必须具有很强的物流运作能力,而为了实现这个目标则必须首先建立快速的存货补给系统。

这套系统要求将产品不断地运送到仓库,经过筛选、重新包装,再迅速分送。产品在仓库的停留时间一般不超过 48 小时。企业借助这套物流系统,再加之大批量的商品采购,能大幅度降低存货成本和处理费用,从而获得规模经济效益。这套系统主要包括三个部分。

(1) 高效率的配送中心。根据订单将产品送到配送中心,配送中心则对产品进行筛选、包装和分拣,然后送达目的地。

(2) 迅速的运输系统。其运输系统能将所需产品由配送中心在 48 小时之内送到,节约了存储空间和费用。

(3) 先进的信息支持系统。它将物流变成工作流管理,从而使销售点在短短的几个小时之内完成订单填写、订单汇总、订单发送以及送货的过程,以保证准确性和高效益。

2. 关注细节

细节决定成败。关注细节会给企业带来很多好处,所以企业在提供客户管理时一定要追求完美。假设一个员工在 99% 的时间内是可靠的,那么当 3 个人一组时,可靠性就会降到 97%,可见服务的可靠性是递减的。这一规律被称为"客户满意度递减原理"。递减的比率到了一定的界限,客户满意度就会下降,从而削减企业的利润。

3. 处理好客户的投诉

任何一个企业都不可能没有客户的投诉,对待客户的抱怨必须要有良好的心态,要认识到客户投诉不一定是坏事。从一定意义上讲,客户的投诉往往比客户的赞美对企业的帮助更大,它可以让企业认识到问题出在什么地方,并及时加以改进。如果客户的投诉得到了回应,他们就会产生信任感,企业的服务水平也因此得以提升。

(五)巩固物流客户的策略

除了寻求新的客户,企业还应巩固现有的客户。巩固物流客户是项长期、艰巨的任务,任何简单化的方法都将导致客户的流失。因此,巩固客户的方法往往是带有策略性的。物流企业一般可采用以下方法途径来巩固物流客户,培养客户的忠诚度。

1. 建立物流服务品牌

建立物流服务品牌是具有策略意义的物流企业巩固客户方法,是实现利润增长、保证长期发展的有效途径,是每个物流企业必须实行的策略。服务品牌能使客户满意,使客户对品牌产生极大的忠诚,从而巩固客户。

2. 提高物流客户的满意度

提高物流客户的满意度是巩固客户的关键。其实企业所做的一切都是为了提高客户的满意度。

3. 开发物流服务新项目

服务和服务项目往往难以分离。服务项目的开发决定着客户管理是否成功;可以说巩固客户应从服务项目的设计开发开始,物流企业应着力开发自己的核心服务项目,为客户提供优质服务以达到巩固物流客户的目的。

4. 强化内部客户的管理

通常说的客户是指外部客户,即购买企业产品或服务的人或组织。而从"组织—员工—客户"这一网链式关系来理解,企业的最终用户并不是唯一的用户,员工也是企业的客户。把员工作为企业的客户即是"内部营销"概念的核心。通过强化内部客户的管理,使内部客户满意,进而提高外部客户的满意度,以维系外部客户,即巩固客户。

5. 改进物流服务质量

提供良好的服务是企业的经营宗旨,而服务质量又是服务市场营销的精髓。客户的需求在不断发展,对服务质量的追求也在不断提高。在这一动态的发展过程中,怎样改进并保持优质服务,让客户满意,是物流企业在客户管理中必须考虑的主要问题。

本 章 小 结

配送中心客户管理的理念是物流企业文化中的核心内容。如何根据客户的要求以及自身企业的条件确定适当的客户服务水平,是物流企业在激烈的市场竞争中获胜的关键。本章围绕客户服务展开讨论,首先介绍了配送中心客户服务的概念和特点,配送中心客户服务的主要内容,以及配送中心客户服务理念及客户服务的相关策略;然后着重介绍了配送中心客户订单处理的步骤及其主要内容;还对客户管理的策略进行讲解。学完本章后,学生应该能够培养一定的客户服务意识,并掌握一些提高客户服务的策略技巧。

综合案例分析

中邮物流服务的创新——一体化服务

中邮物流有限责任公司(简称中邮物流)成立于2003年1月18日,是中国国家邮政局应对中国加入WTO后市场竞争的新形势,结合邮政自身业务特点而组建的,采用全新体制和机制,实行市场化运作的专业经营和管理邮政物流业务的大型国有企业,是集仓储、封装、配送、加工、理货、运输和信息服务于一体的现代化综合性物流公司。

中邮物流依托自身强大的网络资源,根据国内国际客户的不同需求,量身定做了针对不同需求的物流业务。中邮物流坚持:服务——无限可能。其中一体化物流业务是其核心业务,在手机、医药、化妆品、汽车零配件等行业已有所突破。以多批次、高时效、高附加值、小批量、小体积、小重量的物品为对象,根据客户需求,定制从订单处理、运输、配送到库存管理、流通加工、信息服务、退货处理、代收货款的端到端的一体化物流解决方案,为客户提供实物流、信息流和资金流"三流合一"的供应链管理服务。下面以中邮物流为国内某知名的大型轿车生产厂商做零部件物流为例,了解其物流一体化的创新模式。

(一) 某公司轿车备件物流需求分析

某轿车企业是国内知名的大型轿车生产厂商之一。年产15万辆轿车和20万台发动机,2006年其规模扩大至年产30万辆轿车和40万台发动机。该企业备件物流包括从其备件中心库向全国197个城市267家特约服务站的成品备件配送和从全国226个供应商向该企业武汉总装线及备件库的备件供应。2003年9月初,该公司委托中邮物流为其提供备件物流门到门运输服务。

1. 产品安全服务要求

根据该公司提供的产品资料显示,备件产品品种繁多、体积各异,重量从

0.1～500千克不等,有异型货,外包装有纸箱、木箱、托盘,内包装有塑料、玻璃、纸盒,在运输过程中需要防潮、防压、防震。

2. 区域覆盖能力要求

目前该公司设有一个配件中心库房,直接辐射全国197个城市的267家服务站。要求中邮物流提供的服务达到以下要求。①时限要求:备件物流分普通订单和紧急订单。按照距离远近,普通订单时限一般2～7天,紧急订单时限一般1～3天。②服务深度要求:提供"门到门"的物流服务,完成从托运方备件中心库提货至货交收货人的全程运输。③运输架道要求:公路、铁路、航空。④信息服务要求:依托信息系统,提供及时方便的货物签收查询服务。

3. 提供24小时的全天候准时服务要求

项目组相关负责人员的通信24小时畅通;中邮项目组接到发货指令后安排车辆;保证普通件在60分钟内到仓门待命;紧急件20分钟内到仓门提取。

4. 多项服务项目要求

根据该公司备件运输需要,中邮物流依托自身的网络和综合服务优势,需要提供包括快车直投、零担货运、航空快件、铁路快件等多种服务形式。

5. 服务目标

借助邮政物流强大的网络覆盖能力,优化资源配置,降低该备件物流整体运营成本,实现双赢;实现备件运输,配送的快捷、安全、准时到达;维护、提升售后服务质量;加强运输过程的信息化管理。

6. 考核内容

确定服务商后,每月、季、年进行考评,并根据考评结果,调整各家物流服务商的服务区域范围。主要考核内容包括以下几点。①运输周期:从接货发运至收货人签收的全过程运输,是否达到了规定时间的要求。②信息反馈:网上签收信息必须及时准确。③单证资料:要求制作的各种物流单据准确、规范、无误。④财务结算:要求月末准确列出所结算的报表。⑤货物安全:本月是否出现货损、货差等事故。⑥客户投诉:如果服务商考评期内客户投诉率超过规定,将被取消该区域的服务资格。

(二)中邮物流的服务方案

中邮物流承诺,根据双方合作的服务进程及服务规模,将在备件运输上帮助该公司降低物流成本,并提高运输服务质量。具体服务方式如下。

1. 实行项目经理负责制,严格规范操作流程

成立项目组,采用项目经理负责制:针对该轿车备件物流特点,中邮物流成立了专门的项目组全权负责项目的运行、服务、改进和监督,制定相应的服务操作流程。

2. 建立质量保障服务体系

为了保障该物流项目的正常运作,中邮物流从质量、常规安全保障、紧急情况处理和异议处理几个方面拟定保障措施。

(1) 服务质量承诺。配送准时率95%;物品完好率99.7%;配送签收信息反馈率95%;客户满意率98%。

(2) 常规安全保障。①发货安全保障:中邮物流提供代包装服务。除此之外,丰富的内部作业组织管理经验和能力,以及对作业全过程的有效监控,使汽车配件的发货安全得到充分保障。②运输安全保障:中邮物流车型种类齐全,备有载重3~20吨的各种汽车,火车车厢内有专人负责看护,使货物在防雨、防水、防盗等安全方面得到保证。所以,中邮物流有能力按要求将各种备件产品迅速、准确、安全、方便地运到各维修服务站。③人员保障:中邮物流拥有经验丰富的司机队伍、固定的运输线路、严格的运输载货标准,总结整理出一套切实可行的规章管理制度。多年的长途运输经验是中邮物流无重大交通事故的根本保障。中邮物流可以为该公司备件运输提供代办运输全程险服务。

(3) 应急保障服务。多年以来,邮政肩负着保障通信畅通的重要社会职能,有着完备的应急保障制度和丰富的处理经验,并且在特殊时期享受政府的特殊政策支持。应急保障体系内容如下。①全天候服务。②24小时(包括节假日)待命服务。③整车备件配送应急措施——邮政全网协作:运输途中车辆发生意外,近距离可立即起用紧急维修组进行维修,确保车辆运行。如车辆无法及时维修,立刻起用备用车辆过驳接转;远距离主要采取联系最近地区邮局运输车队协助解决、过驳联运的办法。④零担备件配送应急措施——启用应急方案。

(三) 为该公司带来的服务价值

(1) 对普通订单的处理从原有的同路向需拼整车发运的方式改为不需拼整车、随发随走,使普通订单的处理时限由平均4~5天降为2~3天。

(2) 通过对现有邮政物流专线和邮政大网邮路的合理利用,降低了客户紧急件的发运比例,从而为客户节约了近5%的物流成本。

(3) 所服务的区域内,通过提供门到门、多种形式的综合服务,改变了过去客户一家对多家物流服务商的局面,降低了管理难度,简化了客户工作程序,提高了作业效率。

(4) 定期货物流量、流向统计服务。依靠物流信息管理平台,中邮物流能够定期为该公司提供货物流量、流向等信息的统计和反馈,为客户改善企业内部物流管理提供可靠依据。

(5) 由于邮政车辆进城有不受时间限制的便利条件,使得各地维修服务站由原来的必须晚上留人接收备件方式改为上班时间也可以接收,获得各地维修服务商的好评。

(四) 物流服务的创新与一体化

中邮物流和各省市子公司都在致力于一体化物流开拓,但总体来看,一体化物流业务收入占全部物流业务收入的比重还比较小,不少地方还没有开发出一体化物流项目。要改变这种状况,一项重要的工作就是要超越传统物流服务模式,在服务理念、服务内容和服务方式上实现创新。

1. 服务理念的创新

邮政发展物流是从同城配送和直接递送等功能性物流服务切入的。要发展一体化物流,首先要认清一体化物流与功能性服务性质、服务目标和客户关系的本质区别,树立全新的服务理念。

(1) 一体化物流服务不是两个以上功能服务的简单组合,而是提供综合管理多个功能的解决方案。一体化物流业务的市场竞争,实际上是物流解决方案合理性的竞争。在开发一体化物流项目时,必须对目标客户的经营状况、物流运作以及竞争对手的情况等有透彻的了解,根据中邮物流的优势提出客户物流服务可以改进之处,为客户定制物流解决方案。而要做到这些,中邮物流必须不断研究目标市场行业的物流特点和发展趋势,成为这些行业的物流服务专家。

(2) 一体化物流服务的目标,不仅仅是降低客户物流成本,而是全面提升客户价值。比如中邮物流为客户提供一体化物流服务,通过将按省仓储改为按区域仓储,减少了仓库数量、加快了库存周转、降低了客户物流费用;通过改自提为配送,使客户销售人员专注市场开拓,促进了销售增长;通过网上代收货款,加快了客户的资金回收。这些服务综合起来,就从整体上提高了客户经济效益。

(3) 一体化物流服务的客户关系,不是此消彼长的价格博弈关系,而是双赢的合作伙伴关系。既然一体化物流服务是管理的服务,目标是全面提升客户价值,那么一体化物流服务的收益不应仅仅来自功能性服务收费,而应该与客户分享物流合理化所产生的价值。

2. 服务内容的创新

中邮物流要在一体化物流服务市场的激烈竞争中取得优势,就必须以客户为中心,充分发挥邮政"两网三流"的优势,在运输、仓储、配送等功能性服务基础上不断创新服务内容,为客户提供差异化、个性化的物流服务。

(1) 从物流基本服务向增值服务延伸。传统物流服务是通过运输、仓储、配送等功能实现物品空间与时间转移,是许多物流服务商都能提供的基本服务,难以体现相同服务商之间的差异,也不容易提高服务收益。一体化物流服务则应根据客户需求,在各项功能的基本服务基础上延伸出增值服务,以个性化服务内容表现出与市场竞争者的差异性。

(2) 由物流功能服务向管理服务延伸。一体化物流服务不是在客户的管理下完成多个物流功能,而是通过参与客户的物流管理,将各个物流功能有机衔接起来,实现高效的物流系统运作,帮助客户提高物流管理水平的控制能力,为采购、生产和销售提供有效支撑。因此,在开发一体化物流项目时,要在物流管理层面的服务内容上做文章,包括客户物流系统优化、物流业务流程再造、订单管理、库存管理、供应商协调、客户服务等,从而为客户提供一体化物流解决方案,实现对客户的"一站式"服务。

(3) 由实物服务向信息流、资金流服务延伸。物流管理的基础是物流信息,是用信息流来控制实物流,因而一体化物流服务必须在提供物流服务的同时,提供信息流服务,否则还是物流功能承担者,而不是物流管理者。物流信息服务包括预先发货通知、签收反馈、订单跟踪查询、库存状态查询、货物在途跟踪、运行绩效监测、管理报告等内容。比如中邮物流为客户提供信息监控,使客户能及时掌握区域销售情况,有效进行销售经营管理,这就是信息服务的增值作用。一体化物流服务商要与客户形成战略伙伴关系,参与客户的供应链管理,实现货物流、信息流与资金流的协同运作,因此为客户提供代收货款、垫付货款等资金流服务,是物流市场竞争的最新焦点。

3. 服务方式的创新

与功能性物流单一的交易服务方式相比,一体化物流在服务方式上更具灵活性,根据客户需求,结合自身优势和发展战略,与客户共同商定最佳服务方式。

(1) 从短期交易服务到长期合同服务。功能性物流服务通常采用与客户"一单一结、拣选交易"服务方式,而一体化物流服务一般需要与客户签订一定期限的服务合同,按照项目管理模式进行运作。

(2) 从完成客户指令到与客户协同工作。功能性物流是作业层面的服务,通常只需要单纯地按照客户指令完成服务功能。而一体化物流服务由于要参与客户的物流管理和运作,与客户共同制定物流解决方案,因而需要自始至终与客户建立有效的沟通渠道,协同完成物流运作。不少物流企业建立与客户双方物流人员联合办公制度,或成立由双方物流人员联合组成的运作团队,及时处理日常运作中的问题。中邮物流倡导的大客户派驻制,就体现了与客户协同工作的特点。

(3) 从提供物流服务到进行物流合作。对于自身拥有物流系统或具有战略价值的客户,可采取灵活的方式进行合作。如果物流公司在某地区需要建立物流系统,则可以系统接管客户在该地区的车辆、仓库、设备乃至接受其员工,或与客户签订物流系统管理合同,在为客户服务的同时,利用其物流系统为其他客户服务,以提高利用率并分担管理成本。

思考题

1. 根据案例分析中邮物流在物流服务方式上有哪些创新?
2. 中邮物流与传统物流服务相比有哪些变化?有哪些有益的经验可以借鉴?
3. 结合物流业现状分析企业实现物流服务一体化存在哪些制约因素?

本章综合练习题

1. 配送中心客户服务的特点有哪些?
2. 客户关系管理的作用和内容是什么?

3. 影响订货周期的主要因素有哪些?
4. 配送中心客户服务的理念是什么?
5. 配送中心客户服务的主要内容?
6. 影响订单处理时间的因素有哪些?
7. 抓住大客户的有效手段有哪些?

实践活动

模拟游戏——体会客户的感觉

1. 模拟游戏目的

通过游戏认识客户的期望什么;通过游戏使参与者理解期望产生的原因以及如何产生;通过游戏使参与者懂得"关键时刻"是你的工作中正常的一部分的含义。

2. 游戏准备

游戏辅导者将下列文案打印若干份。

"关键时刻就是这样一种时刻,当客户与公司或组织的任何一个方面有联系时,尽管这种联系可能是遥远或短暂的,仍然很有可能给客户留下深刻的印象。"

——杰恩·卡尔森(SAS航空公司)

同一小组的参与者讲解并检查企业与客户交流的工具,然后回答下列问题。

(1) 客户交流的类型。分配给小组的是什么类型的客户交流工具?(例如,是一个广告、网页、保修说明、海报,等等)

(2) 联系的类型。客户什么时候会通过什么方式与公司交流?在商店时、退货时、购买时,还是阅读报纸或杂志的时候?

(3) 正式信息。这种交流工具传递给客户什么样的信息?客户能从这个信息中得出关于公司什么样的结论?这条信息是否意味着任何许可或者承诺?

(4) 产生的期望。知道这条信息后,客户会产生哪种或哪些期望?

(5) 关键时刻。什么样的"关键时刻"与这种期待或公司的许诺有关?在什么样的环境下客户的期望与"现实"相抵触?

收集10个左右有关客户交流的例子,如某公司的任务、远景和价值观的海报,某公司网站的打印稿,一份周末报纸上的广告,某个产品的保修卡,一份电视广告的剧本等。任何有关客户能够收集到的信息交流工具在这个游戏中都是可以用的。

参与者分组,每组分发一张空白图表和一些笔。

3. 游戏过程

(1) 请参与者按4~6人一组分区域坐好。

(2) 让每组选择一名参与者做组长,让每组分别定义客户并表现出对某个服务的期望。

(3) 组长将每组的定义用图示展示给所有参与者。

(4) 游戏指导告诉参与者"客户对你公司的期望影响他们对得到服务的感觉",请参与者举手示意回答,是否熟悉刚刚读到的材料中关于"关键时刻"这个术语。

(5) 指导者解释这个术语的含义。

(6) 请各组说明参与者所熟悉的"关键时刻"。

(7) 请参与者尽其所能将所知的企业"关键时刻"写在空白图表上。

(8) 游戏主持者通过再一次强调"关键时刻是客户的感觉和期望与组织的现实相符的时刻",并用疑问句询问"如果一个企业承诺'无条件'退货,那么这项承诺的关键时刻是什么?"(答案:当客户尝试退货时,他们会期望能够简单地完成,而且期望不管他们已经买了多长时间或商品是否损害,他们都能退货)

(9) 给每小组10分钟陈述时间,准备针对分配给他们的与客户交流的例子做一个1~2分钟的陈述发言,要求陈述中能回答"游戏准备"中的所有问题。

(10) 各组派代表交叉对其他组的陈述进行评述。

(11) 由游戏指导者总结发言,强调理解以下几点:①关键时刻就是客户评价我们所提供的服务的时刻;②关键时刻也是充满机遇的瞬间;③服务改进中很重要的一步是识别出关键时刻并确保有具体的人为此负责。

4. 游戏时间:40分钟。

5. 游戏说明:客户对提供服务的公司的期望影响了他们对获得的服务的感觉。企业在影响和建立客户感觉的过程中起了很重要的作用。这个游戏适合在教室中进行。

第十三章 配送中心员工管理

本章学习目标

了解配送中心的基本组织结构类型，配送中心的岗位及其职责，配送中心员工培训体系建立的要点，配送中心普通人员和管理人员的培训要求；明确配送中心员工管理的重点业务工作；掌握配送中心员工考核的目的、原则、内容及形式，员工管理的基本规律；学会合理配置人力资源，调动员工积极性，提高工作效能。

经典案例导入

新钢钒仓储配送中心的员工岗位动态管理机制

2008年5月《攀枝花日报》曾对新钢钒仓储配送中心完善员工岗位动态管理机制进行了报道。报道称，新钢钒仓储配送中心首批75名员工在向阳职校参加了计算机培训，这是该中心进一步优化劳动组织，深化"以岗定薪"工作，完善员工岗位动态管理机制的一项举措。

结合安全生产、仓储配送等工作实际，仓储配送中心组织607名生产操作类岗位人员，按照工种分类，分期开办基础知识和专业技能培训班，为员工搭建提升综合素质及业务技能的平台。此前，还从岗位职责、公文写作、计算机应用等方面，组织了35名管理人员进行综合素质测评，并按10%的比例进行尾数调整。同时，为更好地适应物流产业发展的需要，中心还重点对验收、配送管理人员进行综合测评，并按5%的比例尾数调整到生产操作与服务岗位，空缺的岗位再采取公平、公正、公开竞聘的方式择优录取，并打破吃"大锅饭"、轮流坐庄等机制，突出岗位职责、工作业绩和实际贡献对员工收入的决定性作用，真正形成"岗位靠竞争，收入凭贡献"的动态管理机制。

第一节 配送中心的组织及其岗位设置

一、配送中心的基本组织结构类型

组织结构是组织内的全体成员为实现组织目标，在管理工作中进行分工协作，通过职务、职责、职权及相互关系构成的结构体系。配送中心的组织结构组成一般受到配送中心的业务规模、经营内容、人员素质、经营管理水平和内外部环境等因素的影响，并随着配送中心的发展、管理水平和技术手段的不断提高而不断改进。配送中心组织结构类型主要有以下几种。

1. 职能型组织结构

职能型组织结构是指企业按职能划分部门。配送中心就是利用其高效、快速的配送能力来实现商品顺畅流通的，其基本的企业职能有营销、储运和财务，同时还包括一些保障经营活动顺利进行的辅助性职能，如人事、公共关系和法律事务等。(如图13-1)

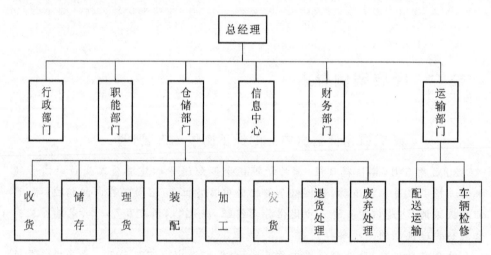

图13-1 职能型组织的结构

职能型组织结构的特点：采用按职能分工、专业化的管理办法来代替直线型的全能管理者；各职能机构在自己业务范围内可以向下级下达命令和指示，直接指挥下属。该种组织结构的优点有二：①管理工作分工较细；②减轻了上层管理者的负担，使他们有可能集中注意力实行自己的职责。其缺点为：①实行多头领导，妨碍了组织的统一指挥，容易造成管理混乱，不利于明确划分职责与职权；②各职能机构往往从本单位的业务出发考虑工作，横向联系差；③对于环境发展变化的适应性差，不够灵活；④强调专业化，使管理者忽略了本专业以外的知识，不利于培养高层管理者。此结构不适于大型企业及网络化布置的物流配送中心，而比较适合于外部环境较稳定，采用常规技术的中小型企业，如专业配送中心和特殊配送中心。

2. 产品型组织结构

随着企业产品经营的多样化，把制造工艺不同和用户特点不同的产品集中在同一职能部门，会给企业的运作带来许多困难，而管理跨度又限制企业增加下级人员的可能。在这种情况下，就需要按照产品分工进行组织结构的设置，建立产品型组织结构。该结构要求高层管理者授予一位部门管理人员在某种产品经营上的广泛权力，并要求其承担一部分利润指标，而高层管理者仍控制财务、人事等方面的职能，规划企业发展方向。（如图13-2）

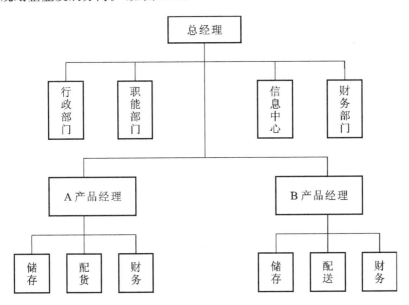

图 13-2 产品型组织结构

产品型组织结构可减少市场风险，提高劳动效率，降低经营成本；有利于企业加强对外部环境的适应性，以市场为主导，及时调整经营方向；有利于提高企业内部的竞争。但这种组织结构也有其局限性：按照产品划分部门，必须有较多的管理人员；由于总部和事业部中职能部门可能重叠而导致管理费用增加；各产品部门的负责人有较大的决策权，可能过分强调本单位的利益，而影响企业的统一指挥。为了避免失控，企业应把足够的决策权和控制权掌握在总部手里。

3. 区域型组织结构

经营范围很广的企业中，应按照区域划分部门，建立区域型组织结构，即将一个特定地区的经营活动集中在一起，委托一个管理者去完成。

按区域划分部门可以调动各地区管理者的积极性,加强各地区各种活动的协调性;还可以减少运输费用和时间,降低配送成本。但这种结构也存在着需要较多管理人员,造成机构重叠设置,高层管理者难以控制各地区的管理工作等问题。这种组织结构较适合于综合配送中心。(如图 13-3)

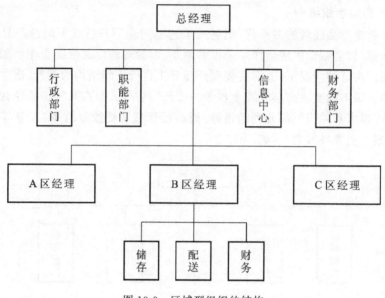

图 13-3　区域型组织的结构

二、配送中心的岗位设置及其职责

(一) 配送中心的管理岗位的设置及其职责

配送中心的一些必要岗位设置应由配送中心的作业流程来决定,各岗位相关职责如下。

1. 配送中心总经理

(1) 协助物流公司分管配送的副总经理的工作,对配送中心的规划作整体战略决策。

(2) 研究、设计物流管理办法和作业流程,并提出改进和完善建议。

(3) 按企业要求对配送中心员工进行监督和管理,并与他们搞好协调关系。

(4) 组织并要求市场调研员进行相关资料信息的调查与收集。

(5) 确定配送中心的规划条件,进行人员派遣与资源配置,负责配送中心员工的工作进度和工作绩效的检查和审查。

(6) 根据配送中心商品流转程序的有关规定,对配送中心相关单据进行审核。

(7) 负责配送中心设备操作和业务流程的培训工作。

(8)认真完成上级领导交办的其他事项。

2. 订货主管

(1)直接对配送中心经理负责。
(2)负责管理监察单据的接收、传递、登记、分类和保管。
(3)跟踪单据处理,保证其时效性。
(4)确保单据的保密性。
(5)组织员工规范订货方式。
(6)评价本部门工作人员的工作绩效。
(7)认真完成上级领导交办的其他事项。

3. 库存主管

(1)负责与企业在各地的分公司的库房建立直接联系,通过物流软件,随时掌握各地分公司商品的出入库动态,在公司统一规定的时间范围内获取各个库房(含指定分销商)的商品出入库原始统计报表资料。
(2)负责库存相关资料的档案管理工作。
(3)负责向业务部门、财务部门及其他部门提供各项商品库存动态的业务咨询,并提供库存制表的各项业务指导。
(4)负责物流系统的操作指导工作。
(5)严格库存货物管理,包括货物的分区摆放、防火、防盗和防水等。
(6)督促统计员做到日结日清,并提供数据与跟单员核对,每月与财物人员、客户所派人员进行月盘点。
(7)负责配送中心设备操作和业务流程的培训工作。
(8)认真完成上级领导交办的其他事项。

4. 运输主管

(1)负责配送中心货运的相关操作规范的制定,并负责在实施中的指导和监督。
(2)组织、指导有关订单货物送达活动。
(3)评价及选择最佳送货路线及方式。
(4)评价送货人的工作质量、及时性和费用情况。
(5)负责处理货运过程中的各项突发性事件,并在最短时间内拟出正确的处理方案。
(6)提出运输工具及方法的建议。
(7)作为组织代表就有关事宜与政府部门进行沟通。
(8)认真完成上级领导交办的其他事项。

5. 配货主管

(1)负责配货过程中的相关操作规范的制定,并负责在实施中的指导和监督。
(2)组织、指导配货活动。

(3) 负责处理配货过程中的各项突发事件,并在最短时间内拟出正确的处理方案。

(4) 不断思考更合理、更有效率的配货方式。

(5) 评价配货人员的工作质量,检验是否根据客户订货通知单配货,做到单单相符,核对的项目包括货品的品名、型号、规格、数量等。

(6) 对市场信息、用户信息进行搜集和反馈。

(7) 认真完成上级领导交办的其他事项。

6. 财务主管

(1) 严格遵守国家财经纪律、法律法规及行业财务制度,组织开展财务工作。

(2) 负责组织开展配送中心有关预算、资金、信用及出纳工作,负责财务管理与会计核算相关工作的协调。

(3) 组织配送中心年度、季度及月份财务计划的编制和审核,经批准后下达各下属部门。

(4) 负责配送中心各部门预算外资金、超预算资金的初审工作,并按规定程序上报审核批准。

(5) 编制费用预算、决算,提出并执行配送中心费用控制计划,加强资金管理,加速资金周转以提高资金使用效益。

(6) 负责融资工作相关资料的准备和保管,参与公司资金筹措工作,协调与各银行间的关系,与银行系统保持良好合作。

(7) 负责公司的客户信用管理,建立公司客户信用档案,协同其他相关部门核定客户的信用额度和信用期限,并负责跟踪信用额度和信用期限的执行情况。

(8) 严格遵守国家有关税法规定,协调公司与税务部门之间的关系。

(9) 审核记账凭证及财务部各种表单,编制记账凭证汇总表、商品进出库单、调拨单等。

(10) 认真完成上级领导交办的其他事项。

7. 客户服务主管

(1) 负责按照分级管理规定定期对所服务的客户进行访问。

(2) 负责所辖区域客户入网、退网工作的具体实施。

(3) 负责每月对所服务客户的销售情况进行汇总和分析。

(4) 负责按公司有关要求对所服务客户进行客户信息维护。

(5) 负责对客户有关产品或服务质量投诉与意见处理结果的反馈。

(6) 认真完成上级领导交办的其他事项。

8. 订货处理组长

(1) 直接对订货主管负责。

(2) 制定订货计划,特别要注意适时与适量。

(3) 先退货再订货，以免占用仓库内仓位。
(4) 与采购组做好联系、协调工作，所订货物可以及时得到补充。
(5) 对组内人员进行合理的分工。

9. 采购组长

(1) 负责采购配送中心需要的货物。
(2) 根据订货计划制定详细的采购计划。
(3) 填制每日采购汇总表。
(4) 协助主管，跟踪和催收应到而未到的物品。
(5) 有条理地做好采购单的存档工作。
(6) 在办理验货手续后，应及时通知有关部门收货。
(7) 积极提出改进工作的设想方案，协助领导做好本部门的工作。

10. 接货组长

(1) 及时领取提货通知单。
(2) 货物到库后组织货物的交接，交接的主要依据是运单或采购订单。
(3) 在车站、码头提取托运回来的货物，若有破损、货差等问题，必须作现场记录，提回来后详细报告主管或经理，及时做好货物差错、破损的索赔工作。
(4) 接货员要督促并要求搬运工人对物品轻拿轻放，防止物品破损，并堆放整齐，保证物品不在运输途中丢失，认真填写物品交接单，做好交接工作。
(5) 接货人员根据运单清点货物的品名、型号、规格、数量，检查货品包装是否完好、物资有无残损等，如发现不合格，可以拒绝接货。
(6) 组织签收，然后对货品进行检验。
(7) 验收后，有些货品直接进行配送，有些货品则进仓库内加工处理后再配送。

以上岗位设置及职责仅仅是针对一般配送中心而言。配送中心的规模、设施设备、作业内容、服务对象不同，功能部门设置也会不尽相同，各个岗位的设置和职责也会有一些差异。

（二）配送中心的操作岗位及其职责

除去管理机构，配送中心一般可以设置以下岗位。

(1) 采购或进货管理人员。采购或进货管理人员负责订货、采购、进货等作业环节的安排及相应的事物处理，并负责对货物的验收工作，包括采购员、进货员、接单员、业务受理员、商品验收员等。
(2) 储存管理人员。储存管理人员负责货物的保管、拣取、养护等作业运作与管理，包括理货盘点员、拣货员、卸柜搬货员、质量管理员、补货员等。
(3) 加工管理人员。加工管理人员负责按照要求对货物进行包装和加工。

（4）配货人员。配货人员负责对出库货物的拣选和组配（按客户要求或方便运输的要求）作业进行管理。

（5）运输人员。运输人员负责按客户要求制定合理的运输方案，将货物送交客户，同时对完成配送进行确认，包括配送车辆驾驶员、随车作业人员。

（6）客户服务人员。客户服务人员负责接收和传递客户的订货信息、送达货物的信息，处理客户投诉，受理客户退换货请求。

（7）财务管理人员。财务管理人员负责核对配送完成表单、出货表单、进货表单、库存管理表单，协调控制监督整个配送中心的货物流动，同时，负责管理各种收费发票和物流收费统计、配送费用结算等工作，包括财务会计员、出纳员、业务结算员。

（8）退货作业人员。当营业管理组或客户服务组接收到退货信息后，退货作业人员将安排车辆回收退货商品，再集中到仓库的退货处理区，重新清点整理。

（9）信息管理人员。信息管理人员主要负责配送中心管理系统程序的开发设计、数据维护，同时分析历史数据，为决策作参考，包括系统分析员、程序设计员、资料管理员、市场信息分析员等。

（10）后勤人员。后勤人员主要负责配送中心基础设施、配送车辆设备的维护和保养工作，同时负责配送中心和货物的安全，包括设备维修员、电工、保安员、消防安全员等。

第二节　配送中心员工培训

配送中心人力资源管理是配送中心组织管理的重要内容，由于配送中心作为服务业的特点和较多使用现代化配送设施设备，对员工的专业技术素质和服务素质等方面有严格的要求，因此，加强对员工的培训成为配送中心人力资源管理的重点工作。

一、配送中心培训工作体系建立

企业对员工进行培训主要围绕实现企业目标和员工个人发展目标展开，提高员工知识、技艺、能力等素质，使员工融入企业并胜任现在和未来的工作。

具体到配送中心来说，一方面，企业的管理基础相对薄弱，业务流程和组织结构尚在不断完善中；另一方面，物流企业的生存和发展存在着很大的不确定性；再有，配送中心（或物流业）经常面临着新增客户业务上马匆忙的情况，若培训不到位，将会造成很大损失，轻者业务运作不达标被客户取消合同，重者可能发生安全事故。

配送中心建立完善的培训体系要点如下。

1. 明确配送中心培训管理层级及各自定位

高层管理扮演决策者角色,是培训战略的决策者;各部门经理是执行者,是本部门培训工作的负责人;人力资源部是组织者,负责制定培训计划并组织实施。

2. 进行培训需求分析

通过调查行业发展趋势、专业技能演变、客户需求变化、企业战略规划、部门职能策略及员工绩效分析而总结出可能的培训需求。

在培训需求调查的基础上,结合组织分析、工作分析、个体分析等以决定培训重点、目标和内容。

二、配送中心普通配送业务员的培训

1. 培训目标

(1) 传递配送企业文化和企业价值观,这是员工培训中最重要的一点。只有员工真正融入企业文化中,才能激发员工的积极性,增强企业的凝聚力。

(2) 与员工沟通企业战略目标,做到员工期望和企业战略一致。

(3) 提高员工岗位工作技能,让员工适应工作,以减少错误、节省时间,提高配送中心运作效率。

(4) 通过员工培训可以协助项目推广,解决眼前问题。

(5) 通过培训可以推广新观念、新知识和新技能,提高团队整体的素质水平。

(6) 通过培训,可以让员工增值,降低员工流失率。

2. 培训内容

(1) 企业组织机构的设置。包括配送中心组织机构、物理环境展示、员工手册、公司制度及政策等。

(2) 工作技能和职责。工作技能包括配送中心各种设备的使用方法、注意事项,各个岗位的规章制度、工作计划、时间管理等内容。工作职责主要是指工作地点、任务和安全要求,最重要的是和其他部门的关系,出现处理不了的问题应该跟谁报告等。

(3) 解释员工福利。解释员工福利包括告知员工发薪的日期、假期、法定节假日和保险、培训及教育的福利,女员工孕期及哺乳期的带薪休假事宜,还有企业提供的其他特殊福利。

3. 培训方法

(1) 演示。演示能够形象地展示要培训的内容。如在进行拣货操作时,通过示范,让员工了解分拣设备的基本操作要点。为员工进行分节操作演示,保证演示的细节能让员工注意到,通过反复练习,加强员工的记忆。

(2) 讲解。讲解是培训中最基本的表达方式。要注意控制讲解的内容和时间的长短,保证培训的效果。

(3) 小组讨论。小组讨论属于培训中集体互动的一种方式。小组讨论能够启发每位员工的思维,使每位员工参与到培训中的课程来。一般设定一个讨论的题目,参加培训的员工进行分组讨论,限定时间,小组选派代表阐述小组讨论的观点和建议。

(4) 提问。培训者根据培训的课程设计几个问题,可以采取员工自主应答的方式,也可以采取指定问答的方法。

(5) 案例学习。当参与培训的员工理论和实际操作水平较高时,利用案例学习的效果较好。通过对现实案例的分析和总结,提出个人见解,开拓员工的思维,汇总员工的观点。案例学习对员工的成长和开拓思维非常有利,让员工站在战略家、企业家的角度看问题,跳出原有的思维逻辑,更能融入企业的文化氛围。

(6) 角色演练。角色演练是一种较生动的培训方式。参与培训的员工从角色演练中获得实战经验和技巧。例如,你在讲解如何处理客户投诉时,当参与培训的员工对此有一定认知后,可安排员工分别扮演投诉的客户和接待投诉的客户服务人员,进行角色情景对答,而培训老师则现场点评讲解。这样,无论是直接参加角色演练的员工还是在旁边观摩的员工都会有很深刻的印象。

(7) 现场参观。现场参观能让员工直观感受工作环境,熟悉工作流程,有利于员工尽快熟悉本职工作。如员工在参观叉车作业时,通过与培训时的讲解相结合,能加深对叉车作业的直观认识,为以后工作打下良好基础。

三、配送中心管理人员培训

1. 配送中心管理人员的要求

配送中心管理人员不仅需要有专业知识和技能,还需具备以下能力。

(1) 配送中心管理人员需要具有打破传统做法的魄力,要有前瞻性,能够在现有配送条件、制度和做法的基础上创造更为合理的配送方法,有开拓未知领域的先驱者的气概。

(2) 配送中心工作纷繁复杂,受各种因素制约,配送中心管理人员必须具有挑战制约因素的勇气和精神。

(3) 一个好的配送系统由许多基本要素构成,而这些要素又互相制约、互相影响。为了能使配送系统达到最佳状态,配送中心管理人员必须有系统思考能力和从战略高度考虑问题的素养。

(4) 现代配送中心庞大的信息量要求配送中心管理人员具有构筑信息系统的能力。

2. 配送中心管理人员的培训方法

时代的飞速发展,对配送管理人才的培训提出了越来越高的要求。这是关系到物流企业组织生存和发展的一项根本性的战略任务。

1)职业模拟培训模式

职业模拟就是假设一种特定的工作情景,由若干个受训组织或小组,代表不同的组织或个人,扮演各种特定的角色,例如总经理、财务经理、营销经理、秘书、会计、管理人员,等等。他们要针对特定的条件、环境及工作任务进行分析、决策和运作。这种职业模拟培训旨在让受训者身临其境,提高自身的适应能力、处理工作的能力和实际工作能力。配送中心管理人员可以按照企业规模、运作特点设置不同的工作岗位以进行职业模拟实训。

职业模拟生动有效,优点十分明显。一是尽可能地压缩学用转化过程;二是向受训者提供一个类似于岗位培训的最佳学习环境,又没有打乱正常生产进程的后顾之忧;三是培养受训人的应变能力。比如说,货物运输过程中,货品外包装出现大面积破损情况,假如你是当班客服主管,你该怎么办?这种即兴角色,可以检验和培训员工的各种应变能力。

2)分级选拔培训模式

据《哈佛人才管理学》一书介绍,美国有一家规模很大的从事基本工程建设的公司,该公司的员工多达3万余人,其管理人员的培训选拔具有与众不同的特色。其选拔程序有三个步骤:其一,公司从2万多名管理人员和工程师中,根据其表现及综合素质选拔出5 000人作为基层领导的候选人,随后要求他们自学管理知识,并且分期分批组织他们参加40小时的特定训练,再从这5 000名候选人中选拔出3 000名左右公司需要的基层领导人;其二,从这些基层管理人员中选拔出1 100人参加"管理工作基础"的培训与考核,再从中选拔出600人并分别进行特定的岗位专业训练,让其担任各专业经理的职务;其三,再从这些专业经理人员中挑选出300人,经过十分严格的考核训练,以补充高层经理的需要(包括各公司的总经理、副总经理等)。

这一分级选拔管理人员的培训模式有着突出的现实意义。第一,在分级选拔过程中,工作能力强、有效率的员工都有获得提升、加薪的同等机会,而能力差的员工被淘汰,这种选拔方式充分调动了全体员工的积极性,使员工永远有一种新鲜感、价值感、压力感、挑战性,并创造性地为企业工作。第二,层层选拔中,贯穿了层层培训,把管理人员的选拔与培训以及工作实践有机地结合起来。这种培训既为公司选拔了有用的人才,又提高了管理人员的知识和技能,这是一种有效的激励培训。第三,分级选拔中,公司特意安排了每一级别的管理人员进行管理知识的特定训练与考核,培训对症下药,这样,既提高了高层次管理者的判断决策能力、统帅能力以及经营管理能力,又提高了中层管理人员的经济管理知识和本职工作岗位的专业知识和技术能力,还提高了基层管理人员生产第一线的指挥能力和处理生产技术问题的能力。

3)职务轮换培训模式

职务轮换的主要目的旨在拓宽管理人员或潜在管理人员的知识面。通过各种不同岗位的职务轮换,使受训者全面掌握企业各种职能的管理知识和艺术。职务轮换的表现形式比较多,如各种主管人员之间、副职与副职之间、正职与副职之间、各种不同的管理职位之间等都可进行不定期的职务轮换。日本丰田公司每五年对各级管理人员进行一次职务轮换,调换幅度为5%左右。

职务轮换这种在职培训有着十分重要的作用。

第一,管理决策层的职务轮换有利于培养全面的管理人才和业务多面手。管理决策层是企业的核心群体,对他们的职务(副职之间)轮岗培训一般是由上级部门统一安排。轮岗后可强化所必需的高级管理知识,也可根据企业需要聘请专家为他们讲解管理、市场营销、金融财务等高层次的知识。让其熟悉多方面的知识和技能,以便在决策中施展才能。

第二,中间管理层的职务轮换有利于培养受训人员成为复合型管理人员。因为中间管理层是一个十分关键的管理层次,公司的决策要通过他们去执行;此外,他们对本部门的重大问题要做出有效决策。这样,他们不仅要有所在岗位的知识和技能,而且技能层次要求比较高。所以,通过轮岗训练,一方面,使受训人熟悉各管理职位的工作;另一方面,又能让其在新的岗位发挥潜能,提高管理技巧。

第三,管理执行层职务轮换有利于潜在管理人员的选择和替补。对管理执行层受训人的培训,首要的是通过在职岗位轮换,给予短时期的新岗位知识培训,进行提高性的业务进修,提高管理技能、专业工作技能,从而既提高基层管理工作的效率,又为中层扩大后备人才队伍。

4)领导匹配培训模式

领导匹配培训,是指训练管理人员如何确定自己的管理风格,如何与特定环境相适应,如何达成目标。它属于管理者有意识地在工作中训练自身的一种方式。加拿大多伦多大学教授豪斯于1971年提出的"通路—目标"模式(目标导向模式)就是这种训练方式。

在实践中,有些管理者的管理风格是只注意抓生产、抓任务,不注重人的因素。这是集权式领导,导致职工奉命行事,不肯用创造的方式去解决问题;而有些领导者则只注意抓人际关系,抓关心人,不太注重抓生产。这是一团和气的管理,这种管理风格的后果是,一旦和谐的人际关系遭到破坏,生产力显著下降。

豪斯认为,一方面,领导者使员工明确任务、工作内容、方向和意义以及完成任务的方法,帮助员工扫除通向目标过程中的障碍而达成目标;另一方面,针对员工的需要,给予各种奖励,鼓励员工接近目标而不是发号施令。

"目标导向模式"的贡献在于:一是将员工与组织联系在一起作为情境因素来研究,以达成组织目标;二是这一理论认为,领导者不应高高在上,而应帮助员工确定目标,创造条件,扫除障碍,达到目标而提高效率;三是领导者的成效取决于他们对员工的心态的把握,发挥员工的主观能动性。

总之,"目标导向模式"要求管理人员自觉训练自己的管理风格与员工的情境相匹配,与关心任务的完成相匹配,与关心员工相匹配,并使三者统一起来,达到管理工作的高效率。

5)案例评点培训模式

企业管理人员培训最为关键的是决策能力的培训,而案例评点培训正是提高管理人员决策艺术及其分析和解决问题的能力的有效培训模式。进行案例评点培训要注意以下方面。

第一,注重案例的遴选。培训师选择案例要注意三个条件,一是案例要有真实性,是社会经济生活中确实存在的事例,切忌哗众取宠而虚构案例;二是案例要有结合性,培训师应结合教学内容和培养目标选用案例;三是案例要有启迪性。启迪管理人员阐述自己的看法,分析问题并提出解决问题的手段。

第二,实际角色分析案例。培训师将案例发给员工并提出问题让学员预习案例;在粗略提示中引而不发,含而不露;然后要求员工进入角色,在独立分析思考问题的基础上拿出解决问题的方案和办法;随后进行课堂发言,在交流中培训师引导发言,鼓励交锋,提倡创新,控制课堂局面。这样,既体现了员工的实践经验和思想理论水平,还能碰撞出新的智慧的火花。

第三,进行案例的点评和升华。同一案例,由于员工能力、经历和水平不同,可能解决案例中问题的手段和方案也各不相同,甚至完全相悖。实际上现实社会经济生活中的许多问题没有正确答案。因此,培训师在进行案例评点时要注意激发员工去思考,去探索,去创新。这样,在评点中,要结合学员的实践,注意每一方案的闪光点,启发学员去联想、对比、创新,不要把结论约束在某一方案的窄巷里。总之,让员工从多角度、多层次、多渠道去解决案例中要解决的问题。

6)论辩教学培训模式

企业管理人员培训采用课堂教学是必要的,但必须是论辩式课堂教学模式。其基本程式体现在:培训师首先讲清某课程的基本原理和内容,然后结合学员的实际采用设疑法提问,学员再根据若干提问预习教材和有关资料,作发言准备,随后学员可采用圆桌会议形式,也可采用上讲台演讲形式,各抒己见,争雄斗智,深化认识。最后,培训师进行总结和升华。这种培训模式有着诸多实践意义。

第一,这种培训模式可以变"一言堂"为"群言堂"。传统的教法是"满堂灌",从书本到书本,其理论空对空。而论辩教学,可以出现"群言堂",员工之间既可以交流管理经验、方法、信息和思想,也可以吸纳培训师讲解的系统知识和内容,充分调动学习的主动性和积极性。

第二,这种培训模式可以提高管理人员解决实际问题的能力。员工为了参与辩论,就得进行充分准备,以防止别人攻其不备;员工为了争得辩论机会,就得独立思考得出结论和方案;员工为了驳斥对方观点,就得旁征博引。这样的横向沟通,可以使管理人员的能力提高。

第三,培训模式可以培养管理人员的逻辑思辨力。辩与论是否在理,很重要的是辩与论的逻辑性,是辩与论的精彩展开过程。辩论的胜与负不在于结论是否正确,且有些主题的辩论本身就没有正确的答案,因此,辩论是逻辑推理能力的训练。辩论培养管理人员严谨的思辨力和判断力。

综上所述,配送中心管理人员的培训方法与模式还有很多,如产学互联培训模式、互联网络培训模式、对策方法培训模式、交往互动培训模式、企业自办大学模式等等,不再赘述。总之,管理人员的培训要以时间、条件、地点、员工特点为转移,以达到提高培训效果的目的。

第三节 配送中心员工的考核与激励

一、配送中心员工考核的目的及原则

1. 配送中心员工考核的目的

(1) 作为员工晋升、解雇和岗位调整的依据,着重在能力发展、工作表现上进行考核。

(2) 作为确定员工工资、奖励的依据,着重在绩效考核上。

(3) 作为员工潜能开发和教育培训的依据,着重在工作能力和能力适应程度的考核上。

(4) 作为调整人事政策、激励措施的依据,促进上下级的沟通。

(5) 考核结果供生产、采购、营销、研发、财务等部门制定工作计划和决策时参考。

2. 考核原则

(1) 公开性原则。让被考评者了解考核的程序、方法和时间等,提高考核的透明度。

(2) 客观性原则。以事实为依据进行评价与考核,避免主观臆断和个人情感因素的影响。

(3) 开放沟通原则。通过考核者与被考评者沟通,解决被考评者工作中存在的问题与不足。

(4) 差别性原则。对不同类型、不同管理层次的人员,考核内容要有区别。

(5) 常规性原则。将考核工作纳入日常管理,成为常规性管理工作。

(6) 发展性原则。考核的目的在于促进人员和团队的发展与成长,而不是惩罚。

(7) 立体考核原则。增强考核结果的信度与效度。

(8) 及时反馈原则。便于被考评者提高绩效,考核者及时调整考核方法。

(9)相关性原则。现代配送中心是合作劳动的组织,这就要求配送中心管理者必须关注团队精神的培养,强化合作意识。要实现这一点,光指望鼓励、号召、启发觉悟,不触及利益问题,常常是无法做到的。因此,必须形成团队凝聚力的物质基础,形成"团结协作不够,个人利益就少;没有团结协助,就得不到个人利益"的压力。这种压力一定要通过员工绩效考核管理来具体体现利益分配,才可能产生影响。

二、配送中心员工考核的内容与形式

1. 考核内容

对配送中心一般员工而言,考核内容应以实际操作、业务流程、工作态度、团队精神等方面为主,除了全体员工均适合的内容外,不同的岗位应有不同的考核内容。对于配送中心管理人员,则应该分不同层次、不同岗位进行考核。

(1)工作态度。工作态度包括:很少迟到、早退、缺勤,工作态度认真;工作从不偷懒、不倦怠;做事敏捷、效率高;遵守上级的指示;遇事及时、正确地向上级报告。

(2)基础能力。基础能力包括:精通职务内容,具备处理事务的能力;掌握个人工作重点;善于制定工作计划,积极做准备工作;严守报告、联络、协商的原则;在既定的时间内完成工作。

(3)业务水平。业务水平包括:工作没有差错,且速度快;处理事物能力卓越;勤于整理、整顿、检视自己的工作;确实地做好自己的工作;可以独立并正确完成新的工作。

(4)责任感。责任感包括:责任感强,确实完成交付的工作;即使是难的工作,身为组织的一员也要勇于面对;努力用心地处理事情,避免过错的发生;预测过错的可预防性,并想出预防的对策;做事冷静,绝不感情用事。

(5)协调性。协调性包括:与同事配合,和睦地工作;重视与其他部门的同事协调;在工作上乐于帮助同事;积极参加公司举办的活动。

(6)自我启发。自我启发包括:审查自己的力,并学习新的行业知识、职业技能;以广阔的眼光来看自己与公司的未来;虚心听取他人建议、意见并改正自己的缺点;表现热情向上的精神状态,不向外倾诉工作上的不满;即使是分外的工作,有时也进行思考及提出方案;以长期的展望制定岗位工作目标,并付诸实行。

2. 考核方法

(1)图尺度考核法(graphic rating scale,GRS)。图尺度考核法是最简单和运用最普遍的绩效考核技术之一,一般采用图尺度表填写打分的形式进行。

(2)交替排序法(alternative ranking method,ARM)。交替排序法是一种较

为常用的排序考核法。其原理是:在群体中挑选出最好的或者最差的绩效表现者,较之于对其绩效进行绝对考核要简单易行得多。因此,交替排序的操作方法就是分别挑选、排列"最好的"与"最差的",然后挑选出"第二好的"与"第二差的",这样依次进行,直到将所有的被考核人员排列完为止,然后以优劣排序作为绩效考核的结果。交替排序在操作时也可以使用绩效排序表。

(3) 配对比较法(paired comparison method,PCM)。配对比较法是一种更为细致的通过排序来考核绩效水平的方法,它的特点是每一个考核要素都要进行人员间的两两比较和排序,使得在每一个考核要素下,每一个人都和其他所有人进行了比较,所有被考核者在每一个要素下都获得了充分的排序。

(4) 强制分布法(forced distribution method,FDM)。强制分布法是在考核进行之前就设定好绩效水平的分布比例,然后将员工的考核结果安排到分布结构里去。

(5) 关键事件法(critical incident method,CIM)。关键事件法是一种通过员工的关键行为和行为结果来对其绩效水平进行绩效考核的方法,一般由主管人员将其下属员工在工作中表现出来的非常优秀的行为事件或者非常糟糕的行为事件记录下来,然后在考核时点上(每季度,或者每半年)与该员工进行一次面谈,根据记录共同讨论来对其绩效水平进行考核。

(6) 行为锚定等级考核法(behaviorally anchored rating scale,BARS)。行为锚定等级考核法是基于对被考核者的工作行为进行观察、考核,从而评定绩效水平的方法。

(7) 目标管理法(management by objectives,MBO)。目标管理法是现代采用更多的方法,管理者通常很强调利润、销售额和成本这些能带来成果的结果指标。在目标管理法下,每个员工都确定有若干具体的指标,这些指标是其工作成功开展的关键目标,它们的完成情况可以作为评价员工的依据。

(8) 叙述法。在进行考核时,以文字叙述的方式说明事实,包括以往工作取得了哪些明显的成果,工作上存在的不足和缺陷是什么。

三、配送中心员工考核的重点

1. 管理层考评重点

管理层的特点是:对公司生产经营结果负有决策责任,并具有较为综合的影响力。对应这样的特点,对管理人员的考核,应采用量化指标较细、约束力较强、独立性较高,以最终结果为导向的绩效评估方式。

2. 普通员工考评重点

普通员工的特点是:工作基本由上级安排和设定,依赖性较强,工作内容单纯,对生产经营结果只有单一的、小范围的影响。对应这样的特点,对普通员工的考核,应采用量化成分少,需要上下级随时、充分沟通,主要以工作过程为导向的绩效衡量方式。

3. 不同岗位人员考核重点

管理层的工作职责又可分为业务运作直接管理职责和业务运作间接管理职责两大类。业务运作直接管理是指直接参与配送中心仓储或配送操作,做出的决策对企业效益与各项操作经营指标有直接影响。业务运作经营间接管理职能是指不直接参与生产经营活动,但从事诸如各项管理程序的政策制定、监督执行、协调管理及等工作,其决策对企业效益与各项生产经营指标有间接影响的职能。因工作的着力点不同,也应在绩效管理系统的设计中针对其不同特点,选择适宜的指标进行考核。

因此绩效考核目标的设立应该视考核对象的不同而有所区别,从实践效果来看,通常原则如下。

中基层部门主管:绩效考核目标＝绩效目标＋衡量指标＋改进点
一般性工作人员:绩效考核目标＝工作计划＋衡量指标＋改进点
事务性工作人员:绩效考核目标＝应负责任＋例外工作＋衡量指标
例行性工作人员:绩效考核目标＝工作量＋准确性
应急性工作人员:绩效考核目标＝工作量＋高压线

四、配送中心员工考核结果的反馈

有些企业的绩效管理过程只进行到绩效考核即告一段落,各式各样的表格在花费了大量时间和精力填写完成后就被束之高阁。考核结果没有反馈给员工,所有问题仍然存在,绩效仍然不高,沟通仍然不够顺畅。怎样才能将管理者的期望传达给员工？怎样的考核反馈才是有效的？

管理者应该注意以下问题,才能以一种能够诱发积极行动反应的方式来向员工提供明确的考核反馈。

(1) 反馈应该是经常性的,而不应当是一年一次。
(2) 在评价面谈之前让员工本人先对个人的绩效进行自我评价。
(3) 鼓励员工积极参与绩效反馈过程。
(4) 多问少讲,沟通的重心放在"我们"。
(5) 通过赞扬肯定员工的有效业绩。
(6) 把重点放在解决问题上。
(7) 将绩效反馈集中在行为上或结果上而不是在人的身上。
(8) 反馈应具体。
(9) 尽量少批评。
(10) 制定具体的绩效改善目标,然后确定检查改善进度的日期。
(11) 应侧重思想、经验的分享,而不是指手画脚的训导。

五、配送中心员工激励机制建立

1. 物流配送中心员工激励措施

(1) 目标激励。通过推行目标责任制,使配送中心经济指标层层落实,每个员工既有目标又有压力,产生强烈的动力,努力完成任务。

(2) 示范激励。通过各级主管的行为示范、敬业精神来正面影响配送中心的员工。

(3) 尊重激励。尊重各级员工的价值取向和独立人格,尤其尊重本企业中的小人物和普通员工。

(4) 参与激励。建立配送中心员工参与管理、提出合理化建议的制度和职工持股制度,提高员工主人翁参与意识。

(5) 荣誉激励。对配送中心员工劳动态度和贡献予以荣誉奖励,如会议表彰、发给荣誉证书、光荣榜、在公司内外媒体上的宣传报道、家访慰问、游览观光、疗养、外出培训进修、推荐获取社会荣誉、评选星级标兵等。

(6) 关心激励。对员工工作和生活的关心,如建立员工生日情况表,总经理签发员工生日贺卡,传统节日寄送礼物至员工家中,关心员工的困难等。

(7) 竞争激励。提倡企业内部员工之间、部门之间的有序平等竞争以及优胜劣汰。

(8) 物质激励。增加员工的工资,提高生活福利、保险,发放奖金、奖励住房、生活用品,工资晋级等。

(9) 信息激励。交流企业、员工之间的信息,进行思想沟通,如信息发布会、发布栏、企业报、汇报制度、恳谈会、经理接待日制度。

(10) 自我激励。包括自我赏识、自我表扬、自我祝贺。

(11) 处罚。对犯有过失、错误,违反企业规章制度,贻误工作,损坏设备设施,给企业造成经济损失和败坏企业声誉的员工或部门,给予警告、经济处罚、降职降级、撤职、留用察看、辞退、开除等处罚。

2. 激励策略

企业的活力源于每个员工的积极性、创造性。由于人的需求多样性、多层次性、动机的繁复性,调动人的积极性也应有多种方法。综合运用各种动机激发手段使全体员工的积极性、创造性、企业的综合活力,达到最佳状态。

(1) 激励员工从结果均等转移到机会均等,并努力创造公平竞争环境。

(2) 激励要把握最佳时机。需在目标任务下达前激励的,要提前激励;员工遇到困难,有强烈要求愿望时,给予关怀,及时激励。

(3) 激励要有足够力度。对有突出贡献的予以重奖;对造成巨大损失的予以重罚;通过各种有效的激励技巧,达到以小博大的激励效果。

(4)激励要公平准确、奖罚分明。健全、完善绩效考核制度,做到考核尺度相宜、公平合理;克服有亲有疏的人情风;在提薪、晋级、评奖、评优等涉及员工切身利益的热点问题上务求做到公平。

(5)物质奖励与精神奖励相结合,奖励与惩罚相结合。注重感化教育,西方管理中"胡萝卜加大棒"的做法值得借鉴。

(6)推行职工持股计划。使员工具有劳动者和投资者的双重身份,更加具有关心和改善企业经营成果的积极性。

(7)构造员工分配格局的合理落差。适当拉开分配距离,鼓励一部分员工先富起来,使员工在反差对比中建立持久的追求动力。

本 章 小 结

本章结合国内配送中心运营特点重点阐述配送中心的基本组织结构类型,配送中心的岗位及其职责;配送中心培训体系的建立,配送中心普通人员和管理人员的培训;配送中心员工考核的目的及原则、内容与形式、不同员工考核的重点、员工考核的结果处理和员工激励机制建立等配送中心人力资源管理的主要业务工作。通过本章学习,学生可以了解配送中心员工管理的基本规律和重点业务工作,学会合理配置人力资源,调动员工积极性,提高工作效能。

综合案例分析

配送中心岗位说明书

岗位说明书是指以文字的形式规定每个岗位的工作内容、职责和职权、与组织中其他职务或部门的关系,以及该职务担当者应具备的任职条件等。制作岗位说明书是配送中心组织结构设计的一个必须要完成的步骤。为了更直观地对其进行解释,下面介绍某配送中心仓储部统计员岗位说明书。

某配送中心仓储部统计员岗位说明书

岗位定义			
岗位名称	配送中心统计员	岗位编号	
部门名称	库存部	级别	员工
编写人		系统负责人	
版本号		生效日期	
批准:		批准:	

续表

岗位相关关系

直接上级:库存主管

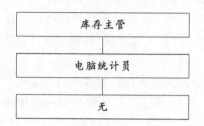

直接下级:无

主要内部客户:客服部、仓储部门主管及员工
主要外部客户:客户的运作部门及统计部门

工作概述

仓库各客户货物台账、电脑账、货卡、实物的数据统计工作,各类运作单据的整理、传递、归档,统计报表的制作,部门业务量统计分析及信息管理系统的操作与维护。

工作职责

	工作内容	工作要求
常规性工作	认真执行公司规章制度、员工守则,服从仓库主管工作并汇报仓库工作	不违章,保质保量完成主管安排的工作
	仓库台账的建立及进出货台账的登录统计	数据登录及时、准确
	公司电脑信息系统进出业务量数据录入	数据录入及时、准确
	各类运作单据的整理、传递、归档	单据传递及时、归档清晰
	运作统计报表及结算报表的制作	报表完整、准确
	主持仓库货物盘点并对盘点结果进行确认	确保盘点数据准确
	对装卸作业单的复核、汇总	阻止错单、重单上报
	部门各类文件整理、归档	文件归档清晰
	电脑设备的保养及上报维修	保障电脑正常使用
协调性	协助客户进行账目数据核对工作	热情耐心地为客户提供各类数据
	答复客户临时数据查询	迅速、清晰地答复客户
指令性工作	上级领导安排的其他工作	按要求完成相关工作

续表

关键业绩指标及衡量标准
台账录入及时率、准确率100%
电脑输单及时率、准确率100%
账货相符、数据一致、准确率100%
单证传递及时率、准确率100%
报表准确率100%
无质量事故发生

工作权限
对所有单证、账簿的保管权
对相关单据、账目的审核权
对电脑的使用权、维护权
对工作中所有不合理问题的建议权

人员要求					
性别	不限	年龄	18岁以上	语言	普通话流利

品质和能力：
良好的思想品德、身体素质
具有较强的责任心、敬业精神
具有较好的条理性及沟通能力
具有一定独立分析、处理问题的能力
严谨、细致、工作效率高

教育背景及培训：
高中或中专以上；统计相关培训

所需知识和技能：
仓库管理知识的培训
仓储业务标准操作程序培训
仓库进出仓统计台账专业培训
较好的电脑操作水平
较强的文字表达能力

工作经验：
一年以上相关工作经验

思考题

1. 请对该配送中心统计员岗位说明书进行分析评价，发表自己的看法。
2. 参照统计员岗位说明书编制配送中心其他岗位说明书。

本章综合练习题

1. 简述配送中心的岗位及职责。
2. 配送中心培训体系如何建立?
3. 配送中心不同员工考核的重点如何?
4. 配送中心人员考核反馈过程中应注意哪些事项?
5. 如何有效激励配送中心员工?

 ## 实践活动

制定员工培训计划

实践目标:掌握制定新员工培训计划的方法。

实践内容:了解一家配送中心的业务,假设你是该配送中心业务主管,去了解各业务部门的培训需求,并据此制定新员工培训计划。

实践要求:注意采用多种需求调查的方法。

实践成果:撰写培训计划并提交。

参考文献

[1] 罗伯特·卢卡斯.客户服务[M].朱迎紫,艾凤义,译.北京:企业管理出版社,2006.
[2] 萨拉·库克.客户服务管理[M].杨沐,译.北京:经济管理出版社,2005.
[3] 《制造业内训教程》编委会.客户服务管理[M].广州:广东经济出版社,2006.
[4] ARC远程管理顾问公司.客户关系的深度解析[M].北京:清华大学出版社,2003.
[5] 白沙烟草物流GIS配送优化系统案例[J].中外物流,2006(7):44-45.
[6] 白世贞,言木.现代配送管理[M].北京:中国物资出版社,2005.
[7] 宾厚,贺嵘.配送实务[M].长沙:湖南人民出版社,2007.
[8] 陈良勇.物流成本管理[M].北京:清华大学出版社,北京交通大学出版社,2008.8.
[9] 陈云天,杨国荣.物流案例与实训[M].北京:北京理工大学出版社,2007.
[10] 陈志群,王剑.物流与配送[M].北京:高等教育出版社,2002.
[11] 储雪俭.物流配送中心与仓储管理[M].北京:电子工业出版社,2006.
[12] 丁立言,张铎.物流配送[M].北京:清华大学出版社,2002.
[13] 董金详,陈刚,尹建伟.客户关系管理CRM[M].杭州:浙江大学出版社,2003.
[14] 方光罗.仓储与配送管理[M].大连:东北财经大学出版社,2004.
[15] 冯耕中.物流配送中心规划与设计[M].西安:西安交通大学出版社,2004.
[16] 高晓亮,伊俊敏,甘卫华.仓储与配送管理[M].北京:清华大学出版社,北京交通大学出版社,2006.
[17] 葛光明.配送与流通加工[M].北京:中国财政经济出版社,2002.
[18] 郭洪仙,曾瑾.商品学[M].上海:复旦大学出版社,2007.
[19] 郝雨风,李朝霞.客户100战[M].北京:中国经济出版社,2006.
[20] 何华洲.配运作业实务[M].北京:高等教育出版社,2005.
[21] 何明珂.现代配送中心:推动流通创新的趋势[M].北京:中国商业出版社,2003.
[22] 何荣勤.CRM原理、设计、实践[M].北京:电子工业出版社,2003.
[23] 胡彪,高延勇,孙萍.物流配送中心规划与经营[M].北京:电子工业出版社,2008.
[24] 黄国雄.客户关系管理[M].北京:中国劳动社会保障出版社,2006.
[25] 黄世秀,李述容.配送中心运作与管理[M].重庆:重庆大学出版社,2006.
[26] 季辉.现代物流管理.成都:四川科技出版社,2003年.
[27] 贾争现,刘康.物流配送中心规划与设计[M].北京:机械工业出版社,2004
[28] 江少文.配送中心运营实务与管理[M].上海:同济大学出版社,2008.
[29] 蒋朝晖.物流成本管理实务[M].北京:中国时代经济出版社,2008.
[30] 蒋家添.我国电子商务中物流配送的发展现状、问题与对策研究[J].商场现代化,2007(22):126-127.
[31] 蓝仁昌.物流技术与实务[M].北京:高等教育出版社,2008.
[32] 李苏剑,游战清,郑利强.物流管理信息系统理论与案例[M].北京:电子工业出版

社,2005.

[33] 李万秋.物流中心运作与管理[M].北京:清华大学出版社,2003.
[34] 李雪松.现代物流仓储与配送[M].北京:中国水利水电出版社,2007.
[35] 李严锋,张丽娟.现代物流管理[M].大连:东北财经大学出版社,2004.
[36] 李永生,郑文岭.仓储与配送管理[M].北京:机械工业出版社,2003.
[37] 梁军,刘长利.运输与配送[M].杭州:浙江大学出版社,2004.
[38] 梁昱辉.连锁药店主动配货方案的实施[J].信息与电脑.2008(1):43-45.
[39] 林健安.大客户行销[M].北京:北京工业大学出版社,2003.
[40] 刘斌.物流配送营运与管理[M].上海:立信会计出版社,2002.
[41] 刘立户.高效的物料与仓储管理[M].北京:北京大学出版社,2004.
[42] 刘联辉.配送实务[M].北京:中国物资出版社,2004.
[43] 刘娜.物流配送[M].北京:对外经济贸易大学出版社,2004.
[44] 刘廷新.物流设施与设备[M].北京:高等教育出版社,2003.
[45] 刘伟.物流管理概论[M].北京:电子工业出版社,2004.
[46] 陆丽明.如何进行客户服务管理[M].北京:北京大学出版社,2004.
[47] 马俊生,王晓阔.配送管理[M].北京:机械工业出版社,2008.
[48] 毛艳丽.配送作业实务[M].北京:中国物资出版社,2008.
[49] 木子青.物流服务,安得先行[J].中国储运,2008(8):86.
[50] 钱智.物流管理经典案例剖析——物流师培训辅导教材[M].北京:中国经济出版社,2007.
[51] 汝宜红,田源,徐杰.配送中心规划[M].北京:清华大学出版社,北京交通大学出版社,2007.
[52] 上海现代物流教材编写委员会.现代物流管理教程(中级)[M].上海:上海三联书店,2003.
[53] 邵兵家,于同奎.客户关系管理——理论与实践[M].北京:清华大学出版社,2004.
[54] 沈默.现代物流案例分析[M].南京:东南大学出版社,2006.
[55] 宋杨.运输与配送管理[M].大连:大连理工大学出版社,2006.
[56] 孙宏岭.高效率配送中心的设计与经营[M].北京:中国物资出版社,2002.
[57] 孙秋菊.现代物流概论[M].北京:高等教育出版社,2003.
[58] 孙晓.物流配送[M].北京:化学工业出版社,2007.
[59] 孙学琴,何爱民.物流中心运作管理[M].北京:机械工业出版社,2008.
[60] 谭刚,姚振美.仓储与配送管理[M].北京:中央广播电视大学出版社,2007.
[61] 汤兵勇,王素芬.客户关系管理[M].北京:高等教育出版社,2003.
[62] 滕宝红,史立宣.客户服务中心管理制度·表单·文本[M].广州:广东经济出版社,2004.
[63] 滕宝红.客户管理实操细节[M].广州:广东经济出版社,2006.
[64] 王广宇.客户关系管理方法论[M].北京:清华大学出版社,2004.
[65] 王明智.物流管理案例与实训[M].北京:机械工业出版社,2003.
[66] 王焰.配送中心规划与管理[M].长沙:湖南人民出版社,2006.

[67] 王燕,蒋笑梅.配送中心全程规划[M].北京:机械工业出版社,2004.
[68] 王转等.配送中心系统规划[M].北京:中国物资出版社,2003.
[69] 文锋.轻松管客户[M].广州:广东经济出版社,2005.
[70] 吴清一.物流管理[M].北京:中国物资出版社,2005.
[71] 现代物流管理课题组.保管与装卸管理(实操版)[M].广州:广东经济出版社,2007.
[72] 现代物流管理课题组.物流信息管理[M].广州:广东经济出版社,2002.
[73] 萧鸣政.人力资源管理[M].北京:中央广播电视大学出版社,2001.
[74] 谢声,詹荣富,吴涟芸.现代物流配送中心营运管理[M].广州:暨南大学出版社,2006.
[75] 徐君,岳辉,王育红.逆向物流系统决策及网络构建[M].北京:人民邮电出版社,2007.
[76] 徐贤浩.物流配送中心规划与运作管理[M].武汉:华中科技大学出版社,2008.
[77] 徐燕.物流信息管理[M].北京:中国对外经济贸易出版社,2004.
[78] 徐哲一,武一田.物流管理10课堂[M].广州:广东经济出版社,2004.
[79] 许胜余.物流配送中心管理[M].成都:四川人民出版社,2002.
[80] 严冬梅.电子商务物流与配送[M].北京:中国劳动社会保障出版社,2003.
[81] 杨莉惠.客户关系管理实训[M].北京:中国劳动社会保障出版社,2006.
[82] 杨启成,袁国旺,陈勇,等.红塔卷烟自动分拣系统的应用研究.烟草科技,2007(5):18-21.
[83] 姚城.物流配送中心规划与运作管理[M].广州:广东经济出版社,2004
[84] 于淼.客户关系管理核心思想浅析[J].商业研究,2003(12):168-169.
[85] 于宗水,赵继兴.配送管理实务[M].北京:人民邮电出版社,2007.
[86] 袁炎清,范爱理.物流市场营销[M].北京:机械工业出版社,2008.
[87] 曾剑.物流管理基础[M].北京:机械工业出版社,2005.
[88] 张铎,林自葵.电子商务与物流[M].北京:北京大学出版社,2002.
[89] 张红波,邹安全.物流企业人力资源管理[M].北京:中国物资出版社,2006
[90] 张健雄.助理物流师[M].北京:中国劳动社会保障出版社,2005.
[91] 张梅.客户投诉管理[M].北京:人民邮电出版社,2006.
[92] 张念.仓储与配送管理[M].大连:东北财经大学出版社,2004.
[93] 赵光忠.企业物流管理模板与操作流程[M].北京:中国经济出版社,2004.
[94] 赵忠玲,冯夕文.物流成本管理[M].北京:经济科学出版社,2007.
[95] 郑方华.客户服务技能案例训练手册[M].北京:机械工业出版社,2006.
[96] 郑力,厉嘉玲.供应链管理[M].北京:中央广播电视大学出版社,2006.
[97] 郑玲.配送中心管理与运作[M].北京:机械工业出版社,2004.
[98] 朱华.配送中心管理与运作[M].北京:高等教育出版社,2003.
[99] 朱燕飞,仲维清,张亦弛.阜新虎跃快运装卸搬运理化方法[J].中国储运,2007(3):67-69.

后记

物流管理行业伴随着我国工业化、信息化发展而发展，现今已成为成长最快的现代服务行业，同时也成为推动现代社会经济发展的重要基础行业，同时大中型物流配送（分拣）中心也伴随着现代物流行业的发展而在一些经济中心和交通枢纽地区如雨后春笋般地发展起来，而作为经济活络和生活需要的节点的小型配送中心和货物配送末端分支机构如配送店，遍布全国各地城市、镇、街。物流配送中心的运作与管理不仅是物流产业发展中值得研究的课题，也日益成为高校物流管理、仓储与配送管理、连锁经营管理、物流园区商业地产经营管理等方面人才培养的重要教学内容。

但目前我们所看到的相关教材主要是从经济学角度介绍物流配送中心的规划、选址、公司总体运营管理等知识，比较适合本科学生使用，而缺少从管理角度系统介绍配送中心的运作与管理实操性知识与技能的教材，以满足相关专业专科层次学生的学习需要。本书正是从配送中心基层管理者的岗位工作需要，系统介绍这些知识，以满足配送中心基层作业管理人员和基层内部事务性管理人员的学习需要。

本书为实践型教材，编写过程中吸收了国内外配送管理的最新理论和实践成果，主要侧重了以下三个方面：一是内容和结构上注重从实际业务活动的流程出发，体现了理论与实际相结合的原则；二是在知识的呈现方式上，力求做到系统科学，通俗易懂，图文并茂；三是在技能的训练上，侧重于实际操作能力的培养，特别设置了案例分析、思考练习题与实践活动三个栏目，以期提高学生的实际操作水平与配送中心基层管理岗位的职业能力。

本书由广州广播电视大学管理学院院长黄安心教授策划并担主编，中国物流学会常务理事、广东轻工职业技术学院CILT供应链管理学院院长缪兴锋副教授（高级工程师）和广东理工职业学院工程技术系龙丁玲讲师任副主编，广东农工商职业技术学院孙鸿副教授、广东康大职业技术学院卢斌讲师、广东女子职业技术学院谢卓君博士等参加编写工作。具体编写分工如下：第一章黄安心，第二章杜敏，第三章柳志东、缪兴锋，第四章陈瑞敏，第五章、第六章冷轶、龙丁玲，第七章李雪芳、孙鸿，第八章、第九章刘诗宇、龙丁玲，第十章黎宙、卢斌，第十一章苏月明、卢斌，第十二章韩健敏、谢卓君，第十三章刘晓玲、谢卓君。最后由黄安心教授统稿。

在本书的编写过程中，得到了许多专家的指导，并先后参观考察了新邦物流有限公司广州配送中心、中山市天润物流市场、中山市港航企业集团有限公司港航物流园、广汽本田汽车有限公司黄埔工厂等物流配送中心(仓库、货场、车间、园区),并得到企业专家的指导。特别是得到教育部物流类专业指导委员会委员、中国物流学会常务理事、中南大学博士生导师谢如鹤教授的指导,谢教授还担任了本书的主审,广州大学物流管理专业宋建阳副教授,英国 AdVance Supply Chain (China) Ltd.董事、总经理李娟女士,新邦物流有限公司培训经理陈全胜先生,广东省物流行业协会副秘书长刘学军先生等对本书的编写给予了业务指导。刘博、杜敏老师在资料收集整理和校稿方面都做了大量工作,李海光、伍康、陈永娟、黄金华等老师参加了本书编写的组织准备工作,在此表示衷心感谢!

  本书中参考和借鉴了不少专家学者的研究成果,但限于篇幅还有一些参考资料没有在参考文献中列出,在此致歉并表示真诚谢意!

编 者

2009 年 6 年 5 日于广州麓湖

教学支持说明

"21世纪全国高等学校物流管理专业应用型人才培养系列规划教材"系华中科技大学出版社"十一五"规划重点教材。

为了改善教学效果，提高教材的使用效率，满足高校授课教师的教学需求，本套教材备有与纸质教材配套的教学课件(PPT电子教案)。

为保证本教学课件及相关教学资料仅为教师个人所得，我们将向使用本套教材的高校授课教师免费赠送教学课件或者相关教学资料，烦请授课教师填写如下授课证明并寄出(发送电子邮件或传真、邮寄)至下列地址。

地址：湖北省武汉市珞喻路1037号华中科技大学出版社营销中心

邮编：430074

电话：027－81321902

传真：027－81321917

E-mail：yingxiaoke2007@163.com

------------------------------✂------------------------------

证　　明

兹证明＿＿＿＿＿＿大学＿＿＿＿＿＿系/院第＿＿＿＿学年开设的＿＿＿＿＿＿课程，采用华中科技大学出版社出版的＿＿＿＿＿＿编写的＿＿＿＿＿＿作为该课程教材，授课教师为＿＿＿＿，学生共计＿＿＿＿个班共计＿＿＿＿人。

授课教师需要与本书配套的教学课件为：

授课教师的联系方式

联系地址：＿＿＿＿＿＿＿＿＿＿＿＿＿＿＿＿＿

邮编：＿＿＿＿＿＿＿＿＿＿＿

联系电话：＿＿＿＿＿＿＿＿＿＿＿＿＿

E-mail：＿＿＿＿＿＿＿＿＿＿＿＿＿＿

系主任/院长：＿＿＿＿＿＿（签字）

（系/院办公室盖章）

＿＿＿＿年＿＿＿＿月＿＿＿＿日